RODRIGO DIAS DE
PINHO **GOMES**

LEGÍTIMOS INTERESSES NA LGPD

2024

TRAJETÓRIA, CONSOLIDAÇÃO E
CRITÉRIOS DE APLICAÇÃO

Dados Internacionais de Catalogação na Publicação (CIP) de acordo com ISBD

G633l   Gomes, Rodrigo Dias de Pinho
        Legítimos interesses na LGPD: trajetória, consolidação e critérios de aplicação / Rodrigo Dias de Pinho Gomes. - Indaiatuba, SP : Editora Foco, 2024.

        272 p. ; 16cm x 23cm.

        Inclui bibliografia e índice.

        ISBN: 978-65-6120-142-1

        1. Direito. 2. Responsabilidade civil. 3. Lei Geral de Proteção de Dados. I. Título.

2024-2290   CDD 340   CDU 34

Elaborado por Odilio Hilario Moreira Junior - CRB-8/9949

Índices para Catálogo Sistemático:

1. Direito 340

2. Direito 34

RODRIGO DIAS DE
PINHO **GOMES**

LEGÍTIMOS INTERESSES NA LGPD

TRAJETÓRIA, CONSOLIDAÇÃO E
CRITÉRIOS DE APLICAÇÃO

2024 © Editora Foco

Autor: Rodrigo Dias de Pinho Gomes
Diretor Acadêmico: Leonardo Pereira
Editor: Roberta Densa
Coordenadora Editorial: Paula Morishita
Revisora Sênior: Georgia Renata Dias
Capa Criação: Leonardo Hermano
Diagramação: Ladislau Lima e Aparecida Lima
Impressão miolo e capa: META BRASIL

DIREITOS AUTORAIS: É proibida a reprodução parcial ou total desta publicação, por qualquer forma ou meio, sem a prévia autorização da Editora FOCO, com exceção do teor das questões de concursos públicos que, por serem atos oficiais, não são protegidas como Direitos Autorais, na forma do Artigo 8º, IV, da Lei 9.610/1998. Referida vedação se estende às características gráficas da obra e sua editoração. A punição para a violação dos Direitos Autorais é crime previsto no Artigo 184 do Código Penal e as sanções civis às violações dos Direitos Autorais estão previstas nos Artigos 101 a 110 da Lei 9.610/1998. Os comentários das questões são de responsabilidade dos autores.

NOTAS DA EDITORA:

Atualizações e erratas: A presente obra é vendida como está, atualizada até a data do seu fechamento, informação que consta na página II do livro. Havendo a publicação de legislação de suma relevância, a editora, de forma discricionária, se empenhará em disponibilizar atualização futura.

Erratas: A Editora se compromete a disponibilizar no site www.editorafoco.com.br, na seção Atualizações, eventuais erratas por razões de erros técnicos ou de conteúdo. Solicitamos, outrossim, que o leitor faça a gentileza de colaborar com a perfeição da obra, comunicando eventual erro encontrado por meio de mensagem para contato@editorafoco.com.br. O acesso será disponibilizado durante a vigência da edição da obra.

Impresso no Brasil (7.2024) – Data de Fechamento (7.2024)

2024
Todos os direitos reservados à
Editora Foco Jurídico Ltda.
Rua Antonio Brunetti, 593 – Jd. Morada do Sol
CEP 13348-533 – Indaiatuba – SP

E-mail: contato@editorafoco.com.br
www.editorafoco.com.br

Dedicado à memória de Danilo Doneda.

LISTA DE QUADROS

QUADRO 1 – Redação da Base Legal dos Legítimos Interesses na Diretiva 95/46/CE E no Regulamento (UE) 2016/679 89

QUADRO 2 – O Legítimo Interesse na Lei n.º 13.709/2018 – LGPD – Dispositivos que versam diretamente sobre o tema 118

QUADRO 3 – Passo a passo do Legítimo Interesse na Lei n.º 13.709/2018 – LGPD..... 216

LISTA DE SIGLAS

ANPD   Autoridade Nacional de Proteção de Dados

APL   Anteprojeto de Lei

ASNEF   *Asociación Nacional de Establecimientos Financieros de Crédito*

CC   Código Civil

CDC   Código de Defesa do Consumidor

CNIL   *Commission Nationale de L'informatique et des Libertés*

CoE   Conselho da Europa

CPF   Cadastro de Pessoas Físicas

EU   União Europeia

FCRA   *Fair Credit Reporting Act*

FECEMD   *Federación de Comercio Eletrónico y Marketing Directo*

FERPA   *Family Educational Rights and Privacy Act*

FIPPs   *Fair Information Practice Principles*

ICO   *Information Commissioner's Office*

IDP   Inventário de dados pessoais

LGPD   Lei Geral de Proteção de Dados (Lei n.º 13.709/2018)

LIA   *Legitimate Interest Assessment*

MCI   Marco Civil da Internet

OCDE   Organização para a Cooperação e Desenvolvimento Econômico

PET   *Privacy Enhancing Technology*

PIPEDA   *Personal Information Protection and Electronic Documents Act*

PL   Projeto de Lei

RIPD   Relatório de Impacto de Proteção de Dados Pessoais

RGPD   Regulamento Europeu de Proteção de Dados

ROPA   *Report of Processing activities*

STF   Supremo Tribunal Federal

STJ   Superior Tribunal de Justiça

TJUE   Tribunal de Justiça da União Europeia

AGRADECIMENTOS

Este livro é fruto de minha Tese de Doutorado, concluída em 2024 e apresentada como requisito parcial para obtenção do título de Doutor, ao Programa de Pós-graduação *Stricto Sensu* em Direito da Universidade do Estado do Rio de Janeiro, na Linha de Pesquisa em Direito Civil.

Construir uma carreira acadêmica sempre foi um objetivo antigo, tendo como exemplo e inspiração meu pai, professor de Direito na Universidade Gama Filho, palestrante e autor de artigos acadêmicos. Ainda criança, me recordo de vê-lo em casa, tarde da noite, corrigindo provas e comentando sobre casos ocorridos em sala de aula. Frequentei também, ainda pequeno, palestras e congressos nos quais ele participava. Foram estas as sementes que fizeram nascer em mim o desejo pelo magistério.

Já em 2007, ao cursar a Pós-graduação em Direito Civil-Patrimonial na PUC-RJ, tive a honra de conviver e assistir às aulas da Professora Caitlin Sampaio Mulholland, quem me entrevistou no processo seletivo do curso e anos antes, durante a graduação em Direito, havia me orientado na monografia na mesma instituição. Ao final de uma de suas aulas magistrais, durante uma conversa sobre rumos acadêmicos, ela me sugeriu ingressar em um curso de Mestrado.

A semente plantada deu frutos em 2014, quando fui aprovado no concurso público para o Mestrado em Direito Civil da UERJ. Desde então estreitamos nossos laços e nos tornamos grandes amigos. Devo à Caitlin, carinhosamente apelidada de *Keka*, o verdadeiro início de minha carreira como professor. Foi ela quem confiou em mim ao me convidar para lecionar nos cursos de extensão e pós-graduação da PUC-Rio, que me abriu diversas portas em outras instituições. Também foi peça fundamental na banca de qualificação da minha tese, cujas críticas foram fundamentais para os ajustes necessários à defesa.

Também devo agradecer aos amigos e colegas advogados Sérgio Coelho e Fernando Cabral, então Diretor e Vice da Escola Superior de Advocacia da OAB--RJ, que em 2018 me confiaram o cargo de Coordenador de Direito e Tecnologia da ESA, ocupado até dezembro de 2023.

A elaboração e conclusão da minha Tese, que deu origem a este livro, não seria possível sem as valiosíssimas contribuições, críticas e sugestões de meu orientador, Prof. Carlos Affonso Pereira de Souza, carinhosamente conhecido como *Caf*. Desde minha dissertação de Mestrado ele foi meu grande mestre. Sua genialidade e generosidade, ao longo dos diversos encontros que tivemos durante os 2 anos de Mestrado e posteriormente 6 anos de curso de Doutorado na UERJ em razão da pandemia, me auxiliaram nos recortes temáticos, elaboração do sumário, treinamento para as defesas e diversos outros pontos chave, e sobretudo tornaram possível a construção da tese.

Minha família também foi essencial neste período, me dando o suporte necessário para que eu tivesse a possibilidade de me dedicar à vida acadêmica. Bruno, Bel, Nando, Nathália e minha mãe seguraram as pontas nas inúmeras vezes que precisei de auxílio emocional e profissional. Apesar do trabalho solitário da pesquisa e escrita, nada disso seria possível sem uma retaguarda sólida e fiel, como tenho o privilégio de desfrutar.

Por fim, a presente obra é dedicada ao legado deixado pelo saudoso professor Danilo Doneda, pessoa cujo convívio irreverente, caloroso e humanista tive a honra de experimentar em diversos eventos, cursos, palestras e seminários. Atende-se, portanto, ao chamado do grande Mestre, maior autoridade brasileira sobre Proteção de Dados e Privacidade, através de singela *"investigação sobre o tema"* do legítimo interesse na LGPD:

> É necessária a formação de um corpo doutrinário, cuja necessidade é imediata. Seu perfil já vem sendo delineado há cerca de três décadas, principalmente em países que ocupam lugar de destaque na vanguarda tecnológica. A dificuldade maior é: como obter a eficácia desejada frente a situações cujos contornos mudam constantemente? [...] Assim, a delimitação deste problema e da fixação de parâmetros para uma eficaz regulação jurídica é uma providência fundamental, perfeitamente inserida na rediscussão contemporânea do direito civil, tarefa para o jurista nacional que apenas agora começa suas investigações sobre o tema.[1]

---

1. DONEDA, Danilo. Considerações iniciais sobre os bancos de dados informatizados e o direito à privacidade. In: TEPEDINO, Gustavo (coord.). *Problemas de direito civil-constitucional*. Rio de Janeiro: Renovar, 2000. p. 111-136.

PREFÁCIO

A proteção de dados pessoais se mostra uma questão crucial em uma sociedade *datificada*. A Lei Geral de Proteção de Dados surge como um marco regulatório que visa conciliar a inovação tecnológica com a proteção dos dados e, consequentemente, de seus titulares, estabelecendo princípios e diretrizes para tal fim. Esta obra propõe-se a explorar e desvendar uma das bases para o tratamento de dados pessoais e que é, sem dúvidas, um dos mais complexos temas tratados na LGPD: o legítimo interesse.

Com muita expertise no assunto, Rodrigo Gomes oferece uma análise profunda e pragmática sobre o tema, Gomes trata sobre a "crise do consentimento", pois, apesar de sempre ter pairado dúvidas sobre o poder decisório do titular de dados para que exercessem efetivo controle sobre seus dados pessoais, o consentimento permaneceu sendo o principal elemento da estratégia regulatória da privacidade informacional, seja no direito europeu, comunitário ou setorial, quanto no Brasil. O autor não só discute as bases teóricas e os contornos legais dos legítimos interesses, o qual substitui a veneração do consentimento tido como informado, livre, expresso, específico e inequívoco, mas também elucida a aplicação prática desse conceito que é uma das hipóteses de legitimação para tratamento de dados pessoais e que representa uma significativa mudança de paradigma em relação ao tradicional foco no consentimento como forma única e principal de legitimação.

Essa mudança de perspectiva, elucidada com uma retomada histórica detalhada e muito necessária, se desvincula de uma visão singular de validação e segue para os legítimos interesses e outras forças de legitimação do tratamento de dados, terminando por refletir uma busca por harmonizar a proteção dos direitos individuais com o desenvolvimento econômico e tecnológico inevitável e necessário, questões muito bem desenvolvidas ao longo dessa obra. Sem dúvidas, não se trata apenas da análise – feita de maneira excepcional e que é de suma importância – apenas de questões teóricas ou técnicas, mas também da promoção de um debate qualificado e essencial sobre os limites e as possibilidades de uma legislação que busca proteger a dignidade da pessoa como "o valor dos valores" diante de um mundo cada vez mais digitalizado e permeado pelo desejo de transpassar barreiras em nome do valor dos dados.

A obra de Rodrigo Gomes analisa de maneira crítica a trajetória da tutela de dados desde o início, a partir do consentimento como foco, explicando como se deu o caminho até outra hipótese de legitimação alternativa: legítimo(s) interesse(s). Com uma abordagem técnica e também social, esse livro se mostra uma contribuição indispensável para aqueles que tenham interesse no estudo, aplicação e conformidade da Lei Geral de Proteção de Dados; é um guia que auxilia e inspira novas reflexões e abordagens sobre a proteção de dados pessoais no Brasil, de forma recortada sobre um dos pontos de maior abertura normativa que, mais do que nunca, precisa ser decantado.

Bruno Bioni

Doutor em Direito Comercial e Mestre em Direito Civil na Faculdade de Direito da Universidade de São Paulo – USP. Foi *study visitor* do Departamento de Proteção de Dados Pessoais do *European Data Protection Board* – EDPB e do Conselho da Europa-CoE, pesquisador visitante no Centro de Pesquisa de Direito, Tecnologia e Sociedade da Faculdade de Direito da Universidade de Ottawa. É autor do livro "Proteção de Dados Pessoais: a função e os limites do consentimento" e "Regulação e Proteção de Dados: o princípio da accountability". Foi Membro titular do Conselho Nacional de Proteção de Dados – CNPD como representante titular da sociedade civil e, também, da Comissão do Senado Federal de juristas sobre Inteligência Artificial. Em 2023, foi nomeado membro do Comitê de Estudos sobre Integridade Digital e Transparência nas Plataformas de Internet do Tribunal Superior Eleitoral (TSE). Ainda, é diretor-fundador do Data Privacy e sócio-fundador da Bioni Consultoria, advogado e parecerista.

APRESENTAÇÃO

É com muita alegria que apresento o livro do Doutor Rodrigo Dias de Pinho Gomes, intitulado "Legítimos Interesses na LGPD: trajetória, consolidação e critérios de aplicação".

O livro, fruto de sua tese de doutoramento na Universidade do Estado do Rio de Janeiro, é o resultado de um inquestionável amadurecimento acadêmico e profissional, que restou evidenciado em sua banca de defesa, da qual tive a honra de participar. Afirmo que suas considerações perante a banca foram firmes e o seu convencimento a respeito de sua hipótese – qual seja, o desenvolvimento de critérios e procedimentos para a identificação do legítimo interesse – levaram os membros da banca ao reconhecimento da importância e atualidade de sua tese.

Tive a oportunidade de conhecer o Rodrigo ainda na graduação de Direito na Pontifícia Universidade Católica do Rio de Janeiro, quando fui escolhida para orientá-lo em sua monografia de conclusão de curso. À época, Rodrigo escreveu sobre o polêmico tema do "Caráter Punitivo do Dano Moral", o que moldou a sua capacidade de pesquisa e de análise crítica. Tempos depois, tive a felicidade de tê-lo como meu aluno no curso de Especialização em Direito Privado Patrimonial, também na PUC-Rio, sendo por ele desenvolvida a pesquisa sobre "O adimplemento substancial do contrato". Naquele momento, pude identificar no Rodrigo uma paixão pela academia e pela pesquisa e sugeri fortemente que ele seguisse esse caminho. Ao ingressar no Programa de Pós-graduação em Direito da Universidade do Estado do Rio de Janeiro, Rodrigo desenvolveu uma pesquisa sobre Big Data, o que resultou na publicação de seu primeiro livro "Big data: desafios à tutela da pessoa humana na sociedade da informação", que já se encontra em sua segunda edição.

Esse trajeto acadêmico preparou o Rodrigo para um desafio maior que é a pesquisa de doutorado. Apaixonado pelo tema da proteção de dados pessoais e por tecnologia, Rodrigo escolheu um dos assuntos mais difíceis e desafiadores na área de proteção de dados na atualidade, qual seja, o conceito e conteúdo de legítimos interesses, hipótese que permite o tratamento de dados pelo controlador. Preocupado com a insegurança em volta de tal hipótese, e considerando a experiência da União Europeia em delimitar o conteúdo de tal base legal, Rodrigo nos apresenta com uma tese inovadora, que estabelece critérios e procedimentos claros para que o controlador possa selecionar tal base como justificativa de legitimação do tratamento de dados pessoais.

Membro ativo do grupo de pesquisa Legalite PUC-Rio, coordenador do curso "A nova Lei Geral de Proteção de Dados Pessoais", na PUC-Rio, Rodrigo hoje é presidente da Comissão de Privacidade e Proteção de Dados da OAB, seccional Rio de Janeiro. Autor de inúmeros artigos e capítulos de livro sobre a temática da proteção de dados pessoais, a publicação deste livro, de leitura obrigatória, é o coroamento de sua carreira acadêmica. Desejo uma boa leitura a todos!

Caitlin Mulholland

Professora de Direito na PUC-Rio.

SUMÁRIO

LISTA DE QUADROS... VII

LISTA DE SIGLAS.. IX

AGRADECIMENTOS... XI

PREFÁCIO XIII

APRESENTAÇÃO.. XV

INTRODUÇÃO.. XXI

1. ASCENSÃO E QUEDA DO CONSENTIMENTO NA QUALIDADE DE PILAR
REGULATÓRIO NA TUTELA DA PRIVACIDADE E DOS DADOS PESSOAIS: A
TRAJETÓRIA PARA OS LEGÍTIMOS INTERESSES.. 1

1.1 Da tutela dos atos egoísticos à dimensão coletiva da privacidade: o protagonismo do consentimento enquanto corolário da liberdade individual ... 3

1.1.1 *Data centers* na década de 1960 como indutores para a tutela autônoma da proteção de dados pessoais... 9

1.1.2 Histórias de terror e o efeito *Bandwagon*.. 14

1.1.3 "O computador é o problema": primeira geração legislativa sobre
proteção de dados pessoais como instrumentos de consolidação da
posição preferencial do consentimento 22

1.1.4 Minicomputadores e a segunda geração legislativa: ênfase na liber-
dade individual... 23

1.1.5 Computadores em rede e a terceira geração de leis: a busca pela efetividade na tutela dos dados pessoais 25

1.1.6 Importação do consentimento negocial como instrumento legitima-
dor do tratamento de dados pessoais.. 28

1.2 Quarta geração de leis de proteção de dados pessoais: marco inicial da exaustão do consentimento 36

    1.2.1 Consentimento como manifestação livre diante da ausência de escolha na regulação dos interesses existenciais 39

    1.2.2 Unicórnios e fadas: consentimento como manifestação informada diante das deficiências na transparência e limitações cognitivas dos titulares........................ 43

    1.2.3 Consentimento como manifestação inequívoca diante da tortuosa tarefa de demonstração da vontade clara e positiva do titular 45

    1.2.4 Finalidades determinadas e granularidade do consentimento: desafios de ordem prática face à multiplicidade de atividades e agentes de tratamento........................ 48

1.3 Ascensão dos interesses legítimos: ajustes no modelo regulatório fundado no consentimento através da limitação do espaço de liberdade individual........................ 50

2. CONCEITO, TRAJETÓRIA HISTÓRICA E TUTELA JURÍDICA DOS INTERESSES LEGÍTIMOS COMO REQUISITO PARA O TRATAMENTO DE DADOS PESSOAIS........................ 59

2.1 Interesse: conceitos e origem etimológica 62

2.2 Interesse: tutela pelo ordenamento jurídico........................ 64

2.3 Abertura semântica, fluidez na tutela jurídica e indeterminação conceitual 67

    2.3.1 A transformação de princípios em normas jurídicas........................ 73

2.4 Legítimos interesses como fundamento de licitude do Tratamento de dados Pessoais na Diretiva 95/46/CE........................ 75

    2.4.1 Aplicação direta dos interesses legítimos no ordenamento espanhol diante do julgamento do caso ASNEF e FECEMD pelo Tribunal de Justiça da União Europeia........................ 83

    2.4.2 Análise dos legítimos interesses como requisito de tratamento no caso *Google Spain* v. Costeja pelo Tribunal de Justiça da União Europeia........................ 86

2.5 Atualização da base Legal dos Legítimos Interesses através da edição do Regulamento (UE) 2016/679........................ 88

2.6 Legítimos interesses no ordenamento brasileiro: a longa jornada até a aprovação da LGPD........................ 92

    2.6.1 Anteprojeto de Lei para a Proteção de Dados Pessoais em 2010: primazia do consentimento e absoluto silêncio sobre o interesse legítimo 94

2.6.2 Consentimento implícito do titular e interesses legítimos no Ante-projeto de Lei para a Proteção de Dados Pessoais em 2015 96

2.6.3 Projetos de Lei no Congresso Brasileiro e o processo legislativo até a aprovação da LGPD 100

2.6.4 Inovação brasileira: o art. 10 da LGPD como conciliador entre os agentes privados e o setor acadêmico 103

2.6.5 Afirmação da autonomia da proteção de dados pessoais como direito fundamental no julgamento da ADI 6387 pelo STF 105

2.6.6 Contribuições doutrinárias para a proteção de dados pessoais como direito fundamental autônomo 108

2.6.7 Emenda Constitucional n.º 115: a proteção de dados pessoais como direito fundamental 113

2.6.8 Aprovação e a promulgação da LGPD: o Brasil de despede da perife-ria da proteção de dados pessoais 116

2.7 Conceito e características distintivas dos interesses legítimos na LGPD: a "hipótese camaleão" 118

3. INTERESSES LEGÍTIMOS NA LGPD: REQUISITOS, CRITÉRIOS INTERPRE-TATIVOS E PROCEDIMENTOS DE APLICAÇÃO 125

3.1 *Legitimate Interest Assessment – LIA –* como procedimento preparatório 127

3.1.1 Relatório de Impacto à Proteção de Dados Pessoais: intercessões e traços distintivos 133

3.2 Identificando um interesse 138

3.2.1 Análise funcional e merecimento de tutela do interesse identificado pelo agente de tratamento 140

3.2.2 Autonomia privada e solidariedade: binômio inseparável 144

3.2.3 A legitimidade do interesse: a necessária mudança da premissa de mera licitude para o cânone hermenêutico à luz da boa-fé objetiva.. 146

3.2.4 Abuso de direito como restrição ao exercício de posições jurídicas contrárias aos valores e princípios do ordenamento 151

3.2.5 Interesse legítimo de terceiro 153

3.2.6 Legítimas expectativas e legítimos interesses dos titulares: tutela da confiança à luz da boa-fé objetiva 159

3.2.7 Legítimos interesses e tratamento de dados sensíveis 166

3.2.8 Legítimos interesses e tratamento de dados de crianças e de adoles-centes: prevalência apriorística da cláusula do melhor interesse 169

3.2.9 Legítimos interesses e tratamento de dados pelo Poder Público 173

3.3 Atividade de tratamento deve ser necessária para atingir a finalidade pretendida... 178

3.4 Finalidades legítimas, consideradas a partir de situações concretas............ 180

3.5 Reforço aos princípios das atividades de tratamento: ônus argumentativo reforçado para o controlador 182

    3.5.1 Finalidade no *caput* do art. 10.. 183

    3.5.2 Necessidade na parte final do § 1.º do art. 10 185

    3.5.3 Transparência no § 2.º do art. 10.. 186

3.6 Reforço à necessidade de registro das operações de tratamento................. 189

3.7 Medidas e salvaguardas adicionais em prol da mitigação de riscos............ 191

    3.7.1 *Privacy by design* como premissa de concepção, desenvolvimento e aplicação de produtos e serviços e suas atividades de tratamento 193

    3.7.2 Direito de oposição ao tratamento fundado no legítimo interesse e o pressuposto do descumprimento ao disposto na LGPD como condição de exercício pelo titular... 197

3.8 Interesses legítimos e direitos fundamentais do titular: critérios de ponderação 202

    3.8.1 Análise do caso concreto à luz da legalidade constitucional como processo unitário de interpretação... 203

    3.8.2 Proporcionalidade entre o interesse do controlador ou de terceiro e os direitos do titular.. 208

CONCLUSÃO... 213

REFERÊNCIAS... 219

INTRODUÇÃO

Não há mais escolha: nas esferas pública e privada a utilização dos dados pessoais se revela essencial às atividades do cotidiano, especialmente na internet, epicentro[1] da sociedade contemporânea, onde se estabelecem e se cultivam amizades, o conhecimento é difundido, negócios se concretizam e o engajamento político se organiza.

No mundo conectado, onde é possível traçar um perfil completo de qualquer indivíduo em apenas dois segundos,[2] com frequência surgem afirmações polêmicas. Reportagens, palestras e até eventos sociais comumente afirmam que os dados pessoais são o novo petróleo,[3] que a privacidade morreu[4] e que no século XXI resta perdida a capacidade do ser humano de ficar *offline*.[5]

Globalização, formação de redes organizacionais e primazia da tecnologia são algumas das características que retratam a contemporaneidade[6] e edificam o concento daquilo que se chamou de sociedade da informação.[7] Computação digital, inteligência artificial, e até a neurotecnologia[8] estão transformando profundamente a vida das pessoas. Com potencial transformativo comparado ao

---

1. GREENWALD, Glen. *No place to hide*: Edward Snowden, the NSA and the U.S. Surveillance State. New York: Metropolitan Book, 2014. p. 5-6.
2. EUROPEAN COMMISSION. *70 Years of EU Law*: A Union for its Citizens. Luxembourg: Publications Office of the European Union, 2022. p. 112. Disponível em: https://op.europa.eu/en/publication-detail/-/publication/88c3f547-6ed0-11ed-9887-01aa75ed71a1/language-en. Acesso em: 08 ago. 2023.
3. KUNEVA, Meglena. Comissária Europeia do Consumidor. Março de 2009 apud WORLD ECONOMIC FORUM (WEF). *Personal Data*: The Emergence of a New Asset Class. January 2011. Disponível em: http://www3.weforum.org/docs/WEF_ITTC_PersonalDataNewAsset_Report_2011.pdf. Acesso em: 06 mar. 2023.
4. MORGAN, Jacob. Privacy Is Completely and Utterly Dead, and we Killed It. *Forbes*, ago. 2014. Disponível em: https://www.forbes.com/sites/jacobmorgan/2014/08/19/privacy-is-completely-and-utterly-dead-and-we-killed-it/. Acesso em: 1.º fev. 2023.
5. SELINGER, Evan; FRISCHMANN, Brett. Will the internet of things result in predictable people? *The Guardian*, ago. 2015. Disponível em: http://www.theguardian.com/technology/2015/aug/10/internet-of- things-predictable-people. Acesso em: 14 jan. 2023.
6. CASTELLS, Manuel. *O poder da identidade* [recurso eletrônico]. Tradução de Klauss Brandini Gerhardt. São Paulo: Paz e Terra, 2018.
7. CASTELLS, Manuel. *A sociedade em rede*. Tradução de Roneide Venancio Majer e Klauss Brandini Gerhardt. 8. ed. São Paulo: Paz e Terra, 1999. v. 1. p. 50-60.
8. "Neurotecnologia" é um termo abrangente usado para descrever uma grande variedade de sistemas tecnológicos que monitoram (leem) ou modulam (gravam) a atividade cerebral. (Tradução livre do autor) (LUTERBACHER, Celia. What are neurorights, and why do we need them? *EPFL*, 29 nov. 2021. Disponível em: https://actu.epfl.ch/news/what-are-neurorights-and-why-do-we-need-them/. Acesso em: 14 fev. 2023).

iluminismo,[9] o *big data*[10] propicia a disponibilidade quase infinita de informações para que ferramentas tecnológicas se desenvolvam em velocidade exponencial. Utilizando inteligência artificial,[11] dispositivos eletrônicos desempenhem funções tipicamente humanas, sendo adotada para ganhos de eficiência na agricultura[12] à decisão automatizada sobre lançamento de mísseis militares.[13]

A revolução tecnológica observada nas últimas décadas produziu inovações comumente sedutoras, especialmente quando propiciam ganhos de eficiência e comodidade na esfera pública e privada, geração de riquezas e novas oportunidades de negócios, além de outros benefícios. Já se fala abertamente no desenvolvimento da inteligência artificial geral (A.G.I.), ou seja, a possibilidade de uma máquina realizar qualquer tarefa que o cérebro humano desempenhe.[14]

Ao final do século XX, inaugurou-se a era do capitalismo informacional,[15] que alterou substancialmente a dinâmica social. No setor privado, os ganhos econômicos, sociais e políticos se potencializam pela simbiose entre tecnologia e dados pessoais. A atual mercantilização do comportamento humano[16] não é obra do acaso, mas oriunda do plano de negócios de grandes controladores de informações, que no início deste século vislumbraram neste *modus operandi* o passaporte para o futuro. Paga-se um verdadeiro preço informacional[17] para que as comunicações pessoais, profissionais e comerciais ocorram por dispositivos

---

9. MAYER-SCHONBERGER, Viktor; CUKIER, Kenneth. *Big data*: a Revolution That Will Transform How We Live, Work, and Think. New York: Houghton Mifflin Harcourt, 2013. p. 96.

10. "*big data* se refere a coisas que se pode fazer em grande escala, que não podem ser feitas em escala menor, de forma a extrair novas ideias ou criar novas formas de valor, de maneira que acabam mudando mercados, organizações, a relação entre os cidadãos e os governos, dentre outros." (Tradução livre do autor) MAYER-SCHONBERGER, Viktor; CUKIER, Kenneth. *Big data*: a Revolution That Will Transform How We Live, Work, and Think. New York: Houghton Mifflin Harcourt, 2013. p. 6).

11. "Os convidados, de modo geral, concordaram que não há uma definição consensual sobre a IA". (SENADO FEDERAL. *Relatório final*. Comissão de Juristas Responsável por Subsidiar Elaboração de Substitutivo sobre Inteligência Artificial no Brasil. Coordenação de Comissões Especiais, Temporárias e Parlamentares de Inquérito. Brasília, 2022. p. 78).

12. GILPIN, Lyndsey. How big data is going to help feed nine billion people by 2050. *Tech Republic*, 2014. Disponível em: https://www.techrepublic.com/article/how-big-data-is-going-to-help-feed-9-billion--people-by-2050/. Acesso em: 03 ago. 2022.

13. KNIGHT, Will. The AI Arms Race Is On. *Wired*, set. 2023. Disponível em: https://www.wired.com/story/ai-powered-totally-autonomous-future-of-war-is-here/. Acesso em: 08 ago. 2023.

14. METZ, Cade. The ChatGPT King Isn't Worried, but He Knows You Might Be. *The New York Times*, 31 mar. 2023. Disponível em: https://www.nytimes.com/2023/03/31/technology/sam-altman-open-ai--chatgpt.html. Acesso em: 06 abr. 2023.

15. CASTELLS, Manuel. *A sociedade em rede*. Tradução de Roneide Venâncio Majer. 6. ed. São Paulo: Paz e Terra, 1999. p. 119.

16. ZUBOFF, Shoshana. Surveillance Capitalism or Democracy? The Death Match of Institutional Orders and the Politics of Knowledge in Our Information Civilization. *Organization Theory*, 2022. p. 3. Disponível em: https://doi.org/10.1177/26317877221129290. Acesso em: 30 jan. 2023.

17. NISSENBAUM, Helen. A Contextual Approach to Privacy Online. *Dædalus – Journal of the American Academy of Arts & Sciences*, Cambridge, v. 140, n. 4, p. 35, 2011.

inteligentes, na elaboração de políticas públicas eficientes por meio de informações detalhadas sobre a população, para a prestação de serviços personalizadas de acordo com gostos e desejos do cliente.

A constante evolução da tecnologia, que possibilita um fluxo de informações em volume e escalas impensáveis até pouco tempo atrás produz significativo impacto na sociedade. A nova economia interligada globalmente, cuja produtividade e a competitividade dependem de sua capacidade dos agentes de tratar conhecimento e informação, na qual o capital, trabalho, matéria-prima, administração, informação, tecnologia e mercados se estruturam em escala global,[18] a sociedade passa a se organizar de uma nova maneira.

Inserido neste contexto, a presente obra se propõe a analisar como a figura do consentimento, dotada de posição chave para lidar com o controle da privacidade e do fluxo de informações pessoais, acabou por entrar em verdadeira crise, abrindo espaço para a popularização da base legal dos legítimos interesses.

Registre-se que, para promover uma completa visão do problema, identifica-se um obstáculo argumentativo, no sentido de que seria incompleta qualquer análise aprofundada da hipótese do interesse legítimo sem antes analisar o processo de exaustão do consentimento, já que de suas limitações a base legal dos legítimos interesses é desenvolvida. Ao mesmo tempo, é imperioso reconhecer que a popularização do recurso aos legítimos interesses traz um preço, já que a sua adoção generalizada contribui para a pulverização de metodologias e critérios de interpretação que podem acabar mais esvaziando do que concretizando a sua aplicação, além de afastar o uso da base legal das garantias e observância dos direitos fundamentais envolvidos que são essenciais para a sua legitimidade. Nesse sentido, esta obra tem como principal objetivo contribuir para o fornecimento de critérios de aplicação e premissas hermenêuticas à aplicação dos interesses legítimos, à luz do ordenamento jurídico brasileiro, respeitando-se a tábua axiológica da Constituição Federal de 1988.

No capítulo inaugural começa tratando da ascensão do consentimento, analisando seu surgimento e evolução como pilar central da proteção de dados pessoais ao longo das etapas geracionais de leis de proteção de dados. Ao traçar a trajetória, verifica-se que a noção de consentimento para o controle dos dados pessoais foi importada do consentimento negocial, típico do Direito Civil oitocentista, criado no seio de situações tipicamente patrimoniais. Pretende-se demonstrar como as transformações tecnológicas e sociais, iniciadas sobretudo na década de 1980, impactaram a sociedade e o direito, tendo como marco his-

---

18. CASTELLS, Manuel. *A sociedade em rede*. Tradução de Roneide Venâncio Majer. 6. ed. São Paulo: Paz e Terra, 1999. p. 119.

tórico o surgimento do *National Data Center* nos EUA e outros bancos de dados centralizados no solo Europeu, eclodindo na primeira geração de leis de proteção de dados pessoais. Analisa-se como a alçada do consentimento ao protagonista, já na segunda geração de leis, demonstrou ser equivocada, por diversos fatores, destacando-se a essencialidade da circulação dos dados pessoais, especialmente face ao Estado de bem-estar social Europeu. Na quarta geração de leis, que representa o atual momento, torna-se evidente que o consentimento está perdendo seu papel protagonista, registrando-se então uma série de limitações à escolha dos titulares, como, por exemplo, na proibição de tratamento de dados sensíveis em algumas situações, mesmo que haja autorização da pessoa titular.

Pretende-se ainda ressaltar como é desafiante a manifestação no ato de consentir para o tratamento de dados pessoais, posto que raramente é livre, informada, inequívoca e para finalidades determinadas, como determina a legislação. Demonstrada a fadiga e a insuficiência do consentimento como mecanismo exclusivo para a proteção de dados pessoais, evidencia-se o surgimento e ascensão dos legítimos interesses como principal mecanismo de licitude para as atividades de tratamento na sociedade da informação.

O segundo capítulo se concentra na conceituação, surgimento e ascensão dos interesses legítimos como uma solução viável e necessária à exaustão do consentimento. Aborda-se então o conceito, a trajetória histórica e a tutela jurídica dos interesses legítimos como requisito de tratamento de dados pessoais. Inicialmente, o capítulo se debruça sobre a definição de interesse, explorando seus aspectos conceituais, etimológicos e a forma como são tutelados pelo ordenamento jurídico. Em seguida, discute a abertura semântica do termo, a fluidez de sua tutela jurídica e as dificuldades advindas da indeterminação conceitual, na qualidade de conceito jurídico indeterminado. O foco se volta então para a análise dos legítimos interesses na Diretiva 95/46/CE da União Europeia. Dois casos emblemáticos são analisados: a aplicação direta dos interesses legítimos no ordenamento espanhol, ilustrada pelo julgamento do caso ASNEF e FECEMD pelo Tribunal de Justiça da União Europeia, e a análise dos legítimos interesses no caso Google Spain v. Costeja, também julgado pelo mesmo Tribunal.

Prossegue-se com a atualização, marcada pela edição do Regulamento (UE) 2016/679, e segue para a inserção dos interesses legítimos no ordenamento jurídico brasileiro. Aqui, é retratada a longa jornada até a aprovação da Lei Geral de Proteção de Dados Pessoais (LGPD), passando pelo Anteprojeto de Lei submetido à consulta pública em 2010, que se caracterizava pelo reino do consentimento e um absoluto silêncio sobre os interesses legítimos. O capítulo também aborda o consentimento implícito e os interesses legítimos nos debates públicos de 2015, os projetos de lei no Congresso Brasileiro e o processo legislativo até a aprovação da LGPD. Passa-se pelo julgamento histórico no Supremo Tribunal Federal, que afirmou a autonomia da proteção de dados pessoais como direito fundamental na ADI 6387, e as contribuições doutrinárias para a proteção de dados pessoais como direito fundamental de tutela autônoma, culminando na inserção expressa desse direito no ordenamento jurídico brasileiro através da Emenda Constitucional n.º 115. O capítulo encerra com a promulgação da LGPD, marcando a saída do Brasil da periferia da proteção de dados pessoais e seu ingresso no cenário global de tutela das informações pessoais. Demonstra-se ainda que a doutrina e o próprio legislador são inânimes em informar que os legítimos interesses da LGPD foram inspirados no ordenamento europeu.

No terceiro e último capítulo, intitulado "Os Interesses Legítimos na Lei Geral de Proteção de Dados: Critérios Hermenêuticos, Requisitos e Procedimentos de Aplicação", investiga-se a aplicação e interpretação dos interesses legítimos no contexto da Lei Geral de Proteção de Dados (LGPD). O capítulo é iniciado com um estudo sobre o *legitimate interest assessment – LIA*" como procedimento preparatório, contemplando análise face ao Relatório de Impacto de Proteção de Dados Pessoais (RIPD), suas intercessões e características distintivas. Segue-se abordando as premissas para identificação de um interesse legítimo, sugerindo que se promova uma análise funcional, com mudança da premissa de mera licitude para o cânone hermenêutico à luz da boa-fé objetiva. Analisa-se a figura do abuso de direito como restrição ao exercício de posições jurídicas contrárias aos valores e princípios do ordenamento e sua aplicação à luz dos interesses legítimos. Além disso, o capítulo discute o interesse legítimo de terceiros, as legítimas expectativas e os legítimos interesses dos titulares, e a relação dos interesses legítimos com o tratamento de dados sensíveis, de crianças e adolescentes, e pelo Poder Público.

O capítulo avança analisando os requisitos inscritos nos art. 10 da LGPD, com destaque para a necessidade de que a atividade de tratamento revele no atingimento da finalidade pretendida, as finalidades legítimas consideradas a partir de situações concretas, e o reforço dos princípios da finalidade, necessidade e transparência. Além disso, aborda o reforço ao registro das operações de tratamento e as medidas e salvaguardas adicionais para a mitigação de riscos, incluindo o conceito de *privacy by design*" e o direito de oposição ao tratamento fundado no legítimo interesse.

Ao final do último capítulo o estudo se concentra na relação entre interesses legítimos e direitos fundamentais do titular, estabelecendo critérios de ponderação à luz da legalidade constitucional, em caso de conflito entre eles. Este segmento enfatiza que a liberdade do controlador na escolha pelo legítimo interesse não é absoluta, exigindo um equilíbrio entre os interesses do agente de tratamento ou de terceiros e os direitos do titular. Destaca-se a necessidade de uma análise detalhada do caso concreto, ressaltando a importância da Doutrina no estabelecimento de critérios de aplicação e premissas hermenêuticas. Enfatiza-se a relevância de soluções interpretativas assentadas à luz dos princípios da Constituição Federal e a necessidade de uma ponderação cuidadosa dos interesses em jogo, sempre visando maximizar a realização de cada um dos direitos fundamentais em eventual colisão. Ao final, o capítulo sugere a técnica da ponderação, de acordo com as premissas metodológicas da escola de Direito Civil-Constitucional, e a aplicação da proporcionalidade na resolução de conflitos entre direitos fundamentais, destacando casos concretos e a necessidade de uma abordagem equilibrada e fundamentada, alinhada à axiologia constitucional.

Por fim, em que pese as diversas menções a legislação estrangeira, a presente obra não configura um estudo comparativo. Na verdade, pretende-se concentrar o foco no sistema jurídico brasileiro, valendo-se, no entanto, de exemplos alienígenas com o objetivo de reforço argumentativo, trazendo visões pontuais, além dos muros que guardam o ordenamento pátrio.

1
ASCENSÃO E QUEDA DO CONSENTIMENTO NA QUALIDADE DE PILAR REGULATÓRIO NA TUTELA DA PRIVACIDADE E DOS DADOS PESSOAIS: A TRAJETÓRIA PARA OS LEGÍTIMOS INTERESSES

The real problem of humanity is the following: we have Paleolithic emotions; medieval institutions; and god-like technology. (E.O. Wilson)

Qualquer atividade de tratamento[1] com dados pessoais tem como pré-condição de licitude o respaldo em um requisito previamente autorizado pela legislação. Apesar de não ser o único, o consentimento do titular representa o clássico exemplo, adjetivado como "pilar regulatório"[2] e "regra geral",[3] sendo mencionado 72 vezes no Regulamento Europeu de Proteção de Dados e 35 vezes na Lei Geral de Proteção de Dados Pessoais.

Na busca por um arcabouço normativo interoperável globalmente, capaz de facilitar o fluxo informacional entre diversas jurisdições, as diretrizes de pri-

---

1. Lei n.º 13.709, de 14 de agosto de 2018. Lei Geral de Proteção de Dados Pessoais (LGPD): Art. 5.º Para os fins desta Lei, considera-se: [...] X – tratamento: toda operação realizada com dados pessoais, como as que se referem a coleta, produção, recepção, classificação, utilização, acesso, reprodução, transmissão, distribuição, processamento, arquivamento, armazenamento, eliminação, avaliação ou controle da informação, modificação, comunicação, transferência, difusão ou extração.
2. "Com razão se afirmou que o consentimento é o pilar regulatório adotado para a proteção de dados pessoais, funcionando, desde a década de 1990 na Europa como ponto de partida a legitimar e justificar a licitude da coleta, tratamento e análise de dados do titular" (GOMES, Rodrigo Dias de Pinho. *Big Data*: desafios à tutela da pessoa humana na sociedade da informação. 2. ed. Rio de Janeiro: Lumen Juris, 2019. v. 1. p. 74).
3. "A terminologia legítimos interesses é equívoca, o que permitiria uma série de interpretações se estas fossem realizadas de forma assistemática das demais disposições da diretiva e, sobretudo, frente à regra geral do consentimento" (BIONI, Bruno Ricardo. *Xeque-mate*: o tripé de proteção de dados pessoais no xadrez das iniciativas legislativas no Brasil. São Paulo: GPoPAI-USP, 2016. p. 48-49. Disponível em: https://www.academia.edu/28752561/Xeque-Mate_o_trip%C3%A9_de_ prote%C3%A7%C3%A3o_de_dados_pessoais_no_xadrez_das_iniciativas_legislativas_no_Brasil. Acesso em: 18 maio 2022.

vacidade publicadas pela OCDE em 1980 (atualizadas em 2013)[4] e a Convenção 108 do Conselho da Europa (atualizada em 2018)[5] serviram como insumo do esquadro regulamentar de diversos países[6] que adotaram legislações semelhantes. O esforço político de harmonização baseada nas recomendações da OCDE representa um dos fatores contributivos a culminar no protagonismo do titular como "principal ator da dinâmica normativa sobre proteção de dados pessoais".[7]

É neste espectro político e histórico que se identifica a opção legislativa pelo protagonismo do consentimento como legitimador das atividades de tratamento de dados pessoais, com a função de possibilitar ao titular estabelecer um espaço íntimo, sem a interferência de terceiros, utilizado como verdadeira liberdade negativa.[8]

Ao tutelar a possibilidade de fornecer o consentimento, o ordenamento também faculta ao titular possibilidade de escolha diante da circulação de seus dados pessoais e das atividades de tratamento por terceiros.[9] Associado diretamente à autodeterminação informativa, tem a função de permitir o desenvolvimento da personalidade através da regulação dos interesses existenciais da pessoa humana.

Ocorre que, ao utilizar os serviços públicos ou adquirir produtos e contratar com prestadores de serviços e bens essenciais como transporte, energia e provedores de comunicação, o titular deverá tomar diversas decisões que implicam necessariamente no fornecimento de seus dados pessoais. Na sociedade da informação,[10] não haverá escolha senão por "consentir".[11]

---

4. ORGANIZATION FOR ECONOMIC CO-OPERATION AND DEVELOPMENT (OECD). *The OECD Privacy Framework*. 2013. p. 33. Disponível em: https://www.oecd.org/sti/ieconomy/oecd_privacy_framework.pdf. Acesso em: 12 abr. 2023.

5. Convenção 108 +. Convenção para a proteção das pessoas relativamente ao tratamento de dados de carácter pessoal. Decisão do Comité de Ministros na 128.ª sessão, Elsinore, 18 de maio de 2018. Conselho da Europa, 2018.

6. KUNER, Christopher. *Regulation of Transborder Data Flows under Data Protection and Privacy Law*. Paris: OECD Publishing, 2011. p. 6. (OECD Digital economic papers, n. 187). Disponível em: https://doi.org/10.1787/5kg0s2fk315f-en. Acesso em: 08 ago. 2023.

7. BIONI, Bruno Ricardo. *Proteção de dados pessoais*: a função e os limites do consentimento. Rio de Janeiro: Forense, 2019. Livro eletrônico não paginado.

8. MAYER-SCHÖNBERGER, Viktor. Generational Development of Data Protection in Europe. In: AGRE, Philip; ROTENBERG, Marc (eds.). *Technology and privacy*: the new landscape. Cambridge: MIT Press, 1997. p. 226.

9. DE TEFFÉ, Chiara Antonia Spadaccini; TEPEDINO, Gustavo. Consentimento e proteção de dados pessoais na LGPD. In: FRAZÃO, Ana; OLIVA, Milena Donato; TEPEDINO, Gustavo (coords.). *Lei geral de proteção de dados pessoais e suas repercussões no direito brasileiro*. São Paulo: Thomson Reuters Brasil, 2019. p. 299.

10. CASTELLS, Manuel. *A sociedade em rede*. Tradução de Roneide Venancio Majer e Klauss Brandini Gerhardt. 8. ed. São Paulo: Paz e Terra, 1999. v. 1. p. 50-60.

11. "Há também a questão de até que ponto os indivíduos têm escolhas significativas sobre quais informações eles revelam. Normalmente, os indivíduos não podem usar um serviço a menos que concordem com os termos de uso, que, além de serem complexos ou legalistas, frequentemente apresentam uma abordagem 'ou tudo ou nada'. De acordo com essa abordagem, o usuário deve concordar em fornecer

Neste contexto, afirmou-se que "a dura verdade é que o consentimento significativo raramente é possível",[12] especialmente quando existe assimetria informacional[13] entre o titular e o controlador[14] dos dados pessoais, colocando o instituto em xeque, diante de sua obsolência[15] em determinadas situações.

Daí surge a demanda, especialmente dos agentes de tratamento, por uma base legal que legitime atividades sem os percalços típicos do consentimento. A resposta do legislador vem através da criação da hipótese dos legítimos interesses.

Para melhor compreensão destes fenômenos, é necessário analisar aspectos marcantes da tutela da privacidade e da proteção de dados pessoais, iniciada ao longo do século passado até os tempos atuais, marcada por profundas mudanças sociais, econômicas, políticas e sobretudo jurídicas.

1.1 DA TUTELA DOS ATOS EGOÍSTICOS À DIMENSÃO COLETIVA DA PRIVACIDADE: O PROTAGONISMO DO CONSENTIMENTO ENQUANTO COROLÁRIO DA LIBERDADE INDIVIDUAL

Privacidade se liga intimamente à evolução da espécie humana e diretamente relacionada com o instinto animal de territorialidade e sobrevivência,[16] havendo referências encontradas desde 1.772 A.C. no Código de Hamurabi, na Bíblia, Alcorão e na Grécia Antiga.[17] Os primeiros contornos embrionários da sua concepção se originam na queda do sistema feudal, aliadas às transformações sociais, econômicas e políticas vindas da Revolução Industrial, que teve início no século

---

dados pessoais para todos os fins que a organização representa – mesmo que alguns não estejam diretamente relacionados ao serviço – para acessar o serviço. Isto limita substancialmente a capacidade do indivíduo de proteger os seus dados pessoais dando um consentimento significativo" (Tradução livre do autor) (ORGANIZATION FOR ECONOMIC CO-OPERATION AND DEVELOPMENT (OECD). *The OECD Privacy Framework*. 2013. p. 100. Disponível em: https://www.oecd.org/sti/ieconomy/oecd_privacy_framework.pdf. Acesso em: 12 abr. 2023.

12. SOLOVE, Daniel J. Murky Consent: An Approach to the Fictions of Consent in Privacy Law. *Social Science Research Network (SSRN)*, 2023. p. 6. Disponível em: https://ssrn.com/abstract=4333743. Acesso em: 26 jan. 2023.

13. BIONI, Bruno Ricardo. *Proteção de dados pessoais*: a função e os limites do consentimento. Rio de Janeiro: Forense, 2019. Livro eletrônico não paginado.

14. Lei n.º 13.709, de 14 de agosto de 2018. Lei Geral de Proteção de Dados Pessoais (LGPD): Art. 5.º Para os fins desta Lei, considera-se: [...] VI – controlador: pessoa natural ou jurídica, de direito público ou privado, a quem competem as decisões referentes ao tratamento de dados pessoais.

15. PRIVACY by design in big data. *European Union Agency for Network and Information Security (ENISA)*, 17 dez. 2015. Disponível em: https://www.enisa.europa.eu/publications/big-data-protection. Acesso em: 12 abr. 2023.

16. RENGEL, Alexandra. *Privacy in the 21st Century*. Leiden: Martinus Nijhoff Publishers, 2013. p. 29.

17. DONEDA, Danilo. Considerações iniciais sobre os bancos de dados informatizados e o direito à privacidade. In: TEPEDINO, Gustavo (coord.). *Problemas de direito civil-constitucional*. Rio de Janeiro: Renovar, 2000. p. 112.

XVIII. Aqueles que dispunham de bens materiais para construir suas próprias casas, isolando-se dos demais, mesmo nos centros urbanos, passaram também a desfrutar de maior privacidade, privilégio até antes restrito aos que viviam longe da comunidade, como, por exemplo, os senhores feudais[18] e membros da igreja.

Por isso, o nascimento da privacidade não se apresenta como a realização de um valor existencial, ligado aos direitos da personalidade, mas como a aquisição de um privilégio por parte de um grupo com maior poder aquisitivo.[19] A expressão *man's house is his castle* pressupõe a capacidade de ter uma casa e os recursos necessários para mantê-la,[20] alijando da participação aqueles desprovidos destes meios.

O século XIX foi considerado a época de ouro da privacidade,[21] diante dos interesses em sua proteção manifestados pela ascendente classe burguesa. Identifica-se, assim, uma das razões pelas quais o conceito clássico da privacidade apresentava caráter eminentemente individualista, entendido como *right to be let alone*, ou seja, o direito de ser deixado só, "tomado como garante de isolamento e da solidão".[22]

Considerados os pais fundadores privacidade,[23] Samuel D. Warren e Luis D. Brandeis publicaram o artigo *"The right to privacy"*[24] em 1890 na prestigiosa Harvard Law Review, inaugurando a primeira base sólida para iniciativas concretas visando a sua tutela jurídica. Em 1928, no julgamento do caso Olmstead v. U.S. (277 U.S. 438, 1928) pela Suprema Corte dos Estados Unidos da América, Luis D. Brandeis, em voto divergente que acabou vencido, defendeu um direito à privacidade diante de escutas telefônicas sem autorização judicial,[25] plantando verdadeira semente para que sua reflexão permeasse uma alteração no direito americano.

Em 1970, a Corte Constitucional Alemã a definiu como uma "esfera intocável da vida privada, retirada da influência do poder do Estado".[26] Até os tempos atuais

---

18. DONEDA, Danilo. Considerações iniciais sobre os bancos de dados informatizados e o direito à privacidade. In: TEPEDINO, Gustavo (coord.). *Problemas de direito civil-constitucional*. Rio de Janeiro: Renovar, 2000. p. 112.

19. RODOTÀ, Stefano. *A vida na sociedade de vigilância*: a privacidade hoje. Rio de Janeiro: Renovar, 2008. p. 26.

20. BENDICH, Albert M. Privacy, poverty and the constitution. *California Law Review*, v. 54, n. 2, p. 414, 1966.

21. RODOTÀ, Stefano. *A vida na sociedade de vigilância*: a privacidade hoje. Rio de Janeiro: Renovar, 2008. p. 93.

22. DONEDA, Danilo. Considerações iniciais sobre os bancos de dados informatizados e o direito à privacidade. In: TEPEDINO, Gustavo (coord.). *Problemas de direito civil-constitucional*. Rio de Janeiro: Renovar, 2000. p. 113.

23. RODOTÀ, Stefano. *A vida na sociedade de vigilância*: a privacidade hoje. Rio de Janeiro: Renovar, 2008. p. 28.

24. WARREN, Samuel; BRANDEIS, Louis. The right to privacy. *Civilistica.com*, Rio de Janeiro, v. 2, n. 3, jul./set. 2013. Disponível em: http://civilistica.com/the-right-to-privacy. Acesso em: 27 fev. 2023.

25. WESTIN, Alan F. *Privacy and Freedom*. New York: Ig Publishing, 2018. (Reedição da versão original publicada em 1967). p. 236.

26. RICCARDI, J Lee. The German Federal Data Protection Act of 1977: Protecting the Right to Privacy? *Boston College International and Comparative Law Review*, v. 6, n. 1, p. 245, 1983. Disponível em: http://lawdigitalcommons.bc.edu/iclr/vol6/iss1/8. Acesso em: 06 mar. 2023.

a afirmação de Oscar Ruebhausen, de 1966, ainda se mostra atual, pois não há definição legal do conceito de privacidade e inexiste uma concepção consensual e unitária na doutrina.[27] Privacidade é um "conceito que provou ser parte filosofia, alguma semântica e muita paixão", afirmou Alan Westin.[28]

Os clássicos viam a privacidade como verdadeira faculdade de constranger terceiros a respeitá-la, ferramenta de resistência às eventuais violações e interferências indevidas.[29] A vetusta visão que eventualmente a trata como *um dos bens mais valiosos do ser humano*,[30] entende que o titular seria um *senhor exclusivo* deste direito contra qualquer *atentado* a ele direcionado.[31]

Em momento embrionário, a proteção à privacidade não passava de impor aos outros um verdadeiro dever geral de abstenção, de não fazer, para garantia de isolamento, no afã de estabelecendo ainda um dever negativo aos terceiros e impedir a invasão de um espaço reservado exclusivamente ao titular do direito, para que não houvesse interferência indevida na esfera particular, na esteira da tutela da propriedade privada.[32]

Após a Segunda Guerra Mundial, em 1948 a Assembleia Geral das Nações Unidas aprovou a Declaração Universal dos Direitos Humanos,[33] com o objetivo de unir os Estados Europeus no respeito à Lei, democracia, direitos humanos e desenvolvimento social.[34] Institui em seu artigo 12 a regra que "ninguém será sujeito a

---

27. "[...] privacidade é um termo notoriamente vago, ambíguo e controverso que abraça um nó confuso de problemas, tensões, direitos e deveres" (Tradução livre do autor) (RUEBHAUSEN, Oscar M. Prefácio. In: BENNETT, Colin John. *Regulating Privacy*: Data Protection and Public Policy in Europe and the United States. Ithaca: Cornell University Press, 1992. p. 12-13).

28. WESTIN, Alan F. *Privacy and Freedom*. New York: Ig Publishing, 2018 (Reedição da versão original publicada em 1967. p. 10).

29. FERRAZ JÚNIOR, Tércio Sampaio. Sigilo de dados: o direito à privacidade e os limites à função fiscalizadora do Estado. *Revista da Faculdade de Direito, Universidade de São Paulo*, v. 88, p. 439-440, 1993. Disponível em: https://www.revistas.usp.br/rfdusp/article/view/67231. Acesso em: 02 mar. 2023.

30. VENOSA, Sílvio de Salvo. *Direito civil*: parte geral. 17. ed. São Paulo: Atlas, 2017. p. 189.

31. PEREIRA, Caio Mário da Silva. *Instituições de direito civil*. Atualização de Maria Celina Bodin de Moraes. 30. ed. rev. e atual. Rio de Janeiro: Forense, 2017. v. 1. p. 214.

32. "Do mesmo modo que o direito à propriedade permitia repelir o esbulho dos bens materiais, a privacidade permitia afastar a interferência alheia sobre a vida íntima de cada um" (SCHREIBER, Anderson. *Direitos da personalidade*. 2. ed. São Paulo: Atlas, 2013. p. 135).

33. EUROPEAN UNION AGENCY FOR FUNDAMENTAL RIGHTS. *Handbook on European data protection law*. 2014. Disponível em: http://www.echr.coe.int/Documents/Handbook_data_ protection_ENG.pdf. Acesso em: 28 fev. 2023.

34. "Retiros pessoais para garantir perspectiva e julgamento crítico também são importantes para a vida democrática. Um sistema democrático liberal mantém um forte compromisso com a família como unidade básica e autônoma responsável por importantes papéis religiosos e morais e, portanto, a família pode fazer reivindicações de privacidade física e legal tanto contra a sociedade quanto contra o Estado. Como resultado da diversidade religiosa e ideias de tolerância, a maioria dos sistemas fazem da escolha religiosa uma preocupação "privada"; tanto a lei quanto os costumes proíbem o controle do governo sobre a natureza e legitimidade das afiliações religiosas e permitir o máximo de privacidade

interferências em sua vida privada, em sua família, em seu lar ou em sua correspondência, nem a ataques à sua honra e reputação". Finaliza o dispositivo atestando que "todo ser humano tem direito à proteção da lei contra tais interferências ou ataques".

No mesmo turno, a Convenção Europeia dos Direitos do Homem, realizada em Roma no ano de 1950, buscava garantir o respeito pela vida privada e familiar ao informar no artigo 8.º que "qualquer pessoa tem direito ao respeito da sua vida privada e familiar, do seu domicílio e da sua correspondência". A norma da Convenção também aduz que esse direito não é absoluto ao estabelecer condições a serem respeitadas para que a intervenção da autoridade pública na privacidade seja legítima em uma sociedade democrática. Poderia ser limitada quando houvesse lei, quando necessária para proteger a segurança nacional, a ordem pública, o bem-estar econômico do país, a prevenção de crimes, a saúde ou a moral da população ou os direitos e as liberdades de outras pessoas.

O julgado Griswold v. Connecticut, (381 U.S. 479 1965) representou uma mudança de entendimento da Suprema Corte norte-americana, que por 7 votos a 2, deu o primeiro passo em direção a uma nova doutrina constitucional de privacidade, diante da afirmação desta se trata de um direito constitucional.[35]

No início da segunda metade do século XX, é notável a escolha dos vocábulos – "interferências", "ataques", "ingerência" – como forma de previsão legal em um verdadeiro contexto de derrogações[36] aos direitos da personalidade. Alan Westin defendia seus quatro estados básicos: solidão, intimidade, anonimato e reserva.[37] Já no Brasil, dado o texto do inciso X da Constituição de 1988,[38] era corriqueira a sua associação a outros direitos da personalidade como a imagem, a honra, moral, essencialmente atrelado à intimidade.[39]

---

para a observância religiosa e para exame religioso de questões de política pública" (Tradução livre do autor) (WESTIN, Alan F. *Privacy and Freedom*. New York: Ig Publishing, 2018. (Reedição da versão original publicada em 1967). p. 32).

35. WESTIN, Alan F. *Privacy and Freedom*. New York: Ig Publishing, 2018 (Reedição da versão original publicada em 1967). p. 233.

36. EUROPEAN COMMISSION. Grupo de Trabalho do Artigo 29. *Opinião 06/2014 sobre a noção de interesses legítimos do controlador de dados nos termos do artigo 7.º da Diretiva 95/46/CE.* Adotado em 9 de abril de 2014. p. 6. Disponível em: https://ec.europa.eu/justice/article-29/documentation/opinion-recommendation/files/2014/wp217_pt.pdf. Acesso em: 03 nov. 2022.

37. WESTIN, Alan F. *Privacy and Freedom*. New York: Ig Publishing, 2018 (Reedição da versão original publicada em 1967). p. 36.

38. Constituição da República Federativa do Brasil de 1988: "Art. 5.º [...] X – são invioláveis a intimidade, a vida privada, a honra e a imagem das pessoas, assegurado o direito a indenização pelo dano material ou moral decorrente de sua violação".

39. No recôndito da privacidade se esconde, pois, em primeiro lugar, a intimidade. A intimidade não exige publicidade, porque não envolve direitos de terceiros. No âmbito da privacidade, a intimidade é o mais exclusivo dos seus direitos (FERRAZ JÚNIOR, Tércio Sampaio. Sigilo de dados: o direito à privacidade e os limites à função fiscalizadora do Estado. *Revista da Faculdade de Direito, Universidade de São Paulo,* v. 88, p. 442, 1993. Disponível em: https://www.revistas.usp.br/rfdusp/article/view/67231. Acesso em: 02 mar. 2023.

Nas décadas finais do século XX, a privacidade, em sua acepção clássica, sofre um duro golpe. Nesta época, que representa os primórdios da chamada sociedade da informação,[40] registra-se a proliferação do fluxo de dados, surgindo um novo quadro tecnológico, social e institucional, que faz dela um instituto mutante,[41] passando a assumir um caráter relacional.

O Superior Tribunal de Justiça, reconhecendo mudanças sociais, políticas e econômicas ocasionadas pela *indiscriminada colheita de informações*, afirmou em 1995:

> No clássico artigo *The Right to Privacy*, escrito a quatro mãos pelos juízes da Suprema Corte dos Estados Unidos Samuel D. Warren e Louis D. Brandeis, já se reconhecia que as mudanças políticas, sociais e econômicas demandam incessantemente o reconhecimento de novos direitos, razão pela qual necessário, de tempos em tempos, redefinir a exata natureza e extensão da proteção à privacidade do indivíduo. Independentemente do seu conteúdo, mutável com a evolução tecnológica e social, no entanto, permanece como denominador comum da privacidade e da autodeterminação o entendimento de que a privacidade somente pode ceder diante de justificativa consistente e legítima. [...] A inserção de dados pessoais do cidadão em bancos de informações tem se constituído em uma das preocupações de Estado moderno, onde o uso da informática e a possibilidade de controle unificado das diversas atividades da pessoa, nas múltiplas situações de vida, permitem o conhecimento de sua conduta pública e privada, até nos mínimos detalhes, podendo chegar à devassa de atos pessoais, invadindo área que deveria ficar restrita à sua intimidade; ao mesmo tempo, o cidadão objeto dessa indiscriminada colheita de informações, muitas, vezes sequer sabe da existência de tal atividade, ou não dispõe de eficazes meios para conhecer o seu resultado, retificá-lo ou cancelá-lo. E assim como o conjunto dessas informações pode ser usado para fins lícitos, públicos e privados, na prevenção ou repressão de delitos, ou habilitando o particular a celebrar contratos com pleno conhecimento de causa, também pode servir, ao Estado ou ao particular, para alcançar fins contrários à moral ou ao Direito, como instrumento de perseguição política ou opressão econômica.[42]

Chamam a atenção as diversas situações nas quais os direitos da personalidade restaram violados, demonstrando riscos para as liberdades e direitos das pessoas naturais,[43] sobretudo pela informatização de informações pessoais.[44]

---

40. Conforme abordado no início do item 1.

41. "[...a] proteção da privacidade identifica-se e acompanha a consolidação da própria teoria dos direitos da personalidade e, em seus mais recentes desenvolvimentos, afasta a leitura segundo a qual sua utilização em nome de um individualismo exacerbado alimentou o medo de que eles se tornassem o 'direito dos egoísmos privados'" (DONEDA, Danilo. *Da privacidade à proteção de dados pessoais*. 2. ed. rev. e atual. São Paulo: Ed. RT, 2019. p. 41).

42. BRASIL. Superior Tribunal de Justiça. *REsp 22.337/RS*. Relator: Min. Ruy Rosado de Aguiar. Julgamento: 13.02.1995. Órgão julgador: Quarta Turma. Publicação: DJ de 20.03.1995.

43. "Não há como o ChatGPT continuar o tratamento de dados em violação às leis de privacidade. A Autoridade Italiana impôs uma limitação temporária imediata ao tratamento de dados de usuários italianos pela OpenAI, a empresa americana que desenvolve e gerencia a plataforma. Também foi iniciada uma investigação sobre os fatos do caso" (Tradução livre do autor) (GPDP. *Intelligenza artificiale*: il Garante blocca ChatGPT. Raccolta illecita di dati personali. Assenza di sistemi per la verifica dell'età dei minori. Disponível em: https://www.garanteprivacy.it/web/guest/home/docweb/-/docweb-display/docweb/9870847. Acesso em: 06 abr. 2023).

44. DONEDA, Danilo. Considerações iniciais sobre os bancos de dados informatizados e o direito à privacidade. In: TEPEDINO, Gustavo (coord.). *Problemas de direito civil-constitucional*. Rio de Janeiro: Renovar, 2000. p. 118; 130.

A informação passa a ser elemento nuclear para o desenvolvimento,[45] surgindo o clamor social[46] para que o Estado, através de sua função promocional,[47] promova mecanismos efetivos para sua proteção em uma realidade absolutamente distinta da qual este direito foi concebido.

A esfera privada passa então a ser entendida como o conjunto de ações, comportamentos, opiniões, preferências, informações pessoais,[48] sobre os quais o interessado pretende manter um controle exclusivo. Verdadeiro corolário da dignidade da pessoa humana, a privacidade assume a função de permitir o exercício da autonomia individual, da liberdade,[49] da busca pelo livre desenvolvimento da personalidade humana[50] sem ingerências externas.[51]

A abordagem da tutela da privacidade passa a ser concebida de forma ampla,[52] abandonando a ligação umbilical ao secreto, à intimidade, ao sigilo,[53] mas

---

45. BIONI, Bruno Ricardo. *Proteção de dados pessoais*: a função e os limites do consentimento. Rio de Janeiro: Forense, 2021. p. 5.

46. "Assim tendem a mudar os sujeitos que solicitam a defesa da privacidade e muda a própria qualidade de tal pedido: estando em primeiro plano as modalidades de exercício do poder por parte dos detentores públicos e privados das informações, a invocação de privacidade supera o tradicional quadro individualista e dilata-se em uma dimensão coletiva, tendo em vista que não se leva em consideração o interesse do indivíduo enquanto tal, mas como pertencente a um determinado grupo social" (RODOTÀ, Stefano. *A vida na sociedade de vigilância*: a privacidade hoje. Rio de Janeiro: Renovar, 2008. p. 21).

47. BOBBIO, Norberto. *A função promocional do direito*: da estrutura à função: novos estudos da teoria do direito. Rio de Janeiro: Manole, 2007.

48. "[...] a proteção da privacidade na sociedade da informação, a partir da proteção de dados pessoais, avança sobre terrenos outrora imponíveis e nos induz a pensá-la como um elemento que, mais do que garantir o isolamento ou a tranquilidade, serve a proporcionar ao indivíduo os meios necessários à construção e consolidação de uma esfera privada própria, dentro de um paradigma de vida em relação e sob o signo da solidariedade – isto é, de forma que a tutela da privacidade cumpra um papel positivo para o potencial de comunicação e relacionamentos do indivíduo" (DONEDA, Danilo. *Da privacidade à proteção de dados pessoais*. 2. ed. rev. e atual. São Paulo: Ed. RT, 2019. p. 41).

49. "Privacidade é um estado de liberdade de formas sobrepostas de subordinação: corporativa, institucional e social" (WALDMAN, Ari Ezra. Privacy, Practice, and Performance. *California Law Review*, v. 110, n. 2, p. 1273, ago. 2022).

50. BAIÃO, Kelly Sampaio; GONÇALVES, Kalline Carvalho. A garantia da privacidade na sociedade tecnológica: um imperativo à concretização do princípio da dignidade da pessoa humana. *Civilistica. com*, Rio de Janeiro, v. 3, n. 2, jul./dez. 2014. Disponível em: http://civilistica.com/agarantia-da-privacidade-na-sociedade-tecnologica-um-imperativo-a-concretizacao-do-principio-dadignidade-da--pessoa-humana. Acesso em: 09 set. 2022.

51. DONEDA, Danilo. *Da privacidade à proteção de dados pessoais*: fundamentos da Lei Geral de Proteção de Dados. 2. ed. rev. e atual. São Paulo: Thomson Reuters Brasil, 2020. p. 128-129.

52. SILVA, José Afonso da. *Curso de direito constitucional positivo*. 22. ed. São Paulo: Ed. RT, 2003. p. 205.

53. Segundo o autor, o sigilo não é "o bem protegido", pois "não é o objeto do direito fundamental. Diz respeito à faculdade de agir (manter sigilo, resistir ao devassamento), conteúdo estrutural do direito (à privacidade)" (FERRAZ JÚNIOR, Tércio Sampaio. Sigilo de dados: o direito à privacidade e os limites à função fiscalizadora do Estado. *Revista da Faculdade de Direito, Universidade de São Paulo*, v. 88, p. 443, 1993. Disponível em: https://www.revistas.usp.br/rfdusp/article/view/67231. Acesso em: 02 mar. 2023).

substancialmente ao pessoal. Esta mutação e dilatação de funções[54] começa a compreender o controle das informações que identificam a pessoa natural.

Controle, autonomia individual e liberdade, conforme mencionado acima, constituíram os propulsores que alçaram o consentimento do indivíduo como protagonista na tutela da privacidade e dos dados pessoais.

1.1.1 *Data centers* na década de 1960 como indutores para a tutela autônoma da proteção de dados pessoais

Registrar dados sobre indivíduos é uma prática tão antiga quanto a própria civilização:[55] por volta de 3.000 A.C. os Sumérios[56] inventaram a escrita com objetivo de controlar informações.[57] A questão começa a ser objeto de maior atenção e preocupação quando a tecnologia entra em cena, possibilitando aumento de fatores como o volume de informações e capacidade de processamento de dados.

Surgidos na década de 1960, os primeiros computadores com grande capacidade de processamento de dados possibilitaram a diversos governos iniciarem a transição da armazenagem de informação em papel para o meio eletrônico. O barateamento dos equipamentos informáticos, a proliferação de agentes que armazenam, analisam e processam volume cada vez maior de dados pessoais trouxe imensos benefícios, sobretudo através de ganhos de eficiência, redução de custos e melhorias na prestação de serviços públicos.[58]

Porém, na mesma potência estavam os riscos aos direitos e liberdades individuais. Foram os projetos de informatização e criação de bancos de dados centralizados pela administração pública os grandes propulsores da reflexão e consequente reação da doutrina especializada.[59]

---

54. A privacidade é uma noção altamente subjetiva cuja interpretação muda ao longo do tempo e do espaço. (Tradução livre do autor) (BENNETT, Colin John. *Regulating Privacy*: Data Protection and Public Policy in Europe and the United States. Ithaca: Cornell University Press, 1992. p. 13).

55. BENNETT, Colin John. *Regulating Privacy*: Data Protection and Public Policy in Europe and the United States. Ithaca: Cornell University Press, 1992. p. 18.

56. KRAMER, Samuel Noah. *The Sumerians*: Their History, Culture, and Character. Chicago: University of Chicago Press, 1963. p. 302.

57. MAYER-SCHONBERGER, Viktor; CUKIER, Kenneth. *Big data*: a Revolution That Will Transform How We Live, Work, and Think. New York: Houghton Mifflin Harcourt, 2013. p. 14.

58. Os benefícios para a humanidade que podem advir do uso de computadores são imensos. É claro que não apenas seu uso continuará a crescer, mas os computadores dominarão tanto a cena dentro de alguns anos que quase todas as informações serão coletadas na forma necessária para seu armazenamento em computadores (Tradução livre do autor) (UNESCO. Ethis and institutionalization in social science. *International Social Science Journal*, Paris, v. 24, n. 3, p. 427, 1972. Disponível em: https://unesdoc.unesco.org/ark:/48223/pf0000002551.locale=en. Acesso em: 06 mar. 2023).

59. DONEDA, Danilo. *Da privacidade à proteção de dados pessoais*: fundamentos da Lei Geral de Proteção de Dados. 2. ed. rev. e atual. São Paulo: Thomson Reuters Brasil, 2020. p. 174. Ainda neste sentido: "Os acadêmicos também começaram a se interessar pelas implicações de privacidade das novas tecnolo-

A proteção à privacidade começou a ser tratada como assunto de interesse público[60] nos Estados Unidos,[61] de 1965 em diante, quando ocorrem os primeiros debates[62] sobre os riscos trazidos pela informatização[63] e concentração de grande quantidade de dados controlados pelo Poder Executivo Federal. Trata-se do caso do *National Data Center*,[64] ambicioso projeto do governo estadunidense para concentrar diversas informações sobre seus cidadãos, tais como dados do censo, registros trabalhistas, fiscais e de previdência social. Seu objetivo era facilitar aumentar a eficiência na entrega de serviços públicos, à medida que o Governo aumentava sua presença e atuação em diversos setores, como combate à pobreza, saúde, renovação urbana e educação, que exigem o contínuo uso de dados.

---

gias, começando no final dos anos 1960. *Privacy and Freedom* de Alan Westin é um exemplo óbvio. Westin passou a coautor de *Databanks in a Free Society* com Michael Baker. *The Assault on Privacy*, de Arthur Miller, tinha o subtítulo *Computers, Data Banks and Dossiers*. Paul Sieghart, advogado e autor britânico de direitos humanos, publicou *Privacy and Computers* em 1976 e David Flaherty publicou um estudo sobre bancos de dados do governo, *Privacy and Government Data Banks: An International Perspective*. Frits Hondius, do Conselho da Europa, escreveu *Emerging Data Protection in Europe*, cujo objetivo era "descrever o surgimento de um novo corpo de leis na Europa chamado 'proteção de dados'". Na Austrália, as *Boyer Lectures* do professor Zelman Cowan, que foram transmitidas pela Australian Broadcasting Commission em 1969, foram capturadas no livro *The Private Man*. As preocupações identificadas nesses estudos e livros contribuíram para respostas legislativas em diversos países" (Tradução livre do autor) (ORGANIZATION FOR ECONOMIC CO-OPERATION AND DEVELOPMENT (OECD). *The OECD Privacy Framework*. 2013. p. 71. Disponível em: http://www. oecd.org/sti/ieconomy/oecd_privacy_framework.pdf. Acesso em: 08 mar. 2023).

60. RULE, James B. *Global Privacy Protection*: The First Generation. Cheltenham: Edward Elgar Publishing, 2008. p. 4.
61. "*The Computer and Invasion of Privacy*". Audiências do subcomitê da Câmara dos EUA sobre recursos de computador, uso de computadores do governo e preocupações com a privacidade estimuladas pela proposta do *Bureau of the Budget* para um centro de dados nacional centralizado. 26, 27 e 28 de julho de 1966 (U.S. GOVERNMENT PRINTING OFFICE. *The Computer and Invasion of Privacy*. Disponível em: https://archive.org/details/U.S.House1966TheComputerAndInvasionOfPrivacy. Acesso em: 06 fev. 2023).
62. Entre o 1965 e 1974, houve quarenta e sete audiências e relatórios do Congresso Norte-Americano sobre diversas questões relacionadas à privacidade (BENNETT, Colin John. *Regulating Privacy*: Data Protection and Public Policy in Europe and the United States. Ithaca: Cornell University Press, 1992. p. 68).
63. DONEDA, Danilo. Considerações iniciais sobre os bancos de dados informatizados e o direito à privacidade. In: TEPEDINO, Gustavo (coord.). *Problemas de direito civil-constitucional*. Rio de Janeiro: Renovar, 2000. p. 118.
64. Associação Data Privacy Brasil de Pesquisa. Manifestação na qualidade de *Amicus Curiae* nos autos da Ação Direta de Inconstitucionalidade n.º 6.649 no Supremo Tribunal Federal contra o Decreto 10.046/2019 da Presidência da República, que dispunha sobre a governança no compartilhamento de dados no âmbito da administração pública federal e instituiu o Cadastro Base do Cidadão e o Comitê Central de Governança de Dados (Disponível em: https://redir.stf.jus.br/paginadorpub/paginador. jsp?docTP=TP&docID=755538665&prcID=6079238. Acesso em: 07 mar. 2023. p. 4-9).

O projeto recebeu diversos elogios, a maioria focado nos ganhos de eficiência governamental. Porém, também houve severas críticas,[65] diante dos riscos à privacidade, liberdade e segurança da informação. Destaca-se a preocupação com os impactos sociais da constante evolução da capacidade computacional, conforme estampado na capa do periódico em 1966:

[66]

---

65. "Você está construindo um monstro aqui e acho que terá que observá-lo com bastante cuidado antes de começar a centralizar todas essas informações que você possui." *The Computer and Invasion of Privacy*. Audiências do subcomitê da Câmara dos EUA sobre recursos de computador, uso de computadores do governo e preocupações com a privacidade estimuladas pela proposta do *Bureau of the Budget* para um centro de dados nacional centralizado. 26, 27 e 28 de julho de 1966 (U.S. GOVERNMENT PRINTING OFFICE. *The Computer and Invasion of Privacy*. Disponível em: https://archive.org/details/U.S.House1966TheComputerAndInvasionOfPrivacy. Acesso em: 06 fev. 2023).
66. THE NEW COMPUTERIZED AGE. *Saturday Review*, v. 49, n. 30, 23 jul. 1966. Disponível em: https://archive.org/details/sim_saturday-review_1966-07-23_49_30. Acesso em: 03 mar. 2023.

A reboque das discussões em torno do *National Data Center*, em maio de 1967 foi realizada a Conferência de Juristas Nórdicos em Estocolmo. Contou com a presença delegações dos Estados Unidos da América, Europa e outras partes do mundo, incluindo o Brasil. Ao final, publicaram as conclusões dos debates, dentre elas uma definição sobre o tema central era "O Direito à Privacidade".[67]

Entre os meses de abril de maio de 1968, a Organização das Nações Unidas realizou uma conferência internacional em Teerã. Um dos painéis debateu os "Direitos humanos e os avanços científicos e tecnológicos", culminando em quatro orientações: o respeito à privacidade diante das técnicas que permitem a gravação (foto, voz, imagem); a proteção da personalidade humana e sua integridade física e intelectual diante do progresso na biologia, medicina e bioquímica; o uso de equipamentos eletrônicos podem afetar os direitos da pessoa e os limites que devem ser impostos ao seu uso em uma sociedade democrática; deve ser estabelecido um equilíbrio entre o progresso científico e tecnológico e o avanço intelectual, espiritual, cultural e moral da humanidade. Após a conferência, a Assembleia Geral das Nações Unidas solicitou ao Secretário Geral que coordenasse pesquisa sobre os efeitos do progresso técnico nos direitos humanos:

---

67. O direito do indivíduo de levar sua própria vida protegido contra: (a) interferência em sua vida privada, familiar e doméstica; b) Interferência na sua integridade física ou mental ou na sua liberdade moral ou intelectual; c) Ataques à sua honra e reputação; d) Ser colocado sob uma luz falsa; e) A divulgação de factos embaraçosos irrelevantes relacionados com a sua vida privada; f) A utilização do seu nome, identidade ou semelhança; (g) espionagem, bisbilhotagem, vigilância e assédio; h) Interferência na sua correspondência; (i) uso indevido de suas comunicações privadas, escritas ou orais; (j) Divulgação de informações por ele prestadas ou recebidas em circunstâncias envolvendo sigilo profissional (Tradução livre do autor) (INTERNATIONAL COMMISSION OF JURISTS. Nordic Conference on the Right to Privacy. *Bulletin of the International Commission of Jurists*, Geneva, n. 31, p. 2, 1967. Disponível em: https://www.icj.org/wp-content/uploads/2013/07/ICJ-Bulletin-31-1967-eng.pdf. Acesso em: 02 mar. 2023).

> **54**   General Assembly—Twenty-third Session
>
> **2450 (XXIII). Human rights and scientific and technological developments**
>
> *The General Assembly,*
>
> *Having taken note* of paragraph 18 of the Proclamation of Teheran adopted by the International Conference on Human Rights[44] and of resolution XI concerning human rights and scientific and technological developments adopted by the Conference on 12 May 1968,[45]
>
> *Sharing* the concern expressed by the Conference that recent scientific discoveries and technological advances, although they open up vast prospects for economic, social and cultural progress, may nevertheless endanger the rights and freedoms of individuals and peoples and consequently call for constant attention,
>
> *Endorsing* the idea that these problems require thorough and continuous interdisciplinary studies, both national and international, which may serve as a basis for drawing up appropriate standards to protect human rights and fundamental freedoms,
>
> 1. *Invites* the Secretary-General to undertake, with the assistance, *inter alia*, of the Advisory Committee on the Application of Science and Technology to Development and in co-operation with the executive heads of the competent specialized agencies, a study of the problems in connexion with human rights arising from developments in science and technology, in particular from the following standpoints:
>
> (a) Respect for the privacy of individuals and the integrity and sovereignty of nations in the light of advances in recording and other techniques;
>
> (b) Protection of the human personality and its physical and intellectual integrity, in the light of advances in biology, medicine and biochemistry;
>
> (c) Uses of electronics which may affect the rights of the person and the limits which should be placed on such uses in a democratic society;
>
> (d) More generally, the balance which should be established between scientific and technological progress and the intellectual, spiritual, cultural and moral advancement of humanity;
>
> 2. *Requests* the Secretary-General to prepare, on a preliminary basis, a report comprising a summary account of studies already made or in progress on the aforementioned subjects, emanating in particular from governmental and intergovernmental sources, the specialized agencies and the competent non-governmental organizations, and a draft programme of work which might be undertaken in fields in which subsequent surveys would be necessary for the attainment of the objectives of the present resolution;
>
> 3. *Requests* the Secretary-General to submit the said report to the Commission on Human Rights at its twenty-sixth session for consideration and transmittal, through the Economic and Social Council, to the General Assembly at its twenty-fifth session.
>
> *1748th plenary meeting,*
> *19 December 1968.*
>
> [44] *Ibid.*, p. 3.
> [45] *Ibid.*, p. 12.

[68]

O chamado das Nações Unidas por parâmetros apropriados aptos a proteger os direitos humanos e as liberdades fundamentais decorre da perplexidade da sociedade diante do desenvolvimento científicos e tecnológico que se apresentava no final da década de 1960. A Europa Oriental se via horrorizada com a possibilidade de perseguição que poderia ser perpetrada com auxílio dos computadores,[69] chamado até de "prótese de pensamento";[70] os norte-americanos temiam a ascensão de um "Estado do computador" como ameaça ao Estado Liberal.[71] Ao

---

68. ORGANIZAÇÃO DAS NAÇÕES UNIDAS. *Resolução 2.450 adotada pela Assembleia Geral durante sua 23.ª sessão.* Disponível em: https://research.un.org/en/docs/ga/quick/regular/23. Acesso em: 11 jan. 2023.

69. "Um dos principais motivos para a criação de leis de proteção de dados na Europa continental é a prevenção da recorrência de experiências nas décadas de 1930 e 1940 com regimes nazistas e fascistas" (Tradução livre do autor) (FLAHERTY, David H. Nineteen Eighty-Four and After. Final Report of the Bellagio Conference on Current and Future Problems of Data Protection (London, Ontario: University of Western Ontario, Privacy Project, 1984), p. 5 apud BENNETT, Colin John. *Regulating Privacy*: Data Protection and Public Policy in Europe and the United States. Ithaca: Cornell University Press, 1992. p. 30).

70. STEINMÜLLER, Wilhelm; LUTTERBECK, Bernd; MALIMANN, Christoph; HARBORT, Uwe; KOLB, Gerhard; SCHNEIDER, Jochen. Questões fundamentais da proteção de dados. Parecer a pedido do Ministério Federal do Interior em julho de 1971, em razão do projeto de lei do Governo Alemão para regulamentar a proteção de dados em entidades privadas e para alterar a Lei Federal de Proteção de Dados e outras leis. In: BUNDESTAG, Deutscher. *Schutz der Privatsphäre*. VI/3826. Bonn, 7 de setembro de 1972. Disponível em: https://dserver.bundestag.de/btd/06/038/0603826.pdf. Acesso em: 08 mar. 2023. p. 36.

71. BENNETT, Colin John. *Regulating Privacy*: Data Protection and Public Policy in Europe and the United States. Ithaca: Cornell University Press, 1992. p. 30.

final da década de 1980, em artigo intitulado *"Computador Bisbilhoteiro"*, Gustavo Tepedino alertou sobre a "angústia do homem diante dos efeitos perversos da tecnologia e dos novos engenhos tecnológicos".[72]

Em que pese as diversas referências à "privacidade" aparecerem rotineiramente nas publicações da década de 1960 e 1970, percebe-se uma mudança de perspectiva, pois o foco foi direcionado à proteção de dados pessoais como forma de proteger a privacidade.[73]

1.1.2 Histórias de terror e o efeito *Bandwagon*

Colin Bennett aduz que a junção de quatro fatores, ocorridos no final da década de 1960, tornaram o debate sobre a tutela da proteção de dados mais tangível, e daí em diante geraram uma imediata reação social, acadêmica e política, culminando na elaboração das primeiras leis que trataram especificamente sobre o tema. São eles: 1) planos em diversos países para centralizar informações populacionais em bancos de dados computadorizados; 2) propostas de estabelecimento de números de identificação pessoal para os cidadãos; 3) elaboração de censos populacionais; e, por fim, 4) as "histórias de terror": diversas de publicações e reportagens alarmistas[74] sobre os impactos na esfera dos direitos e liberdades individuais.[75]

As primeiras leis de proteção de dados representam, portanto, uma efetiva resposta aos fatores destacados acima. O termo *"Datenschutz"*, junção de *"Daten"* (dados) e *"Schutz"* (proteção), foi criado na Alemanha no curso do desenvolvimento e edição da Lei de Proteção de Dados do Estado Federal de Hesse, de 07 de outubro de 1970. Abaixo, trecho do Jornal Oficial de Leis e Regulamentos para o Estado de Hesse , de 12 de outubro de 1970:

---

72. O autor conclui: "A cibernética, cujos avanços são alvissareiros, pode conceber rebentos enxeridos e mesquinhos, cabendo à sociedade enquadrá-los, submetendo os robôs mais assanhados à disciplina da caserna." (TEPEDINO, Gustavo. Computador bisbilhoteiro. *Jornal do Brasil*, 03 out. 1989. p. 11).

73. ORGANIZATION FOR ECONOMIC CO-OPERATION AND DEVELOPMENT (OECD). *The OECD Privacy Framework*. 2013. p. 72. Disponível em: http://www.oecd.org/sti/ieconomy/oecd_privacy_framework.pdf. Acesso em: 08 mar. 2023.

74. BIG BROTHER is Watching. *The New York Times*, 26 ago. 1965. Disponível em: https://timesmachine. nytimes.com/timesmachine/1965/08/27/issue.html. Acesso em: 03 mar. 2023.

75. BENNETT, Colin John. *Regulating Privacy*: Data Protection and Public Policy in Europe and the United States. Ithaca: Cornell University Press, 1992. p. 46-48.

1 Y 3228 A

[625]

Gesetz- und Verordnungsblatt
für das Land Hessen · Teil I

1970	Ausgegeben zu Wiesbaden am 12. Oktober 1970	Nr. 41

Tag	Inhalt	Seite
7. 10. 70	Datenschutzgesetz . . . . *GVBl. II 300-10*	625
7. 10. 70	Gesetz zur Änderung beamtenrechtlicher und besoldungsrechtlicher Vorschriften . . . . *GVBl. II 321-20*	628
7. 10. 70	Gesetz über vermögenswirksame Leistungen für Beamte . . . . . *GVBl. II 323-48*	633
7. 10. 70	Zweites Gesetz zur Änderung des Hessischen Personalvertretungs- gesetzes . . . . *Ändert GVBl. II 326-2*	634
7. 10. 70	Gesetz über die Aufwandentschädigung und den Ehrensold der ehren- amtlichen Bürgermeister und der ehrenamtlichen Kassenverwalter der Gemeinden . . . . *GVBl. II 321-21*	635
7. 10. 70	Gesetz zur Änderung des Hessischen Architektengesetzes . . . . . *Ändert GVBl. II 50-6*	638
7. 10. 70	Drittes Gesetz zur Änderung des Gerichtsorganisationsgesetzes . . *Ändert GVBl. II 210-16*	639
7. 10. 70	Gesetz zur Änderung des Hessischen Schiedsmannsgesetzes . . . . *Ändert GVBl. II 29-1*	640
7. 10. 70	Gesetz über die Ermächtigung zur Bestimmung von Zuständigkeiten nach der Acetylenverordnung . . . . *GVBl. II 923-11*	641
7. 10. 70	Gesetz über die Weinbergsrolle . . . . *GVBl. II 83-21*	641

Der Landtag hat das folgende Gesetz beschlossen:

Datenschutzgesetz*)

Vom 7. Oktober 1970

ERSTER ABSCHNITT

Datenschutz

§ 1

Bereich des Datenschutzes

Der Datenschutz erfaßt alle für Zwecke der maschinellen Datenverarbeitung erstellten Unterlagen sowie alle gespeicherten Daten und die Ergebnisse ihrer Verarbeitung im Bereich der Behörden des Landes und der der Aufsicht des Landes unterstehenden Körperschaften, Anstalten und Stiftungen des öffentlichen Rechts.

*) GVBl. II 300-10

§ 2

Inhalt des Datenschutzes

Die vom Datenschutz erfaßten Unterlagen, Daten und Ergebnisse sind so zu ermitteln, weiterzuleiten und aufzubewahren, daß sie nicht durch Unbefugte eingesehen, verändert, abgerufen oder vernichtet werden können. Dies ist durch geeignete personelle und technische Vorkehrungen sicherzustellen.

§ 3

Datengeheimnis

(1) Den mit der Datenerfassung, dem Datentransport, der Datenspeicherung oder der maschinellen Datenverarbeitung betrauten Personen ist untersagt,

---

76. Jornal Oficial de Leis e Regulamentos para o Estado de Hesse. Parte I – 1970. Emitido em Wiesbaden em 12 de outubro de 1970. n. 41.

626 Nr. 41 — Gesetz- und Verordnungsblatt für das Land Hessen, Teil I — 12. Okt. 1970

die dabei erlangten Kenntnisse über Unterlagen, Daten und Ergebnisse anderen mitzuteilen oder anderen zu gestatten oder andere dabei zu fördern, derartige Kenntnisse zu erlangen,

soweit sich nicht eine Befugnis aus Rechtsvorschriften oder aus der Zustimmung derjenigen ergibt, die über die Unterlagen, Daten und Ergebnisse verfügungsberechtigt sind.

(2) Das Verbot des Abs. 1 gilt nicht, wenn die dort bezeichneten Handlungen zur verwaltungsmäßigen oder technischen Durchführung der Datenverarbeitung erforderlich sind.

(3) Die Pflicht zur Geheimhaltung besteht auch nach der Beendigung der in Abs. 1 bezeichneten Tätigkeiten.

(4) Gesetzliche Auskunftspflichten bleiben unberührt.

§ 4

Anspruch auf Datenschutz

(1) Sind gespeicherte Daten unrichtig, so kann der Betroffene Berichtigung verlangen.

(2) Wer durch eine widerrechtliche Einsicht, Änderung oder Vernichtung oder durch einen widerrechtlichen Abruf (§ 2 Satz 1) in seinen Rechten verletzt wird, kann Wiederherstellung des früheren Zustandes und bei Gefahr weiterer Verletzungen Unterlassung verlangen.

(3) Der Anspruch jeder natürlichen oder juristischen Person auf Auskunft nach den bestehenden Gesetzen wird durch dieses Gesetz nicht berührt.

§ 5

Datenbanken und Informationssysteme

(1) Für den Aufbau von Datenbanken und Informationssystemen sowie für statistische Zwecke der in § 1 genannten Stellen können Unterlagen, Daten und Ergebnisse weitergegeben werden.

(2) Bei Datenbanken und Informationssystemen ist zu gewährleisten, daß keine Stellen Unterlagen, Daten und Ergebnisse einsehen oder abrufen können, die nicht auf Grund ihrer Zuständigkeiten hierzu befugt sind.

(3) Daten und Datenbestände, die keine Einzelangaben über natürliche oder juristische Personen enthalten und keine Rückschlüsse auf solche Einzelangaben zulassen, können weitergegeben und veröffentlicht werden, wenn nicht ein gesetzliches Verbot oder ein wichtiges öffentliches Interesse entgegensteht. Dem Auskunftsrecht des Landtags (§ 6 Abs. 1) steht ein öffentliches Interesse in der Regel nicht entgegen.

§ 6

Informationsrecht des Landtags und der kommunalen Vertretungsorgane

(1) Die Hessische Zentrale für Datenverarbeitung, die Kommunalen Gebietsrechenzentren und die Landesbehörden,

die Datenverarbeitungsanlagen betreiben, sind verpflichtet, dem Landtag, dem Präsidenten des Landtags und den Fraktionen des Landtags die von diesen im Rahmen ihrer Zuständigkeiten verlangten Auskünfte auf Grund der gespeicherten Daten zu geben, soweit die Voraussetzungen des § 5 Abs. 3 vorliegen und Programme zur Auswertung vorhanden sind.

(2) Das Auskunftsrecht des Abs. 1 steht im Rahmen ihrer Zuständigkeiten den Gemeindevertretungen und den Kreistagen sowie deren Fraktionen und den entsprechenden Organen anderer in § 1 genannten Körperschaften und Anstalten gegenüber der Hessischen Zentrale für Datenverarbeitung, dem zuständigen Kommunalen Gebietsrechenzentrum sowie den sonstigen von Gemeinden und Landkreisen betriebenen Datenverarbeitungsanlagen zu. Der Antrag der Fraktionen ist über den Gemeindevorstand bzw. den Kreisausschuß zu leiten.

(3) Im Zweifelsfalle entscheidet die Aufsichtsbehörde.

ZWEITER ABSCHNITT

Datenschutzbeauftragter

§ 7

Rechtsstellung

(1) Der Landtag wählt auf Vorschlag der Landesregierung einen Datenschutzbeauftragten.

(2) Der Datenschutzbeauftragte steht nach Maßgabe dieses Gesetzes in einem öffentlich-rechtlichen Amtsverhältnis. Das Amt kann auch einem Beamten im Nebenamt, einem beurlaubten Beamten oder einem Ruhestandsbeamten übertragen werden.

(3) Der Datenschutzbeauftragte wird für die Dauer der jeweiligen Wahlperiode des Landtags gewählt; nach dem Ende der Wahlperiode bleibt er bis zur Neuwahl im Amt. Die Wiederwahl ist zulässig. Vor Ablauf der Amtszeit kann er nur abberufen werden, wenn Tatsachen vorliegen, die bei einem Beamten die Entlassung aus dem Dienst rechtfertigen. Er kann jederzeit von seinem Amt zurücktreten.

(4) Die Vergütung des Datenschutzbeauftragten ist durch Vertrag zu regeln.

§ 8

Weisungsfreiheit

Der Datenschutzbeauftragte ist unbeschadet seiner Verpflichtungen aus den §§ 10 und 12 frei von Weisungen.

§ 9

Verschwiegenheitspflicht

Der Datenschutzbeauftragte ist auch nach Beendigung seines Amtsverhältnisses verpflichtet, über die ihm bei seiner

Nr. 41 — Gesetz- und Verordnungsblatt für das Land Hessen, Teil I — 12. Okt. 1970 · 627

amtlichen Tätigkeit bekanntgewordenen Angelegenheiten Verschwiegenheit zu bewahren. Dies gilt nicht für Mitteilungen im dienstlichen Verkehr oder über Tatsachen, die offenkundig sind oder ihrer Bedeutung nach keiner Geheimhaltung bedürfen. Er darf über die der Verschwiegenheitspflicht unterliegenden Angelegenheiten ohne Genehmigung weder vor Gericht noch außergerichtlich aussagen. Die Genehmigung erteilt der Ministerpräsident.

§ 10
Aufgaben

(1) Der Datenschutzbeauftragte überwacht die Einhaltung der Vorschriften dieses Gesetzes und der übrigen Vorschriften über die vertrauliche Behandlung der Angaben der Bürger und der über die einzelnen Bürger vorhandenen Unterlagen bei der maschinellen Datenverarbeitung durch die in § 1 genannten Stellen. Er unterrichtet die zuständige Aufsichtsbehörde über festgestellte Verstöße und regt Vorkehrungen zu Verbesserungen des Datenschutzes an.

(2) Der Datenschutzbeauftragte beobachtet die Auswirkungen der maschinellen Datenverarbeitung auf die Arbeitsweise und die Entscheidungsbefugnisse der in § 1 genannten Stellen dahingehend, ob sie zu einer Verschiebung in der Gewaltenteilung zwischen den Verfassungsorganen des Landes, zwischen den Organen der kommunalen Selbstverwaltung und zwischen der staatlichen und der kommunalen Selbstverwaltung führen. Er kann Maßnahmen anregen, die ihm geeignet erscheinen, derartige Auswirkungen zu verhindern.

§ 11
Anrufungsrecht

Jedermann hat das Recht, sich an den Datenschutzbeauftragten zu wenden, wenn er annimmt, durch die maschinelle Datenverarbeitung der in § 1 genannten Stellen in seinen Rechten verletzt zu werden.

§ 12
Untersuchungen für den Landtag und die kommunalen Vertretungsorgane

Der Landtag, der Präsident des Landtags, die Fraktionen des Landtags und die in § 6 Abs. 2 genannten Vertretungsorgane können verlangen, daß der Datenschutzbeauftragte untersucht, aus welchen Gründen Auskunftsersuchen nicht oder nicht ausreichend beantwortet wurden.

§ 13
Auskunftsrecht

Alle in § 1 genannten Stellen haben dem Datenschutzbeauftragten die ihm für die Erfüllung seiner Aufgaben notwendigen Auskünfte zu erteilen.

§ 14
Jahresbericht

(1) Bis zum 31. März jeden Jahres, erstmalig zum 31. März 1972, hat der Datenschutzbeauftragte dem Landtag und dem Ministerpräsidenten einen Bericht über das Ergebnis seiner Tätigkeit vorzulegen.

(2) Der Ministerpräsident führt eine Stellungnahme der Landesregierung zu dem Bericht herbei und legt diese dem Landtag vor.

(3) Zwischenberichte sind zulässig. Sie sind nach Abs. 2 zu behandeln.

§ 15
Hilfskräfte

(1) Dem Datenschutzbeauftragten können bei Bedarf zur Erfüllung seiner Aufgaben Hilfskräfte von der Staatskanzlei zur Verfügung gestellt werden. Sie unterstehen insoweit seinen Weisungen.

(2) Für bestimmte Einzelfragen kann der Datenschutzbeauftragte auch Dritte zur Mitarbeit heranziehen.

DRITTER ABSCHNITT
Schlußvorschriften

§ 16
Ordnungswidrigkeit

Ordnungswidrig handelt, wer entgegen § 3 vorsätzlich oder fahrlässig daran mitwirkt, Unbefugten dem Datenschutz unterliegende Kenntnisse zu verschaffen.

§ 17
Inkrafttreten

Dieses Gesetz tritt am Tage nach seiner Verkündung in Kraft.

Die verfassungsmäßigen Rechte der Landesregierung sind gewahrt.

Das vorstehende Gesetz wird hiermit verkündet.

Wiesbaden, den 7. Oktober 1970

Der Hessische Ministerpräsident

Osswald

A pioneira Lei de Hesse tinha como característica um caráter vertical, tutelando a relação entre cidadãos e Estado. À pessoa que tivesse dados pessoais coletados pelo governo era assegurado o direito de acesso, de corrigir informações imprecisas e impedir ou interromper eventual coleta ou tratamento ilícito. Criou a primeira autoridade externa e independente para receber e direcionar as reclamações em caso de coleta, violação ou tratamento ilícito de dados pessoais, estruturada através de um Comissário para proteção de dados, o *Datenschutzbeauftrager*.[77] De acordo com Hans Peter Bull, o primeiro comissário de dados pessoais do planeta, o termo *"Datenschutz"* foi cunhado por juristas e técnicos especializados durante a elaboração da Lei Hesse, e só posteriormente ganhou a adesão popular.[78]

O berço e o consequente desenvolvimento da proteção de dados pessoais têm como característica marcante a evolução da tutela da privacidade. Aquela herda desta um verdadeiro nexo de continuidade e, no curso de seu desenvolvimento a partir da década de 1970, adquire autonomia e características próprias,[79] reclamando por uma normatização exclusiva, apta a regular o fluxo informacional.[80]

---

77. DONEDA, Danilo. *Da privacidade à proteção de dados pessoais*: fundamentos da Lei Geral de Proteção de Dados. 2. ed. rev. e atual. São Paulo: Thomson Reuters Brasil, 2020. p. 308.

78. BENNETT, Colin John. *Regulating Privacy*: Data Protection and Public Policy in Europe and the United States. Ithaca: Cornell University Press, 1992. p. 76. Sobre o termo proteção de dados, vale mencionar: "Mas as conotações associadas à 'proteção de dados' mudaram repetidamente e substancialmente, e definir ainda mais o termo acabou sendo uma busca fútil, se não tautológica. Além disso, o termo em si é, como muitos notaram, mal escolhido. Não são os 'dados' que precisam de proteção; é o indivíduo a quem os dados se referem" (MAYER-SCHÖNBERGER, Viktor. Generational Development of Data Protection in Europe. In: AGRE, Philip; ROTENBERG, Marc (eds.). *Technology and privacy*: the new landscape. Cambridge: MIT Press, 1997. p. 219). "A 'proteção de dados', mesmo que se dite 'dados pessoais', não transmite com clareza qual o bem jurídico protegido pelo âmbito do 'direito'. A realidade social, por exemplo, da reunião e manifestação, capta-se imediatamente, sem necessidade de ulteriores explicações para a ilustração da situação da vida abrangida. A explicação para esta 'palavra errada no momento certo' (*Datenschutz ist wohl das falsche Wort zur rechten Zeit*) encontra-se nas discussões primitivas sobre a instalação de mecanismos de segurança no universo informatizado que se aproximava. Ao contrário das designações laboriosamente tratadas pela doutrina ou intuitivamente fornecidas pela realidade, a *Datenschutz* é efetivamente uma 'palavra errada' para o que pretende abranger. Porém, provavelmente, no léxico do início dos anos 70 do século passado – 'altura certa' – era a que melhor se adequava à necessidade de equipar o Direito com instrumentos próprios de proteção relativamente aos 'perigos da informática'" (PINHEIRO, José Alexandre Guimarães de Sousa. *Privacy e proteção de dados pessoais*: a construção dogmática do direito à identidade informacional. Coimbra: Almedina, 2011. v. 2. p. 520).

79. DONEDA, Danilo. *Da privacidade à proteção de dados pessoais*: fundamentos da Lei Geral de Proteção de Dados. 2. ed. rev. e atual. São Paulo: Thomson Reuters Brasil, 2020. p. 173.

80. Por isso, advoga-se para a alocação do direito à proteção dos dados pessoais como uma nova espécie do rol aberto dos direitos da personalidade, dando elasticidade à cláusula geral da tutela da pessoa humana. A proteção dos dados pessoais deve se desprender de amarras conceituais e da dinâmica de proteção própria de proteção do direito à privacidade. A proteção dos dados pessoais reclama uma normatização própria a regular o fluxo informacional como fator promocional da tutela da pessoa

A sociedade da informação retratada nos itens anteriores requer novos instrumentos e a reoxigenação do quadro institucional. A resposta vem pelo descolamento da proteção de dados pessoais da concepção clássica de privacidade e da ampliação do rol de direitos da personalidade, como acrescenta Danilo Doneda:

> A própria formulação desse novo direito à proteção de dados, portanto, não se deu propriamente pela contribuição relevante da doutrina, nem mesmo ocorreu no seio de uma área tradicional do direito. Disso dá mostra a própria heterogeneidade do desenvolvimento de seus principais institutos em ordenamentos jurídicos diversos – que, a depender do país, foram alicerçados a partir seja do direito constitucional, seja do direito civil, do direito administrativo ou mesmo em elementos de direito penal. Assim, verifica-se uma notável característica da proteção de dados, perceptível em diversas das suas formulações, que é a de procurar responder a demandas concretas com os instrumentos disponíveis, sem se filiar diretamente a categorias prévias. Seus instrumentos encerram uma boa dose de pragmatismo e de busca de eficiência para tratar de um objeto que não se prestava a ser enquadrado nos institutos jurídicos tradicionais com facilidade.[81]

O ato do legislativo de 1970 tornou a Alemanha pioneira em legislação específica sobre proteção de dados pessoais, influenciando diversos outros países a seguir o caminho traçado pelo Parlamento de Hesse. Após a aprovação da Lei de Hesse, verifica-se uma multiplicidade de iniciativas em outros países, com estrutura e características similares.

O Conselho Nórdico, fórum de discussão entre os governos da Dinamarca, Finlândia, Islândia, Noruega e Suécia, iniciou debates em 1971, fazendo nascer a primeira Lei de Proteção de Nacional com abrangência nacional, na Suécia em 1972. A Comissão Francesa editou a Lei da Informática e da Liberdade em 1978, que instituiu a Comissão Nacional de Informática e Liberdade (CNIL). Nova Zelândia teve seu Comissário de Privacidade em 1976 e Canadá promulgou a Lei de Direitos Humanos no ano de 1977, que trazia parâmetros para o tratamento de dados no setor público federal. Alemanha, Noruega, Dinamarca, Áustria e Luxemburgo aprovaram legislação no final da década de 1970.[82]

Nos Estados Unidos da América foram aprovados o *Fair Credit Reporting Act* (FCRA) em 1970, o *Family Educational Rights and Privacy Act* (FERPA) e

---

humana, cujo livre desenvolvimento da personalidade está, cada vez mais, a ele atrelado (RODOTÀ, Stefano. *A vida na sociedade de vigilância*: a privacidade hoje. Rio de Janeiro: Renovar, 2008. p. 29).

81. DONEDA, Danilo. Panorama histórico da proteção de dados pessoais. In: DONEDA, Danilo et al. (coord.). *Tratado de proteção de dados pessoais*. Rio de Janeiro: Forense, 2021. Livro eletrônico não paginado.

82. [...] mais de um terço dos então 24 países membros da OCDE tinha adotado legislação nacional até 1980 (Tradução livre do autor) (ORGANIZATION FOR ECONOMIC CO-OPERATION AND DEVELOPMENT (OECD). *The OECD Privacy Framework*. 2013. p. 71. Disponível em: http://www.oecd.org/sti/ieconomy/oecd_privacy_framework.pdf. Acesso em: 08 mar. 2023).

o *Privacy Act* em 1974, este que proibiu sistemas secretos de coleta de dados e permitiu que os indivíduos tivessem acesso aos seus registros nos bancos de dados do governo, embora por meio de um árduo processo burocrático.[83] O FCRA acabou por inspirar, inclusive, a redação do Código de Proteção e Defesa do Consumidor Brasileiro de 1990, Lei n.º 8.078/1990, como se vê das palavras dos autores do anteprojeto:

> Como sucedera com a proposta para o regramento da cobrança de dívidas de consumo (art. 42), aqui – mais no art. 43 do que no art. 44 – fui buscar inspiração no Direito dos Estados Unidos, tanto na legislação à época em vigor, quanto em propostas legislativas elaboradas por instituições especializadas, como o National Consumer Law Center. Primeiro, foi útil a estrutura do National Consumer Acty na sua primeira versão final (First Final Draft), um anteprojeto de lei-modelo preparado pelo National Consumer Law Center. Segundo, levei em conta o Fair Credit Reporting Act (FCRA), aprovado pelo Congresso americano em 1970 e ainda em vigor, incorporado ao Consumer Credit Protection Act, como seu Título VI. Tal fonte de inspiração não poderia ser mais apropriada. [...] Nessa parte do CDC, a influência europeia, em especial a comunitária, foi mínima, conquanto só em 1995 deu-se a promulgação da Diretiva europeia sobre o tema (Diretiva n° 95/46). O CDC, quando comparado com os modelos de controle de bancos de dados de outros países, continua a ser um dos mais avançados sistemas do mundo, assegurando efetiva proteção aos consumidores, sem inviabilizar a atuação dos arquivos de consumo.[84]

A forte crença de que os grandes bancos de dados pessoais centralizados pelo Estado demandam extensa análise e investigação era comum entre os legisladores nos países que editaram leis sobre dados pessoais.[85] A explosão de leis versando sobre proteção de dados pessoais representou um verdadeiro *"efeito Bandwagon"*:[86] quanto mais um país debatia e legislava sobre o assunto, mais se verificavam iniciativas similares em outros locais. Aqueles que se quedavam inertes se viam inclinados a agir de maneira similar. A tabela a seguir traz uma linha do tempo apta a demonstrar o efeito:

---

83. IGO, Sara E. Me and My Data. *Historical Studies in the Natural Sciences*, v. 48, n. 5, p. 622, nov. 2018.
84. GRINOVER, Ada Pellegrini et al. *Código brasileiro de defesa do consumidor comentado pelos autores do anteprojeto*: direito material (arts. 1.º a 80 e 105 a 108). 10. ed. rev., atual. e reformul. Rio de Janeiro: Forense, 2011. v. 1. p. 415.
85. BENNETT, Colin John. *Regulating Privacy*: Data Protection and Public Policy in Europe and the United States. Ithaca: Cornell University Press, 1992. p. 58.
86. A expressão Efeito *Bandwagon* foi criada no século XIX, remontando a um "carro" que levava uma banda em um desfile público. Diversos expectadores começavam a marchar atrás do carro, seguindo-o para apreciar a música. Significa então situações nas quais um determinado fenômeno é projetado além do domínio de sua experiência interna, criando um conformismo social, verdadeiro viés cognitivo que influencia comportamentos de terceiros, levando-os a fazerem ou acreditarem em algo porque muitas outras pessoas fazem ou acreditam na mesma coisa (SCHMITT-BECK, Rüdiger. Bandwagon Effect. In: MAZZOLENI, Gianpietro (ed.). *The International Encyclopedia of Political Communication*. London: John Wiley & Sons, 2015. p. 1-4. Disponível em: https://doi.org/10.1002/9781118541555. wbiepc015. Acesso em: 03 mar. 2023).

THE POLITICS OF DATA PROTECTION

Table 1. The status of data protection legislation in OECD countries as of January 1991

Country	Legislation or action	Date of passage
Sweden	Data Act	1973 (amended 1982)
United States	Privacy Act	1974
West Germany	Data Protection Act	1977
Canada	Privacy Act	1977 (amended 1982)
France	Law on Informatics & Liberties	1978
Norway	Personal Data Registers Act	1978
Denmark	Private Registers Act	1978
Austria	Data Protection Act	1978
Luxembourg	Data Protection Act	1979
Iceland	Act on the Systematic Recording of Personal Data	1981
New Zealand	Official Information Act	1982
United Kingdom	Data Protection Act	1984
Finland	Personal Data File Act	1987
Ireland	Data Protection Act	1988
Australia	Privacy Act	1988
Japan	Personal Data Protection Act	1988
The Netherlands	Data Protection Act	1988
Belgium Portugal Switzerland	Government data protection bills introduced in the Legislature	
Italy Greece Spain	Official study commissions established or draft legislation prepared	
Turkey	No official action	

Source: "Status of Data Protection/Privacy Legislation," *Transnational Data and Communications Report*, various issues.

[87]

Uma análise superficial poderia levar a crer que os processos legislativos retratados acima ocorreram de forma célere e simples, sem grandes discussões. Isso não passa de uma premissa totalmente equivocada. Dois exemplos a ilustram perfeitamente: a Lei Federal de Proteção de Dados da Alemanha, aprovada em 1977 é considerada por alguns o processo legislativo mais complexo, prolongado e contencioso da história do país até então;[88] a Lei de Registros de Dados Pessoais de 1987 na Finlândia demandou mais de quinze anos de longos debates.[89]

---

87. BENNETT, Colin John. Regulating Privacy: Data Protection and Public Policy in Europe and the United States. Ithaca: Cornell University Press, 1992. p. 57.

88. Em 1976, o Jornal DER Spiegel publicou matéria com o título "Proteção de dados: 1984 não está longe." O projeto de lei foi chamado de "ultrajante", "escandaloso", acrescentando: "Então, escreveu o Süddeutsche Zeitung, um dia os governantes da Alemanha Ocidental poderiam ter um 'brinquedo do diabo'" (Disponível em: https://www.spiegel.de/politik/datenschutz-1984-liegt-nicht-mehr-fern-a-3a2 0341b-0002-0001-0000-000041213322. Acesso em: 07 jun. 2023).

89. BYGRAVE, Lee Andrew. *Data Privacy Law*: An International Perspective. Oxford: Oxford University Press, 2014. p. 6.

1.1.3 "O computador é o problema": primeira geração legislativa sobre proteção de dados pessoais como instrumentos de consolidação da posição preferencial do consentimento

"Chegou a hora de uma grande iniciativa para definir a natureza e a extensão dos direitos básicos de privacidade", afirmou, em 1974, o Presidente Norte-Americano Richard Nixon em mensagem enviada ao Congresso de seu país, na qual defendeu ainda a elaboração de regras sobre o tema.[90] O ato motivou a confecção de um relatório pelo *United States Department of Health, Education and Welfare* do documento *Code of Fair Information Practices,* também conhecido como *Fair Information Practice Principles* (FIPPs), que trazia cinco princípios básicos:

a) Não deve haver sistemas de registro de dados pessoais cuja própria existência seja secreta; b) Deve haver uma maneira de uma pessoa descobrir quais informações sobre ela estão em registro e como essa informação é usada; c) Deve haver uma maneira de uma pessoa impedir que informações sobre ela, obtidas para um propósito específico, sejam usadas ou disponibilizadas para outros fins sem o consentimento da pessoa; d) Deve haver uma maneira de uma pessoa corrigir ou ajustar um registro de informações identificáveis sobre a pessoa; e) Qualquer organização que crie, mantenha, utilize, ou divulgue registros de dados pessoais identificáveis deve garantir a confiabilidade dos dados para o uso pretendido e deve tomar precauções para evitar usos indevidos dos dados.[91]

Trata-se de marco histórico de influência para aquilo que se denominou a primeira geração de leis sobre proteção de dados pessoais,[92] funcionando como verdadeira espinha dorsal[93] dos atos legislativos sobre o tema.

Motivada pela preocupação com a centralização do tratamento eletrônico de dados pessoais em gigantescos bancos de dados nacionais, partindo da premissa de que haveria alta concentração dos grandes agentes de tratamento de dados,

---

90. DENENBERG, R. V. The Constitution Doesn't Spell Out the Right. *The New York Times*, 03 fev. 1974. Disponível em: https://www.nytimes.com/1974/02/03/archives/privacy-wanted-but-vague-the-constitution-doesnt-spell-out-the.html. Acesso em: 07 mar. 2023.

91. Associação Data Privacy Brasil de Pesquisa. Manifestação na qualidade de *Amicus Curiae* nos autos da Ação Direta de Inconstitucionalidade n.º 6.649 no Supremo Tribunal Federal contra o Decreto 10.046/2019 da Presidência da República, que dispunha sobre a governança no compartilhamento de dados no âmbito da administração pública federal e instituiu o Cadastro Base do Cidadão e o Comitê Central de Governança de Dados (Disponível em: https://redir.stf.jus.br/paginadorpub/paginador.jsp?docTP=TP&docID=755538665 &prcID=6079238. Acesso em: 07 mar. 2023. p. 10-11).

92. Associação Data Privacy Brasil de Pesquisa. Manifestação na qualidade de *Amicus Curiae* nos autos da Ação Direta de Inconstitucionalidade n.º 6.649 no Supremo Tribunal Federal contra o Decreto 10.046/2019 da Presidência da República, que dispunha sobre a governança no compartilhamento de dados no âmbito da administração pública federal e instituiu o Cadastro Base do Cidadão e o Comitê Central de Governança de Dados. (Disponível em: https://redir.stf.jus.br/paginadorpub/paginador.jsp?docTP=TP&docID=755538665 &prcID=6079238. Acesso em: 07 mar. 2023. p. 10).

93. SOLOVE, Daniel J. The Legacy of Privacy and Freedom. In: WESTIN, Alan F. *Privacy and Freedom.* New York: Ig Publishing, 2018 (Prefácio da reedição da versão original publicada em 1967). p. 36.

a primeira geração legislativa surgiu sobretudo na década de 1970, através leis concebidas em uma lógica de troca, garantindo de maneira individual e isolada o acesso aos bancos de dados contendo informações pessoais mantidos sobretudo pelo Poder Público.[94]

Estabeleciam um controle *ex ante*, determinando que os bancos de dados fossem registrados e previamente autorizados por licenças expedidas pelas autoridades locais,[95] mediante o cumprimento de regras rígidas. De acordo com Viktor Mayer-Schönberger, nesta época o pensamento dominante era: "o computador é o problema, ao que parece, e sua utilização deve ser regulamentada e controlada".[96]

Como exemplos, a lei de Hesse de 1970, Lei de Dados Sueca de 1973, o estatuto de proteção de dados do estado de Rheinland-Pfalz de 1974 e a Lei Federal Alemã de Proteção de Dados de 1977. A reboque dos *Fair Information Practice Principles (FIPPs)*, estabeleceram ainda princípios gerais para o tratamento dos dados pessoais, como a licitude, a finalidade, a proporcionalidade e a transparência.

1.1.4 Minicomputadores e a segunda geração legislativa: ênfase na liberdade individual

Ao final da referida década já não era necessário ter grandes centros como aqueles estruturados nos anos anteriores. A evolução da tecnologia computacional ao longo da década de 1970 deu origem aos minicomputadores, permitindo aos setores público e privado a atuação descentralizada das atividades de tratamento.[97]

A pulverização das estações computacionais representou o fator preponderante para a obsolência das leis de primeira geração, pois o burocrático processo de registro e autorização dos centros de tratamentos de dados era moroso e custoso, tornando impossível a fiscalização e controle prévia por parte do Estado.[98]

---

94. RODOTÀ, Stefano. *A vida na sociedade de vigilância*: a privacidade hoje. Rio de Janeiro: Renovar, 2008. p. 49.

95. DONEDA, Danilo. Considerações iniciais sobre os bancos de dados informatizados e o direito à privacidade. In: TEPEDINO, Gustavo (coord.). *Problemas de direito civil-constitucional*. Rio de Janeiro: Renovar, 2000. p. 130.

96. MAYER-SCHÖNBERGER, Viktor. Generational Development of Data Protection in Europe. In: AGRE, Philip; ROTENBERG, Marc (eds.). *Technology and privacy*: the new landscape. Cambridge: MIT Press, 1997. p. 223.

97. MAYER-SCHÖNBERGER, Viktor. Generational Development of Data Protection in Europe. In: AGRE, Philip; ROTENBERG, Marc (eds.). *Technology and privacy*: the new landscape. Cambridge: MIT Press, 1997. p. 225.

98. Estas leis de proteção de dados de primeira geração não demoraram muito a se tornarem ultrapassadas, diante da multiplicação dos centros de processamento de dados, que tornou virtualmente difícil propor um controle baseado em um regime de autorizações, rígido e detalhado, que demandava um minucioso acompanhamento (DONEDA, Danilo. *Da privacidade à proteção de dados pessoais*: fundamentos da Lei Geral de Proteção de Dados. 2. ed. rev. e atual. São Paulo: Thomson Reuters Brasil, 2020. p. 176).

Como resultado, não só os agentes privados, mas a própria administração passou a ignorar os procedimentos estabelecidos.[99]

Surge assim a segunda geração das leis de proteção de dados. O primeiro exemplo desta fase veio da França, através da *Informatique et Libertés*, Lei 78-17, de 6 de janeiro de 1978.[100] Influenciada pelo Iluminismo, Revolução Francesa e da Declaração de Independência Americana, o traço marcante da segunda geração está a tutela da proteção de dados e da privacidade como liberdade negativa, diante da tutela da liberdade individual, possibilitando ao titular estabelecer um espaço íntimo sem a interferência de terceiros.[101]

Observa-se que durante este período o tratamento informatizado de dados pessoais passa a ser constitucionalizado, como em Portugal no ano de 1976, Áustria e Espanha em 1978. A Convenção n.º 108 do Conselho Europeu, realizada em Strasbourg em janeiro de 1981, foi o principal marco histórico que deu início a uma abordagem da proteção de dados pessoais como direito fundamental,[102] introduzindo conceitos como o consentimento do titular dos dados, direito de acesso, retificação e oposição, e a criação das autoridades independentes de supervisão.

Entendida a proteção de dados pessoais como uma questão relacionada aos direitos humanos,[103] o pensamento era no sentido de que as atividades de tratamento de dados pessoais não deveriam ser encaradas exclusivamente como uma interferência na privacidade. Não bastava apenas regulamentar a tecnologia como se almejou na geração pretérita.

O traço distintivo da segunda geração está reorientação da proteção de dados, que se desloca da regulamentação e controle dos computadores e centros de tratamento, migrando para a ênfase na liberdade individual.[104]

---

99. MAYER-SCHÖNBERGER, Viktor. Generational Development of Data Protection in Europe. In: AGRE, Philip; ROTENBERG, Marc (eds.). *Technology and privacy*: the new landscape. Cambridge: MIT Press, 1997. p. 225.

100. DONEDA, Danilo. *Da privacidade à proteção de dados pessoais*: fundamentos da Lei Geral de Proteção de Dados. 2. ed. rev. e atual. São Paulo: Thomson Reuters Brasil, 2020. p. 177.

101. MAYER-SCHÖNBERGER, Viktor. Generational Development of Data Protection in Europe. In: AGRE, Philip; ROTENBERG, Marc (eds.). *Technology and privacy*: the new landscape. Cambridge: MIT Press, 1997. p. 226.

102. DONEDA, Danilo. A proteção dos dados pessoais como um direito fundamental. *Espaço Jurídico*, Joaçaba, v. 12, n. 2, p. 102, jul./dez. 2011.

103. DONEDA, Danilo. *Da privacidade à proteção de dados pessoais*: fundamentos da Lei Geral de Proteção de Dados. 2. ed. rev. e atual. São Paulo: Thomson Reuters Brasil, 2020. p. 194.

104. MAYER-SCHÖNBERGER, Viktor. Generational Development of Data Protection in Europe. In: AGRE, Philip; ROTENBERG, Marc (eds.). *Technology and privacy*: the new landscape. Cambridge: MIT Press, 1997. p. 228.

É nesta segunda fase de leis que o consentimento da pessoa titular passa a ser previsto condição de licitude para determinadas situações, criando-se a possibilidade de fornecer mecanismos de controle aos titulares, e ainda medidas a serem adotadas pelo interessado em caso de ações ilícitas no manejo de seus dados pessoais, como tentativa de equilíbrio do poder entre os indivíduos e as organizações que tratavam dados pessoais.

Porém, o resultado pretendido não foi alcançado, pois não foi possível funcionalizar a tutela das liberdades individuais sem colocar em riscos o funcionamento do complexo estado de bem-estar social europeu.[105]

1.1.5 Computadores em rede e a terceira geração de leis: a busca pela efetividade na tutela dos dados pessoais

Em termos práticos, a entrega dos serviços sociais pelos Governos, a participação no sistema bancário, os serviços de viagem, imigração e votação dependiam precipuamente do tratamento de dados pessoais, não havendo escolha ao titular senão ter seus dados coletados, analisados e armazenados, sob pena de se ver totalmente alijado da vida em sociedade. Na primeira tentativa, o consentimento saiu derrotado.

Ao final da década de 1980 e início dos anos 90, novamente se vê a evolução da tecnologia forçando a mutação institucional, pois os computadores começam a se conectar e comunicar em rede, permitindo um fluxo de dados que não encontrava mais barreiras físicas. Houve o reconhecimento de que não era bastante a garantia da liberdade individual, pois os efeitos e reflexos das atividades de tratamento transcendiam a figura singular da pessoa.[106] A participação social[107] e o exercício da cidadania dependiam precipuamente da entrega dos dados pessoais ao setor público e privado.[108]

A terceira geração de leis ainda traz o enfoque nas liberdades individuais, insistindo no consentimento como pilar regulatório, característica que singularizou a geração anterior, porém o traço distintivo está na preocupação com a

---

105. MAYER-SCHÖNBERGER, Viktor. Generational Development of Data Protection in Europe. In: AGRE, Philip; ROTENBERG, Marc (eds.). *Technology and privacy*: the new landscape. Cambridge: MIT Press, 1997. p. 227-228.
106. DONEDA, Danilo. *Da privacidade à proteção de dados pessoais*: fundamentos da Lei Geral de Proteção de Dados. 2. ed. rev. e atual. São Paulo: Thomson Reuters Brasil, 2020. p. 178.
107. MAYER-SCHÖNBERGER, Viktor. Generational Development of Data Protection in Europe. In: AGRE, Philip; ROTENBERG, Marc (eds.). *Technology and privacy*: the new landscape. Cambridge: MIT Press, 1997. p. 229.
108. "O acesso à informação mostra-se o bem mais valioso ao exercício da cidadania" (TEPEDINO, Gustavo. Liberdades, tecnologia e teoria da interpretação. *Revista Forense*, v. 419, p. 78, 2014).

tentativa de maior efetividade de tutela, de forma a permitir a participação da pessoa em todos as fases do tratamento de seus dados pessoais.[109]

É também neste período que surge o conceito de autodeterminação informativa, não através de lei, mas fruto de paradigmática decisão de 15 de dezembro de 1983 proferida pelo Tribunal Constitucional Federal da Alemanha, ao julgar a constitucionalidade de aspectos ligados ao recenseamento populacional. Através de técnica interpretativa fundada no princípio da dignidade da pessoa humana e do direito ao livre desenvolvimento da personalidade, e sob a premissa de que as novas condições tecnológicas e sociais requerem o desenvolvimento continuado da interpretação dos direitos fundamentais para garantir a proteção do indivíduo na sociedade da informação,[110] a Corte alemã entendeu pela existência um direito fundamental implícito[111] à autodeterminação informativa:

> a) No cerne da ordem constitucional estão o valor e a dignidade da pessoa que age em livre autodeterminação como membro de uma sociedade livre. Sua proteção serve – além de garantias especiais de liberdade [...] garante um direito geral de personalidade, que pode ganhar importância especialmente em vista dos desenvolvimentos modernos e das novas ameaças à personalidade humana associadas a eles [...]. As concretizações anteriores pela jurisprudência não descrevem de forma conclusiva o conteúdo dos direitos da personalidade. Inclui [...] também o poder do indivíduo de decidir por si mesmo em princípio, o que decorre

---

109. Vale mencionar Lei Estadual pouco conhecida, atualmente em vigor no Estado do Rio de Janeiro. (*Lei n.º 824, de 28 de dezembro de 1984*. Assegura o direito de obtenção de informações pessoais contidas em bancos de dados operando no estado do Rio de Janeiro e dá outras providências). Art. 1. A toda pessoa física ou jurídica é assegurado, livre de qualquer ônus, o direito de conhecer as suas informações pessoais contidas em bancos de dados, públicos-estaduais e municipais – ou privados, operando no Estado do Rio de Janeiro, bem como de saber a procedência e o uso dessas informações e de completá-las ou corrigi-las, no caso de falhas ou inexatidões. Parágrafo único – Qualquer informação pessoal só poderá ser registrada com a identificação da fonte onde foi obtida. Art. 2. Os bancos referidos no artigo anterior devem ter a existência divulgada, juntamente com sua finalidade, abrangência e categorias de informações arquivadas, bem como o nome do responsável pela sua administração. Art. 3. O uso de informações pessoais para fins diversos daqueles para os quais foram obtidas depende do consentimento expresso da parte diretamente interessada, que poderá, ainda, contestar a relevância das informações a seu respeito para as finalidades declaradas do banco. Art. 4. É vedada a transferência de dados pessoais de um banco de dados para outro cujas finalidades não sejam as mesmas, salvo prévio e expresso consentimento da pessoa envolvida. Art. 5. Esta Lei entrará em vigor na data de sua publicação, revogadas as disposições em contrário. Rio de Janeiro, 28 de dezembro de 1984.
110. MENDES, Laura Schertel Ferreira. Autodeterminação informativa: a história de um conceito. *Pensar: Revista de Ciência Jurídicas*, Fortaleza, v. 25, n. 4, out./dez. 2020. Disponível em: https://periodicos. unifor.br/rpen/article/view/10828. Acesso em: 14 set. 2022.
111. WOLFGANG SARLET, Ingo. Fundamentos constitucionais: o direito fundamental à proteção de dados. In: DONEDA, Danilo; SARLET, Ingo Wolfgang; MENDES, Laura Schertel; RODRIGUES JÚNIOR, Otávio Luiz (coord.). *Tratado de proteção de dados pessoais*. Rio de Janeiro: Forense, 2021. Livro eletrônico não paginado.

da ideia de autodeterminação, quando e dentro de que limites as circunstâncias pessoais são divulgadas [...].[112]

Analisando a decisão em destaque, Ingo Sarlet traz as seguintes conclusões:

Na condição de direito de defesa (direito à não intervenção arbitrária), o direito à autodeterminação informativa consiste em um direito individual de decisão, cujo objeto (da decisão) são dados e informações relacionados a determinada pessoa-indivíduo. A relação do direito à autodeterminação informativa com o princípio da dignidade da pessoa humana, portanto, é, em certo sentido, dúplice, pois se manifesta, tanto pela sua vinculação com a noção de autonomia, quanto com a do livre desenvolvimento da personalidade e de direitos especiais de personalidade conexos, de tal sorte que a proteção dos dados pessoais envolve também a salvaguarda da possibilidade concreta de tal desenvolvimento, para o qual a garantia de uma esfera privada e íntima é indispensável.[113]

Verdadeira extensão das liberdades constantes das leis de segunda geração,[114] a autodeterminação informativa, nas palavras de Rodotà, consiste no "direito de manter o controle sobre suas próprias informações e de determinar a maneira de construir sua própria esfera particular".[115] Nota-se claramente como o conceito de autodeterminação se imbrica com a própria noção consentimento, posto que aquele trata do "poder do indivíduo de decidir por si mesmo", "um direito individual de decisão", conforme trechos acima salientados.

A terceira geração das leis de proteção de dados sofreu forte influência do processo de integração europeia e pela necessidade de harmonizar as legislações nacionais. Considerada um "tratado não autoexecutável" diante de necessária retificação de cada país-membro,[116] a Convenção 108 não alcançou a efetividade

---

112. Tradução livre do autor (BVerfGE 65, 1 – 71. BVerfG, Order of the First Senate of 15. December 1983 – 1 BvR 209/83. Disponível em: http://www.bverfg.de/e/rs19831215_1bvr020983en.html. Acesso em: 07 mar. 2023. par. 144).

113. WOLFGANG SARLET, Ingo. Fundamentos constitucionais: o direito fundamental à proteção de dados. In: DONEDA, Danilo; SARLET, Ingo Wolfgang; MENDES, Laura Schertel; RODRIGUES JÚNIOR, Otávio Luiz (coord.). *Tratado de proteção de dados pessoais*. Rio de Janeiro: Forense, 2021. Livro eletrônico não paginado. Segundo Danilo Doneda: "A influência da decisão alemã se fez sentir decisivamente em vários pontos da evolução posterior da matéria. Um deles é a solidificação do entendimento segundo o qual a proteção de dados pessoais requer um embasamento constitucional direto – assim, respaldada como um direito fundamental, é possível a tutela da personalidade, mesmo numa área específica como a proteção de dados" (DONEDA, Danilo. *Da privacidade à proteção de dados pessoais*. Rio de Janeiro: Renovar, 2006. p. 197).

114. DONEDA, Danilo. *Da privacidade à proteção de dados pessoais: fundamentos da Lei Geral de Proteção de Dados*. 2. ed. rev. e atual. São Paulo: Thomson Reuters Brasil, 2020. p. 178.

115. RODOTÀ, Stefano. *A vida na sociedade de vigilância*: a privacidade hoje. Rio de Janeiro: Renovar, 2008. p. 15.

116. Em 1990, Bélgica, Grécia, Itália, Portugal e Espanha não tinha ratificado (WUERMELING, Ulrich U. Harmonization of European Union Privacy Law. *Journal of Computer & Information Law*, v. 14, n. 3, p. 418, 1996. Disponível em: https://repository.law.uic.edu/jitpl/vol14/iss3/1/. Acesso em: 28 dez. 2022).

pretendida. Como consequência, a Comissão Europeia mudou a sua opinião sobre o instrumento jurídico necessário à tutela dos dados pessoais, vindo a publicar a Primeira Proposta de Directiva de Proteção de Dados em 1990.

1.1.6 Importação do consentimento negocial como instrumento legitimador do tratamento de dados pessoais

Destaca-se a opção pela "importação" do consentimento negocial do Direito Civil clássico, criado com objetivo de garantir espaço de substancial liberdade apto a tutelar situações eminentemente patrimoniais, posteriormente atribuindo ao instituto uma nova função, qual seja, a tutela de direitos da personalidade, de cunho existencial.

Oriundo do latim *"cum"* + *"sentire"*, etimologia do vocábulo "consentir" revela concepção destinada a tratar de emissões volitivas, que se ajustam ou coincidem.[117] No Direito Civil clássico,[118] consentir se liga de forma umbilical aos atos negociais, elemento essencial à formação dos negócios jurídicos,[119] hipótese em que sempre deverá existir exteriorização da vontade[120] através de verdadeiro consentimento negocial.

"Sem o papel da vontade não há direito privado", ensina Giorgio Oppo;[121] "A vontade necessita ser manifestada", afirmou Serpa Lopes, aduzindo ainda se tratar de "movimento fatal e indispensável, não somente como meio de prova do ato jurídico, também para satisfazer as exigências das relações jurídicas".[122]

---

117. Pereira, Caio Mário da Silva. *Instituições de direito civil*. Atualização de Maria Celina Bodin de Moraes. 30. ed. rev. e atual. Rio de Janeiro: Forense, 2017. v. 1. p. 402-403.

118. O ato de consentir já encontrava tutela jurídica no direito romano primitivo, porém de maneira absolutamente distinta da atual. Inicialmente, os romanos tratavam o consentimento como mero ato formal condicionador da eficácia e da produção de efeitos dos atos jurídicos, no qual bastava a mera verificação objetiva da declaração (Pereira, Caio Mário da Silva. *Instituições de direito civil*. Atualização de Maria Celina Bodin de Moraes. 30. ed. rev. e atual. Rio de Janeiro: Forense, 2017. v. 1. p. 419).

119. "Como se sabe, o negócio jurídico, produto da doutrina pandectística alemã, representa o ponto alto da autonomia privada. É por meio do negócio jurídico que se manifesta a maior expressão da vontade, como autorregulamentação dos próprios interesses" (MEIRELES, Rose Melo Vencelau. O negócio jurídico e suas modalidades. In: TEPEDINO, Gustavo (coord.). *O código civil na perspectiva civil-constitucional*. Rio de Janeiro: Renovar, 2013. p. 224).

120. MIRANDA, Pontes de. *Tratado de direito privado*: parte geral. Bens. Fatos jurídicos. São Paulo: Ed. RT, 2012. t. 2. p. 485.

121. OPPO, Giorgio. Sul consentimento dell'interessato. In: CUFFARO, Vicenzo; RICCIUTO, Vicenzo; ZENO-ZENCOVICH, Vicenzo (orgs.). *Trattamento dei dati e tutela della persona*. Milano: Giuffrè, 1999. p. 123 apud DONEDA, Danilo. *Da privacidade à proteção de dados pessoais*. 2. ed. rev. e atual. São Paulo: Ed. RT, 2019. p. 301.

122. LOPES, Serpa. *O silêncio como manifestação da vontade nas obrigações*. 2. ed. Rio de Janeiro: Livraria Suíça, Walter Roth Editora, 1944. p. 151.

Para Venosa, a declaração de vontade é elemento essencial, e quando se revelar inexistente, ao menos aparentemente, não haveria sequer em se falar na figura do negócio jurídico. A vontade e sua necessária declaração,[123] além de ser uma das condições de validade, faz parte e constitui elemento atinente ao próprio conceito e, portanto, da própria existência do negócio jurídico.[124]

No mesmo sentido, Caio Mario afirmou ser a declaração da vontade imprescindível, que deve ser exteriorizada através de emissão apta a levar a deliberação interior ao mundo exterior. A declaração, seria requisito, pressuposto básico e elementar do próprio negócio jurídico,[125] sob pena de inexistência do ato.[126]

O Código Civil brasileiro está repleto de menções ao consentimento (39 no total) para a regulação de questões patrimoniais, dentre elas, para assunção de dívida (art. 299), novação (art. 362), compra e venda (art. 496, par. único), locação de coisas (art. 578), depósito (art. 632) e fiança (art. 820) e outras.

A liberdade e autonomia privada para atos negociais, instituída em época oitocentista marcada pelo individualismo exacerbado, é totalmente distinta daquela conferida à pessoal natural para desenvolver livremente a sua personalidade.[127] Verifica-se uma falsa semelhança na importação do consentimento negocial para o consentimento como base legal de tratamento, como se o titular "fosse um sujeito racional, livre e capaz para fazer valer a proteção de seus dados pessoais".[128]

---

123. "[...] é possível inferir que o legislador conjugou duas orientações. Uma das tendências adotadas é a subjetiva ou da vontade. Segundo ela, cabe ao intérprete buscar na declaração negocial a real intenção do agente, colocando, em segundo plano, o sentido literal das palavras que materializam o negócio. A outra tendência é a objetiva ou da declaração, segundo a qual a intenção do agente deverá ser relegada a segundo plano, na medida em que tem maior relevância a vontade concreta, objetivada, como foi declarada ou como, numa interpretação literal, é possível deduzi-la. A utilização de ambas as orientações pode parecer contraditória. Todavia, unidas, permitem ao intérprete desenhar o negócio jurídico da forma mais completa possível, de modo que serão contemplados tanto o real conteúdo da vontade – apurado também tendo em vista os elementos econômicos e sociais que a informaram – quanto o seu sentido literal. Desta forma, é possível estabelecer, objetivamente, qual o sentido do negócio mais próximo do real" (TEPEDINO, Gustavo; BARBOZA, Heloisa Helena; BODIN DE MORAES, Maria Celina. *Código civil interpretado*: conforme a Constituição da República. Rio de Janeiro: Renovar, 2014. v. 1. p. 228).
124. VENOSA, Sílvio de Salvo. *Direito civil*: parte geral. São Paulo: Atlas, 2001. v. 1. p. 370-368.
125. PEREIRA, Caio Mário da Silva. *Instituições de direito civil*. 20. ed. Rio de Janeiro: Forense, 2005. v. 1. p. 392.
126. Pereira, Caio Mário da Silva. *Instituições de direito civil*. Atualização de Maria Celina Bodin de Moraes. 30. ed. rev. e atual. Rio de Janeiro: Forense, 2017. v. 1. p. 518.
127. "[...] considerar os dados pessoais, a priori, como 'bens' jurídicos teria como efeito basear o debate sobre a matéria a partir de paradigmas nos quais a pessoa humana estaria prejudicada já de início, e com parcas chances de fazer valer o valor do desenvolvimento de sua personalidade como prioritário." (DONEDA, Danilo. *Da privacidade à proteção de dados pessoais*: fundamentos da Lei Geral de Proteção de Dados. 2. ed. rev. e atual. São Paulo: Thomson Reuters Brasil, 2020. p. 288).
128. BIONI, Bruno Ricardo. *Proteção de dados pessoais*: a função e os limites do consentimento. Rio de Janeiro: Forense, 2019. Livro eletrônico não paginado.

Diante de questões relacionadas aos direitos de personalidade, o ato de consentir se reveste de características nitidamente divergentes daquelas situações patrimoniais, nas quais é caracterizado pela natureza puramente negocial.[129] Em especial, deve-se levar em conta a hierarquia constitucional, que condiciona a interpretação dos atos e atividades à luz da dignidade da pessoa humana.[130]

A escolha pela utilização de uma estrutura meramente formal e supostamente neutra para uma realidade absolutamente distinta levou a doutrina a afirmar a existência de verdadeiro "mito" do consentimento:

> Esse conjunto de características permite caracterizar esse consentimento, se o cotejarmos com a função que dele se pretende, qual seja a de ser um instrumento para a livre construção da esfera privada, "uma ficção". Sua utilização pode ser instrumentalizada pelos interesses que pretendem que seja não mais que uma via para legitimar a inserção dos dados pessoais no mercado. Por outro lado, o consentimento pode ser incentivado pelo próprio Estado sob a (falsa) premissa de conceder aos cidadãos um instrumento forte e absoluto para determinar livremente a utilização de seus próprios dados pessoais – conforme observou Stefano Rodotà, o Estado assim teria um falso álibi para não intervir em uma situação na qual deveria agir positivamente na defesa de direitos fundamentais – e, assim, "lavar as mãos".[131]

Pesquisas acadêmicas têm consistentemente demonstrado o equívoco na premissa de que uma quantidade maior de informações resultaria necessariamente na elevação da capacidade de tomada de decisões conscientes e, por extensão, livres. Por vezes esta premissa simplesmente não reflete a verdade.[132]

Há ainda o conceito da "racionalidade limitada", introduzido por Herbert Simon em 1947.[133] Some-se isso ao fato de que muitos indivíduos simplesmente

---

129. "Assim, justifica-se a não consideração desse consentimento como um negócio jurídico, já que essa opção reforçaria o sinalagma entre o consentimento para o tratamento dos dados pessoais e uma determinada vantagem obtida por aquele que consente, reforçando a índole contratual desse fenômeno e, consequentemente, a utilização de esquemas proprietários para o tratamento de dados pessoais – aliás, outra manifestação do mencionado 'neodogmatismo fraco', segundo a crítica de Messinetti" (DONEDA, Danilo. *Da privacidade à proteção de dados pessoais*. 2. ed. rev. e atual. São Paulo: Ed. RT, 2019. p. 301 e 303).

130. SILVA, Lucas Gonçalves; MELO, Bricio Luis da Anunciação. A Lei Geral de Proteção de Dados como instrumento de concretização da autonomia privada em um mundo cada vez mais tecnológico. *Revista Jurídica*, v. 3, n. 56, p. 354-377, 2019. Disponível em: http://revista.unicuritiba.edu.br/index.php/RevJur/article/view/3581. Acesso em: 19 dez. 2022.

131. DONEDA, Danilo. *Da privacidade à proteção de dados pessoais*. 2. ed. rev. e atual. São Paulo: Ed. RT, 2019. p. 300-301.

132. MACEDO JÚNIOR, Ronaldo Porto. Privacidade, mercado e informação. In: NERY JÚNIOR, Nelson; NERY, Rosa Maria de Andrade (orgs.). *Direito à informação*. São Paulo: Ed. RT, 2010. v. 8. (Coleção Doutrinas Essenciais de Responsabilidade Civil). p. 20.

133. SIMON, Herbert Alexander. *A Theory of Administrative Decision*. 1943. Tese (Doutorado) – Department of Political Science, University of Chicago, Chicago, 1943.

não querem decidir, especialmente quando se trata de questões relacionadas à privacidade e dados pessoais.[134]

Para Gustavo Tepedino, a excessiva liberdade diante das novas tecnologias na sociedade da informação apresenta facetas antagônicas: ao mesmo tempo que torna proeminente o aspecto emancipador da liberdade individual, gera uma excessiva e constante interferência na esfera privada da pessoa, resultando em grave ameaça à sua própria liberdade individual.[135]

A análise das alegações do *Google* e *Facebook* em processos judiciais movidos nos Estados Unidos da América se destaca o principal argumento de defesa: a tese de que os indivíduos haviam consentido com as práticas alegadamente ilícitas que motivaram as demandas.[136] Em resumo, o consentimento seria o verdadeiro "bilhete de ouro",[137] apto a legitimar toda e qualquer prática, pois mais controversa, ilegítima, ilícita que seja. Nos autos do processo *Calhoun v. Google* foram reveladas diversas manifestações de executivos da empresa.[138]

Em outras palavras, no âmago do exercício da autodeterminação informativa, o excesso de liberdade conferido aos titulares de dados pessoais por meio do consentimento acaba por erodir os próprios alicerces dos mecanismos de controle dos dados pessoais, evidenciando uma verdadeira falácia a legitimar

---

134. SOLOVE, Daniel J. Murky Consent: An Approach to the Fictions of Consent in Privacy Law. *Social Science Research Network (SSRN)*, 2023. p. 37. Disponível em: https://ssrn.com/abstract=4333743. Acesso em: 26 jan. 2023.

135. TEPEDINO, Gustavo. Liberdades, tecnologia e teoria da interpretação. *Revista Forense*, v. 419, p. 77-96, 2014.

136. Campbell v. Facebook, Inc.; Smith v. Facebook, Inc.; Patel v. Facebook, Inc., Google, Inc. Cookie Placement Consumer Privacy Litigation; Facebook Biometric Information Privacy Litigation; Facebook, Inc. Internet Tracking Litigation (WALDMAN, Ari Ezra. Privacy, Practice, and Performance. *California Law Review*, v. 110, n. 2, p. 1258, ago. 2022.

137. SOLOVE, Daniel J. Murky Consent: An Approach to the Fictions of Consent in Privacy Law. *Social Science Research Network (SSRN)*, 2023. p. 4. Disponível em: https://ssrn.com/abstract=4333743. Acesso em: 26 jan. 2023.

138. Nelas, admitem explicitamente, dentre outros: que diante da complexidade da tecnologia há uma transferência da responsabilidade da empresa para os usuários, através do consentimento; que o sistema de anúncios, conforme projetado, não fornece escolha uma real aos usuários, contrariando, assim, a própria ideia de consentimento; que a empresa ainda parece acreditar na ilusão de que os usuários concordaram com as políticas e termos de uso que lhe são apresentados; que se as pessoas realmente fossem decidir conscientemente, jamais concordariam os termos; que os controles internos não significam nada para ninguém, nem mesmo dentro da empresa; que não há acesso coerente e simples aos controles de privacidade em todos os aplicativos; que a empresa sequer sabe como controlar os dados que tem aceso. Calhoun v. Google LLC n.º 4:20-cv-05146 (TRIBUNAL DISTRITAL DOS ESTADOS UNIDOS PARA O DISTRITO NORTE DA CALIFÓRNIA. Petição apresentada em 14/11/22, documento 909-5, p. 15. Disponível em: https://www.courtlistener.com/docket/17386347/calhoun-v-google-llc/?page=6. Acesso em: 11 maio 2023).

um resultado totalmente contrário àquele que deve ser extraído da norma: a desproteção dos dados pessoais.[139]

O protagonismo do consentimento como opção do legislador decorre da própria noção de autodeterminação informativa, que encontra fundamento no princípio da dignidade da pessoa humana e no livre desenvolvimento da personalidade; na noção de dignidade como autonomia. Assim sustenta Ingo Sarlet:

> O consentimento livre e informado é, nesse sentido e contexto, exigência constitucional estrita para o exercício da autodeterminação informacional, integrando, de tal sorte, o próprio conteúdo essencial do direito fundamental, sem que, todavia, se possa aqui adentrar os problemas dos limites da natureza jurídica do consentimento, do seu conteúdo e seus limites, dentre outros pontos altamente problemáticos e controversos [...][140]

Tal premissa está presente na Carta dos Direitos Fundamentais da União Europeia, cujo objetivo principal era sensibilizar os cidadãos Europeus sobre a importância e relevância dos direitos fundamentais, dentre eles, a proteção dos dados pessoais.[141] O artigo 8.º (2) da Carta, proclamada em Nice no ano 2000, informa que os dados pessoais só podem ser objeto de tratamento com base no consentimento do titular ou em algum outro fundamento legítimo, estabelecido por lei.[142]

A utilização do consentimento como mecanismo legitimador das atividades de tratamento estava prevista desde o início do processo legislativo que desencadeou na aprovação da Diretiva 95/46/CE.[143] Na Diretiva 2002/58/CE do Parlamento Europeu e do Conselho, relativa ao tratamento de dados pessoais

---

139. LIMA, Cíntia Rosa Pereira; BIONI, Bruno Ricardo. A proteção dos dados pessoais na fase de coleta: apontamentos sobre a adjetivação do consentimento implementada pelo artigo 7, incisos VIII e IX do marco civil da internet partir da human computer interaction e da privacy by default. In: DE LUCCA, Newton; SIMÃO FILHO, Adalberto; LIMA, Cíntia Rosa Pereira (org.). *Direito & internet III*. São Paulo: Quartier Latin, 2015. t. 1. p. 287.

140. WOLFGANG SARLET, Ingo. Fundamentos constitucionais: o direito fundamental à proteção de dados. In: DONEDA, Danilo; SARLET, Ingo Wolfgang; MENDES, Laura Schertel; RODRIGUES JÚNIOR, Otávio Luiz (coord.). *Tratado de proteção de dados pessoais*. Rio de Janeiro: Forense, 2021. Livro eletrônico não paginado.

141. PARLAMENTO EUROPEU. *A carta dos direitos fundamentais*. p. 1-2. Disponível em: https://www.europarl.europa.eu/RegData/etudes/fiches_techniques/2013/010106/04A_FT%282013%29010106_PT.pdf. Acesso em: 1.º maio 2023.

142. Artigo 8.º Proteção de dados pessoais. 1. Todas as pessoas têm direito à proteção dos dados de caráter pessoal que lhes digam respeito. 2. Esses dados devem ser objeto de um tratamento leal, para fins específicos e com o consentimento da pessoa interessada ou com outro fundamento legítimo previsto por lei. Todas as pessoas têm o direito de aceder aos dados coligidos que lhes digam respeito e de obter a respectiva retificação. 3. O cumprimento destas regras fica sujeito a fiscalização por parte de uma autoridade independente.

143. Article 29 Data Protection Working Party (EUROPEAN COMMISSION. *Opinion 15/2011 on the definition of consent*. p. 4-5. Disponível em: http://ec.europa.eu/justice/policies/privacy/docs/wpdocs/2011/wp187_en.pdf. Acesso em: 12 abr. 2023).

e à proteção da privacidade no sector das comunicações eletrônicas, também conhecida como Diretiva *ePrivacy*, menciona no art. 2.º, f) que o consentimento seria aquele previsto e definido na Directiva 95/46/CE. Informa no artigo 13 a necessidade de consentir expressamente para o recebimento de qualquer "chamada automatizada sem intervenção humana".[144] A palavra "consentimento" é mencionada 29 vezes ao longo do documento.

No Regulamento n.º 2016/679 do Parlamento Europeu e do Conselho,[145] os considerandos n.º (32), (40), (42) e (43) enfatizam a importância do consentimento claro, específico, informado e inequívoco do titular dos dados para o tratamento dos dados pessoais, conforme estipulado no art. 4(11).[146] O considerando (40) ressalta que "os dados pessoais deverão ser tratados com base no consentimento da titular dos dados em causa ou noutro fundamento legítimo, previsto por lei". Ao lado de outras cinco hipóteses, o Artigo 6(1)(a) estabelece que o tratamento de dados pessoais será lícito quando o titular dos dados consentir para o tratamento. No art. 7.º se delineia as condições para o consentimento, incluindo a obrigação do controlador de demonstrar que o titular dos dados consentiu. O art. 8.º aborda as condições aplicáveis ao consentimento de crianças e o art. 9(2)(a) aduz que o tratamento de dados sensíveis é permitido se o titular consentir explicitamente. A palavra "consentimento" aparece 72 vezes no Regulamento.

No Brasil, o Marco Civil da Internet[147] – Lei n.º 12.965 de 23 de abril de 2014, inaugurou como princípio da disciplina do uso da internet no Brasil a proteção da privacidade e dos dados pessoais.[148] O inciso IX do art. 7.º destaca o direito

---

144. Parlamento Europeu e do Conselho. (2002). Directiva 2002/58/CE relativa ao tratamento de dados pessoais e à protecção da privacidade no sector das comunicações electrónicas (Directiva relativa à privacidade e às comunicações electrónicas). Artigo 13. "Comunicações não solicitadas 1. A utilização de sistemas de chamada automatizados sem intervenção humana (aparelhos de chamada automáticos), de aparelhos de fax ou de correio electrónico para fins de comercialização directa apenas poderá ser autorizada em relação a assinantes que tenham dado o seu consentimento prévio".

145. Regulamento n.º 2016/679 do Parlamento Europeu e do Conselho relativo à proteção das pessoas singulares no que diz respeito ao tratamento de dados pessoais e à livre circulação desses dados de 27 de abril de 2016. CAPÍTULO XI, Disposições finais, Artigo 94.º Revogação da Diretiva 95/46/CE, 1. A Diretiva 95/46/CE é revogada com efeitos a partir de 25 de maio de 2018.

146. Artigo 4.º Definições. Para efeitos do presente regulamento, entende-se por: [...] 11) «Consentimento» do titular dos dados, uma manifestação de vontade, livre, específica, informada e explícita, pela qual o titular dos dados aceita, mediante declaração ou ato positivo inequívoco, que os dados pessoais que lhe dizem respeito sejam objeto de tratamento.

147. O nome inicialmente proposto para Lei foi "Marco Regulatório Civil da Internet", oriundo do Projeto de Lei n.º 2.126/2011 de autoria e iniciativa do Poder Executivo (LEMOS, Ronaldo. Uma breve história da criação do marco civil. In: DE LUCCA, Newton; SIMÃO FILHO, Adalberto; LIMA, Cíntia Rosa Pereira (org). *Direito & internet III*. São Paulo: Quartier Latin, 2015. t. 1. p. 82).

148. Lei n.º 12.965, de 23 de abril de 2014: Art. 3.º A disciplina do uso da internet no Brasil tem os seguintes princípios: I – garantia da liberdade de expressão, comunicação e manifestação de pensamento, nos termos da Constituição Federal; II – proteção da privacidade; III – proteção dos dados pessoais, na forma da lei.

ao consentimento expresso dos usuários sobre a coleta, uso, armazenamento e tratamento de seus dados pessoais.[149] Apesar da Lei datar de 2014, seus primeiros contornos surgiram 2007,[150] em resposta ao Projeto de Lei n.º 84/1999 de autoria do Senador Eduardo Azeredo que previa inúmeros fatos típicos e ainda equiparava os dados pessoais à figura jurídica de coisa.[151] No anteprojeto de Lei de Proteção de Dados Pessoais do Brasil, houve consulta pública entre janeiro e julho de 2015 promovida pela Secretaria Nacional do Consumidor (SENACON) em conjunto com a Secretaria de Assuntos Legislativos (SAL).[152] Na identificação dos principais "eixos de debate", ficou clara a intenção inicial de tratar o consentimento como a "regra geral" capaz de "legitimar o tratamento de dados pessoais", conforme se extrai da seguinte passagem:

> Consentimento – arts. 7.º ao 11. A proposta traz a necessidade de consentimento do titular para o tratamento de seus dados pessoais como a regra geral a legitimar o tratamento de dados pessoais. Aqui, debateremos o papel do consentimento na proteção dos dados pessoais enquanto ferramenta de efetivo controle do cidadão sobre suas próprias informações. Assim, o tratamento dependeria do consentimento do titular, salvo em alguns casos excepcionados. Algumas exceções conhecidas são: dados que já são de acesso público ou casos em que alguma lei específica dispense o consentimento. Por outro lado, há, ainda, casos específicos em que o consentimento poderia ser ainda mais relevante, como no caso dos dados sensíveis – veja os artigos específicos sobre isso e entenda a importância da sua proteção![153]

Ainda no texto inicialmente proposto, destaca-se o Capítulo II, cujo texto proposto consistia em "Requisitos para o Tratamento de Dados Pessoais", no qual a Seção I recebeu o título de "Consentimento". Alçado à principal forma de se conferir licitude às atividades de tratamento, deveria ser livre, expresso, específico

---

149. Lei n.º 12.965, de 23 de abril de 2014: Art. 7.º O acesso à internet é essencial ao exercício da cidadania, e ao usuário são assegurados os seguintes direitos: [...] IX – consentimento expresso sobre coleta, uso, armazenamento e tratamento de dados pessoais, que deverá ocorrer de forma destacada das demais cláusulas contratuais.

150. Apesar de promulgado em 2014, teve sua origem no Projeto de Lei n.º 2.126/2011, oriundo de uma iniciativa de 2007 (GOMES, Rodrigo Dias de Pinho. BIG DATA: desafios à tutela da pessoa humana na sociedade da informação. 2. ed. Rio de Janeiro: Lumen Juris, 2019. v. 1. p. 127-128).

151. "O projeto, em seu artigo 183-A, equipara à 'coisa', para efeitos penais, o dado, informação ou unidade de informação em meio eletrônico. Essa equiparação gera efeitos imprevisíveis no ordenamento jurídico brasileiro" (LEMOS, Ronaldo. Internet brasileira precisa de Marco Regulatório Civil. *UOL Tecnologia*, 22 maio 2007. Disponível em: http://tecnologia.uol.com.br/ultnot/2007/05/22/ult4213u98. jhtm. Acesso em: 29 dez. 2016).

152. PENSANDO O DIREITO. *Proteção de dados pessoais*: o que é? Disponível em: http://pensando.mj.gov. br/dadospessoais/. Acesso em: 04 maio 2022.

153. PENSANDO O DIREITO. *Consentimento – arts. 7.º ao 11*. Disponível em: http://pensando.mj.gov. br/ dadospessoais/eixo-de-debate/tratamento-de-dados-pessoais/. Acesso em: 04 maio 2022.

e informado do titular.[154] Durante a referida consulta pública, perguntou-se sobre a adjetivação contida no art. 7.º, questionando-se se deveria ser restringida ou ampliada. Grande parte das sugestões recebidas solicitaram a retirada do termo "expresso", argumentando-se, dentre outros, que "criaria um sistema inflexível", que "não beneficiaria nem mesmo os consumidores [...] fadigando, em última análise, a sua própria capacidade de controlar seus dados pessoais" e "seria engessada uma série de inovações em que seria impraticável colher o consentimento".[155] As diversas outras contribuições recebidas levaram à alteração completa do texto final do Anteprojeto de Lei de Proteção de Dados Pessoais, especialmente naquilo que se refere aos requisitos de tratamento de dados pessoais.[156]

No texto final aprovado pelo Congresso Brasileiro, o art. 5.º, inciso XII, da Lei Geral de Proteção de Dados Pessoais (LGPD) conceitua o consentimento como "manifestação livre, informada e inequívoca pela qual o titular concorda com o tratamento de seus dados pessoais para uma finalidade determinada",[157] não havendo necessidade de que seja expresso. Denota-se o cuidado do legislador na caracterização do consentimento, com clara inspiração no sistema europeu

---

154. Art. 7.º O tratamento de dados pessoais somente é permitido após o consentimento livre, expresso, específico e informado do titular, salvo o disposto no art. 11. [...] Art. 11. O consentimento será dispensado quando os dados forem de acesso público irrestrito ou quando o tratamento for indispensável para: I – cumprimento de uma obrigação legal pelo responsável; II – tratamento e uso compartilhado de dados relativos ao exercício de direitos ou deveres previstos em leis ou regulamentos pela administração pública; III – execução de procedimentos pré-contratuais ou obrigações relacionados a um contrato do qual é parte o titular, observado o disposto no § 1.º do art. 6.º; IV – realização de pesquisa histórica, científica ou estatística, garantida, sempre que possível, a dissociação dos dados pessoais; V – exercício regular de direitos em processo judicial ou administrativo; VI – proteção da vida ou da incolumidade física do titular ou de terceiro; VII – tutela da saúde, com procedimento realizado por profissionais da área da saúde ou por entidades sanitárias (PENSANDO O DIREITO. *Anteprojeto de Lei para a Proteção de Dados Pessoais*. Dispõe sobre o tratamento de dados pessoais para proteger a personalidade e a dignidade da pessoa natural. Disponível em: http://pensando.mj.gov.br/dadospessoais/texto-em-debate/anteprojeto-de-lei-para-a-protecao-de-dados-pessoais/. Acesso em: 04 maio 2022).

155. KIRA, Beatriz. O que está em jogo no Anteprojeto de Lei de Proteção de Dados Pessoais? *Internetlab*, 04 maio 2016. Disponível em: http://www.internetlab.org.br/pt/internetlab-reporta/o-que-esta-em-jogo-no-anteprojeto-de-lei-de-protecao-de-dados-pessoais/. Acesso em: 04 maio 2022.

156. "Inicialmente, três foram os principais projetos de lei versando sobre proteção geral de dados pessoais que tramitaram no parlamento brasileiro. Eram eles o Projeto de Lei n.º 330/2013 do Senado Federal, bem como os Projetos de Leis n.º 4.060/2012 e n.º 5.276/2016, oriundos da Câmara dos Deputados. O PL n.º 4.060 foi votado e aprovado em meados de 2018 pela Câmara Federal, sendo certo que durante o processo legislativo, houve a incorporação da redação contida no PL n.º 5.276. Remetido então ao Senado Federal, deu origem ao PLC n.º 53/2018, que culminou na Lei n.º 13.709 de 14 de agosto de 2018 [...]" (GOMES, Rodrigo Dias de Pinho. *Big Data*: desafios à tutela da pessoa humana na sociedade da informação. 2. ed. Rio de Janeiro: Lumen Juris, 2019. v. 1. p. 136-137).

157. Lei n.º 13.709, de 14 de agosto de 2018. Lei Geral de Proteção de Dados Pessoais (LGPD). Ainda de acordo com os §§ 1.º e 5.º do Art. 8.º, o consentimento "deverá ser fornecido por escrito ou por outro meio que demonstre a manifestação de vontade do titular" e poderá "ser revogado a qualquer momento pelo titular".

e nas normas mais atuais sobre o tema,[158] constituindo a "pedra angular"[159] do tratamento de dados pessoais segundo a lei brasileira.

Neste ponto, chama a atenção a similaridade do processo legislativo brasileiro com o Europeu, porém com mais de duas décadas de atraso. Em 1992, no curso do processo de elaboração da Diretiva Europeia de 1995, houve discussões que levaram à conclusão de que consentimento deixaria de ser considerado o critério principal, nos debates acerca da definição do consentimento, a adjetivação como "expresso" substituída por "manifestação explícita de vontade".[160]

1.2 QUARTA GERAÇÃO DE LEIS DE PROTEÇÃO DE DADOS PESSOAIS: MARCO INICIAL DA EXAUSTÃO DO CONSENTIMENTO

Como abordado na parte inicial do presente capítulo, qualquer atividade de tratamento tem como pré-condição de licitude o respaldo em um requisito previamente autorizado pela legislação. Historicamente, o consentimento era o grande protagonista, representado no art. 8.º (2) da Carta dos Direitos Fundamentais da União Europeia, aduzindo que os dados pessoais "devem ser objeto de um tratamento leal, para fins específicos e com o consentimento da pessoa interessada ou com outro fundamento legítimo previsto por lei".

Conferir espaço de liberdade, facultando ao titular possibilidade de escolha diante da circulação de seus dados pessoais se associa diretamente à autodeterminação informativa, funcionalizando o desenvolvimento da personalidade através da regulação dos interesses existenciais da pessoa humana.

Reconhecendo a necessidade de proteger um espaço irredutível de autonomia privada,[161] o ordenamento brasileiro franqueia ao titular a capacidade de "criar, modificar ou extinguir situações subjetivas"[162] de acordo com os efeitos que

---

158. DE TEFFÉ, Chiara Antonia Spadaccini; TEPEDINO, Gustavo. O consentimento na circulação de dados pessoais. *Revista Brasileira de Direito Civil*, v. 25, n. 3, p. 92, 2020. Disponível em: https://rbdcivil. ibdcivil.org.br/rbdc/article/view/521. Acesso em: 11 abr. 2023.

159. BIONI, Bruno; MONTEIRO, Renato Leite. Proteção de dados pessoais como elemento de inovação e fomento à economia: o impacto econômico de uma lei geral de dados. In: REIA, Jhessica; FRANCISCO, Pedro Augusto P.; BARROS, Marina; MAGRANI, Eduardo. *Horizonte presente tecnologia e sociedade em debate*. Belo Horizonte: Casa do Direito; FGV, 2019. p. 237.

160. COMISSÃO DAS COMUNIDADES EUROPEIAS. Proposta alterada de Directiva de Conselho relativa à protecção das pessoas singulares no que diz respeito ao tratamento de dados pessoais e à sua livre circulação (Apresentada pela Comissão em conformidade com o n.º 3 do artigo 149.º do Tratado CEE). *COM(92) 422 final – SYN 287*. Bruxelas, 15 de outubro de 1992. p. 10-15. Disponível em: https:// eur-lex.europa.eu/legal-content/PT/TXT/PDF/?uri=CELEX:51992PC0422. Acesso em: 29 dez. 2022.

161. LUDWIG, Marcos de Campos. Direito público e direito privado: a superação da dicotomia. In: MARTINS-COSTA, Judith (org.). *A reconstrução do direito privado*. São Paulo: Ed. RT, 2002. p. 106.

162. MEIRELES, Rose Melo Vencelau. *Autonomia privada e dignidade humana*. Rio de Janeiro: Renovar, 2009. p. 60.

1 • A TRAJETÓRIA PARA OS LEGÍTIMOS INTERESSES   37

entender como mais adequados. Por esta razão foi instituída a revogabilidade[163] do consentimento.[164]

Como retrato do atual momento histórico, a quarta geração das leis tem como marcos normativos a Diretiva n.º 95/46/CE do Parlamento Europeu e do Conselho de 24.10.1995 sobre a proteção de indivíduos no que se refere ao tratamento de dados pessoais e à livre circulação desses dados e o Regulamento Geral sobre a Proteção de Dados (RGPD) em 2018, que substituiu e revogou[165] a Diretiva 95, inserindo novos elementos, como o princípio da responsabilidade proativa, os direitos à portabilidade e ao esquecimento, as sanções administrativas elevadas, o mecanismo do *one-stop-shop* e alterou a redação do legítimo interesse como base legal. No Brasil, destaca-se a Lei n.º 13.709, de 14 de agosto de 2018 – Lei Geral de Proteção de Dados Pessoais (LGPD).

A análise da "progressão geracional"[166] legislativa demonstra que até o final do século XX, os debates sobre a proteção de dados se restringiam aos países ricos e democráticos.[167] Sobretudo na Europa, estes atos normativos se adaptaram e evoluíram ao longo do tempo como forma para acompanhar as mudanças sociais e tecnológicas, representando um modelo normativo que busca tentar equilibrar interesses econômicos e direitos humanos no âmbito da sociedade da informação.[168]

O atual estágio geracional de leis de proteção de dados pessoais tem como característica marcante o estabelecimento de nível elevado de proteção ao tra-

---

163. Lei n.º 13.709, de 14 de agosto de 2018. Lei Geral de Proteção de Dados Pessoais (LGPD). Art. 8.º O consentimento previsto no inciso I do art. 7.º desta Lei deverá ser fornecido por escrito ou por outro meio que demonstre a manifestação de vontade do titular. [...] § 5.º O consentimento pode ser revogado a qualquer momento mediante manifestação expressa do titular, por procedimento gratuito e facilitado, ratificados os tratamentos realizados sob amparo do consentimento anteriormente manifestado enquanto não houver requerimento de eliminação, nos termos do inciso VI do caput do art. 18 desta Lei.

164. "Assim, pode ser uma desvantagem para os controladores confiar no consentimento se puderem basear o tratamento com base em legítimos interesses, que não podem ser revogados a critério do titular dos dados" (Tradução livre do autor) (KUNER, Christopher; BYGRAVE, Lee A.; DOCKSEY, Christopher; DRECHSLER, Laura; TOSONI, Luca. *The EU General Data Protection Regulation*: A Commentary. Oxford University Press, 2020. p. 339).

165. Regulamento n.º 2016/679 do Parlamento Europeu e do Conselho relativo à proteção das pessoas singulares no que diz respeito ao tratamento de dados pessoais e à livre circulação desses dados de 27 de abril de 2016. Capítulo XI, Disposições finais, Artigo 94.º Revogação da Diretiva 95/46/CE, 1. A Diretiva 95/46/CE é revogada com efeitos a partir de 25 de maio de 2018".

166. DONEDA, Danilo. A proteção dos dados pessoais como um direito fundamental. *Espaço Jurídico*, Joaçaba, v. 12, n. 2, p. 98, jul./dez. 2011.

167. BENNETT, Colin John. *Regulating Privacy*: Data Protection and Public Policy in Europe and the United States. Ithaca: Cornell University Press, 1992. p. 57.

168. "Nesse contexto, historicamente, normas de proteção de dados pessoais sempre tiveram a dupla função de não só garantir a privacidade e outros direitos fundamentais, mas também fomentar o desenvolvimento econômico" (BIONI, Bruno Ricardo. *Proteção de dados pessoais*: a função e os limites do consentimento. Rio de Janeiro: Forense, 2019. Livro eletrônico não paginado).

tamento de dados pessoais, de forma que algumas das liberdades conferidas ao titular nas gerações anteriores lhe são retiradas em detrimento de uma proteção *ex ante* e indisponível,[169] na tentativa de equalizar a assimetria entre o titular e os agentes de tratamento.

A assimetria informacional[170] entre grandes agentes de tratamento e o titular dos dados pessoais coloca o ato de consentir em descompasso com a realidade. Ao recorrer a serviços públicos, adquirir produtos ou estabelecer contratos com fornecedores de bens e serviços essenciais, tais como transporte e energia, o indivíduo se vê diante de múltiplas decisões que, invariavelmente, envolvem a necessária disponibilização de seus dados pessoais. No contexto da sociedade da informação caracterizada pelo desbalanço de poder, a única opção que se apresenta é a de consentir. Vale citar a reflexão de Julie Cohen:

> Na era digital e conectada, as proteções aos direitos humanos fundamentais começaram a falhar de forma abrangente. Na prática, interesses econômicos privados exercem cada vez mais poder sobre as condições da liberdade humana. Em particular, sistemas de vigilância que combinam elementos privados e públicos efetivamente desintermediaram mecanismos tradicionais, centrados no Estado, para proteger direitos à privacidade, liberdade de expressão e liberdade de associação, ao mesmo tempo que facilitam novos modos de violação com um alcance e escopo sem precedentes. Outros desafios são conceituais e institucionais. Críticos dos tradicionais *frameworks* de direitos baseados na liberdade afirmaram (ou reafirmaram) a importância da distribuição de recursos, autodeterminação coletiva e sustentabilidade ambiental para o florescimento humano. Ao mesmo tempo, sistemas de informação intermediados em massa e baseados em plataformas desestabilizaram previsão de longa data sobre as condições materiais de possibilidade para privacidade, liberdade intelectual e autodeterminação política.[171]

Passa-se então à análise dos desafios enfrentados na escolha do consentimento como base legal na sociedade da informação.

---

169. MAYER-SCHÖNBERGER, Viktor. Generational Development of Data Protection in Europe. In: AGRE, Philip; ROTENBERG, Marc (eds.). *Technology and privacy*: the new landscape. Cambridge: MIT Press, 1997. p. 233.

170. "Desenvolvem-se outras evidências que demonstram ser o fosso da assimetria informacional e da vulnerabilidade maior do que se aparentava ser naquela pesquisa anterior. Mesmo que os consumidores se capacitem para o controle de seus dados pessoais, o próprio mercado acaba por criar novas tecnologias para neutralizá-lo. Tal fator é determinante para se (re)pensar e (re)avaliar um quadro regulatório que eleva o consentimento como seu elemento normativo central e, por essa lógica, o seu titular como sujeito autônomo e capaz para exercer tal esfera de controle e, em última análise, desempenhar por si próprio a proteção de suas informações pessoais" (BIONI, Bruno Ricardo. *Proteção de dados pessoais*: a função e os limites do consentimento. Rio de Janeiro: Forense, 2019. Livro eletrônico não paginado).

171. Tradução livre do autor (COHEN, Julie E. *Between Truth and Power*: The Legal Constructions of Informational Capitalism. Nova Iorque: Oxford Academic, 2019. p. 239-240. Disponível em: https://doi.org/10.1093/oso/9780190246693.001.0001. Acesso em: 16 jan. 2024).

1.2.1 Consentimento como manifestação livre diante da ausência de escolha na regulação dos interesses existenciais

Conforme visto nos itens anteriores, o consentimento está associado diretamente à autodeterminação informativa, funcionando como ferramenta à disposição do titular para o desenvolvimento de sua personalidade através da livre regulação de seus interesses existenciais. A caraterística liberal, intrínseca ao ato de consentir, visa empoderar a pessoa natural, de maneira que possa optar por aceitar ou recusar o tratamento de seus dados pessoais, livre de influências externas ou situações que tornem o ato viciado.[172] Por esta razão consta do § 3.º do art. 8.º da LGPD a vedação da atividade de tratamento mediante vício de consentimento.[173]

Em publicação de outubro de 2022, a Autoridade Nacional de Proteção de Dados informa que o consentimento só será efetivamente livre "quando o titular realmente tiver o poder de escolha sobre o tratamento de seus dados pessoais", acrescentando que não pode haver "consequências negativas ou intervenções do controlador que possam vir a viciar ou a prejudicar a sua manifestação de vontade".[174]

Em teoria, a prerrogativa liberal conferida ao titular é quase perfeita. Na prática, a realidade se impõe,[175] em especial nos contextos e situações do cotidiano que excluem em absoluto a real possibilidade de escolha por parte da pessoa natural,[176] que "carece de condições materiais para exercício de plena liberdade sobre os dados pessoais".[177] Acrescenta Anderson Schreiber que a mera vontade

---

172. DE TEFFÉ, Chiara Antonia Spadaccini; TEPEDINO, Gustavo. O consentimento na circulação de dados pessoais. *Revista Brasileira de Direito Civil*, v. 25, n. 3, p. 94, 2020. Disponível em: https://rbdcivil. ibdcivil.org.br/rbdc/article/view/521. Acesso em: 11 abr. 2023.

173. "Denominam-se vícios de consentimento (ou da vontade), em razão de se caracterizarem por influências exógenas sobre a vontade exteriorizada ou declarada, e aquilo que é ou devia ser a vontade real, se não tivessem intervindo as circunstâncias que sobre ela atuaram, provocando a distorção" (Pereira, Caio Mário da Silva. *Instituições de direito civil*. Atualização de Maria Celina Bodin de Moraes. 30. ed. rev. e atual. Rio de Janeiro: Forense, 2017. v. 1. p. 417).

174. LOPES, Alexandra Krastins et al. *Guia orientativo*: cookies e proteção de dados pessoais. Brasília: ANPD, out. 2022. p. 17-20. Disponível em: https://www.gov.br/anpd/pt-br/documentos-e-publicacoes/ guia-orientativo-cookies-e-protecao-de-dados-pessoais.pdf. Acesso em: 08 ago. 2023.

175. A abordagem das Leis de privacidade sobre os direitos individuais é baseada na presunção de que os indivíduos têm poder e meios suficientes para exercer esses direitos de forma autônoma e de acordo com as suas preferências. Nós não temos (Tradução livre do autor) (WALDMAN, Ari Ezra. Privacy, Practice, and Performance. *California Law Review*, v. 110, n. 2, p. 1256, ago. 2022).

176. RODOTÀ, Stefano. *A vida na sociedade de vigilância*: a privacidade hoje. Rio de Janeiro: Renovar, 2008. p. 76.

177. FORNASIER, Mateus de Oliveira; KNEBEL, Norberto Milton Paiva. O titular de dados como sujeito de direito no capitalismo de vigilância e mercantilização dos dados na Lei Geral de Proteção de Dados. *Revista Direito e Práxis*, Rio de Janeiro, v. 12, n. 2, p. 1002-1033, abr./jun. 2021. Disponível em: https:// doi.org/10.1590/2179 8966/2020/46944. Acesso em: 05 jan. 2022.

individual não é suficiente para a chancela jurídica, eis que não raro, não tem o condão de externar *"desejo genuíno e consciente"*, mas sim para prática de ato necessário para aderir a esquemas sociais e econômicos que contrariam o bem-estar da própria pessoa.[178]

Nos corriqueiros contratos de adesão, verifica-se total ausência de liberdade para o estabelecimento do conteúdo do contrato.[179] É a hipótese dos termos de uso,[180] comumente utilizados como condição de acesso ou utilização de serviços na internet, tanto no setor público quanto na iniciativa privada.[181] A leitura destes documentos, por vezes inexistente ou frustrada, constitui verdadeiro "tédio tortuoso", além de permitir ao agente que os elabora crie seu próprio "universo legislativo",[182] por vezes prevendo autorizações genéricas como "compartilhamento com parceiros comerciais",[183] o que levou o legislador brasileiro a proibi-las expressamente no art. 8.º, § 4.º e no art. 9.º,§ 1.º, ambos da LGPD.[184]

As críticas informadas ao longo deste item não são tão novas. Diante da Lei Federal de Proteção de Dados Alemã de 1977, questionou-se a exigência do consentimento, argumentando que, na prática, os indivíduos possuem pouca escolha além de cumprir com as exigências de órgãos governamentais, autori-

---

178. SCHREIBER, Anderson. *Direitos da personalidade*. 2. ed. São Paulo: Atlas, 2013. p. 184.
179. MULHOLLAND, Caitlin Sampaio. O princípio da relatividade dos efeitos contratuais. In: MORAES, Maria Celina Bodin de (coord.). *Princípios do direito civil contemporâneo*. Rio de Janeiro: Renovar, 2006. p. 256.
180. "Termo de Uso ou Contrato de Termo de Uso é uma espécie de contrato de adesão cujas cláusulas são estabelecidas de forma unilateral pelo fornecedor do serviço sem que o usuário possa discutir ou modificar substancialmente seu conteúdo. [...] O Termo de Uso é composto por diversas regras e condições aplicáveis ao serviço. Dentre elas, o tratamento de dados pessoais geralmente é previsto como uma das cláusulas contratuais" (BRASIL. Ministério da Economia. *Guia de elaboração de termo de uso e política de privacidade para serviços públicos*: Lei Geral de Proteção de Dados Pessoais (LGPD). Brasília, jun. 2022. p. 9).
181. Lei n.º 13.709, de 14 de agosto de 2018. Lei Geral de Proteção de Dados Pessoais (LGPD): Art. 9.º [...] § 3.º Quando o tratamento de dados pessoais for condição para o fornecimento de produto ou de serviço ou para o exercício de direito, o titular será informado com destaque sobre esse fato e sobre os meios pelos quais poderá exercer os direitos do titular elencados no art. 18 desta Lei.
182. SOLOVE, Daniel J. Murky Consent: An Approach to the Fictions of Consent in Privacy Law. *Social Science Research Network (SSRN)*, 2023. p. 19. Disponível em: https://ssrn.com/abstract=4333743. Acesso em: 26 jan. 2023.
183. BIONI, Bruno; MONTEIRO, Renato Leite. Proteção de dados pessoais como elemento de inovação e fomento à economia: o impacto econômico de uma lei geral de dados. In: REIA, Jhessica; FRANCISCO, Pedro Augusto P.; BARROS, Marina; MAGRANI, Eduardo. *Horizonte presente tecnologia e sociedade em debate*. Belo Horizonte: Casa do Direito; FGV, 2019. p. 237-238.
184. Lei n.º 13.709, de 14 de agosto de 2018. Lei Geral de Proteção de Dados Pessoais (LGPD): Art. 8.º [...] § 4.º O consentimento deverá referir-se a finalidades determinadas, e as autorizações genéricas para o tratamento de dados pessoais serão nulas. Art. 9.º [...] § 1.º Na hipótese em que o consentimento é requerido, esse será considerado nulo caso as informações fornecidas ao titular tenham conteúdo enganoso ou abusivo ou não tenham sido apresentadas previamente com transparência, de forma clara e inequívoca.

dades públicas e grandes empresas, especialmente para obter crédito ou acesso a serviços.[185] Alan Westin afirmou que o consentimento estava longe de ser livre, trazendo o exemplo dos candidatos a cargos no setor público e privado nos EUA, na década de 1960, que "consentiam" a se submeter ao teste do polígrafo, pois a recusa em fazer o teste implicava na demissão do empregado.[186]

A Autoridade Inglesa de Proteção de Dados (ICO) informou que não seria "usualmente apropriada" a utilização da base legal do consentimento nas relações de emprego, dada a presumida hipossuficiência do trabalhador.[187] No mesmo sentido, destaca-se publicação do Grupo de Trabalho do Artigo 29 sobre Proteção de Dados,[188] ao afirmar que os empregados raramente têm liberdade para consentir, recusar ou revogar o consentimento, pois dependem da relação como o empregador. De acordo com o documento, dado o desequilíbrio de poder entre as partes, os empregados só podem consentir livremente em situações excepcionais, quando não há consequências ligadas à aceitação ou rejeição de uma proposta.[189] O Comitê Europeu para a Proteção de Dados traz a seguinte orientação:

> Também ocorrem desequilíbrios de poder em contexto laboral. Atendendo à dependência que resulta da relação empregador/trabalhador, é improvável que o titular dos dados possa recusar ao seu empregador o consentimento para o tratamento dos dados sem que haja medo ou risco real de consequências negativas decorrentes da recusa. É improvável que um trabalhador responda livremente ao pedido de consentimento do empregador para, por exemplo, ativar sistemas de controlo como a observação do local de trabalho através de câmaras ou preencher formulários de avaliação, sem sentir qualquer tipo de pressão para dar esse consentimento. Por conseguinte, o CEPD considera problemática a questão de os empregadores procederem ao tratamento de dados pessoais dos seus trabalhadores atuais ou futuros com base no consentimento, uma vez que é improvável que esse consentimento

---

185. RICCARDI, J Lee. The German Federal Data Protection Act of 1977: Protecting the Right to Privacy? *Boston College International and Comparative Law Review*, v. 6, n. 1, p. 248-249, 1983. Disponível em: http://lawdigitalcommons.bc.edu/iclr/vol6/iss1/8. Acesso em: 06 mar. 2023.

186. WESTIN, Alan F. *Privacy and Freedom*. New York: Ig Publishing, 2018. (Reedição da versão original publicada em 1967). p. 154.

187. INFORMATION COMMISSIONER'S OFFICE. *Employment practices*: monitoring at work. draft guidance. 12 October 2022. Version: 1.0. p. 13. Disponível em: https://ico.org.uk/media/about-the-ico/consultations/4021868/draft-monitoring-at-work-20221011.pdf. Acesso em: 08 maio 2023.

188. Article 29 Data Protection Working Party (EUROPEAN COMMISSION. *Opinion 2/2017 on data processing at work*. Bruxelas, 2017. Disponível em: http://ec.europa.eu/justice/data-protection/index_en.htm. Acesso em: 09 maio 2023).

189. "Como exemplo de consentimento válido do empregado, podemos citar a situação em que determinada empresa resolve criar painel com as fotografias dos aniversariantes do mês, os quais, se desejarem ser exibidos na imagem, deverão enviar sua imagem para o Departamento de Recursos Humanos. Nessa situação, o ato de o empregado submeter o seu retrato representará seu consentimento para o tratamento dos dados pessoais, para a única finalidade de sua utilização, no respectivo mês da celebração do seu aniversário" (MALDONADO, Viviane Nóbrega; BLUM, Renato Opice (coord.). LGPD: Lei Geral de Proteção de Dados comentada. 2. ed. rev., atual. e ampl. São Paulo: Thomson Reuters Brasil, 2020. p. 238).

seja dado de livre vontade. Relativamente à maior parte deste tratamento de dados no local de trabalho, o fundamento jurídico não pode nem deve ser o consentimento dos trabalhadores [artigo 6.º, n.º 1, alínea a)], devido à natureza da relação entre empregador e trabalhador.[190]

O mesmo entendimento consta de outro documento do Grupo de Trabalho do Artigo 29 sobre Proteção de Dados,[191] quando assentou que o consentimento dos atletas não cumpria os requisitos legais (à época, vigorava a Diretiva 95/46/CE). As sanções esportivas e demais consequências decorrentes de potencial recusa dos esportistas em cumprir as obrigações dos códigos esportivos levou à recomendação para que não se utilizasse o consentimento como base legal, pois jamais seria dado livremente pelos respectivos titulares. Alternativamente, foi sugerido que o tratamento de dados pessoais se baseasse noutras bases legais, como a necessidade de cumprir obrigações legais ou proteger os interesses vitais dos atletas.

Ademais, de acordo com o estudo da Comissão Europeia sobre o impacto da publicidade digital na privacidade publicado em 2023, recomendou-se refletir se seria apropriado para os guardiões[192] no ecossistema de publicidade digital a utilização do consentimento como base legal para o tratamento de dados pessoais para fins publicitários, diante da assimetria de poder entre os titulares e o guardião.[193]

Antes de 25 de maio de 2018, na eminência da entrada em vigor do Regulamento Europeu de Proteção de Dados, a *Meta Ireland* alterou seus termos de uso para o *Facebook* e *Instagram*. Destacou-se a alteração da base legal, antes fundada no consentimento, passando para execução do contrato para a maioria as suas atividades de tratamento. Para manterem o acesso aos serviços oferecidos, os usuários foram solicitados a aceitar os termos atualizados. Este ato de aceitação do usuário foi interpretado pela *Meta* como a formalização de um contrato entre as

---

190. COMITÊ EUROPEU PARA A PROTEÇÃO DE DADOS. *Diretrizes 05/2020 relativas ao consentimento na aceção do Regulamento 2016/679.* Versão 1.1. Adotadas em 4 de maio de 2020. Disponível em: https://edpb.europa.eu/sites/default/files/files/file1/edpb_guidelines_202005_consent_pt.pdf. Acesso em: 11 maio 2023.

191. Article 29 Data Protection Working Party. Second opinion 4/2009 on the World Anti-Doping Agency (WADA) International Standard for the Protection of Privacy and Personal Information, on related provisions of the WADA Code and on other privacy issues in the context of the fight against doping in sport by WADA and (national) anti-doping organizations. Adopted on 6 April 2009 (Disponível em: https://www.garanteprivacy.it/documents/10160/10704/1619300. p. 11-12. Acesso em: 04 jan. 2023).

192. O termo em inglês correspondente é *"Gatekeeper"*: aqueles que possuem controle significativo sobre os fluxos de dados pessoais. Geralmente são as grandes empresas de tecnologia ou plataformas digitais que coletam, armazenam e analisam grandes volumes de dados pessoais e que têm a capacidade de determinar como esses dados são usados ou compartilhados. Ex: Google, Facebook, Amazon.

193. O estudo informa ainda que os guardiões mostram preocupação com a *"superdependência"* no consentimento e sustenta que o interesse legítimo poderia trazer mais certeza e segurança para o sistema de publicidade digital (ARMITAGE, Catherine et al. *Towards a more transparent, balanced and sustainable digital advertising ecosystem*: Study on the impact of recent developments in digital advertising on privacy, publishers and advertisers. Directorate-General for Communications Networks, Content and Technology. Luxembourg: Publications Office of the European Union, 2023. p. 258-259).

partes, justificando assim o tratamento de dados como necessário para a execução deste contrato. Após longo processo de julgamento que envolveu a consulta de 47 Autoridades Nacionais de Proteção de Dados e revisão do Conselho Europeu de Proteção de Dados – EDPB, conclui-se que a escolha pela base legal do "contrato" foi equivocada e não poderia ser utilizada. Além da ordem para alteração da base legal em até 3 meses, houve a imposição de sanção administrativa pecuniária no valor de 390 milhões de Euros em 04/01/2023.[194]

Destaca-se ainda, no RGPD, o considerando 43 que determina:

> A fim de assegurar que o consentimento é dado de livre vontade, este não deverá constituir fundamento jurídico válido para o tratamento de dados pessoais em casos específicos em que exista um desequilíbrio manifesto entre o titular dos dados e o responsável pelo seu tratamento, nomeadamente quando o responsável pelo tratamento é uma autoridade pública pelo que é improvável que o consentimento tenha sido dado de livre vontade em todas as circunstâncias associadas à situação específica em causa. [...].[195]

Como visto, em determinadas circunstâncias, o ato de consentir jamais será exercido de maneira genuinamente livre pelo titular, a exemplos dos termos de uso, das relações laborais e na prestação de serviços essenciais, tornando a base legal inapropriada para utilização nas mais variadas circunstâncias corriqueiras na sociedade da informação.

1.2.2 Unicórnios e fadas: consentimento como manifestação informada diante das deficiências na transparência e limitações cognitivas dos titulares

Em 2005, a empresa "*PC Pitstop*" inseriu nos termos de uso de seu *software* a possibilidade de usuários ganharem um prêmio de U$D1.000,00 (mil dólares). Para isso, bastava a leitura do documento, que continha um parágrafo com instruções de como solicitar a quantia – era necessário apenas enviar de um *e-mail* com determinada mensagem. Somente após cerca de cinco meses e mais de 3.000 downloads, Doug Heckman foi a primeira pessoa a enviar a mensagem e receber a quantia.[196] A causa deste fato curioso está justamente nas exigências do consentimento válido e na tentativa dos agentes de tratamento de se "blindarem" de qualquer responsabilidade.

---

194. DATA PROTECTION COMMISSION (DPC). *Data Protection Commission announces conclusion of two inquiries into Meta Ireland.* 04 jan. 2023. Disponível em: https://www.dataprotection.ie/en/news-media/data-protection-commission-announces-conclusion-two-inquiries-meta-ireland. Acesso em: 27 maio 2023.

195. UNIÃO EUROPEIA. *UE Regulamento Geral sobre a Proteção de Dados.* Disponível em: https://eur-lex.europa.eu/legal-content/PT/TXT/HTML/?uri=CELEX:32016R0679. Acesso em: 1.º jun. 2023.

196. JUMPING through eula hoops. *PCMag*, 1.º jan. 2008. Disponível em: https://www.pcmag.com/archive/jumping-through-eula-hoops 222618. Acesso em: 21 maio 2023.

Para que a decisão manifestada pelo titular seja efetiva e verdadeiramente informada, demanda-se transparência por parte dos agentes de tratamento, de forma que o consentimento será nulo se as informações fornecidas forem enganosas ou abusivas, ou se não forem apresentadas de forma transparente, clara e inequívoca.[197]

Constitui ônus do controlador a prova cabal de que o consentimento foi obtido de acordo com os requisitos legais.[198] Ainda conforme disposto na LGPD, que traz os princípios da finalidade e transparência,[199] os agentes de tratamento têm a obrigação de se identificarem, prestando informações de contato. Dada a vedação da ocultação de qualquer atividade de tratamento de dados, devem informar a finalidade específica, forma e duração do tratamento e detalhes sobre compartilhamento com terceiros.

Como informado no item 1.1.3, a "racionalidade limitada" demonstra que capacidade humana de tomar decisões racionais é restrita, limitada pelas informações e pelo tempo disponíveis, além dos limites cognitivos do próprio indivíduo.[200] Na sociedade da informação, a quantidade de informações que um indivíduo deve processar é muitas vezes impossível de ser compreendida em sua plenitude. Documentos como termos de uso, políticas de privacidade e

---

197. Lei n.º 13.709, de 14 de agosto de 2018. Lei Geral de Proteção de Dados Pessoais (LGPD): Art. 9.º O titular tem direito ao acesso facilitado às informações sobre o tratamento de seus dados, que deverão ser disponibilizadas de forma clara, adequada e ostensiva acerca de, entre outras características previstas em regulamentação para o atendimento do princípio do livre acesso: I – finalidade específica do tratamento; II – forma e duração do tratamento, observados os segredos comercial e industrial; III – identificação do controlador; IV – informações de contato do controlador; V – informações acerca do uso compartilhado de dados pelo controlador e a finalidade; VI – responsabilidades dos agentes que realizarão o tratamento; e VII – direitos do titular, com menção explícita aos direitos contidos no art. 18 desta Lei. § 1.º Na hipótese em que o consentimento é requerido, esse será considerado nulo caso as informações fornecidas ao titular tenham conteúdo enganoso ou abusivo ou não tenham sido apresentadas previamente com transparência, de forma clara e inequívoca.

198. Lei n.º 13.709, de 14 de agosto de 2018. Lei Geral de Proteção de Dados Pessoais (LGPD): Art. 8.º [...] § 2.º Cabe ao controlador o ônus da prova de que o consentimento foi obtido em conformidade com o disposto nesta Lei. Neste sentido, ver ainda: LOPES, Alexandra Krastins et al. *Guia orientativo*: cookies e proteção de dados pessoais. Brasília: ANPD, out. 2022. p. 19. Disponível em: https://www.gov.br/anpd/pt-br/documentos-e-publicacoes/guia-orientativo-cookies-e-protecao-de-dados-pessoais.pdf. Acesso em: 08 ago. 2023.

199. Lei n.º 13.709, de 14 de agosto de 2018. Lei Geral de Proteção de Dados Pessoais (LGPD). Art. 6.º As atividades de tratamento de dados pessoais deverão observar a boa-fé e os seguintes princípios: I - finalidade: realização do tratamento para propósitos legítimos, específicos, explícitos e informados ao titular, sem possibilidade de tratamento posterior de forma incompatível com essas finalidades; [...] VI – transparência: garantia, aos titulares, de informações claras, precisas e facilmente acessíveis sobre a realização do tratamento e os respectivos agentes de tratamento, observados os segredos comercial e industrial;.

200. "Nem a teoria dos jogos nem as expectativas racionais levam em consideração os severos limites do conhecimento e poderes computacionais do tomador de decisão diante do mundo real. Eles levam em quase uma direção diametralmente oposta à seguida por uma teoria da racionalidade limitada." (Tradução livre do autor) (SIMON, Herbert Alexander. *Administrative behavior*: a study of decision-making processes in administrative organizations. 4. ed. New York: The Free Press, 1997. p. 122).

outros de natureza unilateral raramente são lidos pelas pessoas que os utilizam. E mesmo quando se tenta fazer a leitura, a linguagem muitas vezes é técnica e de difícil compreensão,[201] com textos longos e que demandam horas de atenção.[202] Há ainda uma infinidade de agentes de tratamento com acesso aos dados pessoais, exigindo por consequência uma quantidade de tempo desproporcional dos titulares para compreenderem com quem estão consentindo.[203]

Dado o volume e complexidade dessas informações, considerando a limitação cognitiva dos indivíduos, é improvável que estejam plenamente investidos de subsídios para tomarem decisões bem-informadas sobre o manejo de seus dados pessoais. A realidade demonstra que a capacidade cognitiva humana não se mostra suficiente para absorver, processar, sopesar e ponderar todas as informações relevantes para a tomada de decisões relativas às diversas atividades de tratamento de seus dados pessoais.

Portanto, o consentimento informado se torna particularmente desafiador neste contexto, diante da demanda corriqueira de tomada de decisões, de modo que não seria crível cogitar "que as pessoas estão gastando tempo lendo as políticas de privacidade. Tal crença seria mais absurda do que acreditar em unicórnios e fadas".[204]

1.2.3 Consentimento como manifestação inequívoca diante da tortuosa tarefa de demonstração da vontade clara e positiva do titular

Em Acórdão do Tribunal de Justiça da União Europeia, de 1º de outubro de 2019,[205] oriundo da Suprema Corte alemã, analisou-se o caso envolvendo a empre-

---

201. "Dado isto, abordagens comuns de notificação e consentimento podem não estar fornecendo a proteção de privacidade originalmente pretendida. Como o uso de dados tornou-se mais complexo, também se tornaram as políticas de privacidade que as descrevem. Muitas organizações tendem a confiar nisso como base para o consentimento, mas tendo em conta as implicações sobre a forma como as pessoas tomam decisões, pode-se perguntar se este foco em avisos de privacidade e consentimento pode continuar a suportar o peso que muitas vezes são atribuídos no processo de proteção" (Tradução livre do autor) (ORGANIZATION FOR ECONOMIC CO-OPERATION AND DEVELOPMENT (OECD). *The OECD Privacy Framework*. 2013. Disponível em: https://www.oecd.org/sti/ieconomy/oecd_privacy_framework.pdf. Acesso em: 12 abr. 2023).

202. INTO THE MINDS. *As políticas de privacidade têm, em média, 3.964 palavras e demandam 6 horas e 40 minutos de tempo de leitura*. Disponível em: https://www.intotheminds.com/blog/en/reading-priva%20cy-policies-of-the-20-most-used-mobile-apps-takes-6h40/. Acesso em: 26 jan. 2023.

203. VEALE, Michael; NOUWENS, Midas; SANTOS, Cristiana T. Impossible asks: Can the Transparency and Consent Framework Ever Authorize Real-Time Bidding After the Belgian DPA Decision? *Technology and Regulation*, v. 2022, p. 12-22, 2022. Disponível em: https://doi.org/10.26116/techreg.2022.002. Acesso em: 15 maio 2023.

204. SOLOVE, Daniel J. Murky Consent: An Approach to the Fictions of Consent in Privacy Law. *Social Science Research Network (SSRN)*, 2023. p. 17. Disponível em: https://ssrn.com/abstract=4333743. Acesso em: 26 jan. 2023.

205. TRIBUNAL DE JUSTIÇA DA UNIÃO EUROPEIA. Julgamento de 1º de outubro de 2019. Planet49, C-673/17, EU:C:2019:801. Documento 62017CJ0673. Disponível em: https://eur-lex.europa.eu/legal-content/PT/TXT/?uri=CELEX%3A62017CJ0673. Acesso em: 16 maio 2023.

sa "Planet49", que organizou uma promoção em um *website,* na qual os usuários poderiam informar seus nomes e endereços. Havia duas caixas para seleção: uma para o consentimento do usuário em receber informações comerciais de cerca de 57 empresas, que não vinha pré-selecionada, mas era necessário clicar e marcá-la para participar do sorteio. Uma outra caixa já vinha pré-marcada, fornecendo o consentimento para que a "Planet49" instalasse *cookies*[206] no dispositivo do usuário, que visavam coletar informações para fins publicitários relacionadas aos produtos de parceiros comerciais.[207]

Na decisão do Tribunal Europeu, entendeu-se que o comportamento passivo de não desmarcar uma caixa pré-selecionada não poderia ser considerado como consentimento válido, diante da necessidade de ser inequívoco. De acordo com a Corte, seria impossível saber, com a necessária certeza, se o usuário realmente teria consentido com as atividades de tratamento de seus dados pessoais pelo ato passivo de não desmarcar a opção pré-selecionada. Igualmente seria impossível saber ser tal consentimento seria efetivamente informado, pois o usuário poderia simplesmente não ter lido e ignorado as informações prestadas, ou, pior, sequer ter notado a sua existência.

Outra situação corriqueira que ressalta a dificuldade na utilização do consentimento está nas atividades de videovigilância. De acordo com o Comitê Europeu para a Proteção de Dados, dada a própria natureza dos sistemas de monitoramento por vídeo, a tecnologia tem a capacidade de controlar diversas pessoas simultaneamente, fazendo com que o controlador tenha sérias dificuldades em provar que os titulares forneceram o consentimento antes do início da respectiva atividade de tratamento.[208]

---

206. Cookies são "pequenos arquivos de texto que normalmente contêm uma sequência de números que podem ser usados para identificar um computador. Por exemplo, um site pode definir um cookie de rastreamento no computador de um usuário com uma chave (uma palavra sofisticada para o nome do cookie) como "id" e valor (o identificador exclusivo atribuído a um usuário) como 123456789." (Tradução livre do autor) Os anunciantes podem então acessar o cookie "id" e rastrear como o usuário 123456789 visita diferentes sites (HOOFNAGLE, Chris; SOLTANI, Ashkan; BOM, Nathan; WAMBACH, Dietrich James; AYENSON, Mika D. Behavioral Advertising: The Offer You Cannot Refuse. *Harvard Law & Policy Review,* v. 6, p. 276, 2012. Disponível em: https://ssrn.com/abstract=2137601. Acesso em: 16 maio 2023).

207. Ao agregar essas informações de rastreamento em diversos websites muitas vezes é possível traçar um perfil vinculado à identidade do usuário. Possibilita inferir os gostos, perfil e interesses dos usuários, muitas vezes de natureza sensível, como questões relacionadas à saúde, opiniões políticas ou até mesmo preferências sexuais (HOOFNAGLE, Chris; SOLTANI, Ashkan; BOM, Nathan; WAMBACH, Dietrich James; AYENSON, Mika D. Behavioral Advertising: The Offer You Cannot Refuse. *Harvard Law & Policy Review,* v. 6, p. 276, 2012. Disponível em: https://ssrn.com/abstract=2137601. Acesso em: 16 maio 2023).

208. COMITÊ EUROPEU PARA A PROTEÇÃO DE DADOS. *Diretrizes 3/2019 sobre tratamento de dados pessoais através de dispositivos de vídeo.* Versão 2.1. 26 de fevereiro de 2020. p. 14. Disponível em: https://

Diante do conceito do inciso XII do artigo 5.º da LGPD, a Autoridade Nacional de Proteção de Dados orienta os agentes de tratamento para que o consentimento seja inequívoco, cabendo ao controlador a demonstração de que obteve "uma manifestação de vontade clara e positiva do titular",[209] ou seja, ato "suficientemente claro para ser capaz de indicar os desejos de um titular de dados e ser compreensível pelo controlador".[210] Neste sentido, espera-se um comportamento concludente[211] ou comportamento material inequívoco[212] do titular, não se admitindo jamais o seu silêncio.[213]

A LGPD determina ainda que o consentimento deve ser fornecido por escrito ou por qualquer outro meio que demonstre claramente a manifestação de vontade do titular dos dados. Isso significa que ele deve expressar ativamente sua concordância com a atividade de tratamento através de "atos positivos que revelem claramente sua real vontade",[214] que deve ser registrado e documentado.[215]

O caso "Planet49" mencionado na parte inicial deste item traz grande similaridade com as orientações da Autoridade Nacional de Proteção de Dados, que afirmou não ser recomendável utilizar *banners* de *cookies* contendo opções previamente selecionadas para autorização do titular, ou a pressuposição de que o ato do titular de permanecer "navegando" em um *website* significaria uma forma

---

edpb.europa.eu/sites/default/files/files/file1/edpb_guidelines_201903_video_devices_pt.pdf. Acesso em: 18 maio 2023.

209. LOPES, Alexandra Krastins et al. *Guia orientativo*: cookies e proteção de dados pessoais. Brasília: ANPD, out. 2022. p. 17-19. Disponível em: https://www.gov.br/anpd/pt-br/documentos-e-publicacoes/guia-orientativo-cookies-e-protecao-de-dados-pessoais.pdf. Acesso em: 08 ago. 2023.

210. Article 29 Working Party (2011) (EUROPEAN COMMISSION. *Opinion 15/2011 on the definition of consent*. p. 11. Disponível em: https://ec.europa.eu/justice/article-29/documentation/opinion-recommendation/files/2011/wp187_en.pdf. Acesso em: 18 maio 2023).

211. "Se ao comportamento andam ligados efeitos jurídicos, em consideração da sua conformidade com a intenção normal que o determina, deverá reconhecer-se lhe o valor de negócio, quer ele configure uma verdadeira declaração, ainda que silenciosa, ou se concretize numa conduta concludente" (BETTI, Emílio. *Teoria geral do negócio jurídico*. Campinas: Servanda, 2008. p. 209).

212. ALVES, Magno Flores. O silêncio como declaração de vontade e a sistemática do Código Civil brasileiro. *Revista dos Tribunais*, São Paulo, n. 968, v. 105, p. 49, 2016.

213. "o silêncio é como um mistério, um enigma à sociedade e à lei" (LOPES, Serpa. *O silêncio como manifestação da vontade nas obrigações*. 2. ed. Rio de Janeiro: Livraria Suíça, Walter Roth Editora, 1944. p. 9).

214. TEFFÉ, Chiara Spadaccini de; VIOLA, Mario. Tratamento de dados pessoais na LGPD: estudo sobre as bases legais dos artigos 7.º e 11. In: DONEDA, Danilo et al. (coord.). *Tratado de proteção de dados pessoais*. Rio de Janeiro: Forense, 2021. Livro eletrônico não paginado.

215. Lei n.º 13.709, de 14 de agosto de 2018. Lei Geral de Proteção de Dados Pessoais (LGPD): Art. 8.º O consentimento previsto no inciso I do art. 7.º desta Lei deverá ser fornecido por escrito ou por outro meio que demonstre a manifestação de vontade do titular. § 1.º Caso o consentimento seja fornecido por escrito, esse deverá constar de cláusula destacada das demais cláusulas contratuais. § 2.º Cabe ao controlador o ônus da prova de que o consentimento foi obtido em conformidade com o disposto nesta Lei.

de consentimento.[216] Aliado aos demais exemplos acima, retrata como é tortuosa a utilização do consentimento diante da excessiva dificuldade de se demonstrar se tratar de manifestação inequívoca.

1.2.4 Finalidades determinadas e granularidade do consentimento: desafios de ordem prática face à multiplicidade de atividades e agentes de tratamento

Na Europa, onde vigora a Diretiva 2002/58/CE (Diretiva *ePrivacy*),[217] a Autoridade Austríaca de Proteção de Dados[218] entendeu que um *banner* de *cookies* no site de um jornal não estava em conformidade com o Regulamento Europeu de Proteção de Dados, tendo em vista a necessidade da granularidade do consentimento. Para acessar o conteúdo jornalístico, o *banner* de *cookies* do site ofereceu ao titular dos dados a opção de consentir com publicidade direcionada ou comprar uma assinatura da versão *online* do jornal. O titular escolheu a primeira opção e, como consequência, seus dados foram compartilhados com pelo menos 125 outros controladores. De acordo com o titular, seu consentimento teria sido nulo. A Autoridade Austríaca declarou a ilegalidade da prática *"pague ou aceite"* e deu ao controlador um mês para esclarecer se ainda estava tratando dados pessoais do titular. Esclareceu ainda que a granularidade do consentimento desempenha um papel importante na determinação da sua validade, pois deve ser específico para cada atividade de tratamento, ou seja, para cada finalidade singularizada. Em outras palavras, diante de mais uma atividade de tratamento, o consentimento deve ser manifestado de forma livre, informada e inequívoca para cada uma delas. No caso analisado, foi solicitado um único consentimento para várias finalidades, que variaram desde publicidade direcionada até análises e *plugins* de mídia social. Além disso, a Autoridade Austríaca afirmou que essa prática do "consentimento geral", caso fosse permitida, prejudicaria seriamente o direito à proteção de dados dos titulares que não podem ou não querem pagar pela assinatura. Sobre o tema central da decisão acima, a ANPD traz a seguinte orientação:

---

216. LOPES, Alexandra Krastins et al. *Guia orientativo*: cookies e proteção de dados pessoais. Brasília: ANPD, out. 2022. p. 17-19. Disponível em: https://www.gov.br/anpd/pt-br/documentos-e-publicacoes/guia-orientativo-cookies-e-protecao-de-dados-pessoais.pdf. Acesso em: 08 ago. 2023.

217. "[...] os membros do grupo de trabalho confirmaram que a base legal para a colocação/leitura de cookies, de acordo com o Artigo 5.º (3), não pode ser o interesse legítimo do controlador" (EUROPEAN DATA PROTECTION BOARD. *Report of the work undertaken by the Cookie Banner Taskforce*. p. 7. Disponível em: https://edpb.europa.eu/system/files/2023-01/edpb_20230118_report_cookie_banner_taskforce_en.pdf. Acesso em: 25 jan. 2023).

218. DATENSCHUTZBEHÖRDE. BESCHEID. *GZ: D124.4574 2023-0.174.027.* Julgado em 29 mar. 2023. Disponível em: https://noyb.eu/sites/default/files/2023-04/Standard_Bescheid_geschw%C3%A4rzt.pdf. Acesso em: 19 maio 2023.

De fato, como visto anteriormente, *cookies* não necessários estão relacionados com funcionalidades não essenciais do serviço ou da página eletrônica, a exemplo da exibição de anúncios ou da formação de perfis comportamentais. Nesses casos, torna-se possível fornecer ao usuário uma opção genuína entre aceitar ou recusar a instalação de *cookies* para uma ou mais dessas finalidades, pressuposto central para a utilização da hipótese legal do consentimento.[219]

Após definir o consentimento como "manifestação livre, informada e inequívoca", a parte final do inciso XII do artigo 5.º da LGPD acrescenta que esta manifestação é aquela "pela qual o titular concorda com o tratamento de seus dados pessoais para uma finalidade determinada". Trata-se de claro reforço do princípio da finalidade inscrito no inciso I do art. 6.º, que determina, dentre outros, que as atividades tratamento devem versar sempre sobre propósitos legítimos, específicos e explícitos, com prévia informação prestada ao titular.[220]

Corriqueiramente se verificam diversas finalidades dentro de uma relação entre o titular e o agente de tratamento. Um popular serviço de *streaming* de músicas informa cerca de 16 finalidades diferentes em sua política de privacidade, dentre elas, diagnosticar e solucionar problemas com o serviço; avaliar e desenvolver novos recursos, tecnologias e aprimoramentos para o serviço; marketing, publicidade e promoção; realizar planejamentos, previsões e relatórios relativos a negócios; detectar e prevenir fraudes, dentre outros.[221]

Por estas razões, fala-se na aplicação da lógica do consentimento granular, segundo a qual "seria possível desmembrar o consentimento em algumas categorias, com requisitos menos ou mais rígidos, conforme a natureza dos interesses".[222]

Apesar da existência de vedação legal expressa nos artigos 8.º, § 4.º e 9.º, § 1.º da LGPD,[223] corriqueiramente o titular se depara como autorizações genéri-

---

219. LOPES, Alexandra Krastins et al. *Guia orientativo*: cookies e proteção de dados pessoais. Brasília: ANPD, out. 2022. p. 20. Disponível em: https://www.gov.br/anpd/pt-br/documentos-e-publicacoes/guia-orientativo-cookies-e-protecao-de-dados-pessoais.pdf. Acesso em: 08 ago. 2023.

220. Lei n.º 13.709, de 14 de agosto de 2018. Lei Geral de Proteção de Dados Pessoais (LGPD): Art. 6.º As atividades de tratamento de dados pessoais deverão observar a boa-fé e os seguintes princípios: I – finalidade: realização do tratamento para propósitos legítimos, específicos, explícitos e informados ao titular, sem possibilidade de tratamento posterior de forma incompatível com essas finalidades.

221. SPOTIFY. *Política de privacidade do Spotify*. Disponível em: https://www.spotify.com/br-pt/legal/privacy-policy/. Acesso em: 19 maio 2023.

222. TEFFÉ, Chiara Spadaccini de; VIOLA, Mario. Tratamento de dados pessoais na LGPD: estudo sobre as bases legais dos artigos 7.º e 11. In: DONEDA, Danilo et al. (coord.). *Tratado de proteção de dados pessoais*. Rio de Janeiro: Forense, 2021. Livro eletrônico não paginado.

223. Lei n.º 13.709, de 14 de agosto de 2018. Lei Geral de Proteção de Dados Pessoais (LGPD): Art. 8.º [...] § 4.º O consentimento deverá referir-se a finalidades determinadas, e as autorizações genéricas para o tratamento de dados pessoais serão nulas. Art. 9.º [...] § 1.º Na hipótese em que o consentimento é requerido, esse será considerado nulo caso as informações fornecidas ao titular tenham conteúdo enganoso ou abusivo ou não tenham sido apresentadas previamente com transparência, de forma clara e inequívoca.

cas nos termos de uso e demais instrumentos de natureza contratual, aos quais adere às disposições unilateralmente definidas pelo agente de tratamento, o que faz cair por terra a exigência legal no sentido da concordância com o tratamento para finalidades determinadas.

1.3 ASCENSÃO DOS INTERESSES LEGÍTIMOS: AJUSTES NO MODELO REGULATÓRIO FUNDADO NO CONSENTIMENTO ATRAVÉS DA LIMITAÇÃO DO ESPAÇO DE LIBERDADE INDIVIDUAL

Nos itens anteriores foi demonstrado que as características e requisitos decorrentes da utilização do consentimento faz dele uma das bases legais de mais difícil aplicação,[224] levando à afirmação de que "a maior parte do consentimento [...] é repleta de ambiguidade e cheia de problemas; é profundamente problemática e não confiável".[225]

O estudo geracional das quatro ondas legislativas revela ainda que o modelo fulcrado no consentimento não obteve o sucesso pretendido em sua primeira tentativa. Não havia escolha aos titulares senão por terem seus dados coletados, analisados e armazenados – atividades de tratamento essenciais ao funcionamento do complexo Estado de bem-estar social europeu e à participação social.[226] Ou "consentia" ou a pessoa se via automaticamente alijada da vida em sociedade. Nas palavras de Rodotà: "Daí se deduz a impossibilidade de fazer operar o consentimento em todos os casos: e isto significa também a impossibilidade de fundar no consentimento a definição de privacidade".[227]

A quarta geração das leis expõe a tentativa de se aparar algumas destas arestas. O intervencionismo estatal, fortemente presente na primeira geração, de certa maneira é revisitado, porém de maneira distinta,[228] paradoxalmente através da calibragem de alguns dos aspectos de autonomia e liberdade conferidos

---

224. VEALE, Michael; NOUWENS, Midas; SANTOS, Cristiana T. Impossible asks: Can the Transparency and Consent Framework Ever Authorize Real-Time Bidding After the Belgian DPA Decision? *Technology and Regulation*, v. 2022, p. 12-22, 2022. Disponível em: https://doi.org/10.26116/techreg.2022.002. Acesso em: 15 maio 2023.

225. Tradução livre do autor. (SOLOVE, Daniel J. Murky Consent: An Approach to the Fictions of Consent in Privacy Law. *Social Science Research Network (SSRN)*, 2023. 0. 6. Disponível em: https://ssrn.com/abstract=4333743. Acesso em: 26 jan. 2023).

226. MAYER-SCHÖNBERGER, Viktor. Generational Development of Data Protection in Europe. In: AGRE, Philip; ROTENBERG, Marc (eds.). *Technology and privacy*: the new landscape. Cambridge: MIT Press, 1997. p. 228.

227. RODOTÀ, Stefano. *A vida na sociedade de vigilância*: a privacidade hoje. Rio de Janeiro: Renovar, 2008. p. 77.

228. MAYER-SCHÖNBERGER, Viktor. Generational Development of Data Protection in Europe. In: AGRE, Philip; ROTENBERG, Marc (eds.). *Technology and privacy*: the new landscape. Cambridge: MIT Press, 1997. p. 234.

ao indivíduo para realizar suas próprias escolhas diante da autodeterminação informativa.[229] O mais eloquente exemplo para caracterizar esta geração reside nas limitações e até proibições ao tratamento de dados pessoais sensíveis: mesmo se o próprio titular consentir livremente, em determinadas hipóteses a atividade será expressamente vedada pela norma.[230]

Em outras palavras: o traço distintivo da quarta e atual geração legislativa consiste na redução da autonomia individual, retirando do consentimento o protagonismo que lhe era característico nas gerações normativas pretéritas.

De acordo com Stefano Rodotà, ao se relegar o consentimento exclusivamente nas mãos do titular, acaba-se por estabelecer uma lógica proprietária da autodeterminação informativa e da tutela da privacidade, deixando à sorte do indivíduo as escolhas e as consequências do tratamento de seus dados pessoais.[231] Acrescenta-se a visão crítica de Rafael Zanatta:

> Podemos dizer que, depois de 50 anos de experiência com princípios relacionados à proteção de dados pessoais, estamos começando a questionar as ideias pioneiras de Alan Westin (1966) e Stefano Rodotà (1974) de que a privacidade significa o controle sobre o fluxo de seus próprios dados. Está cada vez mais claro que, com a multiplicidade de novos tipos de intermediações e com o relacionamento massivo que todos nós temos com um conjunto amplo de "controladores de dados", não se pode esperar, racionalmente, que indivíduos tenham plena ciência de todas as relações contratuais assumidas e todas as situações de transferências de dados. Isso pois a maioria dos dados que movem a economia digital não é cedida, como dados cadastrais (nome, RG, CPF, endereço, e-mail), mas são dados tomados dos dispositivos (*device I.D., GPS, I.P.*) ou são dados inferidos (padrões de movimentação, definição de atividade física/não física, engajamento em ação de consumo, emoção etc.).[232]

---

229. DONEDA, Danilo. A proteção dos dados pessoais como um direito fundamental. *Espaço Jurídico*, Joaçaba, v. 12, n. 2, p. 91, jul./dez. 2011.
230. Lei n.º 13.709, de 14 de agosto de 2018. Lei Geral de Proteção de Dados Pessoais (LGPD). Art. 11. O tratamento de dados pessoais sensíveis somente poderá ocorrer nas seguintes hipóteses: [...] § 5.º É vedado às operadoras de planos privados de assistência à saúde o tratamento de dados de saúde para a prática de seleção de riscos na contratação de qualquer modalidade, assim como na contratação e exclusão de beneficiários. Salienta Danilo Doneda: "Isso ocorre por conta do pressuposto de que determinadas modalidades de tratamento de dados pessoais necessitam de uma proteção no seu mais alto grau, que não pode ser conferida exclusivamente a uma decisão individual – como é o caso para certas modalidades de utilização de dados sensíveis" (DONEDA, Danilo. A proteção dos dados pessoais como um direito fundamental. *Espaço Jurídico*, Joaçaba, v. 12, n. 2, p. 91, jul./dez. 2011).
231. RODOTÀ, Stefano. *A vida na sociedade de vigilância*: a privacidade hoje. Rio de Janeiro: Renovar, 2008. p. 52-53 e p. 76.
232. ZANATTA, Rafael A. F. A tutela coletiva na proteção de dados pessoais. *Revista do Advogado*, São Paulo, v. 39, n. 144, p. 202, nov. 2019.

Na sociedade da informação, onde já se afirmou que a privacidade morreu,[233] parece evidente a insuficiência[234] do consentimento como base legal para lidar com as mais variadas atividades de tratamento, diante do crescente fluxo informacional, da mutação das relações e interações pessoais, laborais, comerciais e com os entes públicos.[235]

Como visto no item 1.1.5, o Tribunal Constitucional Alemão, ao julgar a constitucionalidade de aspectos ligados ao recenseamento populacional em 1983, afirmou que na sociedade da informação, diante das condições tecnológicas e sociais, exige-se uma evolução constante na interpretação dos direitos fundamentais, de forma a assegurar a efetiva proteção da pessoa.[236] Ingo Sarlet, analisando a referida decisão, informa que a Corte Suprema Alemã fez um alerta: a autodeterminação informativa não garante ao indivíduo o controle total e absoluto sobre seus próprios dados pessoais. Sob esta premissa, segue o Tribunal afirmando que se deve levar em conta a participação e a responsabilidade social de cada pessoa, devendo-se aceitar e tolerar possíveis restrições e limitações desta autodeterminação informacional em favor do interesse coletivo.[237]

No cerne deste pensamento está o entendimento de que a liberdade expressa na autodeterminação informativa não é absoluta, reconhecendo-se hipóteses nas quais será assegurado o fluxo informacional através de atividades de tratamento que dispensam por completo a necessidade de consentimento: no mercado se seguros, o tratamento de dados pessoais com a finalidade de prevenção e combate às práticas fraudulentas, inclusive através de compartilhamento destes dados entre entidades que integram o setor, em geral se fundam no legítimo interesse. Caso houvesse a busca pelo consentimento dos titulares nestas hipóteses, certamente as medidas seriam ineficazes, com

---

233. MORGAN, Jacob. Privacy is completely and utterly dead, and we killed it. *Forbes*, ago. 2014. Disponível em: https://www.forbes.com/sites/jacobmorgan/2014/08/19/privacy-is-completely-and-utterly-dead-and-we-killed-it/. Acesso em: 18 maio 2023.

234. Austin, Lisa M. Enough About Me: Why Privacy is About Power, not Consent (or Harm). In: Sarat, Austin (ed.). *A World without Privacy*: What Law Can and Should Do? Cambridge: Cambridge University Press, 2014. p. 189.

235. GOMES, Rodrigo Dias de Pinho. *Big Data*: desafios à tutela da pessoa humana na sociedade da informação. 2. ed. Rio de Janeiro: Lumen Juris, 2019. v. 1. p. 98.

236. MENDES, Laura Schertel Ferreira. Autodeterminação informativa: a história de um conceito. *Pensar: Revista de Ciência Jurídicas*, Fortaleza, v. 25, n. 4, p. 2, out./dez. 2020. Disponível em: https://periodicos.unifor.br/rpen/article/view/10828. Acesso em: 14 set. 2022.

237. WOLFGANG SARLET, Ingo. Fundamentos constitucionais: o direito fundamental à proteção de dados. In: DONEDA, Danilo; SARLET, Ingo Wolfgang; MENDES, Laura Schertel; RODRIGUES JÚNIOR, Otávio Luiz (coord.). *Tratado de proteção de dados pessoais*. Rio de Janeiro: Forense, 2021. Livro eletrônico não paginado.

potencial de impactar toda a atividade securitária e, consequentemente, toda a sociedade.[238]

Significa ainda a existência de uma expectativa legítima de que haverá tratamento de dados pessoais de acordo com determinados contextos sem a necessidade de autorização do titular, que não necessariamente trará uma mácula ao livre desenvolvimento da personalidade e aos seus direitos e liberdades fundamentais.[239] É o caso dos §§ 3.º, 4.º e 7.º do art. 7.º da Lei Geral de Proteção de Dados Pessoais (LGPD),[240] retratado como "válvula de escape"[241] para o agente de tratamento quando se vê diante de dados pessoais "públicos".

Bruno Bioni informa ainda que com a proliferação das Autoridades Nacionais independentes, além de diversas regras e leis sobre o fluxo e proteção de dados pessoais funcionaram como forças motrizes que retiraram do indivíduo a possibilidade de escolha sobre certas atividades de tratamento, tendo como consequência a flexibilização da centralidade até então conferida ao consentimento.[242]

Cabe transcrever a descrição deste procedente de 1987, trazido pela Corte Europeia de Direitos Humanos:

---

238. VIOLA, Mario; PADRÃO, Vinicius. Legítimo interesse e mercado de seguros: tratamento de dados e prevenção à fraude. *Consultor Jurídico*, 27 jul. 2023. Disponível em: https://www.conjur.com.br/2023-jul-27/seguros-contemporaneos-legitimo-interesse-mercado-seguros-tratamento-dados. Acesso em: 27 jul. 2023.

239. BIONI, Bruno Ricardo. *Proteção de dados pessoais*: a função e os limites do consentimento. Rio de Janeiro: Forense, 2019. Livro eletrônico não paginado.

240. Lei n.º 13.709, de 14 de agosto de 2018. Lei Geral de Proteção de Dados Pessoais (LGPD): Art. 7.º [...] § 3.º O tratamento de dados pessoais cujo acesso é público deve considerar a finalidade, a boa-fé e o interesse público que justificaram sua disponibilização. § 4.º É dispensada a exigência do consentimento previsto no caput deste artigo para os dados tornados manifestamente públicos pelo titular, resguardados os direitos do titular e os princípios previstos nesta Lei. § 7.º O tratamento posterior dos dados pessoais a que se referem os §§ 3.º e 4.º deste artigo poderá ser realizado para novas finalidades, desde que observados os propósitos legítimos e específicos para o novo tratamento e a preservação dos direitos do titular, assim como os fundamentos e os princípios previstos nesta Lei.

241. "Vê-se então que a hipótese autorizativa de tratamento prevista no art. 7.º, § 7.º não é um cheque em branco nas mãos do agente de tratamento, mas apenas uma válvula de escape, de um lado, à 'fadiga do consentimento' para o titular – que não precisa, a todo momento, consentir com cada novo tratamento realizado para uma nova finalidade – e, de outro, à 'trava do consentimento' para os agentes de tratamento – que não precisam, a todo momento, coletar o consentimento do titular para qualquer tratamento posterior que forem realizar, desonerando-os de tarefa árdua e, por vezes, inexequível" (MILANEZ, Giovanna. Compliance de dados pessoais disponíveis publicamente: boas práticas para a confirmação da licitude do tratamento dos dados de acesso público e tornados manifestamente públicos pelo titular. In: FRAZÃO, Ana; CUEVA, Ricardo Villas Bôas (org.). *Compliance e política de proteção de dados*. São Paulo: Thomson Reuters Brasil, 2021. p. 434).

242. BIONI, Bruno R. *Autodeterminação informacional*: paradigmas inconclusos entre a tutela dos direitos da personalidade, a regulação dos bancos de dados eletrônicos e a arquitetura da internet. 2016. Dissertação (Mestrado) – Faculdade de Direito, Universidade de São Paulo, São Paulo, 2016. p. 145-148.

Este caso diz respeito ao uso de um arquivo secreto da polícia no recrutamento de um carpinteiro. O requerente, que trabalhava como substituto temporário no Museu Naval em Karlskrona, ao lado de uma zona de segurança militar restrita, reclamou sobre o armazenamento de dados relacionados às suas atividades sindicais muito tempo antes e alegou que isso levou à sua exclusão do emprego em questão. Ele argumentou que nada em seu histórico pessoal ou político poderia ser considerado de tal natureza a ponto de tornar-se necessário registrá-lo no registro do Departamento de Segurança e classificá-lo como um 'risco à segurança'. O Tribunal decidiu que não houve violação do Artigo 8 da Convenção. Observando em particular que tanto o armazenamento em um registro secreto quanto a divulgação de informações sobre a vida privada de um indivíduo estavam dentro do escopo do Artigo 8 da Convenção, o Tribunal também lembrou que, em uma sociedade democrática, a existência de serviços de inteligência e o armazenamento de dados poderiam ser legítimos e prevalecer sobre o interesse dos cidadãos, desde que perseguisse objetivos legítimos, ou seja, a prevenção de desordem ou crime ou a proteção da segurança nacional. Neste caso, o Tribunal constatou que as salvaguardas contidas no sistema de controle de pessoal sueco satisfaziam os requisitos do Artigo 8 da Convenção e que o Governo Sueco tinha o direito de considerar que os interesses da segurança nacional prevaleciam sobre os interesses individuais do requerente.[243]

Destaca-se ainda a chamada "coletivização" da tutela dos dados pessoais, com ênfase nos seguintes argumentos:

> [...] transformação estrutural do eixo de enfoque da proteção de dados pessoais – cada vez menos preso ao paradigma clássico do "controle dos fluxos de dados" (Allen, 1999) e da capacidade de os indivíduos protegerem seus direitos individuais –, a LGPD será crescentemente utilizada por estruturas de tutela coletiva, sejam elas administrativas ou judiciais.[244]

Aduz-se ainda, em complementação, que o futuro sustentável para a garantia dos direitos humanos, incluídos nestes a privacidade e a proteção de dados pessoais, requer uma abordagem de *frameworks* que contemplem uma ampla gama, que leve em conta fatores econômicos, institucionais e ambientais.[245]

Surge então "uma abordagem normativa mais flexível",[246] como é o caso da Directiva 95/46/CE do Parlamento Europeu e do Conselho, de 24 de outubro de 1995 – atualmente revogada, cujo art. 7.º definia 6 (seis) bases legais para o trata-

---

243. Tradução livre do autor (EUROPEAN COURT OF HUMAN RIGHTS. *Factsheet – Personal data protection*. September 2022. p. 22. Disponível em: https://www.echr.coe.int/documents/d/echr/fs_data_eng. Acesso em: 1.º jun. 2023).

244. ZANATTA, Rafael A. F. A tutela coletiva na proteção de dados pessoais. *Revista do Advogado*, São Paulo, v. 39, n. 144, p. 202, nov. 2019.

245. COHEN, Julie E. *Between Truth and Power*: The Legal Constructions of Informational Capitalism. Nova Iorque: Oxford Academic, 2019. p. 243. Disponível em: https://doi.org/10.1093/oso/9780190246693.001.0001. Acesso em: 16 jan. 2024.

246. BIONI, Bruno Ricardo. *Xeque-mate*: o tripé de proteção de dados pessoais no xadrez das iniciativas legislativas no Brasil. São Paulo: GPoPAI-USP, 2016. p. 39. Disponível em: https://www.academia.edu/28752561/Xeque-Mate_o_trip%C3%A9_de_prote%C3%A7%C3%A3o_de_dados_pessoais_no_xadrez_das_iniciativas_legislativas_no_Brasil. Acesso em: 18 maio 2022.

mento de dados pessoais: o consentimento do titular; execução de um contrato; cumprimento de obrigação legal; proteção de interesses vitais do titular; interesse público; e interesses legítimos do controlador ou de terceiros.

Observa-se o mesmo caminho no Regulamento Europeu de Proteção de Dados. Seu considerando 40 informa que o tratamento de dados pessoais deve ocorrer "com base no consentimento do titular ou noutro fundamento legítimo" e o art. 6.º traz, além do consentimento, outras cinco bases legais, sendo elas, *b)* a necessidade do tratamento para a execução de um contrato do qual o titular dos dados seja parte, ou para procedimentos pré-contratuais; *c)* a exigência do tratamento para o cumprimento de uma obrigação legal; *d)* a necessidade do tratamento para a proteção de interesses vitais do titular dos dados ou de outro indivíduo; *e)* a necessidade do tratamento no exercício de funções de interesse público ou no exercício de autoridade pública; ou *f)* a necessidade do tratamento para os interesses legítimos do responsável pelo tratamento ou de terceiros, a menos que prevaleçam os interesses ou direitos e liberdades fundamentais do titular.

A LGPD é ainda mais flexível,[247] bastando a leitura de seu art. 7.º, que traz nove bases legais adicionais ao consentimento do titular, sendo elas, *II)* cumprimento de obrigação legal ou regulatória; *III)* execução de políticas públicas pela administração pública; *IV)* realização de estudos por órgão de pesquisa; *V)* execução de contrato ou procedimentos pré-contratuais; *VI)* exercício regular de direitos em processos legais; *VII)* proteção da vida ou da segurança física; *VIII)* tutela da saúde por profissionais ou entidades sanitárias; *IX)* atendimento a interesses legítimos do controlador ou de terceiros, exceto no caso de prevalecerem direitos e liberdades fundamentais do titular que exijam a proteção dos dados pessoais; ou *X)* proteção do crédito.

Há unanimidade doutrinária em afirmar a inexistência de hierarquia entre as bases legais[248] e inclusive, a assertiva consta no rol de recomendações da Auto-

---

247. "Enquanto o RGPD inclui seis bases legais para o processamento de dados pessoais, o Artigo 7 da LGPD brasileira lista dez (Quadro 4.4). Há, por essa razão, mais autorizações legais para o processamento de dados, tornando possível interpretar, ao menos em teoria, que a LGPD é mais flexível e menos restritiva que o RGPD no que diz respeito ao processamento de dados pessoais." (ORGANIZATION FOR ECONOMIC CO-OPERATION AND DEVELOPMENT (OECD). *A caminho da era digital no Brasil*. Paris: OECD Publishing, 2020. p. 126. Disponível em: https://doi.org/10.1787/45a84b29-pt. Acesso em: 07 out. 2022).

248. BIONI, Bruno; KITAYAMA, Marina; RIELLI, Mariana. *O legítimo interesse na LGPD*: quadro geral e exemplos de aplicação. São Paulo: Associação Data Privacy Brasil de Pesquisa, 2021. p. 6; DE TEFFÉ, Chiara Antonia Spadaccini; TEPEDINO, Gustavo. Consentimento e proteção de dados pessoais na LGPD. In: FRAZÃO, Ana; OLIVA, Milena Donato; TEPEDINO, Gustavo (coords.). *Lei geral de proteção de dados pessoais e suas repercussões no direito brasileiro*. São Paulo: Thomson Reuters Brasil, 2019. p. 297-298; MATTIUZZO, Marcela; PONCE, Paula Pedigoni. O legítimo interesse e o teste da proporcionalidade: uma proposta interpretativa. *Revista Internet & Sociedade*, v. 1, n. 2, p. 57, 2020;

ridade Nacional de Proteção de Dados[249] e do Article 29 Data Protection Working Party.[250] Destaca-se o Enunciado n.º 689 do CJF, que informa: "Não há hierarquia entre as bases legais estabelecidas nos arts. 7.º e 11 da Lei Geral de Proteção de Dados (Lei n.º 13.709/2018)", valendo destacar a justificativa apresentada para a sua aprovação:

> Tem surgido na jurisprudência divergência sobre os entendimentos em relação ao consentimento conforme disposto na LGPD. Merece destaque a sentença proferida pelo TJDFT em Ação Civil Pública (0736634-81.2020.8.07.0001). Diz a sentença que é possível extrair entendimento do art. 7.º da LGPD no sentido de que, "para os dados não sensíveis, o controlador que, nos termos da lei, tenha interesse e legitimidade, deve, de igual forma, obter o consentimento, salvo a hipótese de dados tornados manifestamente públicos pelo titular." Ocorre que esse entendimento é distinto daquilo que vem sendo afirmado pela própria Autoridade Nacional de Proteção de Dados (ANPD), entidade da administração federal responsável pela regulamentação da LGPD, de todo o debate legislativo que culminou no texto atual da norma, e no amplo desenvolvimento doutrinário sobre o tema. Na seção de Perguntas Frequentes do seu site oficial, a ANPD inclusive afirma, de maneira expressa, que "O tratamento de dados pessoais poderá ser realizado em qualquer uma das seguintes hipóteses consignadas expressamente na LGPD, como é o caso das previstas no art 7.º" e segue para listar o consentimento como apenas uma dessas variadas hipóteses. Assim, entende-se de grande relevância a padronização e correta compreensão desse tema, cujo impacto para a aplicação da LGPD é enorme, não apenas no que diz respeito ao dia a dia das atividades privadas, mas também em relação à condução de tratamentos pelo poder público.[251]

As novas formas de licitude para o tratamento de dados pessoais trazidas pela legislação, como exemplo o Regulamento Europeu de Proteção de Dados e a Lei Geral de Proteção de Dados do Brasil, se mostram mais consentâneas com a sociedade da informação, destacando-se a figura dos legítimos interesses, prevista no inciso IX do art. 7.º da LGPD.[252] O ordenamento jurídico passa a reconhecer e tutelar interesses jurídicos que transcendem a figura do titular:

KUNER, Christopher; BYGRAVE, Lee A.; DOCKSEY, Christopher; DRECHSLER, Laura; TOSONI, Luca. *The EU General Data Protection Regulation*: A Commentary. Oxford University Press, 2020. p. 329.

249. LOPES, Alexandra Krastins et al. *Guia orientativo*: cookies e proteção de dados pessoais. Brasília: ANPD, out. 2022. p. 20. Disponível em: https://www.gov.br/anpd/pt-br/documentos-e-publicacoes/guia-orientativo-cookies-e-protecao-de-dados-pessoais.pdf. Acesso em: 08 ago. 2023.

250. EUROPEAN COMMISSION. Grupo de Trabalho do Artigo 29. *Opinião 06/2014 sobre a noção de interesses legítimos do controlador de dados nos termos do artigo 7.º da Diretiva 95/46/CE*. Adotado em 9 de abril de 2014. p. 10. Disponível em: https://ec.europa.eu/justice/article-29/documentation/opinion-recommendation/files/2014/wp217_pt.pdf. Acesso em: 03 nov. 2022.

251. CONSELHO DA JUSTIÇA FEDERAL. IX Jornada de Direito Civil. *Comemoração dos 20 anos da Lei n. 10.046/2002 e da Instituição da Jornada de Direito Civil*: enunciados aprovados. Brasília: Conselho da Justiça Federal, Centro de Estudos Judiciários, 2022. p. 49.

252. GOMES, Rodrigo Dias de Pinho. *Big Data*: desafios à tutela da pessoa humana na sociedade da informação. 2. ed. Rio de Janeiro: Lumen Juris, 2019. v. 1. p. 110.

A despeito das construções desenvolvidas nas seções anteriores, não se pode conceber o direito à proteção de dados de forma absoluta. As informações pessoais não são apenas titularidades individuais. Elas integram a órbita de sua representação no corpo social, o que demanda escolhas feitas em lei ou na Constituição, que demandem seu processamento ou sua exposição. A limitação desse direito fundamental, no caso concreto, exige, (i) uma base jurídica segura, (ii) com a clareza necessária sobre a finalidade do tratamento de dados, para que se avalie o nível de intervenção no direito fundamental, (iii) e que seja também proporcional, adequada e necessária à finalidade pretendida, adotando, ainda, (iv) as providências preventivas mínimas de cunho procedimental e organizacional, orientadas à segurança dos cidadãos envolvidos e à diminuição dos riscos de danos a seus direitos da personalidade. Em verdade, quanto mais grave for essa restrição, mais contundentes devem ser as justificativas, os critérios e as precauções para tal fim, sob pena de se legitimar intervenções na vida privada em nome de fins genéricos ou necessidades coletivas abstratas.[253]

Notadamente diante da essencialidade de circulação dos dados pessoais, como, por exemplo, hipóteses nas quais o consentimento seria presumido,[254] monta-se um esquadro regulatório que tutelam, além da autodeterminação informativa, os interesses legítimos do controlador ou de terceiros, que passam a ser larga e amplamente utilizados, constituindo o fundamento jurídico mais aplicado na contemporaneidade.[255] Passa-se então à análise da trajetória histórica dos legítimos interesses no próximo capítulo.

---

253. MENDES, Laura Schertel; RODRIGUES JÚNIOR, Otavio Luiz; FONSECA, Gabriel Campos Soares da. O Supremo Tribunal Federal e a proteção constitucional dos dados pessoais: rumo a um direito fundamental autônomo. In: DONEDA, Danilo et al. (coord.). *Tratado de proteção de dados pessoais*. Rio de Janeiro: Forense, 2021. p. 65.

254. "[...] a discussão sobre a possibilidade do consentimento implícito está, diretamente, ligada com a criação de uma nova hipótese para a dispensa do consentimento (interesses legítimos)." (KIRA, Beatriz. O que está em jogo no Anteprojeto de Lei de Proteção de Dados Pessoais? *Internetlab*, 04 maio 2016. p. 95, 129-230. Disponível em: http://www.internetlab.org.br/pt/internetlab-reporta/o-que-esta-em--jogo-no-anteprojeto-de-lei-de-protecao-de-dados-pessoais/. Acesso em: 04 maio 2022).

255. Contribuição de Marcelo Leonardi (Google Brasil). In: RUIZ, Juliana. O que pode autorizar o tratamento de dados pessoais. *Internetlab*, 12 jul. 2016. Disponível em: https://internetlab.org.br/pt/opiniao/especial o que-pode-autorizar-o-tratamento-de-dados-pessoais/. Acesso em: 18 jun. 2023.

2
CONCEITO, TRAJETÓRIA HISTÓRICA E TUTELA JURÍDICA DOS INTERESSES LEGÍTIMOS COMO REQUISITO PARA O TRATAMENTO DE DADOS PESSOAIS

> *Privacy is thus not a luxury for organizational life;*
> *it is a vital lubricant of the organizational system in free societies.* (Alan Westin)

Inicialmente, ressalta-se que no presente Capítulo não se pretende fornecer uma análise da base legal dos interesses legítimos em todos os ordenamentos jurídicos. Na verdade, o estudo pretende se concentrar em análise dissertativa de sua trajetória histórica na Europa e no Brasil, através da análise de leis e regulamentos sobre o tema ao longo das últimas décadas.

Como visto no capítulo anterior, o direito à autodeterminação informativa não tem o objetivo, tampouco é apto a garantir ao titular o controle absoluto sobre seus dados pessoais. Considerada a inserção da pessoa na sociedade, devem ser toleradas determinadas limitações ao exercício informacional. Na sociedade da informação, a primazia tecnológica tem como uma de suas características a essencialidade da circulação e análise dos dados pessoais, que se reflete na alteração do eixo de legitimidade das atividades tratamento de dados pessoais: do "tratamento é proibido a menos que", para "o tratamento é permitido desde que".[1]

Multiplicação de agentes de tratamento, necessidade de promover segurança na rede, personalização e fluidez da experiência virtual e desenvolvimento de novas tecnologias, representam alguns dos fatores no universo de situações nos quais a obtenção do consentimento seria inviável. O avanço da tecnologia não espera nem carrega a lei, mas a atropela no meio do caminho. A maior característica das chamadas leis de terceira geração retratadas no item 1.1.5 está

---

1. BALBONI, Paolo; COOPER, Daniel; IMPERIALI, Rosario; MACENAITE, Milda. Legitimate Interest of the Data Controller – New Data Protection paradigm: Legitimacy grounded on appropriate protection. *International Data Privacy Law*, v. 3, n. 4, p. 249, 2013.

no reconhecimento de que a tutela rígida e taxativa nas gerações antecedentes representava arcabouço legal descolado da realidade.

Diante disso, a partir do final da década de 1970 e início da década 1980, a tutela dos dados pessoais passa a trazer previsões mais flexíveis, com maior ênfase nos princípios, como transparência, boa-fé, livre acesso e segurança.[2] Por exemplo, na Lei Federal de Proteção de Dados da Alemanha de 1977, conhecida como *Bundesdatenschutzgesetz* (BDSG), seu parágrafo 1.º do art. 24(11) permitia o compilamento de dados pessoais através de listas ou outras formas, sem a necessidade de se obter o consentimento dos titulares, conquanto não fossem identificados motivos para supor que os interesses dos titulares fossem prejudicados e desde que limitadas a informações ao nome, qualificações acadêmicas, data de nascimento, profissão, comércio ou atividades empresariais, endereço e número de telefone. Nestes casos, o agente de tratamento deveria demonstrar a existência de um "interesse justificado", nos termos do disposto no § 32(111).[3] Permitia ainda o compartilhamento de dados pessoais entre determinados agentes de tratamento, desde que necessário ao "*legítimo cumprimento*" de certas tarefas para as quais a unidade comunicante fosse competente ou ainda quando o destinatário fosse capaz de demonstrar que seu "*interesse*" nos dados pessoais seria justificado e a atividade de tratamento não prejudicaria os interesses dos titulares merecedores de proteção.[4]

O legislador passa então a reconhecer outros interesses juridicamente tutelados, além daqueles do próprio titular, no tratamento de dados pessoais, como, por exemplo, do empregador no controle de sua equipe de trabalho.[5]

Neste contexto, nascem os interesses legítimos como requisito para o tratamento de dados pessoais. Em sua maioria, compreende situações nas quais o consentimento no titular seria presumido ou implícito, pressupondo-se que o titular não se oporia à atividade de tratamento, portanto desnecessários para as

---

2. DONEDA, Danilo. Considerações iniciais sobre os bancos de dados informatizados e o direito à privacidade. In: TEPEDINO, Gustavo (coord.). *Problemas de direito civil-constitucional*. Rio de Janeiro: Renovar, 2000. p. 131-133.

3. RICCARDI, J Lee. The German Federal Data Protection Act of 1977: Protecting the Right to Privacy? *Boston College International and Comparative Law Review*, v. 6, n. 1, p. 261, 1983. Disponível em: http://lawdigitalcommons.bc.edu/iclr/vol6/iss1/8. Acesso em: 06 mar. 2023.

4. RICCARDI, J Lee. The German Federal Data Protection Act of 1977: Protecting the Right to Privacy? *Boston College International and Comparative Law Review*, v. 6, n. 1, p. 267, 1983. Disponível em: http://lawdigitalcommons.bc.edu/iclr/vol6/iss1/8. Acesso em: 06 mar. 2023.

5. MENDES, Laura Schertel (Instituto Brasiliense de Direito Público – IDP). In: RUIZ, Juliana. O que pode autorizar o tratamento de dados pessoais. *Internetlab*, 12 jul. 2016. Disponível em: https://internetlab. org.br/pt/opiniao/especial-o-que-pode-autorizar-o-tratamento-de-dados-pessoais/. Acesso em: 19 dez. 2022.

finalidades almejadas.[6] Representa um fundamento legal apto a trazer segurança jurídica para os mais variados modelos de negócio que, antes da sua positivação no ordenamento jurídico, tratavam dados pessoais de maneira inadequada,[7] sem um respaldo minimamente legítimo e seguro em lei.[8]

Evidentemente, não há que se falar num coringa nas mãos do agente de tratamento, diante do jogo de cartas das bases legais. Sob esta premissa, importante mencionar trecho do Parecer da Comissão Especial da Câmara dos Deputados, referente ao Projeto de Lei n.º 4060/2016, que forneceu suporte na aprovação da LGPD:

> O legítimo interesse, contudo, não deve ser lido como um cheque em branco. Em outras palavras, não pode ser utilizado como um subterfúgio para que todo e qualquer tratamento de dados pessoais seja autorizado. Esta a razão dos parágrafos do artigo, mediante os quais se destaca que o legítimo interesse deve sempre vir acompanhado dos princípios da adequação, necessidade e transparência bem como da possibilidade de fiscalização. Ademais, prevemos que deverá se basear em situação concreta e desde que atendidas as legítimas expectativas do titular.[9]

O entendimento acima está cristalizado no próprio texto que estabelece a base legal. No Regulamento Europeu, art. 6.º, 1. f) há vedação quando *prevalecerem os interesses ou direitos e liberdades fundamentais do titular que exijam a proteção dos dados pessoais, em especial se o titular for uma criança.* Com redação similar e diretamente inspirado nas regras europeias desde a Diretiva 95,[10] o inciso IX do

---

6. BIONI, Bruno; MONTEIRO, Renato Leite. Proteção de dados pessoais como elemento de inovação e fomento à economia: o impacto econômico de uma lei geral de dados. In: REIA, Jhessica; FRANCISCO, Pedro Augusto P.; BARROS, Marina; MAGRANI, Eduardo. *Horizonte presente tecnologia e sociedade em debate.* Belo Horizonte: Casa do Direito; FGV, 2019. p. 238.

7. "[...] uma avaliação adequada do balanceamento do artigo 6(1)(f) ... pode, em alguns casos, ser uma alternativa válida ao uso inadequado de, por exemplo, o fundamento de 'consentimento' ou 'necessário para a realização de um contrato'. Considerado dessa forma, [o artigo 6.º(1)(f)] apresenta salvaguardas complementares em relação aos outros fundamentos predeterminados" (Tradução livre do autor) (EUROPEAN COMMISSION. Grupo de Trabalho do Artigo 29. *Opinião 06/2014 sobre a noção de interesses legítimos do controlador de dados nos termos do artigo 7.º da Diretiva 95/46/CE.* Adotado em 9 de abril de 2014. p. 10, 49. Disponível em: https://ec.europa.eu/justice/article-29/documentation/opinion-recommendation/files/2014/wp217_pt.pdf. Acesso em: 03 nov. 2022.

8. BIONI, Bruno; MONTEIRO, Renato Leite. Proteção de dados pessoais como elemento de inovação e fomento à economia: o impacto econômico de uma lei geral de dados. In: REIA, Jhessica; FRANCISCO, Pedro Augusto P.; BARROS, Marina; MAGRANI, Eduardo. *Horizonte presente tecnologia e sociedade em debate.* Belo Horizonte: Casa do Direito; FGV, 2019. p. 238-239.

9. CÂMARA DOS DEPUTADOS. *Parecer da Comissão Especial destinada a proferir parecer ao Projeto de Lei n.º 4060/2016.* p. 34. Disponível em: https://www.camara.leg.br/proposicoesWeb/prop_mostrarintegra? codteor=1663305&filename=SBT+1+PL406012+=%3E+PL+4060/2012. Acesso em: 27 jun. 2022.

10. "O legítimo interesse representa uma das hipóteses de tratamento de dados pessoais sem a necessidade de prévia obtenção do consentimento e sua introdução na proposta é inspirada nas práticas europeias existentes desde 1995" (CÂMARA DOS DEPUTADOS. *Parecer da Comissão Especial destinada a proferir*

art. 7.º da LGPD informa a impossibilidade de utilização da base legal no caso de *prevalecerem direitos e liberdades fundamentais do titular que exijam a proteção dos dados pessoais.*

Para a melhor compreensão dos conceitos e trajetória histórica da base legal dos interesses legítimos, passa-se à análise etimológica do "interesse" e sua respectiva tutela jurídica.

2.1 INTERESSE: CONCEITOS E ORIGEM ETIMOLÓGICA

A palavra interesse vem do latim (*id quod interest*), denotando acepção espacial, "*aquilo que está entre*", como uma diferença entre duas grandezas.[11] Representa conceito nuclear para diversas ciências sociais e humanas, desde a economia à ciência política, abrangendo sociologia, história, e, evidentemente, o Direito.[12]

Paulo Mota Pinto afirma que o conceito de "interesse" se caracteriza como fluido, ambíguo e difuso, empregado com diversos sentidos para inúmeros efeitos, aparecendo em variadas normas jurídico-privadas.[13] Segundo o autor, na maioria dos casos a legislação trata o interesse como um "pressuposto de um certo efeito favorável ao seu próprio titular (reconhecimento de legitimidade, de uma faculdade, ou de um direito)". Prossegue:

> Em termos gerais, poderíamos dizer que são quatro os elementos que integram a noção de interesse, seja individual ou colectivo: a sua titulação ou sustentação num sujeito, físico ou moral; a existência de uma necessidade (embora possa surgir como consequência desta ou ser o motivo que a gera); o vínculo relacional, entre a faculdade de apetência ou a inclinação volitiva, para satisfação da necessidade com o bem; e o bem, considerado idóneo para

---

    parecer ao Projeto de Lei n.º 4060/2016. p. 34. Disponível em: https://www.camara.leg.br/proposicoesWeb/prop_mostrarintegra?codteor=1663305&filename=SBT+1+PL406012+=%3E+PL+4060/2012. Acesso em: 27 jun. 2022.

11. "Não é, aliás, de excluir que, em certa medida, a ambiguidade do 'interesse', e, designadamente, a oscilação entre a acepção positiva, de ganho ou lucro, e o sentido negativo, de 'compensação de uma perda' ou satisfação de um prejuízo, tenham sido introduzidas, ou potenciadas, de forma estudada, ou, mesmo intencional, tendo em conta a relevância da noção para a proibição canônica da usura e a identificação entre usura ilícita e o interesse infundado. O 'interesse' resultava então equívoco, ou, pelo menos, ambíguo, pois não era ganho, nem poderia canonicamente sê-lo, e antes, sempre, conceitualmente, apenas compensação de uma perda, e de uma compensação devida, embora fosse concebível que, nalguns casos, o interesse pudesse identificar-se com o lucro cessante" (PINTO, Paulo Mota. *Interesse contratual negativo e interesse contratual positivo.* Coimbra: Coimbra Editora, 2008. v. 1. p. 83-88).

12. PINTO, Paulo Mota. *Interesse contratual negativo e interesse contratual positivo.* Coimbra: Coimbra Editora, 2008. v. 1. p. 83.

13. PINTO, Paulo Mota. *Interesse contratual negativo e interesse contratual positivo.* Coimbra: Coimbra Editora, 2008. v. 1. p. 493; 488.

a satisfação da necessidade e, portanto, do interesse. No domínio jurídico, o conceito de interesse relevaria, designadamente, para determinar cm que medida tal vínculo conectivo ou tal inclinação volitiva é adequada para fundar uma tutela da ordem jurídica, seja pela sua subjectivação num direito, seja pela protecção por normas jurídicas. O referido significado "relacional", e de "participação", do termo "interesse" – como importância, relevância ou valor que uma coisa tem para algo – é sem dúvida intensificado no contexto jurídico, e em particular no direito privado, enquanto parte juridicamente protegida que é afectada a alguém, ou enquanto estado a (re)constituir que tem importância para um sujeito [...].[14]

Antônio Menezes Cordeiro aborda a classificação do termo interesse em três categorias distintas. Interesse subjetivo refere-se à relação de desejo entre uma pessoa e um objeto capaz de satisfazê-los; interesse objetivo envolve a conexão entre uma pessoa com necessidades (reais e contestáveis) e a realidade capaz de supri-las; e interesse técnico relacionado à realidade apta a satisfazer desejos ou necessidades que, ao ser protegida pelo Direito, gera dano quando desrespeitada, sendo esta última, segundo o autor, a melhor para tratar do tema.[15]

A presença e consequente relevância do interesse no Direito revela se tratar de vocábulo multívoco, quando se observa uma série de significados distintos assumidos nos mais variados ramos da ciência jurídica, a exemplo do interesse processual, interesse social, interesse econômico, interesse público, interesse particular, interesse individual, interesse coletivo, interesse difuso, interesse de agir, interesse legítimo e outros.[16]

A noção de interesse foi também um fator determinante para a doutrina da responsabilidade civil na Europa, quando se verifica a violação de "interesses legalmente protegidos",[17] utilizada como elemento da hipótese da norma de responsabilidade na situação jurídica tutelada, servindo como fundamento do juízo de ilicitude da conduta do agente causador do dano:

[...] "interesse" integra, pois a hipótese da norma de responsabilidade. E o mesmo acontece em várias ordens jurídicas europeias, como a francesa onde se entende que os arts. 1382.º e 1383.º do *Code* Civil não contêm limitações *a priori*, sendo relevantes tanto direitos como interesses juridicamente protegidos e a italiana onde, depois de um progressivo alargamento

---

14. PINTO, Paulo Mota. *Interesse contratual negativo e interesse contratual positivo*. Coimbra: Coimbra Editora, 2008. v. 1. p. 494.
15. CORDEIRO, António Menezes. *Direito dos seguros*. Coimbra: Almedina, 2013. p. 496.
16. GUEDES, Gisela Sampaio da Cruz. *Lucros cessantes*: do bom-senso ao postulado normativo da razoabilidade. São Paulo: Ed. RT, 2011. p. 125. O Direito Romano previa o interesse: "nas palavras de um texto central de Ulpianus (D. 19, 1, 1, pr.), *'si res vendi/a non tradatur, in id quod interest agitur, hoc est quod rem habere interest emptoris'*. E também já foi sustentada a presença do sentido 'diferencial' do termo interesse mesmo nas fontes romanas" (PINTO, Paulo Mota. *Interesse contratual negativo e interesse contratual positivo*. Coimbra: Coimbra Editora, 2008. v. 1. p. 494).
17. PINTO, Paulo Mota. *Interesse contratual negativo e interesse contratual positivo*. Coimbra: Coimbra Editora, 2008. v. 1. p. 502.

das posições protegidas, a *Cassazione* veio a reconhecer, expressamente, a relevância também da violação de interesses legítimos para a concretização da "injustiça" do dano, nos termos do art. 2043.º do *Codice Civile*.[18]

2.2 INTERESSE: TUTELA PELO ORDENAMENTO JURÍDICO

No direito português, dentre outros, há o interesse legítimo no registo do casamento; interesse legítimo como condição do direito a que a quitação conste de documento autêntico ou autenticado ou com reconhecimento notarial; a enunciação de circunstâncias (interesses legítimos) que podem afastar a incriminação de certas condutas, como a imputação desonrosa feita para realizar interesses legítimos e divulgação de fatos da vida privada para realizar um interesse público legítimo e relevante.[19] No BGB, interesse pode denotar o objeto de proteção, incluindo os deveres que formam a obrigação, empregado para indicar o interesse do credor na prestação, pois relevante, *v.g.*, à concessão de um direito de resolução do contrato ou para a "impossibilidade econômica" da prestação.[20]

O Código Civil brasileiro prevê o termo interesse em 56 oportunidades e a expressão interesse legítimo consta dos arts. 757, 1.229 e 1.452, em diferentes contextos. O art. 1.229 discorre sobre a propriedade do solo, incluindo o espaço aéreo e o subsolo, e limita o direito do proprietário em obstar atividades de terceiros nessas áreas, salvo quando possui interesse legítimo em impedi-las. No art. 1.452, que trata da constituição do penhor de direitos, o parágrafo único dispõe que o titular do direito empenhado deve entregar ao credor pignoratício os documentos comprobatórios desse direito, a menos que possua um interesse legítimo em mantê-los consigo, servindo como uma exceção à regra geral. Por fim, o art. 757, ao definir o contrato de seguro, salienta que o segurador, ao receber o prêmio, assume a obrigação de garantir o legítimo interesse do segurado sobre pessoa ou coisa contra riscos predeterminados.

O desenvolvimento da noção de interesse no Direito Securitário representa uma robusta contribuição para a sua tutela por diversos ordenamentos, incluindo o brasileiro. Suas origens remontam ao século XVIII, na Inglaterra, quando se permitia a estipulação da cláusula "*interest or no interest*", dispensando expressa-

---

18. PINTO, Paulo Mota. *Interesse contratual negativo e interesse contratual positivo*. Coimbra: Coimbra Editora, 2008. v. 1. p. 503-504.
19. PINTO, Paulo Mota. *Interesse contratual negativo e interesse contratual positivo*. Coimbra: Coimbra Editora, 2008. v. 1. p. 481-493.
20. PINTO, Paulo Mota. *Interesse contratual negativo e interesse contratual positivo*. Coimbra: Coimbra Editora, 2008. v. 1. p. 523-524.

mente o segurado de comprovar o seu interesse na conservação do bem segurado.[21] Era corriqueira a execução de contratos de seguro de vida, mesmo na ausência de qualquer relacionamento entre o segurado e o beneficiário da apólice. Tais contratos eram considerados exequíveis devido à legalidade das apostas em geral, categoria na qual os contratos de seguro de vida eram enquadrados. No entanto, esta crescente prática potencialmente induzia e até estimulava assassinatos, despertando grande preocupação e culminando na edição da *Life Assurance Act* em 1774. Em 1745 igualmente restou vedado estipular apólice de seguro marítimo sem interesse do segurado, através da promulgação da *Marine Insurance Act,* exigindo-se a demonstração de um efetivo prejuízo, evidenciando o interesse do segurado no momento do sinistro.[22] Diante disso, fez-se necessária a clara distinção entre o contrato de seguro e as apostas, com o objetivo de prevenir atos abusivos na contratação de apólices securitárias, posto que a finalidade precípua dos seguros consiste em trazer segurança àquele que almeja se resguardar contra as adversidades da vida.[23]

Consoante redação do art. 757 do Código Civil, pelo contrato de seguro, o segurador é obrigado a garantir interesse legítimo do segurado,[24] referente a pessoa ou a coisa, contra os riscos predeterminados. A doutrina afirma que o interesse é pressuposto de existência do seguro, mesmo que o contrato esteja formalizado, acrescentando a existência de três elementos do interesse segurável: i) a pessoa titular do interesse; ii) o bem em que reside o interesse e iii) a relação do sujeito titular do interesse e o bem.[25]

O sistema de proteção de dados pessoais se valeu do interesse do agente de tratamento, ou até mesmo de terceiros, como elemento apto a permitir determinadas atividades, desde que, evidentemente, cumpridos certos requisitos. A previsão deste interesse é marcada pela fluidez conceitual, atraindo como pres-

---

21. WILLCOX, Victor. Interesse legítimo nas relações securitárias. In: GOLDBERG, Ilan; JUNQUEIRA, Thiago (org.). *Temas atuais de direito dos seguros.* São Paulo: Thomson Reuters Brasil, 2020. t. 2. p. 243.
22. BIRDS, John; HIRD, Norma J. Birds. *Modern Insurance Law.* 6. ed. Londres: Sweet & Maxwell, 2004. p. 34-35.
23. WILLCOX, Victor. Interesse legítimo nas relações securitárias. In: GOLDBERG, Ilan; JUNQUEIRA, Thiago (org.). *Temas atuais de direito dos seguros.* São Paulo: Thomson Reuters Brasil, 2020. t. 2. p. 245.
24. "Para que serve o interesse no contrato de seguro? Como conceito jurídico, o interesse do seguro foi elaborado para atender a uma necessidade social específica: ele tem uma função específica a partir da qual é possível delimitar seu campo de aplicação" (Tradução livre do autor) (PROVOST, Magalie. *La notion d'intérêt d'assurance.* Paris: Librairie Générale de Droit et de Jurisprudence, Lextenso éditions, 2009. p. 17).
25. "não existe seguro sem interesse, que nulo será o contrato, ainda que já aperfeiçoado ou formalizado, se se verificar a ilicitude do interesse" (SANTOS, Ricardo Bechara. Interesse segurado e o princípio da predeterminação do risco. In: CARLINI, Angélica L.; SANTOS, Ricardo Bechara (org.). *Estudos de direito do seguro em homenagem a Pedro Alvim.* Rio de Janeiro: Funenseg, 2011. p. 132).

suposto um efeito favorável ao titular do interesse,[26] que poderá ser o próprio agente de tratamento ou até mesmo um terceiro. O Supremo Tribunal Federal entendeu pela ausência da necessidade, da adequação e da proporcionalidade na Medida Provisória n.º 954/2020, utilizando, dentre outros fundamentos, o argumento de que não haveria "interesse público legítimo no compartilhamento dos dados dos usuários".[27]

Nos apropriando dos ensinamentos de Carnelutti, interesse seria a "posição favorável à satisfação de uma necessidade".[28] Já a ANPD aduz se tratar de "conceito amplo que abrange qualquer benefício ou proveito que resulta do tratamento de dados pessoais".[29]

Ao se valer da acepção do interesse já existente em variados ramos do direito, a proteção de dados e seus desdobramentos revela características polimórficas,[30] dotada de heterogeneidade no seio de sua concepção e no desenvolvimento de seus principais institutos:

> A própria formulação desse novo direito à proteção de dados, portanto, não se deu propriamente pela contribuição relevante da doutrina, nem mesmo ocorreu no seio de uma área tradicional do direito. Disso dá mostra a própria heterogeneidade do desenvolvimento de seus principais institutos em ordenamentos jurídicos diversos – que, a depender do país, foram alicerçados a partir seja do direito constitucional, seja do direito civil, do direito administrativo ou mesmo em elementos de direito penal. Assim, verifica-se uma notável característica da proteção de dados, perceptível em diversas das suas formulações, que é a de procurar responder a demandas concretas com os instrumentos disponíveis, sem se filiar diretamente a categorias prévias. Seus instrumentos encerram uma boa dose de pragmatismo e de busca de eficiência para tratar de um objeto que não se prestava a ser enquadrado nos institutos jurídicos tradicionais com facilidade.[31]

---

26. PINTO, Paulo Mota. *Interesse contratual negativo e interesse contratual positivo*. Coimbra: Coimbra Editora, 2008. v. 1. p. 488.
27. BRASIL. Supremo Tribunal Federal. *ADI 6387 MC-Ref./DF*. Relatora: Min. Rosa Weber. Julgamento: 07.05.2020. Órgão julgador: Plenário. Publicação: 12.11.2020.
28. CARNELUTTI, Francesco. Sistema di Diritto Processuale Civile. Padova, Cedam, 1936. v. 1. p. 7 apud PINTO, Paulo Mota. *Interesse contratual negativo e interesse contratual positivo*. Coimbra: Coimbra Editora, 2008. v. 1. p. 497.
29. AUTORIDADE NACIONAL DE PROTEÇÃO DE DADOS (ANPD). Guia orientativo: hipóteses legais de tratamento de dados pessoais. Legítimo interesse. Brasília: ANPD, fev. 2024. Versão 1.0. p. 40. Disponível em: https://www.gov.br/anpd/pt-br/documentos-e-publicacoes/guia_legitimo_interesse. pdf. Acesso em: 04 fev. 2024.
30. PICHEL, Paulo Guilherme da Rocha. Troca automática de informações financeiras, respeito pela vida privada e proteção de dados pessoais. In: PORTUGAL. Comissão Nacional de Proteção de Dados. *Forum de Proteção de Dados*, n. 05, nov. 2018. p. 40 citando PINHEIRO, Alexandre Sousa. *Privacy e Protecção de Dados Pessoais*: a construção dogmática do direito à identidade informacional. Lisboa: AAFDL, 2015. p. 809.
31. DONEDA, Danilo. Panorama histórico da proteção de dados pessoais. In: DONEDA, Danilo et al. (coord.). *Tratado de proteção de dados pessoais*. Rio de Janeiro: Forense, 2021. Livro eletrônico não paginado.

2.3 ABERTURA SEMÂNTICA, FLUIDEZ NA TUTELA JURÍDICA E INDETERMINAÇÃO CONCEITUAL

Na sociedade da informação, ciente da imperiosa necessidade de circulação de dados pessoais, optou-se pela criação de um fundamento jurídico fluido, sem a objetividade típica das demais bases legais, apto a dar licitude a determinadas atividades de tratamento, condicionando o seu exercício a requisitos e salvaguardas, com o objetivo de impedir o esvaziamento da tutela da pessoa humana.[32]

Neste cenário se coloca a base legal dos legítimos interesses no tratamento de dados pessoais, que consiste em um conceito jurídico indeterminado,[33] na medida em dispõe de conteúdo mutável e adaptável às mais variadas situações, muitas delas que surgirão no futuro e sequer são possíveis de imaginar no momento da edição da LGPD, dado o exponencial avanço evolutivo das modalidades de tratamento de dados na sociedade do século XXI.[34] Caberá ao intérprete a missão de preencher o seu conteúdo, de acordo com o caso concreto e suas especificidades,[35] levando em conta a axiologia unitária do ordenamento jurídico.[36]

Constitui inegável papel da doutrina, diante de sua verdadeira função construtiva[37] e como fonte do direito, fornecer premissas, métodos e critérios herme-

---

32. "[...] sob o pretexto dos legítimos interesses a dar licitude ao tratamento de dados, não se pode olvidar da dignidade da pessoa humana como fundamento da república, da direta aplicação das normas constitucionais e da necessidade imperiosa de garantir unidade ao ordenamento jurídico, sob pena de criação de um microssistema incoerente e absolutamente inconstitucional" (GOMES, Rodrigo Dias de Pinho. *Big Data*: desafios à tutela da pessoa humana na sociedade da informação. 2. ed. Rio de Janeiro: Lumen Juris, 2019. v. 1. p. 159-160).

33. Na fundamentação submetida para votação do Enunciado 683 do CJF, constou o seguinte trecho: "A Lei Geral de Proteção de Dados (Lei n. 13.709/1918) traz, no art. 10, parâmetros para a aplicação da base legal do legítimo interesse, que é um conceito jurídico indeterminado" (CONSELHO DA JUSTIÇA FEDERAL. IX Jornada de Direito Civil. *Comemoração dos 20 anos da Lei n. 10.046/2002 e da Instituição da Jornada de Direito Civil*: enunciados aprovados. Brasília: Conselho da Justiça Federal, Centro de Estudos Judiciários, 2022. p. 46-47).

34. GOMES, Rodrigo Dias de Pinho. *Big Data*: desafios à tutela da pessoa humana na sociedade da informação. 2. ed. Rio de Janeiro: Lumen Juris, 2019. v. 1. p. 158-159.

35. "A noção de 'interesse' é, pois, empregue em contextos variados, com sentidos nem sempre coincidentes, e para efeitos diversos, tendo de, em conformidade com os critérios gerais de interpretação, ser precisada em cada norma e concretizada em cada caso concreto" (PINTO, Paulo Mota. *Interesse contratual negativo e interesse contratual positivo*. Coimbra: Coimbra Editora, 2008. v. 1. p. 491).

36. Inicialmente, a cláusula geral, tal como se defende na Europa, deve ser preenchida no caso concreto. A experiência de sua aplicação não deve se afastar da prática já aqui desenvolvida quanto a outras já célebres cláusulas gerais, entre as quais se destacam a boa-fé objetiva (art. 422, CC) e a função social dos contratos (art. 421, CC), interpretadas e preenchidas sob a axiologia unitária do ordenamento, as quais, a partir da análise de seus princípios constitucionais norteadores, atuam para dirimir os conflitos concretos e existentes. (BUCAR, Daniel; VIOLA, Mario. Tratamento de dados pessoais por 'legítimo interesse do controlador': primeiras questões e apontamentos'. In: TEPEDINO, Gustavo; FRAZÃO, Ana; OLIVA, Milena Donato (coord.). *Lei Geral de Proteção de Dados Pessoais e suas repercussões no direito brasileiro*. São Paulo: Ed. RT, 2019. p. 472).

37. PATTI, Francesco Paolo. Significados e limites da autonomia privada: entre princípios e cláusulas gerais. Tradução de Eduardo Souza e Thiago Rodovalho. *Civilistica.com*, Rio de Janeiro, v. 11, n. 1, p. 17, 2022. Disponível em: http://civilistica.com/significados-e-limites-da-autonomia/. Acesso em: 09 set. 2022.

nêuticos,[38] de forma a orientar o intérprete na aplicação do Direito como sistema unitário e coeso. Evita-se, com isso, que a utilização equivocada de princípios[39] e cláusulas gerais, sobretudo pelo Poder Judiciário,[40] transforme o sistema jurídico em um ordenamento jurídico de *direito judicial*.[41] Sobre o tema, vale cita valiosa lição de Judith Martins-Costa:

> Como já tive ocasião de assinalar, as cláusulas gerais constituem uma técnica legislativa que conforma o meio hábil para permitir o ingresso, no ordenamento jurídico codificado, de princípios, de *standards*, arquétipos exemplares de comportamento, de deveres de conduta não previstos legislativamente (e, por vezes, nos casos concretos, também não advindos da autonomia privada), de direitos e deveres configurados segundo os usos do tráfego jurídico, de diretivas econômicas, sociais e políticas e de normas constantes de universos metajurídicos. Isso viabiliza a sua sistematização e permanente ressistematização no ordenamento positivo. Isso porque, nas cláusulas gerais, a formulação da hipótese legal é procedida mediante o emprego de conceitos cujos termos têm significados intencionalmente vagos e abertos, os chamados 'conceitos jurídicos indeterminados'. Como estão situadas setorialmente, auxiliam na concreta regulação de determinados domínios de casos – por exemplo, na responsabilidade civil, no direito dos contratos, nas relações pessoais de família, nos direitos de perso-

---

38. "[...] Nesse cenário, compete ao civilista evitar que essas normas de enunciado aberto sejam convertidas em argumentos de ocasião, para justificar de modo puramente retórico as convicções pessoais das partes ou do julgador. O resultado disso seriam decisões incoerentes e um clima generalizado de insegurança e descrédito em relação ao sistema jurídico. Daí a importância do método, para além da metodologia. A aplicação direta de normas de elevado grau de abstração exige um exercício de identificação de parâmetros a serem empregados na especificação concreta do seu conteúdo. A uniformidade e a segurança serão tanto maiores quanto mais se tiver avançado no consenso em torno destes parâmetros. Trata-se de um processo gradativo, uma genuína "reconstrução" do direito privado, em que cada novo passo é fruto do anterior. Teorias pontuais e aventureiras, outrora festejadas como espasmos de equidade ou vias excepcionais de oxigenação de um sistema que permanecia intacto em sua essência, perdem espaço diante de um esforço abrangente de reformulação do direito civil, a partir da aplicação técnica, coerente e rigorosa de normas outrora tidas como 'meramente programáticas', em especial os princípios constitucionais" (SCHREIBER, Anderson. Direito civil e Constituição. In: SCHREIBER, Anderson; KONDER, Carlos Nelson (coord.). *Direito civil constitucional*. São Paulo: Atlas, 2016. p. 12).

39. "Comparados às normas individuais presentes no sistema, os princípios seriam caracterizados 'por um excesso de conteúdo deontológico'" (PATTI, Francesco Paolo. Significados e limites da autonomia privada: entre princípios e cláusulas gerais. Tradução de Eduardo Souza e Thiago Rodovalho. *Civilistica. com*, Rio de Janeiro, v. 11, n. 1, p. 3, 2022. Disponível em: http://civilistica.com/significados-e-limites-da-autonomia/. Acesso em: 09 set 2022).

40. "Os depoimentos da época mostram que as cláusulas gerais e os conceitos indeterminados presentes na disciplina dedicada às obrigações e aos contratos faziam parte de um desenho específico de política legislativa que visava a favorecer o controle da autonomia privada pelos magistrados. As mesmas regras do Código, expurgadas de referências à ordem corporativa/fascista, passaram a ser utilizadas para permitir o controle judicial com base nos valores da Carta Constitucional" (PATTI, Francesco Paolo. Significados e limites da autonomia privada: entre princípios e cláusulas gerais. Tradução de Eduardo Souza e Thiago Rodovalho. *Civilistica.com*, Rio de Janeiro, v. 11, n. 1, p. 16, 2022. Disponível em: http://civilistica.com/significados-e-limites-da-autonomia/. Acesso em: 09 set. 2022).

41. PATTI, Francesco Paolo. Significados e limites da autonomia privada: entre princípios e cláusulas gerais. Tradução de Eduardo Souza e Thiago Rodovalho. *Civilistica.com*, Rio de Janeiro, v. 11, n. 1, p. 2, 2022. Disponível em: http://civilistica.com/significados-e-limites-da-autonomia/. Acesso em: 09 set. 2022.

2 • CONCEITO, TRAJETÓRIA E TUTELA JURÍDICA DOS INTERESSES LEGÍTIMOS

nalidade – viabilizando a sua sistematização, isto é, a sua introdução ordenada no sistema jurídico. Constituem, portanto, a via privilegiada para a contínua construção e reconstrução da positividade dos princípios e das diretivas, desde que a jurisprudência, com responsabilidade, senso ético e sabedoria, saiba retirar todas as consequências que esta técnica enseja.[42]

Na LGPD, a leitura do art. 5.º traz a definição de diversos conceitos, como dado pessoal, dado pessoal sensível, titular, controlador, operador, encarregado, agentes de tratamento, tratamento, consentimento, transferência internacional de dados, uso compartilhado de dados, relatório de impacto à proteção de dados pessoais e outros. Omitiu-se, no entanto, qualquer menção ao interesse legítimo, de modo que a base legal prevista no inciso IX, art. 7.º da LGPD carece de uma definição jurídica no próprio texto da lei.

Ao longo dos debates públicos promovidos pelo Ministério da Justiça entre 2015 e 2016, houve críticas sobre esta questão, inserindo-se nas contribuições à época um pleito para a criação de uma definição clara pelo texto da lei.[43] Não se trata de crítica nova, especialmente quando se examinam alguns dos debates na Europa, ainda sob a vigência da Diretiva n.º 95/46/EC[44] e ao longo das discussões[45] prévias à edição do Regulamento Europeu de Proteção de Dados:

---

42. Acrescenta a autora: "Ultrapassadas definitivamente as convicções que viam na interpretação apenas a caracterização de um momento lógico, admite-se hoje que cabe ao juiz uma 'participação estrutural' no processo formativo do Direito. Aceita-se, também, que as palavras da lei não têm um conteúdo 'próprio' ou 'imanente', mas apenas contextual: o significado de um texto é estreitamente ligado às circunstâncias, aos 'fatores vitais' determinantes do contexto da aplicação, só assim ultrapassando-se a distância que separa a universalidade da lei à concreta situação jurídica do caso singular" (MARTINS-COSTA, Judith. Mercado e solidariedade social entre cosmos e taxis: a boa-fé nas relações de consumo. In: MARTINS-COSTA, Judith (org.). *A reconstrução do direito privado*: reflexos dos princípios, diretrizes e direitos fundamentais constitucionais no direito privado. São Paulo: Ed. RT, 2002. p. 629-630; 655).

43. "A lei deve conter uma definição de 'interesse legítimo'" (INTERNETLAB. *O que está em jogo no Anteprojeto de Lei de Proteção de Dados Pessoais?* p. 74-75. Disponível em: http://www.internetlab. org.br/pt/internetlab-reporta/o-que-esta-em-jogo-no-anteprojeto-de-lei-de-protecao-de-dados-pessoais/. Acesso em: 04 maio 2022).

44. "[...] A total implementação da directiva requer normalmente (além da adopção da legislação de implementação) uma segunda fase que consiste na revisão de outra legislação que possa entrar em conflito com os requisitos da directiva e/ou a especificação de certas regras gerais, bem como a disponibilidade de garantias apropriadas quando sejam utilizadas excepções previstas pela directiva. Em termos gerais, esta segunda fase da implementação ainda nem sequer começou em alguns Estados-Membros e, naqueles em que começou, alguns há onde ainda está pouco avançada. Algumas leis nacionais referem a necessidade de elaborar legislação complementar para clarificar alguns aspectos, como, por exemplo, no que respeita à aplicação da alínea f) do artigo 7.º (cláusula do equilíbrio de interesses), mas até agora isto ainda não aconteceu [...]". (RELATÓRIO DA COMISSÃO. Primeiro relatório sobre a implementação da directiva relativa à protecção de dados (95/46/CE)/*COM/2003/0265 final*/. p. 74-75. Disponível em: https://eur-lex.europa.eu/legal-content/PT/TXT/HTML/?uri=CELEX:52003DC0265&from=EN. Acesso em: 02 jan. 2023).

45. "É necessário definir claramente outros fundamentos jurídicos para o tratamento de dados, que não o consentimento, em particular os 'interesses legítimos' do responsável pelo tratamento [...]". (PARLAMENTO EUROPEU. *Relatório sobre a proposta de regulamento do Parlamento Europeu e do Conselho relativo à proteção das pessoas singulares no que diz respeito ao tratamento de dados pessoais e*

Em suma, pode-se dizer que as implementações divergentes do Artigo 7(f) em vários Estados-Membros representam uma oportunidade perdida para criar uma abordagem harmonizada para uma cláusula de 'interesses legítimos' em toda a UE. Isso pode ser esperado para mudar assim que o Projeto de Regulamento entrar em vigor, pois a Comissão adquirirá o poder, por meio de atos delegados, de especificar os requisitos sobre 'interesses legítimos' para diferentes setores e situações de tratamento de dados. No entanto, tanto a ambiguidade da interpretação jurídica do interesse legítimo do controlador, quanto o poder concedido à Comissão para esclarecer melhor este critério através de atos delegados, foram criticados pelo relator e pelos eurodeputados, durante o processo legislativo do Projeto de Regulamento. Isso serve para mostrar que o interesse legítimo do controlador, conforme é atualmente interpretado, não consegue abordar adequadamente as necessidades dos controladores de dados para flexibilidade na interpretação, enquanto também não reconhece completamente os direitos dos titulares dos dados. Este último problema também foi apontado pelo Grupo de Trabalho do Artigo 29 e pelos eurodeputados. O principal problema em relação ao interesse legítimo do controlador é a incerteza de sua interpretação, principalmente devido a um julgamento pelos controladores de dados que permanece basicamente subjetivo e raramente é apoiado por padrões objetivos. Se o interesse legítimo do controlador pode ser uma alternativa prática ao consentimento, depende principalmente de quem é escolhido como sendo autorizado a decidir sobre o tipo de interesses considerados 'legítimos' e sob quais condições tais interesses podem justificar (legitimar) o tratamento de dados pessoais. A falta de regras claras, predeterminadas e objetivas afeta a praticidade desta opção.[46]

O ainda sob a vigência da Diretiva Europeia 95/46/CE, o Grupo de Trabalho do Artigo 29 (antecessor do Conselho Europeu de Proteção de Dados) justifica que a busca pela flexibilidade é também resultado da própria natureza do direito à proteção de dados pessoais e à privacidade, por se tratarem de direitos humanos relativos ou qualificados – e não absolutos,[47] como por exemplo, o direito de não ser submetido à tortura. Por esta razão, devem sempre ser interpretados dentro de um contexto, admitindo-se, portanto, a ponderação em relação a direitos de terceiros.[48]

à livre circulação desses dados (regulamento geral de proteção de dados). 21.11.2013 – (COM(2012)0011 – C7-0025/2012 – 2012/0011(COD)) – Comissão das Liberdades Cívicas, da Justiça e dos Assuntos Internos. Relator: Jan Philipp Albrecht. Disponível em: https://www.europarl.europa.eu/doceo/document/A-7-2013-0402_PT.html#_section1. Acesso em: 14 jun. 2023).

46. Tradução livre do autor. (BALBONI, Paolo; COOPER, Daniel; IMPERIALI, Rosario; MACENAITE, Milda. Legitimate Interest of the Data Controller – New Data Protection paradigm: Legitimacy grounded on appropriate protection. *International Data Privacy Law*, v. 3, n. 4, p. 250-253, 2013).

47. "Todavia, o direito à protecção dos dados pessoais não é uma prerrogativa absoluta, mas deve ser tomado em consideração relativamente à sua função na sociedade (v., neste sentido, acórdão de 12 de Junho de 2003, Schmidberger, C-112/00, Colect., p. I-5659, n.º 80 e jurisprudência aí referida)" (TRIBUNAL DE JUSTIÇA. *Processos apensos C-92/09 e C-93/0923*. Acórdão do Tribunal de Justiça (Grande Secção) de 9 de novembro de 2010 n.º 48. Disponível em: https://eur-lex.europa.eu/legal-content/PT/TXT/?uri=CELEX:62009CJ0092. Acesso em: 16 jan. 2024).

48. EUROPEAN COMMISSION. Grupo de Trabalho do Artigo 29. *Opinião 06/2014 sobre a noção de interesses legítimos do controlador de dados nos termos do artigo 7.º da Diretiva 95/46/CE*. Adotado em 9 de abril de 2014. p. 17. Disponível em: https://ec.europa.eu/justice/article-29/documentation/opinion-recommendation/files/2014/wp217_pt.pdf. Acesso em: 03 nov. 2022.

Natural que as normas formuladas de maneira mais abrangente, que demandam técnica hermenêutica apurada, levem a questionamentos quando aplicadas na prática. Ocorre que a omissão com relação ao conceito do interesse legítimo não se tratou um lapso técnico ou vício no processo legislativo, mas manobra refletida,[49] que utilizou um conceito jurídico indeterminado,[50] elemento cujo termo é estruturado para trazer significado intencionalmente vago e aberto,[51] dotado de fluidez.[52]

A vagueza semântica[53] típica de uma "disposição de natureza aberta",[54] também denominado de "modelo aberto",[55] intencionalmente posta no inciso IX do art. 7.º da LGPD, permite a construção de "técnica interpretativa compatível",[56] apta a atribuir disciplina normativa para situações inovadoras e imprevistas,[57]

---

49. "Um requisito essencial é que a disposição se mantenha suficientemente flexível e reflita quer as perspectivas do responsável pelo tratamento de dados e da pessoa em causa quer a natureza dinâmica dos contextos relevantes. Por esta razão, o Grupo de Trabalho considera que é desaconselhável incluir – no texto da proposta de regulamento ou em atos delegados – listas pormenorizadas e exaustivas de situações nas quais o interesse pode ser qualificado de facto como legítimo" (COMISSÃO EUROPEIA. Grupo de Trabalho de Proteção de Dados do Artigo 29. *Parecer 06/2014 sobre o conceito de interesses legítimos do responsável pelo tratamento dos dados na aceção do artigo 7.º da Diretiva 95/46/CE*. Adotado em 9 de abril de 2014. p. 82. Disponível em: https://ec.europa.eu/justice/article-29/documentation/opinion-recommendation/files/2014/wp217_pt.pdf. Acesso em: 26 dez. 2022).
50. BIONI, Bruno. Prefácio. In: COTS, Márcio; OLIVEIRA, Ricardo (coord.). *O legítimo interesse e a LGPD – Lei Geral de Proteção de Dados Pessoais*. São Paulo: Thomson Reuters Brasil, 2020. p. 7.
51. MARTINS-COSTA, Judith; BRANCO, Gerson Luiz Carlos. Diretrizes teóricas do Novo Código Civil Brasileiro. São Paulo: Saraiva, 2002. p. 117.
52. MELLO, Celso Antônio Bandeira de. *Discricionariedade e controle jurisdicional*. São Paulo: Malheiros, 2007. p. 29.
53. BESSA, Leonardo Roscoe; BELINTAI, Nathália Maria Marcelino Galvão. LGPD e a importância da vontade do titular de dados na análise do legítimo interesse. *Brazilian Journal of Development*, Curitiba, v. 7, n. 12, p. 114812, dez. 2022. Disponível em: https://ojs.brazilianjournals.com.br/ojs/index.php/BRJD/article/view/41007/pdf. Acesso em: 02 jan. 2023.
54. "*The open-ended nature of this provision*" (Tradução livre do autor) (EUROPEAN COMMISSION. Grupo de Trabalho do Artigo 29. *Opinião 06/2014 sobre a noção de interesses legítimos do controlador de dados nos termos do artigo 7.º da Diretiva 95/46/CE*. Adotado em 9 de abril de 2014. p. 9. Disponível em: https://ec.europa.eu/justice/article-29/documentation/opinion-recommendation/files/2014/wp217_pt.pdf. Acesso em: 03 nov. 2022.
55. "Apesar do cuidado do legislador em tentar prever as mais variadas hipóteses, sabe-se, contudo, que é missão impossível tentar apreender em um texto legislativo todas as possibilidades e vicissitudes da realidade. Assim, mesmo em hipóteses não tipificadamente previstas, a boa-fé objetiva, por configurar o que Miguel Reale denominou de 'modelo aberto', pode ser utilizada pelo intérprete/concretizador da lei para a determinação de outros deveres, que sejam com ela compatíveis e implementem a diretriz da solidariedade social, da qual o princípio do equilíbrio dos participantes da relação de consumo é decorrência" (MARTINS-COSTA, Judith. Mercado e solidariedade social entre cosmos e taxis: a boa-fé nas relações de consumo. In: MARTINS-COSTA, Judith (org.). *A reconstrução do direito privado*: reflexos dos princípios, diretrizes e direitos fundamentais constitucionais no direito privado. São Paulo: Ed. RT, 2002. p. 642).
56. TEPEDINO, Gustavo. Liberdades, tecnologia e teoria da interpretação. *Revista Forense*, v. 419, p. 96, jan./jun. 2014.
57. SCHREIBER, Anderson. Direito civil e Constituição. In: SCHREIBER, Anderson; KONDER, Carlos Nelson (coord.). *Direito civil constitucional*. São Paulo: Atlas, 2016. p. 12.

possibilita o surgimento de novas normas advindas da relação destes conceitos indeterminados com princípios,[58] diretrizes e máximas de conduta e que viabilizam o ingresso de cláusulas gerais no nosso sistema normativo.[59] Neste sentido, ensina Antônio Menezes Cordeiro:

> As referências civis a "interesse" permitem concluir que, de um modo geral, elas correspondem a áreas dominadas por valores complexos, inexprimíveis em termos linguísticos claros. Ao referir "interesses", o legislador optou por remeter para o intérprete-aplicador, no momento da realização do Direito, a tarefa da sua determinação. Mas além disso, a menção civil a "interesse" passa-nos uma mensagem dirigida ao que o engenho humano faça ou possa fazer para defesa e incremento da sua posição. Digamos que o plano significativo-ideológico do interesse é constituído pelas projeções do sujeito "interessado" no Mundo que o rodeie, projeções essas que o Direito civil considera.[60]

Na década de 1960, Rodotà já defendia um ordenamento jurídico baseado em cláusulas[61] e princípios gerais,[62] "válvulas" capazes de tornar o tecido regulatório mais elástico.[63] Esta técnica carrega consigo diversas funções: preencher lacunas, fornecer auxílio interpretativo da lei, corrigir resultados (como, por exemplo, em caso de abuso de direito) e encontrar soluções não abordadas pelo legislador. Neste mesmo sentido, Perlingieri sustenta de maneira contundente a necessidade de utilização de cláusulas gerais quando se tratar da tutela das situações subjetivas existenciais, advogando que deve haver a *elasticidade da tutela*. Nenhuma forma

---

58. "Hoje, tornou-se praticamente consensual a idéia de que os princípios são normas jurídicas" [...] Esta abertura dos princípios facilita a sua irradiação, permitindo que eles penetrem em outras normas, inspirando e condicionando sua interpretação" (SARMENTO, Daniel. *Direitos fundamentais e relações privadas*. Rio de Janeiro: Lumen Juris, 2004. p. 82-83).

59. MARTINS-COSTA, Judith; BRANCO, Gerson Luiz Carlos. Diretrizes teóricas do Novo Código Civil Brasileiro. São Paulo: Saraiva, 2002. p. 117-119.

60. CORDEIRO, António Menezes. *Direito dos seguros*. Coimbra: Almedina, 2013. p. 502-503.

61. "o ordenamento jurídico do tipo codicístico pretende ser completo, mas não pode ser, e a cláusula geral serve para encontrar uma solução do problema" (Tradução livre do autor) (PATTI, Salvatore. Principi, clausole generali e norme specifiche nell'applicazione giurisprudenziale. *Rivista Giuridica Trimestrale – Giustizia Civile*, n. 2, p. 244-245, 2016).

62. RODOTÀ, Stefano. Ideologie e tecniche della riforma del diritto civile. *Rivista del Diritto Commerciale*, p. 83-99, 1967. Acrescenta Anderson Schereiber: "Do jurista contemporâneo se espera algo que germina no vasto campo entre esses dois extremos: a construção, a partir dos valores fundamentais consagrados na Constituição brasileira de parâmetros objetivos para guiar a aplicação de normas abertas e a solução dos casos concretos. Sem o positivismo exacerbado, preso à letra da lei, nem o decisionismo judicial, fonte de insegurança e soluções desiguais, o que se espera do jurista de hoje, para além do conhecimento técnico, é a sensibilidade e a coerência para identificar não apenas qual o direito aplicável (*quid juris*), mas em que medida se deve aplicá-lo. Num contexto caracterizado pela pluralidade de fontes normativas e pela alta especialização dos mais variados setores do ordenamento jurídico, o domínio das regras não pode suprimir a importância primordial dos princípios. E os princípios, como se sabe, não têm ou deixam de ter aplicação. Aplicam-se sempre, variando a sua aplicação apenas em grau e intensidade" (SCHREIBER, Anderson. Direitos da personalidade. 2. ed. São Paulo: Atlas, 2013. p. 259).

63. PATTI, Salvatore. Principi, clausole generali e norme specifiche nell'applicazione giurisprudenziale. *Rivista Giuridica Trimestrale – Giustizia Civile*, n. 2, p. 244, 2016.

de tutela dos direitos da personalidade deveria ser exaustiva, pois "deixaria de fora algumas manifestações e exigências da pessoa que, em razão do progresso da sociedade, exigem uma consideração positiva".[64]

No Direito Civil pátrio, Gustavo Tepedino, crítico das tentativas de matematização da razoabilidade,[65] faz coro ao defender a utilização de cláusulas dotadas de abertura semântica para solucionar questões difíceis atinentes às novas tecnologias:

> Com muita freqüência se percebe a rápida obsolescência das soluções jurídicas que se referem a um único e isolado dado técnico ou problema. Adverte-se desta forma para a necessidade de individualizar princípios, de associá-los a tendências de longo prazo. Essa é certamente a lição proveniente de uma reflexão sobre o primeiro período de planejamento e de aplicação das leis sobre o tratamento eletrônico das informações. [...] Diante da multiplicação de situações trazidas pelas novas tecnologias, muda-se radicalmente a técnica legislativa, valendo-se o legislador de inúmeras cláusulas gerais – as quais permitem ao intérprete amoldar as previsões normativas às peculiaridades do caso concreto –, e os princípios, dotados de força normativa, tornam-se fundamentais para determinação dos ordenamentos aplicáveis aos casos concretos, cada vez mais inusitados.[66]

2.3.1 A transformação de princípios em normas jurídicas

É possível encontrar a técnica baseada em utilização de princípios já nas primeiras gerações legislativas sobre proteção de dados pessoais. No entanto, a origem da marca principiológica típica tutela da privacidade e dos dados pessoais foi gestada nos debates que antecederam a criação do *National Data Center* nos EUA, na década de 1970,[67] criando os chamados *Fair Information Practice Principles (FIPPs)*. Em resumo, os principais argumentos levantados à época foram:

> Não deve existir um sistema de armazenamento de informações pessoais cuja existência seja mantida em segredo; Deve existir um meio para um indivíduo descobrir quais informações a seu respeito estão contidas em um registro e de que forma elas são utilizadas; Deve existir

---

64. PERLINGIERI, Pietro. *O direito civil na legalidade constitucional*. Rio de Janeiro: Renovar, 2008. p. 765.

65. "Tais tentativas de se matematizar a razoabilidade recaem em grau de abstração e formalismo incompatível com os valores do sistema. Com efeito, dificulta-se a sua utilização pelo intérprete, vez que a estrutura formal e abstrata idealizada se mostra insuficiente para o exame ponderativo a ser empregado na solução de complexas hipóteses, como a espécie analisada, que reclama coerência substancial com os valores do ordenamento" (TEPEDINO, Gustavo. Editorial. *Revista Brasileira de Direito Civil*, v. 24, n. 2, p. 12, 2020. Disponível em: https://rbdcivil.ibdcivil.org.br/rbdc/article/view/587. Acesso em: 20 mar. 2023).

66. TEPEDINO, Gustavo. Normas constitucionais e direito civil na construção unitária do ordenamento. *Temas de direito civil*. Rio de Janeiro: Renovar, 2009. t. 3. p. 17.

67. DONEDA, Danilo. *Da privacidade à proteção de dados pessoais*: fundamentos da Lei Geral de Proteção de Dados. 2. ed. rev. e atual. São Paulo: Thomson Reuters Brasil, 2020. p. 180.

um meio para um indivíduo evitar que a informação a seu respeito coletada para um determinado propósito não seja utilizada ou disponibilizada para outros propósitos sem o seu consentimento; Deve existir um meio para um indivíduo corrigir ou retificar um registro de informações a seu respeito; Toda organização que crie, mantenha, utilize ou divulgue registros com dados pessoais deve garantir a confiabilidade destes dados para os fins pretendidos e deve tomar as devidas precauções para evitar o mau uso destes dados.[68]

Este "núcleo comum"[69] se espraiou, na década de 1980, para as diretrizes de privacidade publicadas pela OCDE em 1980 e a Convenção 108 do Conselho da Europa, consolidando cinco princípios básicos:

1) Princípio da publicidade (ou da transparência): Pelo qual a existência de um banco de dados com dados pessoais deve ser de conhecimento público, seja mediante a exigência de autorização prévia para funcionar, da notificação a uma autoridade sobre sua existência, ou na divulgação de relatórios periódicos. 2) Princípio da exatidão: Pelo qual os dados armazenados devem ser fiéis à realidade, o que compreende a necessidade de que sua coleta e seu tratamento sejam feitos com cuidado e correção, e de que sejam realizadas atualizações periódicas conforme a necessidade. 3) Princípio da finalidade: Pelo qual toda utilização dos dados pessoais deve obedecer à finalidade conhecida pelo interessado antes da coleta de seus dados. Este princípio possui grande relevância prática: com base nele, fundamenta-se a restrição da transferência de dados pessoais a terceiros, além do que pode-se, a partir dele, estruturar-se um critério para valorar a razoabilidade da utilização de determinados dados para uma certa finalidade (fora da qual haveria abusividade). 4) Princípio do livre acesso: Pelo qual o indivíduo tem acesso ao banco de dados onde suas informações estão armazenadas, podendo obter cópias destes registros, com a consequente possibilidade de controle destes dados; depois deste acesso e de acordo com o princípio da exatidão, as informações incorretas poderão ser corrigidas e aquelas obsoletas ou impertinentes poderão ser suprimidas, ou mesmo poder-se-á proceder a eventuais acréscimos. 5) Princípio da segurança física e lógica: Pelo qual os dados devem ser protegidos contra os riscos de seu extravio, destruição, modificação, transmissão ou acesso não autorizado. Estes princípios, mesmo que fracionados, condensados ou então adaptados, podem ser identificados em diversas leis, tratados,

---

68. Tradução livre do autor (SECRETARY'S ADVISORY COMMITTEE ON AUTOMATED PERSONAL DATA SYSTEMS. *Records, computers, and the rights of citizens*: report. Washington, D.C.: U.S. Department of Health, Education, and Welfare, 1973. Disponível em: https://aspe.hhs.gov/reports/records-computers-rights-citizens. Acesso em: 05 dez. 2023). É possível verificar menção à ideia do princípio da necessidade em documento do Conselho Europeu datado de 1973: "*The information should be appropriate and relevant with regard to the purpose for which it has been stored*". As informações devem ser apropriadas e relevantes em relação à finalidade para a qual foram armazenadas (Tradução livre do autor) (COUNCIL OF EUROPE. Committee of Ministers. *Resolution (73) 22*. On The Protection of The Privacy of Individuals Vis-A-Vis Electronic Data Banks in the Private Sector (Adopted by the Committee of Ministers on 26 September 1973 at the 224th meeting of the Ministers' Deputies). p. 74. Disponível em: https://rm.coe.int/1680502830. Acesso em: 10 abr. 2023). Ver ainda HOOFNAGLE, Chris Jay. *The Origin of Fair Information Practices: Archive of the Meetings of the Secretary's Advisory Committee on Automated Personal Data Systems*. July 15, 2014. Disponível em: https://ssrn.com/abstract=2466418. Acesso em: 04 maio 2022.

69. DONEDA, Danilo. *Da privacidade à proteção de dados pessoais*: fundamentos da Lei Geral de Proteção de Dados. 2. ed. rev. e atual. São Paulo: Thomson Reuters Brasil, 2020. p. 181.

convenções ou acordos entre privados. Eles são o núcleo das questões com as quais todo ordenamento deve se deparar ao procurar fornecer sua própria solução ao problema da proteção dos dados pessoais.[70]

No Capítulo II do Regulamento Europeu de Proteção de Dados, seu art. 5.º estabelece os princípios fundamentais para o tratamento de dados pessoais. Estes incluem Licitude, Lealdade e Transparência; Limitação das Finalidades; Minimização dos Dados; Exatidão; Limitação da Conservação; Integridade e Confidencialidade; e Responsabilidade. Observa-se similaridade no âmbito da Lei Geral de Proteção de Dados Pessoais (LGPD), quando o art. 6.º estabelece o conjunto de princípios essenciais para toda e qualquer atividade de tratamento, que independem do fundamento legal ou da natureza dos dados pessoais. Além da boa-fé mencionada no caput do artigo, se incluem a finalidade, adequação, necessidade, livre acesso, qualidade dos dados, transparência, segurança, prevenção, não discriminação, e responsabilização e prestação de contas. Ao definir cada um dos princípios, a LGPD demonstra uma técnica legislativa inovadora, trazendo princípios como normas jurídicas. Sobre o tema, afirma Daniel Sarmento:

> Na verdade, os princípios não possuem *fattispecie*, razão pela qual não permitem subsunções. Por isso, não podem ser aplicados mecanicamente, exigindo um esforço interpretativo maior do seu aplicador. Como afirmou *Zagrebelsky*, se o ordenamento não contivesse princípios e fosse composto apenas por regras, seria vantajoso substituir todos os juízes por computadores, diante do automatismo do processo de aplicação do direito.[71]

2.4 LEGÍTIMOS INTERESSES COMO FUNDAMENTO DE LICITUDE DO TRATAMENTO DE DADOS PESSOAIS NA DIRETIVA 95/46/CE

Destaca-se a presença dos interesses legítimos como fundamento de licitude para tratamento de dados pessoais em 27 de julho de 1990, no bojo da proposta de Diretiva para proteção de dados pessoais apresentada pelo Conselho Europeu. Em que pese o consentimento atuar como o protagonista, inseriu-se os interesses legítimos na referida proposta de regulamentação:

> Capítulo II.
>
> Licitude do tratamento no sector público
>
> Artigo 5.º Princípios.
>
> 1. Sem prejuízo das disposições previstas no artigo 6.º, os Estados-membros devem prever na sua legislação relativa aos ficheiros que relevam do sector público que:

---

70. DONEDA, Danilo. *Da privacidade à proteção de dados pessoais*: fundamentos da Lei Geral de Proteção de Dados. 2. ed. rev. e atual. São Paulo: Thomson Reuters Brasil, 2020. p. 180-181.
71. SARMENTO, Daniel. *Direitos fundamentais e relações privadas*. Rio de Janeiro: Lumen Juris, 2004. p. 82-83.

a) A criação de um ficheiro e qualquer outro tratamento de dados pessoais são lícitos na medida em que sejam necessários para a execução das tarefas da autoridade pública responsável por este ficheiro;

b) O tratamento de dados para outra finalidade que não aquela para a qual o ficheiro foi criado é lícita se:

– a pessoa em causa o consentir, ou

– for efectuado com base no direito comunitário ou uma lei, ou num acto de execução de uma lei de um Estado-membro conforme à presente directiva que o permita e que fixe os seus limites, ou

– *um interesse legítimo da pessoa em causa não se opuser a essa alteração de finalidade*, ou

– for necessária a fim de evitar uma ameaça iminente da ordem pública ou uma ameaça grave ao direito de outrem.

Artigo 6.º Tratamento no sector público que tenha por objectivo a comunicação de dados pessoais.

1. Os Estados-membros devem prever que a comunicação de dados pessoais contidos em ficheiros de uma entidade do sector público só é lícita:

a) Se for necessária para o exercício das tarefas da entidade do sector público que comunica ou que solicita a comunicação desses dados; ou

b) *A pedido de uma pessoa singular ou colectiva do sector privado que invoque um interesse legítimo desde que o interesse da pessoa em causa não prevaleça.*

2. Sem prejuízo do disposto no n.º 1, os Estados-membros podem precisar os termos em que a comunicação de dados pessoais é lícita.

3. Os Estados-membros devem prever na sua legislação que, no caso referido na alínea b) do n.º 1, o responsável pelo ficheiro informe as pessoas em causa da comunicação dos dados pessoais. Os Estados-membros podem prever que esta informação seja substituída por uma autorização prévia da autoridade de controlo.

[...]

Licitude do tratamento no sector privado

Artigo 8.º Princípios.

1. Os Estados-membros devem prever que sem o consentimento da pessoa em causa, o registo num ficheiro ou qualquer outro tratamento de dados pessoais só são lícitos se estiverem de acordo com as disposições da presente directiva e se:

a) O tratamento estiver incluído no âmbito de um contrato ou de uma relação de confiança quase-contratual com a pessoa em causa e se for necessário à sua realização; ou

b) Os dados provierem de fontes geralmente acessíveis ao público e o seu tratamento se destinar unicamente à correspondência; ou

c) *O responsável do ficheiro prosseguir um interesse legítimo, desde que o interesse da pessoa em causa não prevaleça.*

Artigo 9.º Obrigação de informação da pessoa em causa.

1. Os Estados-membros, relativamente ao sector privado, devem prever que, aquando da primeira comunicação ou aquando de uma possibilidade de consulta em linha, o responsável

informará do facto a pessoa em causa, indicando igualmente a finalidade do ficheiro, os tipos de dados que nele figuram e o seu nome e endereço.

Artigo 10.º

Excepções especiais à obrigação de informar a pessoa em causa. Se a informação da pessoa em causa, a que se refere o n.º 1 do artigo 9.º se revelar impossível ou implicar esforços desproporcionados, *ou deparar com interesses legítimos predominantes do responsável pelo ficheiro ou com um interesse similar de um terceiro*, os Estados-membros podem prever uma derrogação, mediante autorização da autoridade de controlo.[72]

Vale notar que desde o início da década de 1990 já se observava a tensão e, por conseguinte, a busca por um balanceamento entre a proteção dos direitos fundamentais e os interesses comerciais diante da circulação dos dados pessoais.

Proposta alterada de diretiva do Conselho de proteção das pessoas no que respeita ao tratamento de dados pessoais e à sua livre circulação (1992). Ocorreu uma simbólica – mas importante – modificação no título da diretiva, que deixou de se referir apenas ao tratamento de dados, para se estender à livre circulação. Na base desta alteração esteve a consciência de que o texto de 1990 não satisfazia integralmente os propósitos da livre iniciativa econômica dentro do espaço comunitário. O considerando 3.º – cujo conteúdo já surgia na proposta originária, embora com outra terminologia – refere expressamente que: 'Considerando que o estabelecimento e o funcionamento do mercado interno no qual, nos termos do art. 8.º-A do Tratado, a livre circulação das mercadorias, das pessoas, dos serviços e dos capitais é assegurada, exigem não só que os dados pessoais possam circular de um Estado-membro para outro mas, igualmente, que os direitos fundamentais as pessoas sejam salvaguardados.' A expressão redatorial do considerando espelha a necessidade de obter um entendimento entre os Estados-membros, de forma que os "direitos fundamentais" não constituíssem um obstáculo à construção do mercado interno. [...] A necessidade de proteção dos direitos fundamentais numa sociedade informatizada não punha em causa as possíveis vantagens dos computadores. Para se espelhar inequivocamente este ponto de vista, a proposta alterada acrescentou um novo considerando 2.º com o seguinte conteúdo: "Considerando que os sistemas de tratamento de dados estão ao serviço do homem: que devem respeitar as liberdades e direitos fundamentais das pessoas singulares e, nomeadamente, a vida privada e contribuir para o progresso econômico e social, o desenvolvimento do comércio, bem como para o bem-estar dos indivíduos." O texto revela bem a intenção legislativa de, com a proteção de direitos, não se perderem os ganhos comerciais e econômicos da sociedade da informação.[73]

---

72. UNIÃO EUROPEIA. Documento 51990PC0314(01). Proposta de Directiva do Conselho relativa à Proteção das pessoas no que diz respeito ao tratamento dos dados dessoais/* COM/90/314FINAL – SYN 287 DO 24/9/90 */*Jornal Oficial das Comunidades Europeias*, n. 277/7 de 5.11.1990. p. 3-12. Disponível em: https://eur-lex.europa.eu/legal-content/RO/TXT/?uri=CELEX:51990PC0314(01). Acesso em: 28 dez. 2022.

73. PINHEIRO, José Alexandre Guimarães de Sousa. *Privacy e proteção de dados pessoais*: a construção dogmática do direito à identidade informacional. Coimbra: Almedina, 2011. v. 2. p. 698-700.

Após intensos debates com os setores público e privado, academia e demais agentes interessados, em 11 de março de 1992 o Parlamento Europeu propôs 103 alterações no texto.[74] A Comissão das Comunidades Europeias afirmou ainda que "O consentimento deixou de ser considerado como critério principal, sujeito embora a derrogações, mas como uma condição entre outras (alínea a) do artigo 7.º alterado)".[75] Originalmente, a previsão dos interesses legítimos se encontrava nos Arts. 6.º(1)(b) e 8.º (1)(c) do texto proposto:

Artigo 6. Tratamento no setor público tendo como objeto a comunicação de dados pessoais.

1. Os Estados membros devem prever em sua lei que a comunicação de dados pessoais contidos nos arquivos de uma entidade do setor público seja lícita apenas se:

(a) for necessária para o desempenho das tarefas da entidade do setor público que comunica ou solicita a comunicação dos dados; ou

(b) for solicitada por uma pessoa natural ou jurídica no setor privado que invoque um *interesse legítimo*, desde que o interesse do titular dos dados não prevaleça.

Capítulo III. Licitude do tratamento no setor privado

Artigo 8 Princípios.

1. Os Estados membros devem prever em sua lei que, sem o consentimento do titular dos dados, o registro em um arquivo e qualquer outro tratamento de dados pessoais só serão lícitos se forem efetuados de acordo com esta Diretiva e se:

(a) o tratamento é realizado sob um contrato, ou no contexto de uma relação quase contratual de confiança, com o titular dos dados e é necessário para o seu cumprimento; ou

(b) os dados provêm de fontes geralmente acessíveis ao público e seu tratamento é destinado unicamente para fins de correspondência; ou

(c) o controlador do arquivo está buscando um *interesse legítimo*, desde que o interesse do titular dos dados não prevaleça.[76]

---

74. PARLAMENTO EUROPEU. *Relatório – A4-0120/1995*. Recomendação para segunda leitura referente à posição comum adoptada pelo Conselho tendo em vista a adopção de uma directiva do Parlamento Europeu e do Conselho relativa à protecção das pessoas singulares no que diz respeito ao tratamento dos dados pessoais o à livre circulação desses dados – Comissão dos Assuntos Jurídicos e dos Direitos dos Cidadãos 23.05.1995. Disponível em: https://www.europarl.europa.eu/doceo/document/A-4-1995-0120_PT.html. Acesso em: 29 dez. 2022.

75. COMISSÃO DAS COMUNIDADES EUROPEIAS. Proposta alterada de Directiva de Conselho relativa à protecção das pessoas singulares no que diz respeito ao tratamento de dados pessoais e à sua livre circulação (Apresentada pela Comissão em conformidade com o n.º 3 do artigo 149.º do Tratado CEE). *COM(92) 422 final – SYN 287*. Bruxelas, 15 de outubro de 1992. p. 15. Disponível em: https://eur-lex.europa.eu/legal-content/PT/TXT/PDF/?uri=CELEX:51992PC0422. Acesso em: 29 dez. 2022.

76. "Um dos princípios listados na Seção I, de que os dados devem ser tratados para um propósito legítimo, é esclarecido na Seção II, que lida com as bases para o tratamento de dados. Esta Seção reproduz e esclarece a lista exaustiva das várias circunstâncias em que o tratamento pode ser realizado, e lhe confere um caráter geral. A lista permite o tratamento onde o titular dos dados consentiu, ou onde um contrato com o titular dos dados o torna necessário, ou para cumprir uma obrigação legal etc., e termina com uma cláusula que permite ponderar os interesses privados contra outros. Esta cláusula de

O Parlamento Europeu sugeriu que o artigo 8.º(1)(c) fosse integralmente excluído do texto final. No entanto, a sugestão não foi acatada[77] e acabou mantida na redação final da Diretiva.[78]

A Comissão Europeia, ao deliberar sobre o assunto, optou pelo estabelecimento de conceito geral e indeterminado, delegando aos Estados-membros a tarefa de criar hipóteses de aplicação dos interesses legítimos, levando em conta os princípios de tratamento, os direitos dos titulares e circunstâncias setoriais locais.[79] Ressaltou ainda a necessidade de "ponderação dos interesses" na utilização da base legal e a possibilidade de "tratamentos tão diversos como os destinados à prospecção comercial ou os relativos a dados tornados públicos".[80] Nas figuras abaixo, extraída da proposta alterada de Diretiva sobre o tratamento de dados pessoais, apresentada em 15 de outubro de 1992, é possível ver o surgimento da base legal dos interesses legítimos do controlador ou de terceiros já no art. 7.º:

---

equilíbrio de interesses é provável que se refira a tipos muito diferentes de tratamento, como marketing direto por correio e o uso de dados que já são de conhecimento público; os Estados membros devem pesar o equilíbrio de interesse de acordo com os procedimentos que devem estabelecer, levando em conta, em particular, os princípios gerais na Seção I e os direitos dos titulares dos dados" (Tradução livre do autor) (COMISSÃO DAS COMUNIDADES EUROPEIAS. Proposta alterada de Directiva de Conselho relativa à protecção das pessoas singulares no que diz respeito ao tratamento de dados pessoais e à sua livre circulação (Apresentada pela Comissão em conformidade com o n.º 3 do artigo 149.º do Tratado CEE). *COM(92) 422 final - SYN 287*. Bruxelas, 15 de outubro de 1992. p. 4. Disponível em: https://eur-lex.europa.eu/legal-content/PT/TXT/PDF/?uri=CELEX:51992PC0422. Acesso em: 29 dez. 2022).

77. COMISSÃO DAS COMUNIDADES EUROPEIAS. Proposta alterada de Directiva de Conselho relativa à protecção das pessoas singulares no que diz respeito ao tratamento de dados pessoais e à sua livre circulação (Apresentada pela Comissão em conformidade com o n.º 3 do artigo 149.º do Tratado CEE). *COM(92) 422 final – SYN 287*. Bruxelas, 15 de outubro de 1992. p. 15. Disponível em: https://eur-lex.europa.eu/legal-content/PT/TXT/PDF/?uri=CELEX:51992PC0422. Acesso em: 29 dez. 2022.

78. WUERMELING, Ulrich U. Harmonization of European Union Privacy Law. *Journal of Computer & Information Law*, v. 14, n. 3, p. 440, 1996. Disponível em: https://repository.law.uic.edu/jitpl/vol14/iss3/1/. Acesso em: 28 dez. 2022.

79. COMISSÃO DAS COMUNIDADES EUROPEIAS. Proposta alterada de Directiva de Conselho relativa à protecção das pessoas singulares no que diz respeito ao tratamento de dados pessoais e à sua livre circulação (Apresentada pela Comissão em conformidade com o n.º 3 do artigo 149.º do Tratado CEE). *COM(92) 422 final – SYN 287*. Bruxelas, 15 de outubro de 1992. p. 13. Disponível em: https://eur-lex.europa.eu/legal-content/PT/TXT/PDF/?uri=CELEX:51992PC0422. Acesso em: 29 dez. 2022.

80. COMISSÃO DAS COMUNIDADES EUROPEIAS. Proposta alterada de Directiva de Conselho relativa à protecção das pessoas singulares no que diz respeito ao tratamento de dados pessoais e à sua livre circulação (Apresentada pela Comissão em conformidade com o n.º 3 do artigo 149.º do Tratado CEE). *COM(92) 422 final – SYN 287*. Bruxelas, 15 de outubro de 1992. p. 4. Disponível em: https://eur-lex.europa.eu/legal-content/PT/TXT/PDF/?uri=CELEX:51992PC0422. Acesso em: 29 dez. 2022.

CAPÍTULO II

LICITUDE DO TRATAMENTO
NO SECTOR PÚBLICO

Artigo 5º
Princípios

1. Sem prejuízo das disposições previstas no artigo 6º, os Estados-membros devem prever na sua legislação relativa aos ficheiros que relevam do sector público que:

(a) A criação de um ficheiro e qualquer outro tratamento de dados pessoais são lícitos na medida em que sejam necessários para a execução das tarefas da autoridade pública responsável por este ficheiro;

SECÇÃO II

PRINCÍPIOS RELATIVOS AOS
FUNDAMENTOS DO TRATAMENTO DE DADOS

Artigo 7º

Os Estados-membros devem prever que o tratamento de dados pessoais só pode ser efectuado na condição de:

(a) A pessoa em causa ter dado o seu consentimento;

(b) O tratamento ser necessário para a execução do contrato celebrado com a pessoa em causa ou para a execução de medidas pré-contratuais tomadas em resposta ao pedido da pessoa em causa;

> (b) O tratamento de dados para outra finalidade que não aquela para a qual o ficheiro foi criado é lícito se:
> - a pessoa em causa o consentir, ou
> - for efectuado com base no direito comunitário ou numa lei, ou num acto de execução de uma lei de um Estado-membro conforme à presente directiva que o permita e que fixe os seus limites, ou
> - um interesse legítimo da pessoa em causa não se opuser a essa alteração de finalidade, ou
> - for necessária a fim de evitar uma ameaça iminente da ordem pública ou uma ameaça grave ao direito de outrem.
>
> (c) O tratamento ser necessário para respeitar uma obrigação prevista na legislação nacional ou na legislação comunitária;
>
> (d) O tratamento ser necessário para a protecção de um interesse vital da pessoa em causa;
>
> (e) O tratamento ser necessário para a execução de uma actividade de interesse público ou no âmbito do exercício de poder público, de que é investido o responsável pelo tratamento ou o terceiro a quem os dados são comunicados; ou
>
> (f) O tratamento ser necessário para a realização de um interesse público, do interesse legítimo do responsável pelo tratamento ou dos terceiros a quem os dados são comunicados, desde que o interesse da pessoa em causa não prevaleça.

Em 24 de julho de 1995, o Conselho da União Europeia chegou a um consenso sobre uma Diretiva de Proteção de Dados Pessoais.[82] Deste processo decisivo nasceu a Diretiva 95/46/CE do Parlamento Europeu e do Conselho de 24.10.1995 sobre a proteção de indivíduos no que se refere ao tratamento de dados pessoais e à livre circulação desses dados,[83] publicada no Jornal Oficial n.º L 281

---

81. COMISSÃO DAS COMUNIDADES EUROPEIAS. Proposta alterada de Directiva de Conselho relativa à protecção das pessoas singulares no que diz respeito ao tratamento de dados pessoais e à sua livre circulação (Apresentada pela Comissão em conformidade com o n.º 3 do artigo 149.º do Tratado CEE). COM(92) 422 final – SYN 287. Bruxelas, 15 de outubro de 1992. p. 69-70. Disponível em: https://eur-lex.europa.eu/legal-content/PT/TXT/PDF/?uri=CELEX:51992PC0422. Acesso em: 29 dez. 2022..

82. WUERMELING, Ulrich U. Harmonization of European Union Privacy Law. *Journal of Computer & Information Law*, v. 14, n. 3, p. 412, 1996. Disponível em: https://repository.law.uic.edu/jitpl/vol14/iss3/1/. Acesso em: 28 dez. 2022.

83. "Diretiva é um instrumento normativo típico da União Europeia. No sistema de fontes do direito comunitário, existem as fontes primárias, que são os tratados que a instituem, ao lado da normativa diretamente derivada delas; e as fontes secundárias, que são basicamente os regulamentos, as diretivas e

em 23.11.1995, às páginas 31-50. A Comissão Europeia informou duas razões principais para a criação da Diretiva: 1) a possibilidade de níveis diferentes de proteção de dados pessoais entre os Estados-Membros poderia causar sérios obstáculos à transferência entre eles e; 2) a reconhecida necessidade de proteção dos direitos e liberdades fundamentais na Europa.[84]

O art. 7(f), que inaugurou a base legal dos interesses legítimos, não existia no projeto original, sendo inserido justamente pela proposta da Comissão das Comunidades Europeias.[85] Foi objeto do desenvolvimento do n.º 1, alínea c), do art. 8.º original, transcrito acima:

> O artigo 7(f) foi redigido parcialmente em resposta à emenda n.º 32 do Parlamento; ele expande o artigo 8(1)(c) inicial, e leva em consideração o fato de que podem existir interesses legítimos em jogo além daqueles do controlador e do titular dos dados. O artigo 8(1)(b) da proposta inicial foi excluído, porque a Comissão estabeleceu que, em certos casos, as "fontes geralmente acessíveis ao público" às quais se referia podem, de fato, incluir dados pessoais sensíveis. De qualquer forma, os dados geralmente terão sido tratados para finalidades específicas, e não devem ser usados para finalidades diferentes, exceto de acordo com as outras disposições da Diretiva.[86]

O referido artigo 7.º enumerou, além do (a) consentimento inequívoco do titular, a possibilidade de (b) execução de um contrato com o titular dos dados; (c) cumprimento de obrigação legal; (d) proteção dos interesses vitais do titular dos dados; (e) cumprimento de tarefa de interesse público; ou:

> (f) O tratamento for necessário para prosseguir interesses legítimos do responsável pelo tratamento ou do terceiro ou terceiros a quem os dados sejam comunicados, desde que

---

as decisões, além de outros como as recomendações e pareceres. Em relação exclusivamente à Diretiva, a sua função básica é de uniformização legislativa. A aprovação de uma diretiva implica que cada país-membro adapte, em um certo período de tempo, seu próprio ordenamento jurídico aos moldes estabelecidos pela diretiva, em um processo que leva o nome de transposição – e sua eficácia é tanto maior se levarmos em conta que a falha de um país-membro a transpô-la tempestivamente acarreta um certo grau de eficácia direta da diretiva e também leva o país a responder pela mora perante a Corte Europeia de Justiça" (DONEDA, Danilo. *Da privacidade à proteção de dados pessoais*: fundamentos da Lei Geral de Proteção de Dados. 2. ed. rev. e atual. São Paulo: Thomson Reuters Brasil, 2020. p. 187).

84. WUERMELING, Ulrich U. Harmonization of European Union Privacy Law. *Journal of Computer & Information Law*, v. 14, n. 3, p. 426, 1996. Disponível em: https://repository.law.uic.edu/jitpl/vol14/iss3/1/. Acesso em: 28 dez. 2022.

85. COMISSÃO DAS COMUNIDADES EUROPEIAS. Proposta alterada de Directiva de Conselho relativa à protecção das pessoas singulares no que diz respeito ao tratamento de dados pessoais e à sua livre circulação (Apresentada pela Comissão em conformidade com o n.º 3 do artigo 149.º do Tratado CEE). *COM(92) 422 final – SYN 287*. Bruxelas, 15 de outubro de 1992. p. 16. Disponível em: https://eur-lex.europa.eu/legal-content/PT/TXT/PDF/?uri=CELEX:51992PC0422. Acesso em: 29 dez. 2022.

86. COMISSÃO DAS COMUNIDADES EUROPEIAS. *COM (92) 422 final, de 23.10.1992*. p. 17. Disponível em: https://eur-lex.europa.eu/legal-content/EN/TXT/PDF/?uri=CELEX:51992PC0422&from=DE. Acesso em: 14 jun. 2023.

2 • CONCEITO, TRAJETÓRIA E TUTELA JURÍDICA DOS INTERESSES LEGÍTIMOS — 83

não prevaleçam os interesses ou os direitos e liberdades fundamentais da pessoa em causa, protegidos ao abrigo do n.º 1 do artigo 1.º.

Os considerandos 7.º, 8.º e 10.º ressaltam a importância de uma proteção uniforme e coerente aos direitos e liberdades individuais, sobretudo o direito à vida privada, no âmbito do tratamento de dados pessoais em todos os Estados-Membros da Comunidade Europeia. O 7.º considerando destaca a existência de divergências nos níveis de proteção resultantes das diferentes disposições legislativas, regulamentares e administrativas nacionais, as quais podem obstruir o exercício de atividades econômicas e a circulação de dados entre os Estados-Membros. Já o considerando 8.º defende que, para eliminar esses obstáculos, se faz imprescindível garantir um nível de proteção equivalente, que transcende a capacidade individual dos Estados e exige uma ação comunitária de harmonização.

A efetiva implementação da Diretiva de 1995 na Europa levou longos anos e demandou diversas notificações aos Estados-Membros para que adotassem as medidas necessárias. Em dezembro de 1999, França, Alemanha, Irlanda, Luxemburgo e Países Baixos foram levados ao Tribunal de Justiça Europeu por não terem adotado medidas necessárias para implementar a Directiva 95/46.[87]

2.4.1 Aplicação direta dos interesses legítimos no ordenamento espanhol diante do julgamento do caso ASNEF e FECEMD pelo Tribunal de Justiça da União Europeia

Em 14 de dezembro de 1999 a Espanha editou a Lei orgânica 15/1999 relativa à proteção de dados pessoais, transpondo a Directiva n.º 95/46 para seu ordenamento jurídico.[88] No artigo 3.º, alínea j), a referida Lei enumerou as "fontes acessíveis ao público"[89] em lista exaustiva e taxativa, compreendendo, por exemplo,

---

87. RELATÓRIO DA COMISSÃO. Primeiro relatório sobre a implementação da directiva relativa à protecção de dados (95/46/CE)/*COM/2003/0265 final*/. p. 74-75. Disponível em: https://eur-lex.europa.eu/legal-content/PT/TXT/HTML/?uri=CELEX:52003DC0265&from=EN. Acesso em: 02 jan. 2023.

88. A Lei orgânica 15/1999 foi revogada em 7 de dezembro de 2018. Disponível em: https://boe.es/buscar/act.php?id=BOE-A-1999-23750. Acesso em: 09 jun. 2023.

89. "Artigo 3. Definições. Para os efeitos desta Lei Orgânica, entender-se-á por: [...] j) Fontes acessíveis ao público: aqueles arquivos cuja consulta pode ser realizada por qualquer pessoa, não impedida por uma norma limitativa ou sem mais exigência que, se for o caso, o pagamento de uma contraprestação. São considerados fontes de acesso público, exclusivamente, o censo promocional, os diretórios telefônicos nos termos previstos por sua legislação específica e as listas de pessoas pertencentes a grupos profissionais que contêm apenas os dados de nome, título, profissão, atividade, grau acadêmico, endereço e indicação de sua pertença ao grupo. Além disso, têm o caráter de fontes de acesso público os diários e boletins oficiais e os meios de comunicação" (Tradução livre do autor) (ESPANHA. *Ley Orgánica 15/1999, de 13 de diciembre*, de Protección de Datos de Carácter Personal. *BOE*, n. 298, de 14.12.1999. Disponível em: https://www.boe.es/buscar/act.php?id=BOE-A-1999-23750. Acesso em: 09 jun. 2023).

cópias das listas eleitorais disponibilizadas para efeitos de consulta pública (censo promocional), jornais e meios de comunicação. Já o artigo 6.º, n.º 1, condicionava o tratamento de dados ao consentimento inequívoco do titular, salvo disposição legal em contrário e o inciso 2.º dispensava o consentimento quando os dados constassem de fontes acessíveis ao público e o seu tratamento fosse necessário ao atendimento do interesse legítimo do controlador ou de terceiros, desde que não fossem violados direitos e liberdades fundamentais do titular.[90]

O Governo espanhol deu execução à Lei Orgânica n.º 15/1999 através do Real Decreto n.º 1.720/2007, publicado em 19 de janeiro de 2008, com entrada em vigor em 19 de abril de 2008.[91] No artigo 10.º havia previsão de que os dados pessoais utilizados com fundamento no interesse legítimo constassem de fontes publicamente acessíveis.[92] *Asociación Nacional de Establecimientos Financieros*

---

90. "Artigo 6. Consentimento do interessado. 1. O tratamento dos dados de caráter pessoal requererá o consentimento inequívoco do interessado, exceto quando a lei dispuser de outra maneira. 2. Não será necessário o consentimento quando os dados de caráter pessoal forem coletados para o exercício das funções próprias das Administrações públicas no âmbito de suas competências; quando se referirem às partes de um contrato ou pré-contrato de uma relação negocial, laboral ou administrativa e forem necessários para sua manutenção ou cumprimento; quando o tratamento dos dados tiver por finalidade proteger um interesse vital do interessado nos termos do artigo 7, parágrafo 6, da presente Lei, ou quando os dados estiverem em fontes acessíveis ao público e seu tratamento for necessário para a satisfação do interesse legítimo perseguido pelo responsável pelo arquivo ou pelo terceiro a quem os dados sejam comunicados, desde que não violem os direitos e liberdades fundamentais do interessado. 3. O consentimento a que se refere o artigo poderá ser revogado quando houver causa justificada para tal e não lhe serão atribuídos efeitos retroativos. 4. Nos casos em que não seja necessário o consentimento do interessado para o tratamento dos dados de caráter pessoal, e sempre que uma lei não dispor de outra maneira, este poderá se opor ao seu tratamento quando existirem motivos fundados e legítimos relacionados a uma situação pessoal específica. Nesse caso, o responsável pelo arquivo excluirá do tratamento os dados referentes ao interessado" (Tradução livre do autor) (ESPANHA. Ley Orgánica 15/1999, de 13 de diciembre, de Protección de Datos de Carácter Personal. *BOE*, n. 298, de 14.12.1999. Disponível em: https://www.boe.es/buscar/act.php?id=BOE-A-1999-23750&p=20181206&tn=1. Acesso em: 09 jun. 2023).
91. ESPANHA. Real Decreto 1720/2007, de 21 de diciembre, por el que se aprueba el Reglamento de desarrollo de la Ley Orgánica 15/1999, de 13 de diciembre, de protección de datos de carácter personal. *BOE*, n. 17, de 19.01.2008. Disponível em: https://www.boe.es/eli/es/rd/2007/12/21/1720/con. Acesso em: 09 jun. 2023.
92. "Artigo 10. Casos que legitimam o tratamento ou a cessão dos dados. 1. Os dados de caráter pessoal só poderão ser objeto de tratamento ou cessão se o interessado tiver dado previamente seu consentimento para isso. 2. No entanto, será possível o tratamento ou a cessão dos dados de caráter pessoal sem a necessidade do consentimento do interessado quando: a) For autorizado por uma norma com força de lei ou uma norma de direito comunitário e, em particular, quando ocorrer uma das seguintes situações: O tratamento ou a cessão visem à satisfação de um interesse legítimo do responsável pelo tratamento ou do cessionário amparado por essas normas, desde que não prevaleça o interesse ou os direitos e liberdades fundamentais dos interessados previstos no artigo 1 da Lei Orgânica 15/1999, de 13 de dezembro. O tratamento ou a cessão dos dados sejam necessários para que o responsável pelo tratamento cumpra um dever imposto por uma dessas normas. b) Os dados objeto de tratamento ou de cessão estejam em fontes acessíveis ao público e o responsável pelo arquivo, ou o terceiro a quem se comuniquem os dados, tenha um interesse legítimo para seu tratamento ou conhecimento, desde que não se violem os direitos e liberdades fundamentais do interessado. No entanto, as Administrações

de Crédito (ASNEF) e *Federación de Comercio Eletrónico y Marketing Directo* (FECEMD) decidem então recorrer ao Poder Judiciário Espanhol, defendendo a ilegalidade das previsões do art. 10.º do Real Decreto, que acrescentou uma condição inexistente na Directiva 95/46, qual seja, que os dados constem de fontes acessíveis ao público quando da utilização da base legal dos interesses legítimos.

O Supremo Tribunal Espanhol entendeu que a aplicação do art. 7.º, alínea f) da Directiva 95/46/CE parecia limitado diante da legislação espanhola. Especificamente, o Real Decreto e a Lei Orgânica pareciam exigir que, para o tratamento sem consentimento do titular, os dados pessoais objeto do tratamento deveriam estar inseridos em arquivos específicos previstos na legislação espanhola. Afirmou ainda que tal exigência poderia restringir a interpretação e aplicação da base legal dos interesses legítimos prevista na Directiva 95/46/CE, vigente à época do julgado. O Tribunal então suspendeu o caso e solicitou ao TJUE que interpretasse o art. 7.º, alínea f), da Directiva 95/46/CE, esclarecendo se o artigo teria efeito direto.

Em novembro de 2011, o Tribunal de Justiça da União Europeia (TJUE) entendeu que a Espanha não transpôs corretamente a base legal dos interesses legítimos contida no art. 7.º, alínea f) da Directiva n.º 95/46/CE para seu ordenamento interno.[93] Adicionalmente, assentou que nos termos do artigo 5.º da Directiva, os Estados-Membros não poderiam introduzir outros fundamentos legais além dos previstos no artigo 7.º, tampouco estariam autorizados a alterar, através de exigências adicionais, o alcance das respectivas bases legal, sob o fundamento de que a Diretiva trazia uma lista exaustiva e taxativa das respectivas bases.

Ao apreciar o caso, o TJUE informou que o art. 7.º, alínea f) da Directiva 95/46/CE, embora contenha "indiscutivelmente" uma margem de interpretação, constitui uma disposição suficientemente precisa para sua aplicação. Segundo a Côrte, a utilização da expressão "desde que" presente na redação da alínea f) não tem o condão de retirar seu caráter "preciso" e "incondicional", qual seja,

---

públicas só poderão comunicar com base neste parágrafo os dados coletados de fontes acessíveis ao público a responsáveis por arquivos de propriedade privada quando estiverem autorizadas para isso por uma norma com força de lei" (ESPANHA. Real Decreto 1720/2007, de 21 de diciembre, por el que se aprueba el Reglamento de desarrollo de la Ley Orgánica 15/1999, de 13 de diciembre, de protección de datos de carácter personal. *BOE*, n. 17, de 19.01.2008. Disponível em: https://www.boe.es/eli/es/rd/2007/12/21/1720/con. Acesso em: 09 jun. 2023).

93. ESPANHA. *Acórdão do Tribunal de Justiça (Terceira Secção) de 24 de novembro de 2011* (pedidos de decisão prejudicial do Tribunal Supremo – Espanha) – Asociación Nacional de Establecimientos Financieros de Crédito (ASNEF) (C-468/10), Federación de Comercio Eletrónico y Marketing Directo (FECEMD) (C-469/10)/Administración del Estado. (Processos apensos C-468/10 e C-469/10) («Tratamento de dados pessoais – Diretiva 95/46/CE – Artigo 7.º, alínea f) – Efeito direto») Disponível em: https://eur-lex.europa.eu/legal-content/PT/TXT/HTML/?uri=CELEX:62010CJ0468. Acesso em: 09 jun. 2023.

da possibilidade de tratamento de dados com base nos interesses legítimos do controlador ou de terceiros, sem o consentimento do titular:

> Não se pode deixar de observar que o artigo 7.º, alínea f), da Directiva 95/46 é uma disposição suficientemente precisa para ser invocada por um particular e aplicada pelos órgãos jurisdicionais nacionais. Além disso, embora a Directiva 95/46 contenha indiscutivelmente, para os Estados-Membros, uma margem de apreciação mais ou menos importante para a implementação de algumas das suas disposições, o referido artigo 7.º, alínea f), quanto a ele, enuncia uma obrigação incondicional (v., por analogia, acórdão Österreichischer Rundfunk e o., já referido, n.º 100). O emprego da expressão «desde que» no próprio texto do artigo 7.º, alínea f), da Directiva 95/46 não é susceptível, por si só, de pôr em causa o carácter incondicional dessa disposição, na acepção da referida jurisprudência. Com efeito, essa expressão visa estabelecer um dos dois elementos cumulativos previstos no artigo 7.º, alínea f), da Directiva 95/46, a cuja observância está sujeita a possibilidade de tratar dados pessoais sem o consentimento da pessoa em causa. Estando este elemento definido, o mesmo não retira ao referido artigo 7.º, alínea f), o seu carácter preciso e incondicional. Assim, há que responder à segunda questão que o artigo 7.º, alínea f), da Directiva 95/46 tem um efeito directo.[94]

2.4.2 Análise dos legítimos interesses como requisito de tratamento no caso *Google Spain* v. Costeja pelo Tribunal de Justiça da União Europeia

A consagração do direito ao esquecimento na esfera digital ocorreu em 2014, decorrente do emblemático caso *Google Spain v. Costeja, leading case* que espraiou seus efeitos e gerou debates em todo o mundo, inclusive no Brasil.[95]

Mario Costeja González manifestou insatisfação pelo fato de que, ao inserir seu próprio nome no motor de busca do Google, o resultado o associava a notícias

---

94. ESPANHA. *Acórdão do Tribunal de Justiça (Terceira Secção) de 24 de novembro de 2011* (pedidos de decisão prejudicial do Tribunal Supremo – Espanha) – Asociación Nacional de Establecimientos Financieros de Crédito (ASNEF) (C-468/10), Federación de Comercio Eletrónico y Marketing Directo (FECEMD) (C-469/10)/Administración del Estado. (Processos apensos C-468/10 e C-469/10) («Tratamento de dados pessoais – Diretiva 95/46/CE – Artigo 7.º, alínea f) – Efeito direto») Disponível em: https://eur-lex.europa.eu/legal-content/PT/TXT/HTML/?uri=CELEX:62010CJ0468. Acesso em: 09 jun. 2023.

95. Para melhor compreensão sobre o tema: BRANCO, Sérgio. *Memória e esquecimento na internet*. Porto Alegre: Arquipélago, 2017 e FRAJHOF, Isabella. *O direito ao esquecimento na Internet*: conceito, aplicação e controvérsias. São Paulo: Almedina, 2019. Ver ainda: "É incompatível com a Constituição Federal a ideia de um direito ao esquecimento, assim entendido como o poder de obstar, em razão da passagem do tempo, a divulgação de fatos ou dados verídicos e licitamente obtidos e publicados em meios de comunicação social – analógicos ou digitais. Eventuais excessos ou abusos no exercício da liberdade de expressão e de informação devem ser analisados caso a caso, a partir dos parâmetros constitucionais, especialmente os relativos à proteção da honra, da imagem, da privacidade e da personalidade em geral, e as expressas e específicas previsões legais nos âmbitos penal e cível". BRASIL. Supremo Tribunal Federal. RE 1.010.606/RJ. Relatora: Min. Dias Toffoli. Julgamento: 11.02.2021. Órgão julgador: Plenário. Publicação: 20.05.2021. Ata nº 85/2021. DJE nº 96, divulgado em 19.05.2021.

2 • CONCEITO, TRAJETÓRIA E TUTELA JURÍDICA DOS INTERESSES LEGÍTIMOS   87

antigas, da década de 1990, acerca de dívidas que realmente existiram, porém já haviam sido quitadas. O incômodo levou González a apresentar uma denúncia à Agência de Proteção de Dados da Espanha (AEPD), alegando que a associação de seu nome a tais *links* no Google violava seu direito à privacidade.[96] Em junho de 2013, a AEPD instaurou um processo sancionatório contra a empresa. O procedimento decorreu de uma colaboração com as Agências de Proteção de Dados da Alemanha, Holanda, Reino Unido, França e Itália.[97]

O litígio chegou ao Tribunal de Justiça da União Europeia, que proferiu decisão em favor de Costeja, declarando, dentre outros, que o Google seria obrigado a remover de seus resultados de pesquisa os *links* para páginas publicadas por terceiros que contenham informações sobre determinada pessoa, e, em certos casos, mesmo quando a publicação dessas informações for lícita. Prossegue o Tribunal afirmando ser direito de toda pessoa natural solicitar que informações a seu respeito deixem de ser associadas ao seu nome em uma lista de resultados de pesquisa, independentemente de dano. Adicionalmente, informou o TJUE que o "direito a ser esquecido" prevalece, em princípio, sobre os interesses legítimos do controlador e sobre o interesse público consistente na liberdade de informação, desde que não encontrem respaldo nos princípios da finalidade, adequação, necessidade e qualidade dos dados.[98]

A presença de interesses legítimos, como base legal mais adequada para tratamento de dados pessoais, foi abordada nos fundamentos do julgado, afirmando o TJUE que estaria bem enquadrada nas atividades dos operadores de um motor de busca, desde que não prevaleçam os interesses ou os direitos e

---

96. HELAYED, Lívia. Direito ao esquecimento na internet: entre a censura digital e a busca pela verdade na sociedade conectada. In: BRANCO, Sérgio; TEFFÉ, Chiara de (orgs.). *Privacidade em perspectivas*. Rio de Janeiro: Lumen Juris, 2018. p. 150.

97. MARTINS, Guilherme Magalhães. O direito ao esquecimento como direito fundamental. *Civilistica. com*, v. 10, n. 3, p. 23, 07 dez. 2021.

98. "Neste contexto, a constatação de um direito da pessoa em causa de que a informação sobre a sua pessoa deixe de ser associada ao seu nome através de uma lista de resultados não pressupõe que a inclusão da informação em questão na lista de resultados cause prejuízo à pessoa em causa. Na medida em que a pessoa em causa pode, tendo em conta os seus direitos fundamentais nos termos dos artigos 7.º e 8.º da Carta dos Direitos Fundamentais da União Europeia, requerer que a informação em questão deixe de estar à disposição do grande público através da sua inclusão numa lista de resultados deste tipo, esses direitos prevalecem, em princípio, não só sobre o interesse econômico do operador do motor de busca mas também sobre o interesse desse público em encontrar a referida informação durante uma pesquisa sobre o nome dessa pessoa. No entanto, não será esse o caso se se afigurar que, por razões especiais, como o papel desempenhado por essa pessoa na vida pública, a ingerência nos seus direitos fundamentais é justificada pelo interesse preponderante do referido público em ter acesso à informação em questão em virtude dessa inclusão". TRIBUNAL DE JUSTIÇA DA UNIÃO EUROPEIA. *Google Spain SL e Google Inc. vs Agencia Española de Protección de Datos (AEPD) e Mario Costeja González*. [S.l], 13 maio 2014. Sumário. Disponível em: https://eur-lex.europa.eu/legal-content/PT/TXT/HTML/?uri=CELEX:62012CJ0131_SUM. Acesso em: 09 jun. 2023.

liberdades fundamentais do titular, ressaltando a necessidade da ponderação dos interesses em jogo:

"73. Quanto à legitimidade, nos termos do artigo 7.º da Diretiva 95/46, de um tratamento como o que está em causa no processo principal, efetuado pelo operador de um motor de busca, este é suscetível de se enquadrar no motivo referido no artigo 7.º, alínea f). 74. Esta disposição permite o tratamento de dados pessoais sempre que seja necessário para prosseguir interesses legítimos do responsável pelo tratamento ou do terceiro ou terceiros a quem os dados sejam comunicados, desde que não prevaleçam os interesses ou os direitos e liberdades fundamentais da pessoa em causa, nomeadamente o direito ao respeito pela sua vida privada, no que se refere ao tratamento de dados pessoais, protegidos ao abrigo do artigo 1.º, n.º 1, desta diretiva. A aplicação do referido artigo 7.º, alínea f), requer assim uma ponderação dos direitos e interesses opostos em questão, no âmbito da qual se deve ter em conta a importância dos direitos da pessoa em causa, resultantes dos artigos 7.º e 8.º da Carta."[99]

2.5 ATUALIZAÇÃO DA BASE LEGAL DOS LEGÍTIMOS INTERESSES ATRAVÉS DA EDIÇÃO DO REGULAMENTO (UE) 2016/679

Como visto no item 2.4, o processo de implementação da Diretiva 95/46/CE foi marcado pela morosidade e numerosas notificações direcionadas aos Estados-Membros, visando incentivá-los a transpor o instrumento legal para seus respectivos ordenamentos internos,[100] afirmando-se que a "Diretiva não logrou uma harmonização adequada".[101] Além disso, desde a sua aprovação em meados da década de 1990, houve profundas mudanças sociais, legislativas, econômicas e tecnológicas. Diversos foram os debates que levaram à atualização da regulamentação sobre proteção de dados no velho continente, destacando-se o Relatório sobre a proposta de regulamento do Parlamento Europeu e do Conselho

---

99. V. acórdão ASNEF e FECEMD, EU:C:2011:777, n.º 38 e 40 (TRIBUNAL DE JUSTIÇA DA UNIÃO EUROPEIA. *Google Spain SL e Google Inc. vs Agencia Española de Protección de Datos (AEPD) e Mario Costeja González.* [S.l], 13 maio 2014. Disponível em: https://eur-lex.europa.eu/legal-content/PT/TXT/HTML/?uri=CELEX:62012CJ0131_SUM. Acesso em: 09 jun. 2023).

100. "Preocupa-o, no entanto, o facto de possivelmente nem todos os 12 novos Estados-Membros terem ainda concluído a plena e efectiva transposição da Directiva 95/46/CE (UNIÃO EUROPEIA. Document 52011AE0999: Parecer do Comité Económico e Social Europeu sobre a Comunicação da Comissão ao Parlamento Europeu, ao Conselho, ao Comité Económico e Social Europeu e ao Comité das Regiões: Uma abordagem global da protecção de dados pessoais na União Europeia [COM(2010) 609 final]. *OJ C 248*, 25.8.2011, p. 123-129. Disponível em: https://eur-lex.europa.eu/legal-content/PT/TXT/?uri=uriserv%3AOJ.C_.2011.248.01.0123.01.POR. Acesso em: 14 jun. 2023).

101. PARLAMENTO EUROPEU. *Relatório sobre a proposta de regulamento do Parlamento Europeu e do Conselho relativo à proteção das pessoas singulares no que diz respeito ao tratamento de dados pessoais e à livre circulação desses dados (regulamento geral de proteção de dados).* 21.11.2013 – (COM(2012)0011 – C7-0025/2012 – 2012/0011(COD)) – Comissão das Liberdades Cívicas, da Justiça e dos Assuntos Internos. Relator: Jan Philipp Albrecht. Disponível em: https://www.europarl.europa.eu/doceo/document/A-7-2013-0402_PT.html#_section1. Acesso em: 14 jun. 2023.

de 2013, que optou por uma "abordagem global da proteção de dados",[102] através da revogação e substituição da Diretiva 95/46/CE por um Regulamento, este que teria força de lei, diretamente aplicável aos Estados-Membros.[103]

Posto isso, em 4 de maio de 2016 foi publicado no Jornal Oficial da União Europeia[104] o Regulamento (UE) 2016/679 do Parlamento Europeu e do Conselho, de 27 de abril de 2016, relativo à proteção das pessoas singulares no que diz respeito ao tratamento de dados pessoais e à livre circulação desses dados e que revogou a Diretiva 95/46/CE (Regulamento Geral sobre a Proteção de Dados). No quadro abaixo, observam-se distinções na redação da base legal dos legítimos interesses na Diretiva 95/46/CE e no Regulamento (UE) 2016/679:

Quadro 1 – Redação da base legal dos legítimos interesses na Diretiva 95/46/CE e no Regulamento (UE) 2016/679

Interesses Legítimos	
Diretiva 95/46/CE	Regulamento (UE) 2016/679
Artigo 7.º Os Estados membros estabelecerão que o tratamento de dados pessoais só poderá ser efectuado se: [...] (f) O tratamento for necessário para prosseguir interesses legítimos do responsável pelo tratamento ou do terceiro ou terceiros a quem os dados sejam comunicados, desde que não prevaleçam os interesses ou os direitos e liberdades fundamentais da pessoa em causa, protegidos ao abrigo do n.º 1 do artigo 1.º.	Art. 6.º 1. O tratamento só é lícito se e na medida em que se verifique pelo menos uma das seguintes situações: [...] f) O tratamento for necessário para efeito dos interesses legítimos prosseguidos pelo responsável pelo tratamento ou por terceiros, exceto se prevalecerem os interesses ou direitos e liberdades fundamentais do titular que exijam a proteção dos dados pessoais, em especial se o titular for uma criança. O primeiro parágrafo, alínea f), não se aplica ao tratamento de dados efetuado por autoridades públicas na prossecução das suas atribuições por via eletrônica.

Fonte: O autor (2024).

Na Diretiva 95/46/CE, o art. 7.º (f) estabelecia que o tratamento de dados pessoais seria permitido quando necessário para a prossecução dos interesses legítimos do responsável pelo tratamento ou de terceiros, desde que não prevaleçam os interesses ou os direitos e liberdades fundamentais da pessoa em causa

---

102. PARLAMENTO EUROPEU. *Relatório sobre a proposta de regulamento do Parlamento Europeu e do Conselho relativo à proteção das pessoas singulares no que diz respeito ao tratamento de dados pessoais e à livre circulação desses dados (regulamento geral de proteção de dados)*. 21.11.2013 – (COM(2012)0011 – C7-0025/2012 – 2012/0011(COD)) – Comissão das Liberdades Cívicas, da Justiça e dos Assuntos Internos. Relator: Jan Philipp Albrecht. Disponível em: https://www.europarl.europa.eu/doceo/document/A-7-2013-0402_PT.html#_section1. Acesso em: 14 jun. 2023.

103. DONEDA, Danilo. *Da privacidade à proteção de dados pessoais*: fundamentos da Lei Geral de Proteção de Dados. 2. ed. rev. e atual. São Paulo: Thomson Reuters Brasil, 2020. p. 188.

104. UNIÃO EUROPEIA. Documento L:2016:119:TOC. *Jornal Oficial da União Europeia*, L 119, 4 de maio de 2016. Disponível em: https://eur-lex.europa.eu/legal-content/PT/ALL/?uri=OJ:L:2016:119:TOC. Acesso em: 14 jun. 2023.

protegido ao abrigo do art. 1.º (1) da mesma Diretiva, nomeadamente do direito à vida privada, no que diz respeito ao tratamento de dados pessoais.[105] Por outro lado, no Regulamento (UE) 2016/679, o art. 6.º(1)(f), embora mantenha a permissibilidade do tratamento de dados em função dos interesses legítimos do responsável pelo tratamento ou de terceiros,[106] introduz três alterações notáveis e significativas com relação à Diretiva revogada.

Em primeiro lugar, explicita uma proteção adicional aos interesses ou direitos e liberdades fundamentais dos titulares dos dados que exigem a proteção dos dados pessoais, em especial quando o titular for uma criança. Além disso, o Regulamento é claro ao vedar o tratamento de dados efetuado por Autoridades Públicas na execução de suas atribuições por via eletrônica, denotando o reconhecimento, pelo legislador Europeu, de que as relações entre os indivíduos e o Estado são distintas daquelas entre indivíduos e os entes privados. Saliente-se que o RGPD estabelece que a base legal dos interesses legítimos não se aplica às atividades de tratamento realizadas pelas Autoridades Públicas, quando no cumprimento de suas competências e atribuições legais, conforme considerando 47 e art. 6º. 1, f. As Autoridades de proteção de dados da Europeias admitem o recurso excepcional ao legítimo interesse apenas quando a atividade de tratamento estiver associada a outras finalidades, fora do escopo das atribuições legais típicas da Autoridade Pública.[107]

Por último, o art. 6.º(1)(f) não faz menção à "comunicação" de dados, linguagem empregada na Diretiva 95/46/CE. Em vez disso, o Regulamento aborda

---

105. Artigo 1.º Objeto da diretiva. 1. Os Estados membros assegurarão, em conformidade com a presente diretiva, a proteção das liberdades e dos direitos fundamentais das pessoas singulares, nomeadamente do direito à vida privada, no que diz respeito ao tratamento de dados pessoais.

106. Em 2012, a Comissão das Liberdades Cívicas, da Justiça e dos Assuntos Internos do Parlamento Europeu, apresentou relatório sobre a proposta do Regulamento Geral de Proteção de Dados, sugerindo 350 alterações no texto. A 102.ª sugestão, que acabou derrotada, recomendava a alteração do art. 6.º, para que o fundamento do legítimo interesse fosse tratado em separado das demais bases legais, colocando-o em posição hierárquica inferior. Além desta premissa, trazia diversas hipóteses de prevalência dos direitos e liberdades dos titulares (PARLAMENTO EUROPEU. Comissão das Liberdades Cívicas, da Justiça e dos Assuntos Internos. 2012/0011(COD). 17.12.2012. *Projeto de Relatório sobre a proposta de regulamento do Parlamento Europeu e do Conselho relativo à proteção das pessoas singulares no que diz respeito ao tratamento de dados pessoais e à livre circulação desses dados (regulamento geral de proteção de dados)*. Relator: Jan Philipp Albrecht. p. 76. Disponível em: https://www.europarl.europa. eu/meetdocs/2009_2014/documents/ libe/pr/922/922387/922387pt.pdf. Acesso em: 04 jan. 2022).

107. "Nesse sentido são as orientações sobre o tema disponibilizadas pela ICO (disponível em: https://ico. org.uk/for-organisations/guide-to-data-protection/guide-to-the-general-data-protection-regulation-gdpr/lawful-basis-for-processing/legitimate-interests/) e pela CNIL (disponível em: https://www. cnil.fr/fr/les-bases-legales/choisir-base-legale)" (LANDERDAHL, Cristiane; MAIOLINO, Isabela; BARBOSA, Jeferson Dias; CARVALHO, Lucas Borges de. Guia orientativo: tratamento de dados pessoais pelo Poder Público – Versão 2.0. Brasília: ANPD, jun. 2023. p. 45. Disponível em: https:// www.gov.br/anpd/pt-br/documentos-e-publicacoes/guia-poder-publico-anpd-versao-final.pdf. Acesso em: 1.º jun. 2023).

os interesses legítimos prosseguidos pelo responsável pelo tratamento ou por terceiros. Reflete-se, neste ponto, uma visão mais ampla e atualizada acerca das atividades de tratamento de dados pessoais, que não se limita apenas à sua comunicação, pois envolve também outras formas de tratamento, como, por exemplo, a coleta, armazenamento, uso e outras práticas.[108]

Os considerandos 47 a 50 e 68 também mencionam os legítimos interesses. O 47 enfatiza que os interesses legítimos do responsável pelo tratamento ou de terceiros pode fornecer uma base legal para o tratamento de dados, desde que não prevaleçam os interesses ou direitos e liberdades fundamentais do titular. Informa que a existência de uma relação prévia com o titular poderá significar a existência do interesse legítimo, desde que se faça um correta ponderação e avaliação das expectativas do titular.

O considerando 48 aduz sobre o tratamento de dados pessoais dentro de um grupo empresarial ou instituição associada a um organismo central, quando feito para fins administrativos internos poderá representar hipótese de interesse legítimo. Este enquadramento legal concede a essas entidades a possibilidade de transferir dados pessoais dentro do grupo para tarefas como a gestão de clientes ou de funcionários. Já o considerando 49 justifica o tratamento de dados pessoais com base no legítimo interesse com a finalidade de garantia de segurança das redes e das informações, de forma a garantir a disponibilidade, a autenticidade, a integridade e a confidencialidade dos dados pessoais.

O 50 traz importantes premissas e diretrizes para as atividades de tratamento com finalidades distintas daquelas para as quais os dados foram originalmente coletados. Enfatiza-se necessidade de compatibilidade com os propósitos originais da coleta, de forma que seja algo que o titular dos dados poderia razoavelmente esperar, levando em consideração a relação com o agente de tratamento.

---

108. Ao longo processo legislativo, sugeriu-se o texto a seguir, semelhante à redação da Diretiva 95/46/CE. "Alteração 100. Proposta de regulamento. Artigo 6. 1. O tratamento de dados pessoais só é lícito se e na medida em que se verifique pelo menos uma das seguintes situações: [...] f) O tratamento for necessário para prosseguir interesses legítimos do responsável pelo tratamento ou, em caso de divulgação, dos terceiros a quem os dados sejam comunicados, e que satisfaçam as expectativas razoáveis do titular dos dados com base na sua relação com o responsável pelo tratamento, desde que não prevaleçam os interesses relacionados com os direitos e liberdades fundamentais do titular dos dados que exijam uma proteção de dados pessoais. Tal não se aplica ao tratamento de dados efetuado por autoridades públicas no exercício das suas funções" (PARLAMENTO EUROPEU. *Relatório sobre a proposta de regulamento do Parlamento Europeu e do Conselho relativo à proteção das pessoas singulares no que diz respeito ao tratamento de dados pessoais e à livre circulação desses dados (regulamento geral de proteção de dados)*. 21.11.2013 – (COM(2012)0011 – C7-0025/2012 – 2012/0011(COD)) – Comissão das Liberdades Cívicas, da Justiça e dos Assuntos Internos. Relator: Jan Philipp Albrecht. Disponível em: https://www.europarl.europa.eu/doceo/document/A-7-2013-0402_PT.html#_section1. Acesso em: 14 jun. 2023).

Menciona que o envio de informações a uma autoridade competente acerca de eventuais atos criminosos ou ameaças à segurança pública deve ser considerada típica atividade de interesse legítimo. Ao final, o Considerando 50 informa ser proibido a utilização do interesse legítimo caso a operação não for compatível com alguma obrigação legal, profissional ou outra obrigação vinculativa de confidencialidade.

Nos arts. 13(1)(d)(3) e 14(2)(b) regulam que o agente de tratamento deverá informar ao titular dos dados sobre a base legal para o tratamento de seus dados, incluindo quando se basear nos legítimos interesses. O art. 21(4) destaca que, quando o tratamento se fundar nos interesses legítimos, o titular tem o direito de se opor a esse tratamento. Já o art. 49(1) aduz sobre hipótese de transferência internacional de dados pessoais com base nos interesses legítimos do responsável pelo tratamento.

2.6 LEGÍTIMOS INTERESSES NO ORDENAMENTO BRASILEIRO: A LONGA JORNADA ATÉ A APROVAÇÃO DA LGPD

A previsão dos interesses legítimos como fundamento apto a fornecer licitude às atividades de tratamento de dados pessoais constitui um recente fenômeno no ordenamento brasileiro. A sua introdução formal no sistema jurídico pátrio ocorreu em 14 de agosto de 2018, diante da edição da Lei n.º 13.709 – Lei Geral de Proteção de Dados Pessoais (LGPD), fruto do amadurecimento dos debates locais sobre o tema.

Não há qualquer menção à base legal dos interesses legítimos no Marco Civil da Internet – Lei n.º 12.965/2014, que apesar de trazer como princípios para o uso da Internet no Brasil a liberdade de expressão, a proteção à privacidade e dos dados pessoais,[109] silencia por completo sobre as diversas bases legais potencialmente aplicáveis.[110] De maneira lacônica, limita-se a exigir o consentimento expresso ou outras hipóteses previstas em lei[111] para o tratamento de dados pessoais.

---

109. Lei n.º 12.965, de 23 de abril de 2014. Art. 3.º A disciplina do uso da internet no Brasil tem os seguintes princípios: I – garantia da liberdade de expressão, comunicação e manifestação de pensamento, nos termos da Constituição Federal; II – proteção da privacidade; III – proteção dos dados pessoais, na forma da lei.

110. O Marco Civil da Internet é "essencialmente uma afirmação de direitos", criado sob uma perspectiva de "tutela de direitos fundamentais" (SOUZA, Carlos Affonso Pereira de. As cinco faces da proteção à liberdade de expressão no marco civil da internet. In: DE LUCCA, Newton; SIMÃO FILHO, Adalberto; LIMA, Cíntia Rosa Pereira (org.). *Direito & internet III*. São Paulo: Quartier Latin, 2015. t. 2. p. 377).

111. Lei n.º 12.965, de 23 de abril de 2014: Art. 7.º O acesso à internet é essencial ao exercício da cidadania, e ao usuário são assegurados os seguintes direitos: [...] VII – não fornecimento a terceiros de seus dados pessoais, inclusive registros de conexão, e de acesso a aplicações de internet, salvo mediante consentimento livre, expresso e informado ou nas hipóteses previstas em lei; [...] IX – consentimento expresso sobre coleta, uso, armazenamento e tratamento de dados pessoais, que deverá ocorrer de forma destacada das demais cláusulas contratuais.

Mergulhando num oceano profundo de situações nas quais a busca pelo consentimento é manifestamente inviável, especialmente diante da essencialidade da circulação dos dados pessoais mencionada na parte introdutória do presente capítulo, com o advento da LGPD,[112] tardiamente o Brasil reconhece que determinadas limitações ao exercício informacional devem ser toleradas.[113]

Fortemente influenciado e alinhado[114] ao Regulamento Europeu de 2016, além das regras da OCDE,[115] a LGPD traz como objetivos para além da autodeterminação informativa[116] e o livre desenvolvimento da personalidade, a livre circulação de dados pessoais, o desenvolvimento econômico e tecnológico e a inovação, a livre iniciativa e concorrência.

---

112. "O legítimo interesse é fruto do debate travado aos longos dos trabalhos preparatórios da LGPD. Antes era um total desconhecido, mas quando foi introduzido tornou-se o centro das atenções, alocado em pé de igualdade com as demais hipóteses de autorização de tratamento de dados, em especial o consentimento" (BIONI, Bruno; KITAYAMA, Marina; RIELLI, Mariana. *O legítimo interesse na LGPD*: quadro geral e exemplos de aplicação. São Paulo: Associação Data Privacy Brasil de Pesquisa, 2021. p. 15).

113. WOLFGANG SARLET, Ingo. Fundamentos constitucionais: o direito fundamental à proteção de dados. In: DONEDA, Danilo; SARLET, Ingo Wolfgang; MENDES, Laura Schertel; RODRIGUES JÚNIOR, Otávio Luiz (coord.). *Tratado de proteção de dados pessoais*. Rio de Janeiro: Forense, 2021. Livro eletrônico não paginado.

114. "A Lei Geral de Proteção de Dados brasileira e o Regulamento Europeu sobre a Proteção de Dados representam no contexto atual instrumentos para a proteção e garantia da pessoa humana, uma vez que facilitam o controle dos dados tratados, impõem deveres e responsabilidades aos agentes de tratamento e proporcionam segurança à circulação de informações. Os dois sistemas encontram-se fortemente alinhados, como desejou o legislador brasileiro, para que a norma nacional, nos próximos anos, seja reconhecida como adequada ao sistema europeu, uma vez que isso facilitará a realização de transações e cooperações com países do bloco" (DE TEFFÉ, Chiara Antonia Spadaccini; TEPEDINO, Gustavo. O consentimento na circulação de dados pessoais. *Revista Brasileira de Direito Civil*, v. 25, n. 3, p. 87, 2020. Disponível em: https://rbdcivil.ibdcivil.org.br/rbdc/article/view/521. Acesso em: 11 abr. 2023).

115. "A LGPD foi redigida com a finalidade de aumentar a consistência e a uniformidade da legislação sobre privacidade e proteção de dados, e para criar consistência e uniformidade na maneira em que os indivíduos podem exercer seus direitos de privacidade em todo o território brasileiro. A lei se baseia, em grande medida, no Regulamento Geral sobre a Proteção de Dados (RGPD) da União Europeia e nas Diretrizes da OCDE para a Proteção da Privacidade e dos Fluxos Transfronteiriços de Dados Pessoais (doravante denominada 'Diretrizes de Privacidade da OCDE', de 1980, alterada em 11 de julho de 2013) (OCDE, 2013), e na Convenção 108 do Conselho da Europa" (ORGANIZATION FOR ECONOMIC CO-OPERATION AND DEVELOPMENT (OECD). *A caminho da era digital no Brasil*. Paris: OECD Publishing, 2020. p. 126. Disponível em: https://doi.org/10.1787/45a84b29-pt. Acesso em: 07 out. 2022).

116. "A ideia é a de que, com o empoderamento do cidadão e com a institucionalização de mecanismos de controle e supervisão sobre o uso de seus dados, o cidadão passe a ser protagonista das decisões sobre o uso de seus dados, em linha com o conceito de autodeterminação informativa, consagrada em decisão histórica da Corte Constitucional alemã, e agora também positivado como princípio na LGPD" (MENDES, Laura Schertel; DONEDA, Danilo. Comentário à nova Lei de Proteção de Dados (Lei 13.709/2018): o novo paradigma da proteção de dados no Brasil. *Revista de Direito do Consumidor*, São Paulo, v. 120, p. 577, nov./dez. 2018).

Fundamental, para tanto, que se forneçam subsídios aos agentes de tratamento para que pautem suas atividades com segurança jurídica. A desejada segurança jurídica, oriunda da correta utilização dos interesses legítimos, decorre de inspiração manifesta do legislador brasileiro nas regras Europeias, como se vê do Parecer elaborado pela Câmara dos Deputados:

> [Art. 10] – Legítimo Interesse, O legítimo interesse representa uma das hipóteses de tratamento de dados pessoais sem a necessidade de prévia obtenção do consentimento e sua introdução na proposta é inspirada nas práticas europeias existentes desde 1995.[117]

Desta forma, a presença dos legítimos interesses no ordenamento jurídico brasileiro, inaugurado em 2018 pela Lei Geral de Proteção de Dados, tem como inspiração o "modelo europeu",[118] constituindo uma verdadeira cláusula geral, dispondo de conteúdo fluido, mutável e adaptável às mais variadas situações.[119] Nos itens a seguir, aborda-se o caminho trilhado pelo legislador pátrio.

2.6.1 Anteprojeto de Lei para a Proteção de Dados Pessoais em 2010: primazia do consentimento e absoluto silêncio sobre o interesse legítimo

Em novembro de 2010, o Ministério da Justiça lançou a primeira consulta pública sobre um anteprojeto de lei de proteção de dados pessoais. Foi então plantada a semente da discussão sobre o tema no país,[120] submetendo-o ao debate público pela Internet.

No art. 1.º, o anteprojeto mencionava que a lei teria o objetivo de garantir e proteger, no âmbito do tratamento de dados pessoais, a dignidade e os direitos fundamentais da pessoa, particularmente em relação à sua liberdade, igualdade e privacidade pessoal e familiar, nos termos do art. 5.º, incisos X e XII da Consti-

---

117. CÂMARA DOS DEPUTADOS. *Parecer da Comissão Especial destinada a proferir parecer ao Projeto de Lei n.º 4060/2016.* p. 34. Disponível em: https://www.camara.leg.br/proposicoesWeb/prop_mostrarintegra? codteor=1663305&filename=SBT+1+PL406012+=%3E+PL+4060/2012. Acesso em: 27 jun. 2022.
118. "Os trabalhos de Danilo Doneda (2006) e de Laura Schertel Mendes (2009), pelo que sei, foram os primeiros a tentar traçar um panorama de legislação brasileira e a defender a ideia da adoção do "modelo europeu" (declaração de direitos e criação de órgãos reguladores independentes)" (ZANATA, Rafael A. F. A proteção de dados pessoais entre leis, códigos e programação: os limites do Marco Civil da Internet. In: DE LUCCA, Newton; SIMÃO FILHO, Adalberto; LIMA, Cíntia Rosa Pereira (org.). *Direito & internet III.* São Paulo: Quartier Latin, 2015. t. 1. p. 455).
119. GOMES, Rodrigo Dias de Pinho. *Big Data*: desafios à tutela da pessoa humana na sociedade da informação. 2. ed. Rio de Janeiro: Lumen Juris, 2019. v. 1. p. 156.
120. BIONI, Bruno Ricardo; MONTEIRO, Renato Leite. O Brasil caminha rumo a uma Lei Geral de Proteção de Dados Pessoais? *Data Privacy*, 25 maio 2016. Disponível em: https://dataprivacy.com.br/o-brasil-caminha-rumo-a-uma-lei-geral-de-protecao-de-dados-pessoais/. Acesso em: 18 jun. 2023.

tuição Federal. Acrescentava informando, no art. 2.º, que toda pessoa tem direito à proteção de seus dados pessoais.

O Capítulo III trazia os requisitos para o tratamento de dados pessoais, contendo a seguinte redação:

> Art. 9.º O tratamento de dados pessoais somente pode ocorrer após o consentimento livre, expresso e informado do titular, que poderá ser dado por escrito ou por outro meio que o certifique, após a notificação prévia ao titular das informações constantes no art. 11. § 1.º Nos serviços de execução continuada, o consentimento deverá ser renovado periodicamente, nos termos do regulamento. § 2.º O tratamento de dados pessoais de crianças somente será possível com o consentimento dos responsáveis legais e no seu melhor interesse, sendo vedada a utilização destes dados para finalidades comerciais.[121]

Inexistia qualquer menção aos legítimos interesses,[122] em que pese o art. 13 trazer sete outras bases legais além do consentimento. Das diversas contribuições públicas recebidas, destaca-se:

> A imposição de um regime de exigência de consentimento expresso tão abrangente significará que indivíduos serão consultados sobre se consentem ou não com tanta frequência que o mecanismo do consentimento perderá o sentido. Por exemplo, não se deve exigir consentimento para coletar, usar e tornar públicos dados funcionais para propósitos legítimos e/ou razoáveis no contexto das relações de trabalho e de aposentadoria subsequente. Propósitos razoáveis no contexto de relações de trabalho podem, contudo, variar dependendo da natureza do negócio e do setor econômico da organização. Caso uma organização queira, por outro lado, coletar, usar e tornar públicas informações de seus funcionários para propósitos também legítimos e/ou razoáveis no contexto da relação de trabalho, mas não abrangidos por ela, aí então exigir o consentimento do empregado pode ser apropriado. Do mesmo modo, consentimento não deve ser exigido de consumidores quando organizações coletam informações para propósitos legítimos que não causam qualquer dano ao indivíduo, como por exemplo melhoria de qualidade de produtos ou serviços ou prevenção a fraude.[123]

Não houve avanço no anteprojeto de 2010, de modo que um novo texto foi apresentado à população em 2015.

---

121. DONEDA, Danilo. Consultas públicas: proteção de dados. *Doneda.Net*, 08 Mar. 2020. Disponível em: https://doneda.net/2020/03/08/consultas-publicas-protecao-de-dados/. Acesso em: 21 jun. 2023.

122. "Ao se analisar a primeira versão do Anteprojeto, bem como as versões iniciais dos projetos de lei 4060/2012, do então deputado federal Milton Monti (PR-SP), e 330/2013, do então senador Antônio Carlos Valadares (PSB/SE), verifica-se que não havia a hipótese legal do legítimo interesse como hipótese de autorização para o tratamento de dados pessoais" (BIONI, Bruno; KITAYAMA, Marina; RIELLI, Mariana. *O legítimo interesse na LGPD*: quadro geral e exemplos de aplicação. São Paulo: Associação Data Privacy Brasil de Pesquisa, 2021. p. 6).

123. DONEDA, Danilo. Consultas públicas: proteção de dados. *Doneda.Net*, 08 Mar. 2020. Disponível em: https://doneda.net/2020/03/08/consultas-publicas-protecao-de-dados/. Acesso em: 21 jun. 2023.

2.6.2 Consentimento implícito do titular e interesses legítimos no Anteprojeto de Lei para a Proteção de Dados Pessoais em 2015

Em 2015, um novo anteprojeto de lei sobre proteção de dados retomou a pauta, com texto aberto à população para críticas e contribuições,[124] através Secretaria Nacional do Consumidor (SENACON) em conjunto com a Secretaria de Assuntos Legislativos (SAL), dentro do escopo do projeto "Pensando o Direito" do Ministério da Justiça. Foram coletadas inúmeras contribuições, todas minuciosamente catalogadas e organizadas pelo Internetlab.[125] Destaca-se em especial os interesses legítimos, tema central no tocantes ao que se chamou de "uma nova hipótese de dispensa para o consentimento":

> (A) Deve ser ampliado para prever...
>
> A.1. ...uma nova hipótese para interesses legítimos (consentimento implícito ou tácito) (ITI, Center for Information Policy Leadership, GSMA, Fiesp, IAB, ABDTIC, ABINEE, ABRANET, BSA, Sky, US Business Council e CNseg, Febraban, RELX Group, Cisco, Brasscom, Câmara BR, Claro e Vivo)
>
> Seguindo a lógica do argumento de que o consentimento do titular dos dados pessoais não deve ser sempre expresso, deve haver a previsão da hipótese de dispensa do consentimento para interesses legítimos para abrir caminho à hipótese de consentimento tácito/implícito [ITI]. Tal como ocorre na diretiva da União Europeia (Diretiva 95\46\CE, em seu artigo 7.°, alínea f), essa nova exceção à regra do consentimento assegurará a possibilidade da realização de tratamento de dados de forma facilitada em situações nas quais não haveria impactos indevidos sobre o indivíduo e seus direitos. Ao final, os titulares dos dados pessoais não seriam onerados com a necessidade de manifestação de seu consentimento a cada instante [IAB]. Isso otimizaria o controle dos dados pessoais, evitando-se a fadiga do consumidor [Center for Information Policy Leadership e ITI, Câmara BR].[126]

A discussão acerca da possibilidade de existir um "consentimento implícito" – situação na qual não seria necessário indagar à pessoa se o tratamento poderia ser realizado[127] – catalisou a criação da nova hipótese de dispensa do consenti-

---

124. PENSANDO O DIREITO. *Anteprojeto de Lei para a Proteção de Dados Pessoais*. Dispõe sobre o tratamento de dados pessoais para proteger a personalidade e a dignidade da pessoa natural. Disponível em: http://pensando.mj.gov.br/dadospessoais/texto-em-debate/anteprojeto-de-lei-para-a-protecao-de-dados-pessoais/. Acesso em: 04 maio 2022.

125. KIRA, Beatriz. O que está em jogo no Anteprojeto de Lei de Proteção de Dados Pessoais? *Internetlab*, 04 maio 2016. p. 15. Disponível em: http://www.internetlab.org.br/pt/internetlab-reporta/o-que-esta-em-jogo-no-anteprojeto-de-lei-de-protecao-de-dados-pessoais/. Acesso em: 18 jun. 2023.

126. KIRA, Beatriz. O que está em jogo no Anteprojeto de Lei de Proteção de Dados Pessoais? *Internetlab*, 04 maio 2016. p. 129-130. Disponível em: http://www.internetlab.org.br/pt/internetlab-reporta/o-que-esta-em-jogo-no-anteprojeto-de-lei-de-protecao-de-dados-pessoais/. Acesso em: 18 jun. 2023.

127. "O legítimo interesse é a hipótese que deve ser utilizada em situações onde: I. o consentimento do usuário é desnecessário para as finalidades almejadas; [...]" (BIONI, Bruno; MONTEIRO, Renato Leite. Proteção de dados pessoais como elemento de inovação e fomento à economia: o impacto econômico de uma lei geral de dados. In: REIA, Jhessica; FRANCISCO, Pedro Augusto P.; BARROS,

mento: os interesses legítimos,[128] passando como um "total desconhecido" para o tema central das atenções.[129]

Neste quadro, justamente no bojo dos debates críticos sobre a adjetivação do consentimento como expresso, se planta a semente dos interesses legítimos, com inspiração direta na experiência da Diretiva Europeia 95/46/CE. Ainda sobre o tema, vale destacar as contribuições de Marcel Leonardi e Laura Schertel Mendes:

> Aliás, atualmente a principal modalidade de tratamento de dados pessoais no sistema europeu é justamente a existência de interesses legítimos do responsável ou de terceiros. Com isso, dados podem ser regularmente tratados, sem a necessidade de obtenção de consentimento, devendo o responsável fazer um balanceamento dos legítimos interesses que ele (ou terceiro) tenha com os interesses, direitos e liberdades fundamentais do titular dos dados.[130]

> A hipótese de tratamento de dados pessoais baseada nos interesses legítimos do responsável ou de terceiro é relevante, ao reconhecer que outras partes – além do próprio titular – podem ter interesses protegidos juridicamente no processamento, uso ou circulação de determinadas informações, como é o caso, por exemplo, do tratamento de dados pessoais realizado pelo empregador para o controle dos seus empregados.[131]

Registrou-se formalmente dez sugestões de redação para a base legal dos interesses legítimos, conforme se vê abaixo:

> Autor da sugestão: GSMA. [inclusão] VIII – prossecução de interesses legítimos do responsável pelo tratamento ou de terceiro a quem os dados sejam comunicados, desde que não devam prevalecer os interesses ou os direitos, liberdades e garantias do titular;

> Autor da sugestão: IAB. [inclusão] VIII – a persecução de interesses legítimos do responsável, desde que o tratamento seja feito de acordo com os princípios desta Lei e sejam preservados os direitos e garantias do titular;

> Autor da sugestão: RELX Group. [inclusão] IX – o tratamento for necessário para prosseguir interesses legítimos do responsável pelo tratamento ou do terceiro ou terceiros a quem os dados sejam comunicados, desde que não prevaleçam os interesses ou os direitos e liberdades fundamentais da pessoa em causa, protegidos ao abrigo do n.º 1 do artigo 1.º;

Marina; MAGRANI, Eduardo. *Horizonte presente tecnologia e sociedade em debate*. Belo Horizonte: Casa do Direito; FGV, 2019. p. 238).

128. Disponível em: https://internetlab.org.br/pt/opiniao/especial-o-que-pode-autorizar-o-tratamento-de-dados-pessoais/. Acesso em: 08 maio 2023.

129. BIONI, Bruno; KITAYAMA, Marina; RIELLI, Mariana. *O legítimo interesse na LGPD*: quadro geral e exemplos de aplicação. São Paulo: Associação Data Privacy Brasil de Pesquisa, 2021. p. 15.

130. Contribuição de Marcelo Leonardi (Google Brasil). In: RUIZ, Juliana. O que pode autorizar o tratamento de dados pessoais. *Internetlab*, 12 jul. 2016. Disponível em: https://internetlab.org.br/pt/opiniao/especial-o-que-pode-autorizar-o-tratamento-de-dados-pessoais/. Acesso em: 18 jun. 2023.

131. Contribuição de Laura Schertel Mendes (Instituto Brasiliense de Direito Público – IDP). In: RUIZ, Juliana. O que pode autorizar o tratamento de dados pessoais. *Internetlab*, 12 jul. 2016. Disponível em: https://internetlab.org.br/pt/opiniao/especial-o-que-pode-autorizar-o-tratamento-de-dados-pessoais/. Acesso em: 18 jun. 2023.

Autor da sugestão: Centre for Information Policy Leadership. [inclusão] VIII – processar os dados de forma compatível com um interesse legítimo do responsável ou de um terceiro, desde que esses interesses não sejam anulados por danos ou impacto negativo sobre o titular de dados;

Autor da sugestão: Câmara BR. [inclusão] VIII – a persecução de interesses legítimos e legais do responsável, desde que o tratamento seja feito de acordo com os princípios desta Lei e sejam preservados os direitos e garantias do titular;

Autor da sugestão: Brasscom. [inclusão] VIII – legítimo interesse do responsável;

Autor da sugestão: Claro. [inclusão] VIII – atender a interesse legítimo do responsável pelo tratamento de dados ou terceiros a quem os dados forem comunicados;

Autor da sugestão: Vivo. [modificação] VIII – prossecução de interesses legítimos do responsável pelo tratamento ou de terceiro a quem os dados sejam comunicados; [...]

Autor da sugestão: ITS-Rio. [modificação] Tratamento necessário ao atendimento de interesses legítimos do responsável pelo tratamento, desde que não prevaleçam interesses e direitos do titular do dado, considerando-se a natureza e a fonte do interesse legítimo, a existência de um interesse público relevante a autorizar o tratamento e o impacto nos direitos dos titulares dos dados.

Porém, referido dispositivo deve estabelecer, de forma expressa, que a ponderação dos interesses envolvidos deve levar em conta os seguintes fatores:

• A natureza e a fonte do interesse legítimo e se o tratamento de dados e necessário para o exercício de direitos fundamentais ou se é feito no interesse público ou, ainda, se seus benefícios recebem reconhecimento da sociedade;

• O impacto nos direitos do titular dos dados e quais seriam as suas legítimas expectativas com relação ao que será feito com os seus dados, além da natureza dos dados tratados – se sensíveis ou não – e como serão tratados;

• As medidas adotadas pelo responsável pelo tratamento para minimizar o impacto na privacidade do titular dos dados, sejam tecnológicas, em termos de políticas de privacidade ou mesmo de transparência.

Autor da sugestão: GPoPAI. [modificação] Art. 11. O consentimento será dispensado quando os dados forem de acesso público irrestrito, bem como nas seguintes hipóteses: [...]

VIII – para interesses legítimos do operador, desde que não se sobreponha aos direitos fundamentais, liberdade e privacidade do titular previsto no artigo 1.º, levando-se em consideração:

a) a relação entre o propósito especificado, originariamente, para a coleta dos dados pessoais e o tratamento adicional a que se refere esse inciso;

b) o contexto da relação com o operador, em que se deu previamente a coleta dos dados pessoais, e as expectativas legítimas do seu titular, de acordo com o disposto no inciso II do artigo 6.º;

c) a natureza dos dados pessoais e o impacto que o tratamento dos dados pessoais terá sobre o titular;

d) a adoção de medidas de segurança capazes de prevenis a ocorrência de danos em virtude do tratamento dos dados pessoais, e, sempre que possível, a anonimização, de acordo o que dispõem, respectivamente, os artigos 6.º, inciso VIII, e as obrigações estabelecidas no inciso VII deste artigo 11.[132]

---

132. INTERNETLAB. *O que está em jogo no Anteprojeto de Lei de Proteção de Dados Pessoais?* p. 134-139. Disponível em: http://www.internetlab.org.br/pt/internetlab-reporta/o-que-esta-em-jogo-no-

As diversas contribuições levaram à alteração completa do texto final, especialmente naquilo que se refere as bases legais. Em maio de 2016, diante de forte pressão do setor privado,[133] inseriu-se os interesses legítimos, que não constava do texto original. No "Capítulo II", ao tratar sobre "Requisitos para o Tratamento de Dados Pessoais", o título da "Seção I" foi alterado de "Consentimento" para "Requisitos para o tratamento". O art. 7.º, que inicia a Seção I, teve texto originalmente proposto, que consistia em "O tratamento de dados pessoais somente é permitido após: I – consentimento livre, expresso, específico e informado do titular, salvo o disposto no art.", transmudado para "O tratamento de dados pessoais somente poderá ser realizado nas seguintes hipóteses: I – mediante o fornecimento pelo titular de consentimento livre e inequívoco".[134] As figuras abaixo retratam os substanciais modificações no texto:

Após a compilação das contribuições, a Secretaria Nacional do Consumidor do Ministério da Justiça disponibilizou uma nova versão do anteprojeto de lei. O artigo em debate foi modificado conforme abaixo:

REDAÇÃO DA VERSÃO DE 20/OUTUBRO/2015

CAPÍTULO II – REQUISITOS PARA O TRATAMENTO DE DADOS PESSOAIS

Seção I – ~~Consentimento~~ Requisitos para o tratamento

Art. 7º O tratamento de dados pessoais somente ~~é permitido após~~ poderá ser realizado nas seguintes hipóteses:

I – mediante o fornecimento pelo titular de consentimento livre~~, expresso, específico e informado do titular, salvo o disposto no art~~ inequívoco;

II – ~~11~~ para o cumprimento de uma obrigação legal pelo responsável;

[135]

---

anteprojeto-de-lei-de-protecao-de-dados-pessoais/. Acesso em: 04 maio 2022.

133. "há a inclusão do legítimo interesse na qualidade de uma nova base legal para o tratamento de dados pessoais (art. 7.º, IX), após forte pressão por parte do setor privado ao longo da segunda consulta pública do anteprojeto de lei" (BIONI, Bruno. *Regulação e proteção de dados*: o princípio do accountability. Rio de Janeiro: Forene, 2022. p. 52-55).

134. GOMES, Rodrigo Dias de Pinho. *Big Data*: desafios à tutela da pessoa humana na sociedade da informação. 2. ed. Rio de Janeiro: Lumen Juris, 2019. v. 1. p. 143.

135. KIRA, Beatriz. O que está em jogo no Anteprojeto de Lei de Proteção de Dados Pessoais? Internetlab, 04 maio 2016. p. 107-108. Disponível em: http://www.internetlab.org.br/pt/internetlab-reporta/o-que-esta em jogo-no-anteprojeto-de-lei-de-protecao-de-dados-pessoais/. Acesso em: 04 maio 2022.

> III – pela administração pública, § 1º O consentimento para o tratamento e uso compartilhado de dados ~~pessoais não pode ser condição~~ relativos ao exercício de direitos ou deveres previstos em leis ou regulamentos;
>
> IV – para ~~o fornecimento~~ a realização de ~~produto~~ pesquisa histórica, científica ou ~~serviço~~ estatística, garantida, sempre que possível, a anonimização dos dados pessoais;
>
> V – quando necessário para a execução de um contrato ou de procedimentos preliminares relacionados a um contrato do qual é parte o titular, a pedido do titular dos dados;
>
> VI – para o exercício regular de ~~direito, salvo em hipóteses~~ direitos em ~~que os dados forem indispensáveis~~ processo judicial ou administrativo;
>
> VII – para a ~~sua realização~~ proteção da vida ou da incolumidade física do titular ou de terceiro;
>
> VIII – para a tutela da saúde, com procedimento realizado por profissionais da área da saúde ou por entidades sanitárias;
>
> IX – quando necessário para atender aos interesses legítimos do responsável, respeitados os interesses ou os direitos e liberdades fundamentais do titular.

Atualizado em maio de 2016, o anteprojeto de lei trouxe nove hipóteses de requisitos lícitos de tratamento, oito delas não previstas na redação anterior ao debate público. Destaca-se o inciso IX do art. 7.º, admitindo o tratamento "quando necessário para atender aos interesses legítimos do responsável, respeitados os interesses ou os direitos e liberdades fundamentais do titular".

Enviado para a Câmara dos Deputados em 12 de maio de 2016, resultou na redação do Projeto de Lei n.º 5.276/2016, que passou a concorrer com outras duas iniciativas, uma na Câmara dos Deputados e outra no âmbito do Senado Federal,[136] como se verá no próximo item.

2.6.3 Projetos de Lei no Congresso Brasileiro e o processo legislativo até a aprovação da LGPD

Inicialmente, três foram os principais projetos versando sobre proteção de dados pessoais que tramitaram no parlamento brasileiro: o Projeto de Lei n.º 330/2013 de iniciativa do Senado Federal e os Projetos e Lei n.º 4.060/2012 e n.º

---

136. BIONI, Bruno Ricardo; MONTEIRO, Renato Leite. O Brasil caminha rumo a uma Lei Geral de Proteção de Dados Pessoais? *Data Privacy*, 25 maio 2016. Disponível em: https://dataprivacy.com.br/o-brasil-caminha-rumo-a-uma-lei-geral-de-protecao-de-dados-pessoais/. Acesso em: 18 jun. 2023.

5.276/2016, oriundos da Câmara dos Deputados.[137] Assim como no anteprojeto de 2010, o legítimo interesse como hipótese de licitude para o tratamento de dados pessoais não constou dos textos preliminares dos Projetos n.º 330/2013[138] e n.º 4.060/2012.

O anteprojeto de lei de iniciativa do Poder Executivo foi recebido na Câmara Federal em 13 de maio de 2016, onde recebeu o número 5.276/2016. Tramitando sob regime de urgência constitucional, em 19/05 designou-se o Dep. Alessandro Molon como Relator, através da Comissão de Constituição e Justiça e de Cidadania. Um dia depois, houve a designação de Relatoria ao Dep. Orlando Silva através da Comissão de Trabalho, de Administração e Serviço Público. Em 18 de julho do mesmo ano, diante do requerimento n.º 4.934/2016,[139] apensou-se ao Projeto de Lei n.º 4.060/2012.

Em outubro de 2016, a Câmara dos Deputados criou a Comissão Especial para análise dos Projetos e Lei n.º 4.060/2012 e n.º 5.276/2016, sob a relatoria do Dep. Orlando Silva e presidência da Dep. Bruna Furlan. Enquanto isso, o Projeto de Lei n.º 330/2013 avançou no Senado e foi aprovado na Comissão de Ciência, Inovação, Tecnologia, Comunicação e Informática da casa.[140]

No dia 18 março de 2018 veio a público o escândalo da *Cambridge Analytica*,[141] que impulsionou a aprovação da LGPD no Brasil. O Projeto de Lei n.º 4.060 foi votado e aprovado em 29 de maio de 2018 pela Câmara Federal, vencendo a corrida entre as casas legislativas.[142] Remetido então ao Senado Federal, deu ori-

---

137. GOMES, Rodrigo Dias de Pinho. Big data: desafios à tutela da pessoa humana na sociedade da informação. 2. ed. Rio de Janeiro: Lumen Juris, 2019. v. 1. p. 136.

138. No entanto, em 03.05.2018, o Senador Ricardo Ferraço apresentou relatório favorável ao Projeto de Lei do Senado n.º 330 na Comissão de Assuntos Econômicos, destacando-se a seguinte passagem. "O legítimo interesse, por sua vez, foi bem compreendido como instrumento lícito e importante à inovação. Estabelecemos parâmetros mínimos para sua realização, como base legal de tratamento de dados" (Disponível em: https://legis.senado.leg.br/sdleg-getter/documento?dm=7726670. Acesso em: 24 jun. 2023. p. 13). Apesar de não constituir uma base legal, destaca-se o texto do art. 12: A interconexão de dados pessoais deve atender aos seguintes requisitos: I – adequação às finalidades legais ou estatutárias e aos interesses legítimos dos proprietários e gestores de bancos de dados [...]".

139. Disponível em: https://www.camara.leg.br/proposicoesWeb/prop_mostrarintegra?codteor=1478010. Acesso em: 24 jun. 2023.

140. INSTITUTO BRASILEIRO DE DEFESA DO CONSUMIDOR (IDEC). *Dados pessoais*. Disponível em: https://idec.org.br/dadospessoais/linha-do-tempo. Acesso em: 24 jun. 2023.

141. "[...] empresa de consultoria política e análise de dados que coletou informações pessoais de mais de 50 milhões de usuários do Facebook. Os dados foram utilizados na formulação de perfis e envio de conteúdo eleitoral direcionado durante as eleições presidenciais dos Estados Unidos e na saída do Reino Unido da União Europeia" (INSTITUTO BRASILEIRO DE DEFESA DO CONSUMIDOR (IDEC). *Dados pessoais*. Disponível em: https://idec.org.br/dadospessoais/linha-do-tempo. Acesso em: 24 jun. 2023).

142. INSTITUTO BRASILEIRO DE DEFESA DO CONSUMIDOR (IDEC). *Dados pessoais*. Disponível em: https://idec.org.br/dadospessoais/linha-do-tempo. Acesso em: 24 jun. 2023.

gem ao Projeto de Lei da Câmara n.º 53/2018.[143] Através da proposta de Emenda n.º 4 houve uma tentativa para ampliar o rol das possibilidades de tratamento de dados pessoais sensíveis, na execução de contratos ou na fase pré-contratual, quando necessário a atender os legítimos interesses dos agentes de tratamento. No entanto, a proposta não foi aprovada.[144]

Os diversos setores da sociedade civil, a academia, setor privado e público se colocaram atentos à necessidade de criação de uma Lei Geral de Proteção de Dados Pessoais, eclodindo na aprovação, com rapidez e unanimidade[145] do PLC n.º 53/2018 em 10 de julho de 2018, na 106.ª Sessão Deliberativa Ordinária do Plenário do Senado Federal.[146] A redação final do PLC n.º 53/2018 veio em 07 de agosto de 2018, no Parecer n.º 129 de 2018-PLEN/SF da Comissão Diretora, que consolidou as Emendas de redação aprovadas pelo Plenário, inserindo as adequações de técnica legislativa estritamente decorrentes da referida consolidação.[147]

Considerando a publicação do primeiro texto do anteprojeto do Ministério da Justiça em dezembro de 2010, o processo que culminou na aprovação da LGPD – Lei n.º 13.709 de 14 de agosto de 2018[148] durou aproximadamente 8 anos.[149]

---

143. "O PLC 53/2018 tem como base pelo menos outras duas propostas que tramitavam na Câmara dos Deputados (PL 4060/2012 e PL 5276/2016), além de um Projeto de Lei do Senado (PLS 330/2013)" (ALECRIM, Emerson. O que você deve saber sobre a lei de proteção de dados pessoais do Brasil. *Tecnoblog*, 2018. Disponível em: https://tecnoblog.net/250718/lei-geral-protecao-dados-brasil/. Acesso em: 24 jun. 2023).

144. SENADO FEDERAL. *Parecer (SF) n.º 64, de 2018*. p. 1. Disponível em: https://legis.senado.leg.br/sdleg-getter/documento?dm=7752591&ts=1630450892727. Acesso em: 24 jun. 2023.

145. INSTITUTO BRASILEIRO DE DEFESA DO CONSUMIDOR (IDEC). *Dados pessoais*. Disponível em: https://idec.org.br/dadospessoais/linha-do-tempo. Acesso em: 24 jun. 2023.

146. SENADO FEDERAL. *106.ª – Sessão Deliberativa Ordinária*. Plenário do Senado Federal. Brasília, 10 jul. 2018. p. 1. Disponível em: https://www25.senado.leg.br/web/atividade/sessao-plenaria/-/pauta/23457. Acesso em: 24 jun. 2023. Na sessão, aprovou-se o Parecer (SF) n.º 64, de 2018, da Comissão de Assuntos Econômicos, sobre o Projeto de Lei da Câmara n.º 53, de 2018, Projeto de Lei do Senado n.º 330, de 2013, Projeto de Lei do Senado n.º 131, de 2014 e Projeto de Lei do Senado n.º 181, de 2014. A comissão aprovou o relatório, que passou a constituir o Parecer, que foi favorável ao Projeto de Lei da Câmara n.º 53 de 2018, com as Emendas n.º 1 e 10 a 56, rejeitando as Emendas n.º 2 a 9; rejeitando também os Projetos de Lei do Senado n.º 330 de 2013; 131 de 2014; e 181 de 2014 (SENADO FEDERAL. *Parecer (SF) n.º 64, de 2018*. Disponível em: https://legis.senado.leg.br/sdleg-getter/documento?mime=application/pdf&disposition=inline&dm=7752591. Acesso em: 24 jun. 2023).

147. SENADO FEDERAL. *Parecer n.º 129, de 2018 – PLEN/SF*. Redação final do Projeto de Lei da Câmara n.º 53, de 2018 (n.º 4.060, de 2012, na Casa de origem). Disponível em: https://legis.senado.leg.br/sdleg-getter/documento?dm=7761105&ts=1630450893544. Acesso em: 24 jun. 2023.

148. Publicada no Diário Oficial da União de 15/08/2018, p. 59, col. 2. (Disponível em: https://legis.senado.leg.br/norma/27457334/publicacao/27457731. Acesso em: 24 jun. 2023). Republicação parcial em Edição Extra de 15/08/2018, p. 1, col. 1, por haver constado erro material no artigo 52 da Lei. (Disponível em: https://legis.senado.leg.br/norma/27457334. Acesso em: 24 jun. 2023).

149. BIONI, Bruno; KITAYAMA, Marina; RIELLI, Mariana. *O legítimo interesse na LGPD*: quadro geral e exemplos de aplicação. São Paulo: Associação Data Privacy Brasil de Pesquisa, 2021. p. 6.

Inicialmente o art. 65 estabeleceu que Lei entraria em vigor após decorridos 18 (dezoito) meses de sua publicação oficial, sendo posteriormente alterado o *vactio legis* para 24 meses, conforme redação dada pela Medida Provisória n.º 869, de 2018. Em razão da pandemia ocasionada pelo COVID-19, a lei entrou em vigor de maneira escalonada: em 28 de dezembro de 2018, quanto aos arts. 55-A, 55-B, 55-C, 55-D, 55-E, 55-F, 55-G, 55-H, 55-I, 55-J, 55-K, 55-L, 58-A e 58-B, que tratam da constituição da Autoridade Nacional de Proteção de Dados (ANPD) e do Conselho Nacional de Proteção de Dados Pessoais e da Privacidade (CNPD); em 18 de setembro de 2020, quanto aos demais artigos da lei, com exceção dos dispositivos que tratam da aplicação de sanções administrativas; e em 1.º de agosto de 2021, quanto aos arts. 52, 53 e 54, que tratam das sanções administrativas.[150]

2.6.4 Inovação brasileira: o art. 10 da LGPD como conciliador entre os agentes privados e o setor acadêmico

O art. 10, que trata especificamente sobre a hipótese do legítimo interesse é uma peculiaridade do ordenamento brasileiro, que não encontra respaldo no Regulamento Europeu de Proteção de Dados. A manutenção dos dispositivos que trazem reforço aos princípios da necessidade, transparência, necessidade, além da legítima expectativa dos titulares por pouco não foi aprovada no Congresso brasileiro, conforme consta de transcrição de depoimento da Sra. Beatriz Barbosa:

> Tinha um artigo que tratava de uma das hipóteses de tratamento de dados pessoais e que, para sociedade civil, era uma preocupação grande, que é uma hipótese baseada no legítimo interesse das empresas de tratarem esses dados. Essa sempre foi uma preocupação para a sociedade civil, que essa hipótese não fosse um cheque em branco para as empresas tratarem os dados da maneira como elas quisessem, então a gente queria colocar algumas condicionantes nesse trecho. A gente já tinha ido para a mesa de negociação e não tinha rolado, não tinha conseguido incluir isso porque as empresas não tinham deixado a mesa de negociação, mas tinha setores da sociedade civil muito preocupados. Eu lembro que, uma meia hora antes do deputado Orlando protocolar o texto dele, a versão final do substitutivo depois da rodada de negociação que ia para o plenário, ele estava em comissão discutindo um outro tema, conversando com um consultor da Câmara que ia fazer a redação final do substitutivo para ele e eu cheguei e falei para ele "Orlando não vai dar, esse trecho aqui não

---

150. "Quando a LGPD entrou em vigor? A Lei entrou em vigor de maneira escalonada: Em 28 de dezembro de 2018, quanto aos arts. 55-A, 55-B, 55-C, 55-D, 55-E, 55-F, 55-G, 55-H, 55-I, 55-J, 55-K, 55-L, 58-A e 58-B, que tratam da constituição da Autoridade Nacional de Proteção de Dados – ANPD e do Conselho Nacional de Proteção de Dados Pessoais e da Privacidade – CNPD; Em 18 de setembro de 2020, quanto aos demais artigos da Lei, com exceção dos dispositivos que tratam da aplicação de sanções administrativas; e Em 1.º de agosto de 2021, quanto aos arts. 52, 53 e 54, que tratam das sanções administrativas" (AUTORIDADE NACIONAL DE PROTEÇÃO DE DADOS (ANPD). *Perguntas frequentes – ANPD*. Disponível em: https://www.gov.br/anpd/pt-br/acesso-a-informacao/perguntas-frequentes 2013-anpd. Acesso em: 29 mar. 2023).

pode passar desse jeito, se passar desse jeito a sociedade civil vai criticar o seu relatório e vai ser muito ruim ele chegar no plenário com críticas da sociedade civil.". Ele falou: "está bom, como é que vocês querem?" Aí eu arranjei uma folhinha do bloco que tinha na minha bolsa, escrevi correndo, grifei os dois trechos que precisavam incluir e entreguei o papel, quase um guardanapo assim para o Orlando. Aí ele pegou e entregou para o consultor, que fez uma cara não muito feliz, e falou assim "coloca desse jeito" e aí o relatório substitutivo foi para o plenário desse jeito. Ele fez a inclusão a nosso pedido e isso foi um dos trechos da Lei que sobreviveu a todo esse processo.[151]

No Projeto de Lei n.º 53/2018, o texto original continha a seguinte redação no art. 10:

Art. 10. O legítimo interesse do responsável somente poderá fundamentar tratamento de dados pessoais para finalidades legítimas, consideradas a partir de situações concretas, que incluem:

I – o apoio e a promoção de atividades do responsável; e

II – em relação ao titular, a proteção do exercício regular de seus direitos ou a prestação de serviços que o beneficiem, respeitadas as legítimas expectativas dele e os direitos e liberdades fundamentais, nos termos desta Lei.

§ 1.º Quando o tratamento for baseado no legítimo interesse do responsável, somente os dados pessoais estritamente necessários para a finalidade pretendida poderão ser tratados.

§ 2.º O responsável deverá adotar medidas para garantir a transparência do tratamento de dados baseado no seu legítimo interesse.

§ 3.º O órgão competente poderá solicitar ao responsável relatório de impacto à proteção de dados pessoais, quando o tratamento tiver como fundamento o seu interesse legítimo, observados os segredos comercial e industrial.[152]

Aprovadas as Emendas n.º 24 e 25, houve alteração da redação do caput e dos incisos I e II do art. 10. No caput e no inciso I, as principais mudanças foram a troca do termo "responsável" por "controlador". Ainda no caput, adicionou--se o trecho "mas não se limitam a" após a expressão "que incluem", antes de se iniciar a enumeração dos incisos, deixando clara a intenção de se trazer um rol meramente exemplificativo. Mudou-se a estrutura da frase no inciso II, de maneira que o texto "em relação ao titular, a proteção do exercício regular de seus direitos ou a prestação de serviços que o beneficiem" passou a ter a redação no

---

151. BIONI, Bruno; KITAYAMA, Marina; RIELLI, Mariana. *O legítimo interesse na LGPD*: quadro geral e exemplos de aplicação. São Paulo: Associação Data Privacy Brasil de Pesquisa, 2021. p. 18-19.

152. SENADO FEDERAL. *Projeto de lei da Câmara n.º 53, de 2018* (n.º 4.060/2012, na Câmara dos Deputados). Dispõe sobre a proteção de dados pessoais e altera a Lei n.º 12.965, de 23 de abril de 2014. p. 12 (Disponível em: https://legis.senado.leg.br/sdleg-getter/documento?dm=7738705. Acesso em: 24 jun. 2023).

sentido da "proteção em relação ao titular, do exercício regular de seus direitos ou a prestação de serviços que o beneficiem".[153]

As regras contidas no art. 10 são fruto de "denominador comum, a partir de uma solução mediada e proposta, principalmente, pelo setor acadêmico".[154] A inovação brasileira neste sentido, já que inexiste algo similar no RGPD, buscar o estabelecimento de critérios mínimos, expressamente previstos no texto legal, para a aplicação e interpretação do legítimo interesse.

2.6.5 Afirmação da autonomia da proteção de dados pessoais como direito fundamental no julgamento da ADI 6387 pelo STF

Por uma expressiva margem de 10 votos a favor, o Plenário do Supremo Tribunal ratificou a decisão liminar da Ministra Rosa Weber, deferindo Medida Cautelar para suspender a eficácia da Medida Provisória n.º 954/2020, que instruía empresas de telecomunicações a fornecerem dados pessoais como nome, número de telefone e endereço de seus clientes de telefonia móvel e fixa ao Instituto Brasileiro de Geografia e Estatística (IBGE).[155] Segundo a decisão, o objetivo foi a prevenção de danos irreparáveis à intimidade e ao sigilo da vida privada de mais de uma centena de milhão de usuários dos serviços de telefonia fixa e móvel no país.

Em julgamento histórico,[156] iniciado no dia 06 e terminado no dia 07 de maio de 2020, o Supremo Tribunal Federal decidiu que à proteção de dados constitui

---

153. SENADO FEDERAL. *Parecer (SF) n.º 64, de 2018.* p. 6-7. Disponível em: https://legis.senado.leg.br/sdleg-getter/documento?dm= 7752591&ts=1630450892727. Acesso em: 24 jun. 2023.

154. "A previsão do legítimo interesse foi objeto de uma intensa disputa. Um cabo de força foi puxado especialmente entre terceiro setor e setor privado para, respectivamente, bloquear-restringir e ampliar o espaço a ser ocupado por essa base legal. Ao final, alcançou-se um denominador comum, a partir de uma solução mediada e proposta, principalmente, pelo setor acadêmico, em que a previsão veio acompanhada de um dispositivo da lei que parametriza a sua aplicação (art. 10). Com isso, a lei brasileira inovou ao prever no seu próprio texto critérios para a aplicação de um conceito jurídico indeterminado e, assim, trazer maior previsibilidade quanto à sua aplicação e interpretação. Desde o seu nascedouro, já havia a preocupação quanto aos efeitos colaterais, em termos de segurança jurídica, da introdução do legítimo interesse, o que foi potencialmente remediado no desenho final da LGPD" (BIONI, Bruno; KITAYAMA, Marina; RIELLI, Mariana. *O legítimo interesse na LGPD:* quadro geral e exemplos de aplicação. São Paulo: Associação Data Privacy Brasil de Pesquisa, 2021. p. 6).

155. Ementa: Medida Cautelar em Ação Direta de Inconstitucionalidade. Referendo. Medida Provisória n.º 954/2020. Emergência de Saúde Pública de Importância Internacional decorrente do novo Coronavírus (Covid-19). Compartilhamento de Dados dos Usuários do Serviço Telefônico Fixo Comutado e do Serviço Móvel Pessoal, pelas Empresas Prestadoras, com o Instituto Brasileiro de Geografia de Estatística. Fumus Boni Juris. *Periculum in Mora.* Deferimento (BRASIL. Supremo Tribunal Federal. *ADI 6387 MC-Ref./DF.* Relatora: Min. Rosa Weber. Julgamento: 07.05.2020. Órgão julgador: Plenário. Publicação: 12.11.2020).

156. MENDES, Laura Schertel. Decisão histórica do STF reconhece direito fundamental à proteção de dados pessoais. *Jota,* 10 maio 2020. Disponível em: https://www.jota.info/opiniao-e-analise/artigos/

um direito fundamental autônomo. Importante pontuar que no momento do julgamento da Suprema Corte, a LGPD não se encontrava em pleno vigor, o que levou a Relatora, Ministra Rosa Weber, a afirmar que "O fragilizado ambiente protetivo impõe cuidadoso escrutínio sobre medidas" contempladas na Medida Provisória em julgamento.[157]

Destaca-se ainda a construção do entendimento pela autonomia da proteção de dados como direito fundamental, descolado da privacidade, sob o fundamento do princípio da dignidade da pessoa humana, da proteção das liberdades individuais e do livre desenvolvimento da personalidade, conforme itens 1 e 2 da Ementa:

> [...] 1. Decorrências dos direitos da personalidade, o respeito à privacidade e à autodeterminação informativa foram positivados, no art. 2.º, I e II, da Lei n.º 13.709/2018 (Lei Geral de Proteção de Dados Pessoais), como fundamentos específicos da disciplina da proteção de dados pessoais. 2. Na medida em que relacionados à identificação – efetiva ou potencial – de pessoa natural, o tratamento e a manipulação de dados pessoais hão de observar os limites delineados pelo âmbito de proteção das cláusulas constitucionais asseguratórias da liberdade individual (art. 5.º, caput), da privacidade e do livre desenvolvimento da personalidade (art. 5.º, X e XII), sob pena de lesão a esses direitos. O compartilhamento, com ente público, de dados pessoais custodiados por concessionária de serviço público há de assegurar mecanismos de proteção e segurança desses dados.[158]

Os Ministros Luiz Fux, Gilmar Mendes e Ricardo Lewandowski relembraram o paradigmático julgamento de 1983 no Tribunal Constitucional Alemão, que tratou da Lei do Recenseamento.[159] O Ministro Luiz Fux defendeu em seu voto a autonomia da proteção de dados pessoais e da autodeterminação informativa

---

decisao-historica-do-stf-reconhece-direito-fundamental-a-protecao-de-dados-pessoais-10052020. Acesso em: 29 mar. 2023.

157. Sobre o mesmo tema, acrescentou o Min. Gilmar Mendes: "Sobre esse último ponto, não há como deixar de observar que, no caso brasileiro, malgrado ter transcorrido mais de um ano da promulgação da LGPD, ainda não foram adotadas medidas para instituição da Autoridade Nacional de Proteção de Dados. Esse quadro de baixa institucionalidade de um regime efetivo de proteção de dados pessoais no Brasil tem sido agravado por iniciativas normativas recentes, e como a Medida Provisória 959, publicada no Diário Oficial da União de 29.4.2020, que adiou, mais uma vez, a Lei Geral de Proteção de Dados (LGPD). A previsão agora é de que ela entre em vigor apenas em 3 de maio de 2021. Esses movimentos reforçam ainda mais a importância de o STF exercer com extremo rigor o controle de constitucionalidade da norma em análise, buscando identificar em que medida as interferências, nela veiculadas, ao direito fundamental à proteção de dados se revelam aderentes a objetivos públicos legítimos e proporcionais aos riscos de violação" (BRASIL. Supremo Tribunal Federal. *ADI 6387 MC-Ref./DF*. Relatora: Min. Rosa Weber. Julgamento: 07.05.2020. Órgão julgador: Plenário. Publicação: 12.11.2020).

158. BRASIL. Supremo Tribunal Federal. *ADI 6387 MC-Ref./DF*. Relatora: Min. Rosa Weber. Julgamento: 07.05.2020. Órgão julgador: Plenário. Publicação: 12.11.2020.

159. "O significado histórico da decisão do STF pode ser equiparado ao clássico julgamento do Tribunal Constitucional Federal alemão, em 1983, relativamente à Lei do Recenseamento" (MENDES, Laura Schertel; RODRIGUES JÚNIOR, Otavio Luiz; FONSECA, Gabriel Campos Soares da. O Supremo Tribunal Federal e a proteção constitucional dos dados pessoais: rumo a um direito fundamental

como direitos fundamentais autônomos, diante da integração hermenêutica da inviolabilidade da intimidade e da vida privada (art. 5.º, X), do princípio da dignidade da pessoa humana (art. 1.º, III) e da garantia processual do habeas data (art. 5.º, LXXII).

O voto do Ministro Gilmar Mendes informou a necessidade de uma "compreensão integrada" da Constituição, fundada na dignidade da pessoa humana, no "compromisso permanente pela renovação da força normativa da proteção constitucional à intimidade"[160] prevista no inciso X do art. 5.º em razão dos riscos na sociedade da informação,[161] e pelo "reconhecimento da centralidade do *Habeas Data*" como um instrumento de "tutela material" da autodeterminação informativa.[162]

Na análise do Acórdão fica ainda perceptível a exaustiva menção à autodeterminação informativa, que aparece 120 vezes ao longo da decisão. A mensagem da Suprema Corte é eloquente no sentido de destacar o protagonismo da pessoa natural, titular dos dados pessoais, no controle das atividades de tratamento que incidem sobre as informações que lhe identificam.

Denota-se ainda a visão dos Ministros Barroso, Alexandre de Moraes e Gilmar Mendes, com marcante ênfase no consentimento como instrumento de tutela dos dados pessoais:

> [...] Trecho do voto do Min. Luís Roberto Barroso – "Dessa forma, eu não gostaria de descartar sumariamente a importância que esses dados possam ter. Porém, acho que é preciso discutir se não é possível se fazer isso por amostragem e que outros mecanismos, para que ninguém seja invadido na sua privacidade sem que tenha dado consentimento, consentimento informado associado aos mecanismos de segurança."

---

autônomo. In: DONEDA, Danilo et al. (coord.). *Tratado de proteção de dados pessoais*. Rio de Janeiro: Forense, 2021. p. 70).

160. "[...] poderíamos ampliar o campo de observação para entender que estamos tratando aqui, na verdade, de uma clara ineficiência não só da legislação infraconstitucional, mas da própria base constitucional com a qual procuramos assegurar, muitas vezes em vão, efetiva proteção ao direito à privacidade" (MENDES, Gilmar Ferreira; BRANCO, Paulo Gustavo Gonet. *Curso de direito constitucional*. 9. ed. São Paulo: Saraiva, 2014. p. 385 – item 9.2.2.2).

161. Trecho do voto Ministro Gilmar Mendes: "É por isso que, para muito além do mero debate sobre o sigilo comunicacional, este Tribunal deve reconhecer que a disciplina jurídica do processamento e da utilização da informação acaba por afetar o sistema de proteção de garantias individuais como um todo. O quadro fático contemporâneo deve ser internalizado na leitura e aplicação da Constituição Federal de 1988. Aliás, ousaria a dizer que nunca foi estranha à jurisdição constitucional a ideia de que os parâmetros de proteção dos direitos fundamentais devem ser permanentemente abertos à evolução tecnológica" (BRASIL. Supremo Tribunal Federal. *ADI 6387 MC-Ref./DF*. Relatora: Min. Rosa Weber. Julgamento: 07.05.2020. Órgão julgador: Plenário. Publicação: 12.11.2020).

162. BRASIL. Supremo Tribunal Federal. *ADI 6387 MC-Ref./DF*. Relatora: Min. Rosa Weber. Julgamento: 07.05.2020. Órgão julgador. Plenário. Publicação: 12.11.2020.

> Trecho do voto do Min. Alexandre de Moraes – "Cito, no voto, nesse mesmo sentido, outros grandes doutrinadores para demonstrar – premissa que me parece essencial – que toda discussão referente a essa medida provisória, independentemente de outras normas, aspectos e olhares, são os direitos fundamentais a intimidade, privacidade e sigilo de dados. Parece-me, então, sem nenhuma dúvida, que o compartilhamento dessas informações sem prévia autorização de seu titular está situado na discussão sobre a abrangência e amplitude do sigilo de dados constitucionalmente protegidos."
>
> Trecho do voto do Min. Gilmar Mendes – "Essas normas devem ser positivadas justamente para garantir o controle efetivo e transparente do indivíduo relativamente à circulação dos seus dados, tendo como chave-interpretativa da juridicidade desse controle a noção de consentimento".[163]

A decisão da Corte Constitucional Brasileira constitui inegável marco histórico no Direito pátrio, pois: *i)* pela primeira vez o Supremo encontrou consenso considerável (10 votos a favor, 1 contra) em torno da amplitude conceitual do dado pessoal e, *ii)* como consequência lógica, a necessidade imperiosa de tutela constitucional que não se coloque circunscrita apenas à intimidade,[164] diante de verdadeira interpretação sistemática da Constituição Federal, sobretudo de seus arts. 1.º inciso III (dignidade da pessoa humana), e 5.º incisos X (inviolabilidade da intimidade e da vida privada) e XII (inviolabilidade do sigilo da correspondência, das comunicações telegráficas, de dados e das comunicações telefônicas) e iii) o protagonismo da pessoa natural, titular dos dados pessoais, no controle das atividades de tratamento que incidem sobre as informações que lhe identificam.

2.6.6 Contribuições doutrinárias para a proteção de dados pessoais como direito fundamental autônomo

Na doutrina brasileira, as discussões sobre a proteção de dados à luz da constituição se iniciaram em 1991, após a edição da Lei Complementar n.º 70/91. Para possibilitar a fiscalização tributária, o art. 12 permitia à Receita Federal solicitar informações cadastrais como nome, filiação, endereço e CPF de titulares nos bancos de dados nas instituições financeiras, empresas administradoras de cartões de crédito e outras.[165] As administradoras de cartão de crédito sustentaram

---

163. BRASIL. Supremo Tribunal Federal. *ADI 6387 MC-Ref./DF*. Relatora: Min. Rosa Weber. Julgamento: 07.05.2020. Órgão julgador: Plenário. Publicação: 12.11.2020.

164. MENDES, Laura Schertel; RODRIGUES JÚNIOR, Otavio Luiz; FONSECA, Gabriel Campos Soares da. O Supremo Tribunal Federal e a proteção constitucional dos dados pessoais: rumo a um direito fundamental autônomo. In: DONEDA, Danilo et al. (coord.). *Tratado de proteção de dados pessoais*. Rio de Janeiro: Forense, 2021. p. 70).

165. Lei Complementar n.º 70, de 30 de dezembro de 1991: Art. 12. Sem prejuízo do disposto na legislação em vigor, as instituições financeiras, as sociedades corretoras e distribuidoras de títulos e valores mobiliários, as sociedades de investimento e as de arrendamento mercantil, os agentes do Sistema Financeiro da Habitação, as bolsas de valores, de mercadorias, de futuros e instituições

a inconstitucionalidade da norma, sob a alegação de que o fornecimento destes dados pessoais violaria a privacidade constitucionalmente assegurada no inciso X do art. 5.º da Constituição Federal.

Neste contexto, Tércio Sampaio, então Procurador-Geral da Fazenda Nacional, elaborou parecer em 1992, publicado no ano seguinte sob o título "Sigilo de dados: o direito à privacidade e os limites à função fiscalizadora do Estado".[166] A peculiar conjuntura fática e histórica que o levaram a defender a tese foi relatada pelo próprio autor, em primeira pessoa:

> [...] Eu, naquela época, era procurador geral da Fazenda e enfrentava um problema de revelação do sigilo, de nomes e de dados identificadores de pessoas que portassem cartões de crédito. A primeira vez que enfrentei essa questão, me lembro de ter feito uma reunião com grandes empresas de bandeiras de cartões de crédito, porque elas se recusavam a abrir as suas listas de nomes. [...] Por conta disso eu fui levado a examinar o art. 5.º da Constituição.[167]

Argumentando, em apertadíssima síntese, que a inviolabilidade das comunicações prevista no inciso XII do art. 5.º da Carta Magna não tratava dos dados armazenados (dados estáticos), mas tão somente a sua comunicação (dados em trânsito),[168] a obra de Tércio Sampaio inaugurou os debates sobre a tutela constitucional de dados pessoais no Brasil.

Serviu ainda como principal fundamentação doutrinária no Supremo Tribunal Federal sobre o conteúdo e limites da inviolabilidade da comunicação e à proteção de dados pessoais.[169] Em 1995, o STF abordou a tese de Tércio no julgamento do Mandado de Segurança 21.729-DF.[170]

---

assemelhadas e seus associados, e as empresas administradoras de cartões de crédito fornecerão à Receita Federal, nos termos estabelecidos pelo Ministro da Economia, Fazenda e Planejamento, informações cadastrais sobre os usuários dos respectivos serviços, relativas ao nome, à filiação, ao endereço e ao número de inscrição do cliente no Cadastro de Pessoas Físicas (CPF) ou no Cadastro Geral de Contribuintes (CGC).

166. FERRAZ JÚNIOR, Tércio Sampaio. Sigilo de dados: o direito à privacidade e os limites à função fiscalizadora do Estado. *Revista da Faculdade de Direito, Universidade de São Paulo*, v. 88, p. 439-459, 1993. Disponível em: https://www.revistas.usp.br/rfdusp/article/view/67231. Acesso em: 02 mar. 2023.

167. FERRAZ JÚNIOR, Tércio Sampaio. Sigilo de dados, o direito à privacidade e os limites do poder do Estado: 25 anos depois. In: ABREU, Jacqueline de Souza; ANTONIALLI, Dennys. *Direitos fundamentais e processo penal na era digital*: doutrina e prática em debate. São Paulo: InternetLab, 2018. v. 1. p. 20.

168. FERRAZ JÚNIOR, Tércio Sampaio. Sigilo de dados: o direito à privacidade e os limites à função fiscalizadora do Estado. *Revista da Faculdade de Direito, Universidade de São Paulo*, v. 88, p. 447, 1993. Disponível em: https://www.revistas.usp.br/rfdusp/article/view/67231. Acesso em: 02 mar. 2023.

169. MAFEI, Rafael; PONCE, Paula. Tércio Sampaio Ferraz Júnior e sigilo de dados: o direito à privacidade e os limites à função fiscalizadora do Estado: o que permanece e o que deve ser reconsiderado. *Internet&Sociedade*, n. 1, v. 1, p. 67, fev. 2020.

170. BRASIL. Supremo Tribunal Federal. *MS 21.729/DF*. Relator: Min. Marco Aurélio. Redator do Acórdão: Min. Néri da Silveira. Julgamento: 05.10.1995. Órgão julgador: Plenário. Publicação: DJ de 19.10.2001.

O artigo aparece mencionado no parecer da Procuradoria Geral da República,[171] argumentando que os dados armazenados não se revestiam de inviolabilidade, tese que acabou prevalecendo diante do indeferimento do Mandado de Segurança. Nos votos vencedores proferidos pelos Ministros Sepúlveda Pertence e Francisco Rezek, consta expressa citação ao texto.

Já no julgamento do Recurso Extraordinário n.º 418.416-SC,[172] sob a relatoria do Ministro Sepúlveda Pertence, invocou-se o artigo de Tércio para fundamentar a decisão, informando se tratar de "trabalho preciso com síntese magnífica e que não tenho dúvidas em subscrever".

No entanto, a rígida distinção entre os dados em trânsito e aqueles armazenados defendida no artigo parece datada e não mais se sustenta como critério de interpretação da inviolabilidade do sigilo de dados[173] previso no inciso XII do art. 5.º da Constituição Federal, apesar de até recentemente constar de manuais de autoria de Ministro da Suprema Corte.[174]

Apesar de superado em alguns aspectos, a exemplo da visão extremamente individualista da privacidade, em outros pontos o texto se revela atual, especialmente quando traz o princípio da dignidade humana como ponto de centralidade e verdadeiro parâmetro normativo a dar sentido à privacidade.[175] A obra em destaque jamais advoga pela inexistência de proteção constitucional aos dados que identificam um indivíduo, especialmente quando informa, dentre outros argumentos, que as informações privadas constituem a "integridade moral da pessoa", dando "consistência à sua pessoalidade", e que, se violados, "desnudariam a personalidade e destruiriam a integridade moral do sujeito".[176]

---

171. "Em extenso parecer, o Vice Procurador Geral da República introduziu a discussão sobre o inciso XII, juntamente com trecho do artigo de Ferraz Júnior (Vice Procuradoria Geral da República, 1994). Foi a primeira aparição de 'Sigilo de dados' nos autos do caso. O parecer da PGR argumentava que o sigilo bancário não teria guarida constitucional, nem a partir de interpretação do artigo 5.º, inciso X, nem a partir do inciso XII" (MAFEI, Rafael; PONCE, Paula. Tércio Sampaio Ferraz Júnior e sigilo de dados: o direito à privacidade e os limites à função fiscalizadora do Estado: o que permanece e o que deve ser reconsiderado. *Internet&Sociedade*, n. 1, v. 1, p. 72, fev. 2020).

172. BRASIL. Supremo Tribunal Federal. *RE 418.416-SC*. Relator: Min. Sepúlveda Pertence. Julgamento: 10.05.2006. Órgão julgador: Plenário. Publicação: DJ de 19.12.2006. Ata n. 43/2006.

173. MAFEI, Rafael. PONCE, Paula. , Rafael; PONCE, Paula. Tércio Sampaio Ferraz Júnior e sigilo de dados: o direito à privacidade e os limites à função fiscalizadora do Estado: o que permanece e o que deve ser reconsiderado. *Internet&Sociedade*, n. 1, v. 1, p. 82-83, fev. 2020.

174. "Para o STF, ademais, o sigilo garantido pelo art. 5.º, XII, da CF refere-se apenas à comunicação de dados, e não aos dados em si mesmos" (MENDES, Gilmar Ferreira; BRANCO, Paulo Gustavo Gonet. *Curso de direito constitucional*. 9. ed. São Paulo: Saraiva, 2014. p. 211 – item 9.2.2.2).

175. MAFEI, Rafael; PONCE, Paula. Tércio Sampaio Ferraz Júnior e sigilo de dados: o direito à privacidade e os limites à função fiscalizadora do Estado: o que permanece e o que deve ser reconsiderado. *Internet&Sociedade*, n. 1, v. 1, p. 82-83, fev. 2020.

176. FERRAZ JÚNIOR, Tércio Sampaio. Sigilo de dados: o direito à privacidade e os limites à função fiscalizadora do Estado. *Revista da Faculdade de Direito, Universidade de São Paulo*, v. 88, p. 439-459, 1993. Disponível em: https://www.revistas.usp.br/rfdusp/article/view/67231. Acesso em: 02 mar. 2023.

2 • CONCEITO, TRAJETÓRIA E TUTELA JURÍDICA DOS INTERESSES LEGÍTIMOS · 111

Maior expoente e defensor da constitucionalização da proteção de dados pessoais, Danilo Doneda argumentava se tratar de direito fundamental, em que pese, à época, a ausência de previsão expressa e literal no texto constitucional, na modalidade de "garantia de caráter instrumental, derivada da tutela da privacidade, porém, não limitada por esta".[177] De acordo com o autor, bastava a intepretação sistemática, levando em especial consideração os riscos[178] produzidos pelo tratamento automatizado à proteção da personalidade, à luz das garantias constitucionais de igualdade substancial, liberdade e dignidade da pessoa humana, juntamente com a proteção da intimidade e da vida privada.[179] Defendia ainda que a interpretação dos incisos X e XII do art. 5.º da Constituição deveria ser mais fiel ao nosso tempo, como forma de compatibilizar a proteção da personalidade, em sua acepção mais completa, aos desafios trazidos pela sociedade da informação.[180]

A doutrina do direito civil-constitucional[181] fornece sólidos fundamentos a dar suporte à tese da proteção de dados pessoais como direito autônomo, descolado

---

177. "Em síntese e conforme observamos anteriormente, a proteção de dados pessoais é uma garantia de caráter instrumental, derivada da tutela da privacidade, porém, não limitada por esta; ainda, faz referência a um leque de garantias fundamentais que se encontram no ordenamento brasileiro" (DONEDA, Danilo. *Da privacidade à proteção de dados pessoais*: fundamentos da Lei Geral de Proteção de Dados. 2. ed. rev. e atual. São Paulo: Thomson Reuters Brasil, 2020. p. 265).

178. "O tratamento de dados pessoais, em particular por processos automatizados, é, no entanto, uma atividade de risco. Risco que se concretiza na possibilidade de exposição e utilização indevida ou abusiva de dados pessoais, na eventualidade desses dados não serem corretos e representarem erroneamente seu titular, em sua utilização por terceiros sem o conhecimento deste, somente para citar algumas hipóteses reais. Daí resulta ser necessária a instituição de mecanismos que possibilitem à pessoa deter conhecimento e controle sobre seus próprios dados – que, no fundo, são expressão direta de sua própria personalidade. Por este motivo, a proteção de dados pessoais é considerada em diversos ordenamentos jurídicos como um instrumento essencial para a proteção da pessoa humana e como um direito fundamental" (DONEDA, Danilo. A proteção dos dados pessoais como um direito fundamental. *Espaço Jurídico*, Joaçaba, v. 12, n. 2, p. 92, jul./dez. 2011).

179. DONEDA, Danilo. A proteção dos dados pessoais como um direito fundamental. *Espaço Jurídico*, Joaçaba, v. 12, n. 2, p. 103, jul./dez. 2011.

180. DONEDA, Danilo. A proteção dos dados pessoais como um direito fundamental. *Espaço Jurídico*, Joaçaba, v. 12, n. 2, p. 106, jul./dez. 2011.

181. "A expressão 'direito civil constitucional' começou a ser empregada a partir da década de 1990, em estudos de dois civilistas pioneiros. Gustavo Tepedino e Maria Celina Bodin de Moraes, recém-chegados da Itália, onde concluíram o curso da prestigiosa *Scuola di Specializzazione in Diritto Civile* da *Università di Camerino*, trouxeram na bagagem uma nova metodologia, apreendida diretamente das lições do seu maior expoente no direito italiano, Pietro Perlingieri: a doutrina do direito civil na legalidade constitucional. Tal corrente de pensamento acabaria se tornando mais conhecida, especialmente entre nós, sob a sintética denominação de direito civil constitucional" (SCHREIBER, Anderson. Direito civil e Constituição. In: SCHREIBER, Anderson; KONDER, Carlos Nelson (coord.). *Direito civil constitucional*. São Paulo: Atlas, 2016. p. 2). Ainda neste sentido: "Aos que criticam tal visão, advertindo que a constitucionalização de todos os setores das disciplinas jurídicas geraria a 'hiperinterpretação' do documento constitucional, deve-se contrapor que a uniformidade do ordenamento jurídico consiste exatamente em utilizar todo o potencial do sistema jurídico em um renovado positivismo, que não

da privacidade, de caráter fundamental. Maria Celina Bodin de Moraes afirma que a personalidade não é um direito, mas um valor fundamental do ordenamento,[182] funcionando como uma base de várias e não limitadas situações existenciais, por isso mesmo, urge-se pela fluidez da tutela.[183] Desta forma, tutelado é o valor da pessoa sem limites,[184] notadamente porque qualquer previsão legal, por mais ampla que fosse, seria incapaz de prever todas as situações subjetivas, principalmente porque a sociedade se encontra em constante processo de evolução e mutação.

Sob a premissa de que "o direito à proteção dos dados pessoais é diretamente informado pelo princípio da dignidade da pessoa humana",[185] não haveria a necessidade de expressa previsão no texto constitucional para lhe conferir status de um direito fundamental autônomo.

Gustavo Tepedino e Chiara de Teffé assentaram que o controle dos dados pessoais pelo titular não se confina à pessoa individualmente considerada, mas resguarda também a sociedade, os interesses coletivos e até mesmo as futuras gerações.[186] Analisando o histórico julgamento do Supremo Tribunal Federal, das Ações Diretas de Inconstitucionalidade (ADIs) n.º 6.387, 6.388, 6.389, 6.390 e 6.393, Tepedino publicou ainda sintética análise do julgado no editorial na Revista Brasileira de Direito Civil, afirmando que "a proteção de dados pessoais

---

se exaure na pura e simples obediência à letra da lei, mas que, acatando substancialmente as escolhas políticas do legislador constituinte, estende os valores constitucionais a toda legislação" (BODIN DE MORAES, Maria Celina. A caminho de um direito civil constitucional. *Revista Estado, Direito e Sociedade*, v. 1, p. 66, 1991).

182. "[...] a Constituição Federal, ao contrário, pôs a pessoa humana no centro do ordenamento jurídico ao estabelecer, no art. 1.º, III, que a sua dignidade constitui um dos fundamentos da República, assegurando, desta forma, absoluta prioridade às situações existenciais ou extrapatrimoniais" (BODIN DE MORAES, Maria Celina. *Na medida da pessoa humana*: estudos de direito civil-constitucional. Rio de Janeiro: Renovar, 2010. p. 21-22).

183. "Adverte-se então a necessidade de individuar os princípios jurídicos que devem direcionar cada interpretação-aplicação do direito, de os referir continuamente para se enfrentarem as tendências de mais longo prazo e de os adotar para o preenchimento, em cada caso, das cláusulas gerais e dos conceitos indeterminados, os quais funcionam, assim, como instrumentos de incidência dos princípios e valores constitucionais nas relações intersubjetivas" (BODIN DE MORAES, Maria Celina. *Na medida da pessoa humana*: estudos de direito civil-constitucional. Rio de Janeiro: Renovar, 2010. p. 322).

184. "O fato de a personalidade ser considerada como valor unitário, tendencialmente sem limitações, não impede que o ordenamento preveja, autonomamente, algumas expressões mais qualificantes como, por exemplo, o direito à saúde (art. 32 Const.), aos estudos (art. 34 Const.), ao trabalho (art. 35 ss. Const.)" (PERLINGIERI, Pietro. *O direito civil na legalidade constitucional*. Rio de Janeiro: Renovar, 2008. p. 765).

185. MONTEIRO FILHO, Carlos Edison do Rêgo; PAIVA DE CASTRO, Diana Loureiro. Proteção de dados pessoais nas contratações públicas de inteligência artificial: parte I. *Migalhas*, 1.º jul. 2022. Disponível em: https://www.migalhas.com.br/coluna/migalhas-de-protecao-de-dados/368955/protecao-de-dados-pessoais-nas-contratacoes-publicas-de-ia. Acesso em: 05 out. 2022.

186. DE TEFFÉ, Chiara Antonia Spadaccini; TEPEDINO, Gustavo. O consentimento na circulação de dados pessoais. *Revista Brasileira de Direito Civil*, v. 25, n. 3, p. 92, 2020. Disponível em: https://rbdcivil.ibdcivil.org.br/rbdc/article/view/521. Acesso em: 11 abr. 2023.

se constitui, em si mesma, em princípio autônomo, capaz de deflagrar o controle de constitucionalidade".[187]

2.6.7 Emenda Constitucional n.º 115: a proteção de dados pessoais como direito fundamental

Nos itens anteriores foi demonstrado que a proteção de dados pessoais se descola da concepção clássica de privacidade, ampliando do rol de direitos da personalidade e adquirindo autonomia, trazendo como características marcantes a aptidão para regular o fluxo informacional pelo próprio titular.

Entendido como direito fundamental, a proteção de dados pessoais encontra previsão em diversos ordenamentos e instrumentos internacionais. Desde 2000 foi alçado à condição de direito fundamental de natureza autônoma na Europa, nos termos da Carta de Direitos Fundamentais da União Europeia, art. 8.º. Em Portugal, está na Constituição de 1976, Espanha e Áustria em suas respectivas cartas políticas de 1978.

No item 45 da Declaração de Santa Cruz de La Sierra, de 15 de novembro de 2003, da qual o Brasil é um dos signatários, reconheceu-se a importância de garantir o direito à proteção de dados pessoais como um aspecto essencial da dignidade humana e da democracia.[188]

No Brasil, em fevereiro de 2022, no art. 5.º acrescentou-se o inciso LXXIX ao rol de direitos fundamentais da Constituição Federal: "é assegurado, nos termos da lei, o direito à proteção dos dados pessoais, inclusive nos meios digitais".

Dado o protagonismo da tutela dos dados pessoais, a recente previsão constitucional pode induzir à crença de que o processo de constitucionalização da sua proteção ocorreu de maneira simplória. Não passa de um ledo engano. Houve décadas de debates doutrinários, intensos questionamentos e decisões judiciais na Suprema Corte e, ao final, após esforço hercúleo no Congresso Nacional, a aprovação de uma emenda constitucional.

Em 12 março de 2019 foi protocolada uma Proposta Emenda Constitucional – PEC17, capitaneada pelo Senador Eduardo Gomes do Tocantins e assinada por outros 29 membros do congresso, contendo a seguinte justificativa:

---

187. TEPEDINO, Gustavo. Editorial. *Revista Brasileira de Direito Civil*, v. 24, n. 2, p. 13, 2020. Disponível em: https://rbdcivil.ibdcivil.org.br/rbdc/article/view/587. Acesso em: 20 mar. 2023.

188. BOLÍVIA. Secretaria Geral Iberoamericana. XIII Cimeira Ibero-Americana de Chefes de Estado e de Governo. *Declaração de Santa Cruz de La Sierra. 14 e 15 de novembro de 2003*. "A inclusão social, motor do desenvolvimento da Comunidade Ibero-Americana". Disponível em: https://www.segib. org/wp-content/uploads/declarasao-sta-cruz-sierra.pdf. Acesso em: 23 mar. 2023.

De fato, a privacidade tem sido o ponto de partida de discussões e regulações dessa natureza, mas já se vislumbra, dadas as suas peculiaridades, uma autonomia valorativa em torno da proteção de dados pessoais, de maneira, inclusive, a merecer tornar-se um direito constitucionalmente assegurado.[189]

Destaca-se ainda no documento *i)* a preocupação com os riscos às liberdades e garantias individuais dos cidadãos na "era informacional"; *ii)* a possibilidade de "prejuízos incomensuráveis" à sociedade em caso de má utilização da tecnologia; *iii)* a experiência estrangeira na constitucionalização do tema e *iv)* a necessidade de fixação clara da "competência constitucional para legislar sobre o tema".[190]

Desta forma, a PEC17 teve como objetivo alçar a proteção de dados pessoais ao rol de direitos fundamentais do ordenamento brasileiro, alterando o art. 5.º da Constituição de 1988, que até então comtemplava expressamente a inviolabilidade da vida privada e da intimidade (inciso X), da interceptação de comunicações telefônicas, telegráficas ou de dados (inciso XII), além do *writ* constitucional do habeas data (LXXII). Previa também a inclusão de novo inciso ao art. 22, estabelecendo a competência privativa da União Federal para legislar sobre o assunto.[191]

Após tramitação bicameral, o projeto sofreu duas alterações na Câmara dos Deputados, sendo a primeira a criação de novo inciso do art. 5.º, o LXXIX; a segunda atribuiu à União Federal a competência de organizar e fiscalizar a proteção e o tratamento de dados pessoais.

No dia 20 de outubro de 2021 houve a votação aberta da PEC17 em dois turnos no Senado, obtendo unanimidade de votos de todos os Senadores e Senadoras presentes (64 a favor, nenhum contra no 1.º Turno; 76 a favor, nenhum contra no 2.º Turno). Em 11 de fevereiro de 2022, Diário Oficial da União, publicou a Emenda Constitucional n.º 115:

---

189. SENADO FEDERAL. *Proposta de Emenda à Constituição n.º 17, de 2019.* Avulso inicial da matéria. p. 4. Disponível em: https://legis.senado.leg.br/sdleg-getter/documento?dm=7925004&ts=1647518557360. Acesso em: 03 abr. 2023.

190. SENADO FEDERAL. *Proposta de Emenda à Constituição n.º 17, de 2019.* Avulso inicial da matéria. p. 4. Disponível em: https://legis.senado.leg.br/sdleg-getter/documento?dm=7925004&ts=1647518557360. Acesso em: 03 abr. 2023.

191. Confere-se na proposta inicial o texto original: Art. 1.º Inclua-se no art. 5.º, da Constituição Federal, o seguinte inciso XII-A: Art. 5.º [...] XII-A – é assegurado, nos termos da lei, o direito à proteção de dados pessoais, inclusive nos meios digitais. (NR) Art. 2.º Inclua-se no art. 22, da Constituição Federal, o seguinte inciso XXX, com os ajustes redacionais necessários: Art. 22 [...] XXX – proteção e tratamento de dados pessoais. (NR). (SENADO FEDERAL. *Proposta de Emenda à Constituição n.º 17, de 2019.* Avulso inicial da matéria. p. 4. Disponível em: https://legis.senado.leg.br/sdleg-getter/documento?dm=7925004&ts=1647518557360. Acesso em: 03 abr. 2023).

> **DIÁRIO OFICIAL DA UNIÃO** - Seção 1
>
> ---
>
> ### Atos do Congresso Nacional
>
> ---
>
> **EMENDA CONSTITUCIONAL Nº 115**
>
> > Altera a Constituição Federal para incluir a proteção de dados pessoais entre os direitos e garantias fundamentais e para fixar a competência privativa da União para legislar sobre proteção e tratamento de dados pessoais.
>
> As Mesas da Câmara dos Deputados e do Senado Federal, nos termos do § 3º do art. 60 da Constituição Federal, promulgam a seguinte Emenda ao texto constitucional:
> Art. 1º O **caput** do art. 5º da Constituição Federal passa a vigorar acrescido do seguinte inciso LXXIX:
> "Art. 5º ....
>
> LXXIX - é assegurado, nos termos da lei, o direito à proteção dos dados pessoais, inclusive nos meios digitais. .... (NR)
>
> Art. 2º O **caput** do art. 21 da Constituição Federal passa a vigorar acrescido do seguinte inciso XXVI:
> "Art. 21. ....
>
> XXVI - organizar e fiscalizar a proteção e o tratamento de dados pessoais, nos termos da lei." (NR)
> Art. 3º O **caput** do art. 22 da Constituição Federal passa a vigorar acrescido do seguinte inciso XXX:
> "Art. 22. ....
>
> XXX - proteção e tratamento de dados pessoais.
> .... " (NR)
> Art. 4º Esta Emenda Constitucional entra em vigor na data de sua publicação.
>
> Brasília, em 10 de fevereiro de 2022

192

O ordenamento jurídico brasileiro percorreu um longo caminho até a promulgação da Emenda Constitucional n.º 115/2022. Combinada com LGPD de 2018, abandonou um passado marcado por leis setoriais, que configuravam verdadeira colcha de retalhos na até então incompleta tutela dos dados pessoais do país. O significado de sua aprovação para a população brasileira talvez não tenha merecido a atenção e celebração necessárias, em especial diante da magnitude que esta conquista representou para a proteção da dignidade da pessoa humana e dos riscos impostos pela era informacional às liberdades e garantias individuais.

O mais novo inciso LXXIX do art. 5.º da Constituição de 1988 representa a tutela constitucional "do mais expressivo" direito fundamental "da condição

---

192. O original do documento firmado de próprio punho pelos membros do parlamento pode ser acessado no *website* do Senado Federal. Disponível em: https://legis.senado.leg.br/sdleg-getter/documento?dm=9091240. Acesso em: 03 abr. 2023.

humana contemporânea",[193] tratando-se de verdadeiro "marco civilizatório" que completou a "arquitetura legislativa da proteção de dados no Brasil".[194] Nas palavras da Autoridade Nacional de Proteção de Dados:

> A constitucionalização da proteção de dados como direito fundamental e cláusula pétrea traz avanços significativos para os titulares de dados pessoais e para a garantia dos direitos de privacidade, proteção de dados, e outros direitos, além de deixar ainda mais clara a necessidade de um esforço multissetorial para o fortalecimento de uma cultura de privacidade e proteção de dados no País.[195]

2.6.8 Aprovação e a promulgação da LGPD: o Brasil de despede da periferia da proteção de dados pessoais

Em 14 de agosto de 2018, o então Presidente Michel Temer sancionou, com alguns vetos,[196] a Lei n.º 13.709 – Lei Geral de Proteção de Dados Pessoais (LGPD), publicada no Diário Oficial da União de 15 de agosto de 2018, com posterior republicação parcial em Edição Extra do mesmo dia, por conta de erro material no artigo 52. A redação final veio do Parecer n.º 129, de 2018-PLEN/SF, da Comissão Diretora, que consolidou as Emendas de redação aprovadas pelo Plenário do Senado. Laura Schertel Mendes e Danilo Doneda sintetizam o caminho percorrido:

> A sanção da Lei 13.709/2018 (LGL\2018\7222) – Lei Geral de Proteção de Dados Pessoais (LGPD), no dia 14 de agosto de 2018, é resultado de um esforço de, pelo menos, oito anos de debates e duas consultas públicas, que se iniciaram desde a elaboração da primeira versão do anteprojeto de lei pelo Ministério da Justiça em 2010. A partir de um processo democrático realizado na

---

193. "Relembrar isto a cada momento não é verbosidade, pois toda mudança que afeta a proteção de dados tem impacto sobre o grau de democracia que nós podemos experimentar" (RODOTÀ, Stefano. *A vida na sociedade de vigilância*: a privacidade hoje. Rio de Janeiro: Renovar, 2008. p. 21).

194. Fala do ministro do Superior Tribunal de Justiça Ricardo Villas Bôas Cueva (RODAS, Sérgio. Constitucionalização da proteção de dados é marco e aumenta segurança jurídica. *Consultor Jurídico*, 11 fev. 2022. Disponível em: https://www.conjur.com.br/2022-fev-11/constitucionalizacao-protecao-dados-marco-aumenta-seguranca. Acesso em: 21 mar. 2023).

195. AUTORIDADE NACIONAL DE PROTEÇÃO DE DADOS (ANPD). Senado Federal aprova Proposta de Emenda à Constituição 17 (PEC 17/2019) que inclui a proteção de dados pessoais no rol de direitos e garantias fundamentais. *Gov.br*, 21 out. 2021. Disponível em: https://www.gov.br/anpd/pt-br/assuntos/noticias/senado-federal-aprova-proposta-de-emenda-a-constituicao-17-pec-17-2019-que-inclui-a-protecao-de-dados-pessoais-no-rol-de-direitos-e-garantias-fundamentais. Acesso em: 03 abr. 2023.

196. A LGPD foi sancionada com vetos, incluindo a criação da ANPD e do CNPD. O veto foi justificado pela necessidade de a criação do órgão regulador ser uma iniciativa do Poder Executivo, e não parlamentar. Algumas sanções e disposições relativas ao tratamento de dados pelo poder público também foram vetadas, justificadas pela "insegurança jurídica" que poderiam gerar e possíveis prejuízos à estabilidade do sistema financeiro. Foi vetado dispositivo que exigia transparência no compartilhamento de dados pessoais entre órgãos públicos, devido às supostas dificuldades práticas apontadas. O veto foi solicitado por bancos e associações do ramo financeiro, o Banco Central e vários ministérios (VALENTE, Jonas. Temer sanciona lei de proteção de dados mas veta órgão regulador. *Agência Brasil*, 14 ago. 2018. Disponível em: https://agenciabrasil.ebc.com.br/geral/noticia/2018-08/temer-sanciona-lei-de-protecao-de-dados-mas-veta-orgao-regulador. Acesso em: 28 jun. 2023).

internet e de forma muito semelhante ao debate público do Marco Civil da Internet, as consultas públicas realizadas em 2010 e 2015 resultaram em um total de quase 2.000 contribuições da sociedade civil, especialistas, órgãos do governo e empresas. Em 2016, o Projeto foi enviado à Câmara dos Deputados e passou a tramitar em paralelo com Projeto de Lei do Senado sobre o mesmo tema (PLS 330/2013). Na Câmara dos Deputados, foi criada a Comissão Especial de Proteção de Dados Pessoais e designado como relator o Deputado Orlando Silva, que, após uma série de audiências públicas, seminários e reuniões intersetoriais, conduziu a matéria para a sua aprovação por unanimidade em plenário. Em seguida, por meio da relatoria do Senador Ricardo Ferraço, o PLC 53/2018 foi aprovado por unanimidade também no Senado Federal.[197]

Com a LGPD, tratou-se de preencher verdadeiro vácuo legislativo[198] no sistema jurídico pátrio, criando mecanismos capazes de proporcionar mais eficácia para a tutela dos dados pessoais e da privacidade.[199] Inseriu o Brasil em grupo formado por mais de 160 países e territórios autônomos que adotam leis de proteção de dados pessoais, ou 137 dos 193 Estados-membros da Organização das Nações Unidas, aproximadamente dois terços de seus membros:

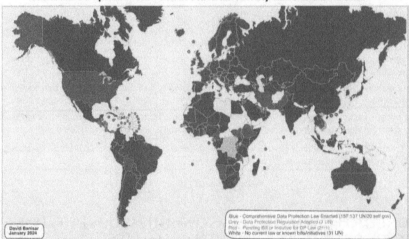

200

---

197. MENDES, Laura Schertel; DONEDA, Danilo. Comentário à nova Lei de Proteção de Dados (Lei 13.709/2018): o novo paradigma da proteção de dados no Brasil. *Revista de Direito do Consumidor*, São Paulo, v. 120, p. 576, nov./dez. 2018.
198. GOMES, Rodrigo Dias de Pinho. *Big Data*: desafios à tutela da pessoa humana na sociedade da informação. 2. ed. Rio de Janeiro: Lumen Juris, 2019. v. 1. p. 160-161.
199. "O exame do ordenamento jurídico brasileiro indica a ausência de mecanismos capazes de proporcionar eficaz proteção da privacidade de informações privadas quando processadas por meios informatizados" (DONEDA, Danilo. Considerações iniciais sobre os bancos de dados informatizados e o direito à privacidade. In: TEPEDINO, Gustavo (coord.). *Problemas de direito civil-constitucional*. Rio de Janeiro: Renovar, 2000. p. 134).
200. Em 2024, cerca de 82% da população mundial vive sob jurisdições que implementaram leis de proteção de dados e privacidade. (BANISAR, David. National Comprehensive Data Protection/Privacy Laws

A escolha pela adoção do modelo europeu de tutela dos dados pessoais e representou inegável salto evolutivo no sistema jurídico pátrio,[201] retirando o Brasil da periferia[202] em comparação com os chamados países desenvolvidos.

Por fim, a positivação dos interesses legítimos como requisito para o tratamento de dados pessoais no sistema jurídico pátrio ocorreu através da redação final aprovada LGPD. No quadro abaixo, é possível verificar os dispositivos que tratam diretamente do tema:

Quadro 2 – O legítimo interesse na Lei n.º 13.709/2018 – LGPD –
Dispositivos que versam diretamente sobre o tema.

Art. 7.º O tratamento de dados pessoais somente poderá ser realizado nas seguintes hipóteses: [...] IX – quando necessário para atender aos interesses legítimos do controlador ou de terceiro, exceto no caso de prevalecerem direitos e liberdades fundamentais do titular que exijam a proteção dos dados pessoais;
Art. 10. O legítimo interesse do controlador somente poderá fundamentar tratamento de dados pessoais para finalidades legítimas, consideradas a partir de situações concretas, que incluem, mas não se limitam a: I – apoio e promoção de atividades do controlador; e II – proteção, em relação ao titular, do exercício regular de seus direitos ou prestação de serviços que o beneficiem, respeitadas as legítimas expectativas dele e os direitos e liberdades fundamentais, nos termos desta Lei. § 1.º Quando o tratamento for baseado no legítimo interesse do controlador, somente os dados pessoais estritamente necessários para a finalidade pretendida poderão ser tratados. § 2.º O controlador deverá adotar medidas para garantir a transparência do tratamento de dados baseado em seu legítimo interesse. § 3.º A autoridade nacional poderá solicitar ao controlador relatório de impacto à proteção de dados pessoais, quando o tratamento tiver como fundamento seu interesse legítimo, observados os segredos comercial e industrial.
Art. 37. O controlador e o operador devem manter registro das operações de tratamento de dados pessoais que realizarem, especialmente quando baseado no legítimo interesse.

Fonte: O autor (2024).

2.7 CONCEITO E CARACTERÍSTICAS DISTINTIVAS DOS INTERESSES LEGÍTIMOS NA LGPD: A "HIPÓTESE CAMALEÃO"

A hipótese autorizativa do interesse legítimo é defendida pela doutrina como uma das três características centrais da LGPD, ao lado do conceito expansionista de dado pessoal e da necessidade de utilização de uma base legal para qualquer

---

and Bills 2024. *Social Science Research Network (SSRN)*, 29 jan. 2024. Disponível em: https://papers.ssrn.com/sol3/papers.cfm?abstract_id=1951416. Acesso em: 10 jun. 2024).

201. GOMES, Rodrigo Dias de Pinho. *Big Data*: desafios à tutela da pessoa humana na sociedade da informação. 2. ed. Rio de Janeiro: Lumen Juris, 2019. v. 1. p. 147.

202. DONEDA, Danilo. Considerações iniciais sobre os bancos de dados informatizados e o direito à privacidade. In: TEPEDINO, Gustavo (coord.). *Problemas de direito civil-constitucional*. Rio de Janeiro: Renovar, 2000. p. 129.

2 • CONCEITO, TRAJETÓRIA E TUTELA JURÍDICA DOS INTERESSES LEGÍTIMOS

atividade de tratamento.[203] Para além da autodeterminação informativa e do livre desenvolvimento da personalidade, o art. 2.º[204] da Lei Geral de Proteção de Dados as articula e concilia, através de notável dialética[205] com o desenvolvimento econômico, tecnológico e inovação, a livre iniciativa e concorrência.[206]

Sua concepção foi fruto de três fatores principais: do reconhecimento da essencialidade da circulação de dados pessoais na sociedade da informação; pela necessidade de se tolerar determinadas limitações ao exercício informacional; e da insuficiência da utilização de bases legais objetivas, com finalidades predefinidas pelo legislador, para lidar com o complexo quadro de hipóteses de tratamento. Reconhece-se fundamental o fornecimento de subsídios jurídicos ao agente de tratamento, para que esteja apto a desempenhar suas atividades com respaldo em base legal apropriada, desde que cumpridos certos requisitos.

Atende-se às exigências formuladas pelo mercado (entendido como os agentes de tratamento do setor privado que, comumente, tratam dados pessoais em larga escala), garantido maior flexibilidade para o ecossistema de tratamento de dados pessoais – que historicamente se pautou na preferência pelo consentimento – desde que não prevaleçam os direitos e liberdades fundamentais do

---

203. MENDES, Laura Schertel; DONEDA, Danilo. Comentário à nova Lei de Proteção de Dados (Lei 13.709/2018): o novo paradigma da proteção de dados no Brasil. *Revista de Direito do Consumidor*, São Paulo, v. 120, p. 576, nov./dez. 2018.

204. Lei n.º 13.709, de 14 de agosto de 2018. Lei Geral de Proteção de Dados Pessoais (LGPD). Art. 2.º A disciplina da proteção de dados pessoais tem como fundamentos: I – o respeito à privacidade; II – a autodeterminação informativa; III – a liberdade de expressão, de informação, de comunicação e de opinião; IV – a inviolabilidade da intimidade, da honra e da imagem; V – o desenvolvimento econômico e tecnológico e a inovação; VI – a livre-iniciativa, a livre concorrência e a defesa do consumidor; e VII – os direitos humanos, o livre desenvolvimento da personalidade, a dignidade e o exercício da cidadania pelas pessoas naturais.

205. "As suas disposições preliminares enunciam que a disciplina da proteção de dados pessoais tem como objetivo proteger os direitos fundamentais e o livre desenvolvimento da personalidade (art. 1.º), repetindo-os como um dos seus fundamentos ao lado do desenvolvimento econômico-tecnológico e da inovação (art. 2.º). A LGPD estabelece, portanto, uma dialética normativa de conciliação entre todos esses elementos. O principal vetor para alcançar tal objetivo é franquear ao cidadão controle sobre seus dados pessoais. Essa estratégia vai além do consentimento do titular dos dados, pelo qual ele autorizaria o seu uso. Tão importante quanto esse elemento volitivo é assegurar que o fluxo informacional atenda às suas legítimas expectativas e, sobretudo, não seja corrosivo ao livre desenvolvimento da sua personalidade" (BIONI, Bruno Ricardo. *Proteção de dados pessoais*: a função e os limites do consentimento. Rio de Janeiro: Forense, 2019. Livro eletrônico não paginado).

206. "O que se quer dizer é que a relação entre pessoa e mercado, no contexto do novel diploma legal, deve ser diretamente proporcional: na medida em que a proteção dos dados seja eficiente, resguardando-se a personalidade e a privacidade em todos os seus matizes, o mercado também será protegido, com foco no desenvolvimento econômico e tecnológico, capaz de fomentar a livre-iniciativa e a livre concorrência, sem embaraços de qualquer espécie. A Lei parece clara nesse sentido" (REGIS, Erick da Silva. Linhas gerais sobre a Lei 13.709/2018 (a LGPD): objetivos, fundamentos e axiologia da Lei Geral de Proteção de Dados brasileira e a tutela de personalidade/privacidade. *Revista de Direito Privado*, São Paulo, v. 21, n. 103, p. 71-72, jan./mar. 2020).

titular que exijam a proteção dos dados pessoais, além de cumpridos certos requisitos adicionais.

O interesse legítimo representa a única base legal sem uma finalidade prévia e objetiva no texto legal, quando ausente o consentimento do titular. Geralmente, qualquer interesse poderá ser considerado legítimo, conquanto se revele compatível com o ordenamento jurídico e não contrarie disposição legal.[207]

A *hipótese camaleão*[208] se singulariza por sua plasticidade e adaptabilidade.[209] Ao mesmo tempo que traz um risco jurídico[210] para o agente de tratamento, acaba por atender exigências do mercado,[211] transformando-se no fundamento mais utilizado[212] no setor privado.[213] Destaca-se a passagem a seguir:

> [...] LGPD tem por objetivo não só garantir a privacidade e outros direitos fundamentais dos cidadãos, mas, também, fomentar a economia. [...] Com isso, garante-se, em última análise, segurança jurídica para tais relações. Ao invés de um custo operacional, os setores regulados,

---

207. LOPES, Alexandra Krastins et al. *Guia orientativo: cookies* e proteção de dados pessoais. Brasília: ANPD, out. 2022. p. 23. Disponível em: https://www.gov.br/anpd/pt-br/documentos-e-publicacoes/guia-orientativo-cookies-e-protecao-de-dados-pessoais.pdf. Acesso em: 08 ago. 2023.

208. BIONI, Bruno Ricardo. *Xeque-mate*: o tripé de proteção de dados pessoais no xadrez das iniciativas legislativas no Brasil. São Paulo: GPoPAI-USP, 2016. p. 49. Disponível em: https://www.academia.edu/28752561/Xeque-Mate_o_trip%C3% A9_de_ prote%C3%A7%C3%A3o_de_dados_pessoais_no_xadrez_das_iniciativas_legislativas_no_Brasil. Acesso em: 18 maio 2022.

209. MATTIUZZO, Marcela; PONCE, Paula Pedigoni. O legítimo interesse e o teste da proporcionalidade: uma proposta interpretativa. *Revista Internet & Sociedade*, v. 1, n. 2, p. 58, 2020.

210. LEONARDI, Marcel. *Parecer*. Tribunal de Justiça do Distrito Federal e dos Territórios. Ação Civil Pública n.º 0736634-81.2020.8.07.0001. 5.ª Vara Cível de Brasília/DF. p. 3). "Um dos temas mais traiçoeiros no campo da proteção de dados pessoais" (BIONI, Bruno. Prefácio. In: COTS, Márcio; OLIVEIRA, Ricardo (coord.). *O legítimo interesse e a LGPD* – Lei Geral de Proteção de Dados Pessoais. São Paulo: Thomson Reuters Brasil, 2020. p. 7).

211. "De um lado, o legítimo interesse surge como base legal independente do consentimento, com a potencialidade de conferir ao tratamento de dados pessoais contornos mais próximos às exigências do mercado. De outro, poderá considerar-se de interesse legítimo o tratamento de dados pessoais efetuado para efeitos de comercialização tendo em vista que, a respeitarem-se as expectativas do titular de dados, os principais requisitos para valer-se dessa base legal voltam-se para o controlador: interesse próprio, objetivar finalidades legítimas, necessidade gerada por situações concretas" (FERRAZ JÚNIOR, Tércio Sampaio. *Parecer*. Tribunal de Justiça do Distrito Federal e dos Territórios. Ação Civil Pública n.º 0736634-81.2020.8.07.0001. 5.ª Vara Cível de Brasília/DF. p. 14).

212. "[...] especialistas europeus estimam que, a partir da vigência do Regulamento Geral de Proteção de Dados europeu (GDPR), cerca de 70% dos processos de tratamento de dados pessoais estariam se dando a partir do legítimo interesse [...]" (MATTIUZZO, Marcela; PONCE, Paula Pedigoni. O legítimo interesse e o teste da proporcionalidade: uma proposta interpretativa. *Revista Internet & Sociedade*, v. 1, n. 2, p. 58, 2020).

213. "Ela se tornou, dadas as suas características, uma alternativa que se adequa de modo ideal às demandas de atividades econômicas que dependem do tratamento intensivo de dados. A versatilidade e aplicação autônoma desse requisito, que parece prescindir de uma interação com o titular dos dados que serão objeto de tratamento, alçaram os interesses legítimos à condição de escolha popular entre entidades dos mais diversos setores" (PEREIRA DE SOUZA, Carlos Affonso; VIOLA, Mario; PADRÃO, Vinicius. Considerações iniciais sobre os interesses legítimos do controlador na Lei Geral de Proteção de Dados Pessoais. *RDU*, Porto Alegre, v. 16, n. 90, p. 110, nov./dez. 2019).

principalmente a iniciativa privada, podem e devem enxergar a proteção dos dados pessoais como um elemento de inovação e fomento à economia. Essa é, aliás, uma perspectiva que tem acompanhado historicamente a criação e a consolidação das normativas a esse respeito.[214]

No entanto, como já salientado, não se trata de "cheque em branco",[215] jamais poderá representar uma escolha preconcebida ou opção preferencial do agente de tratamento, tampouco utilizado como uma tábua de salvação, a "última chance"[216] para situações nas quais não se encaixou nenhum outro fundamento legal. Neste prisma, evidente que a liberdade conferida ao agente de tratamento deve ser temperada pela observância de robusta "fórmula compromissária"[217] trazida na parte final do mesmo inciso IX do art. 7.º, quando informa a necessidade de ponderação dos interesses legítimos com os "direitos e liberdades fundamentais do titular que exijam a proteção dos dados pessoais".

Apesar do claro objetivo de se conferir maior flexibilidade para o ecossistema de tratamento de dados pessoais,[218] atrai para si um sistema de freios e contrapesos.[219]

---

214. BIONI, Bruno; MONTEIRO, Renato Leite. Proteção de dados pessoais como elemento de inovação e fomento à economia: o impacto econômico de uma lei geral de dados. In: REIA, Jhessica; FRANCISCO, Pedro Augusto P.; BARROS, Marina; MAGRANI, Eduardo. *Horizonte presente tecnologia e sociedade em debate*. Belo Horizonte: Casa do Direito; FGV, 2019. p. 232. Destaca-se ainda: "Não há nada na jurisprudência do TJUE que permita concluir que o TJUE é de opinião que os interesses económicos não podem ser considerados legítimos nos termos do Artigo 6(1)(f) RGPD. [...] Além das explicações descritas acima, lembramos que o objetivo do GDPR é não para dificultar as atividades comerciais, mas sim para permitir a condução dos negócios enquanto garantindo simultaneamente um alto nível de proteção de dados" (EUROPEAN COMMISSION. *Carta do Diretor da Comissão Europeia para o Diretor da Autoridade Holandesa de Proteção de Dados*. Ref. Ares(2020)1417369 – 06.03.2020. Disponível em: https://static.nrc.nl/2022/pdf/letter-dutch-dpa-legitimate-interest.pdf. Acesso em: 09 jul. 2022).
215. CÂMARA DOS DEPUTADOS. *Parecer da Comissão Especial destinada a proferir parecer ao Projeto de Lei n.º 4060/2016*. p. 34. Disponível em: https://www.camara.leg.br/proposicoesWeb/prop_mostrarintegra? codteor=1663305&filename=SBT+1+PL406012+=%3E+PL+4060/2012. Acesso em: 27 jun. 2022.
216. Tradução livre do autor (EUROPEAN COMMISSION. Grupo de Trabalho do Artigo 29. *Opinião 06/2014 sobre a noção de interesses legítimos do controlador de dados nos termos do artigo 7.º da Diretiva 95/46/CE*. Adotado em 9 de abril de 2014. p. 9. Disponível em: https://ec.europa.eu/justice/article-29/documentation/opinion-recommendation/files/2014/wp217_pt.pdf. Acesso em: 03 nov. 2022).
217. "Mas se, por um lado, a Constituição demonstra esta inclinação pelo social, por outro ela não abandona o regime capitalista de produção, nos seus pilares essenciais. Neste sentido, a livre iniciativa é consagrada como fundamento da ordem econômica, a liberdade de empresa é assegurada e a propriedade privada protegida como direito fundamental. Porém, a opção capitalista é temperada pela preocupação constante com a solidariedade e a justiça social, através das variadas fórmulas compromissárias" (SARMENTO, Daniel. *Direitos fundamentais e relações privadas*. Rio de Janeiro: Lumen Juris, 2004. p. 212).
218. BALBONI, Paolo; COOPER, Daniel; IMPERIALI, Rosario; MACENAITE, Milda. Legitimate Interest of the Data Controller – New Data Protection paradigm: Legitimacy grounded on appropriate protection. *International Data Privacy Law*, v. 3, n. 4, p. 246, 2013.
219. BIONI, Bruno Ricardo. *Xeque-mate*: o tripé de proteção de dados pessoais no xadrez das iniciativas legislativas no Brasil. São Paulo: GPoPAI-USP, 2016. p. 40. Disponível em: https://www.academia.

Nesta toada, é possível afirmar que o interesse legítimo previsto no inciso IX do art. 7.º da LGPD tem a natureza de conceito jurídico indeterminado, intencionalmente inscrito no ordenamento como verdadeira cláusula geral, cuja abertura semântica[220] se singulariza pela plasticidade de acordo com cada situação concretamente identificada. De acordo com a Autoridade Nacional de Proteção de Dados:

> O legítimo interesse é a hipótese legal prevista no art. 7.º, IX da Lei Geral de Proteção de Dados Pessoais – LGPD (Lei n.º 13.709/2018), que autoriza o tratamento de dados pessoais gerais (não sensíveis), quando necessário, para atender aos interesses legítimos do controlador ou de terceiros, desde que tais interesses e finalidades não violem direitos e liberdades fundamentais do titular de dados que exijam a proteção dos dados pessoais.[221]

Excetuada as hipóteses do legítimo interesse e do consentimento, nos demais incisos do art. 7.º, a exemplo do sistema Europeu,[222] o próprio legislador elegeu aprioristicamente as finalidades legítimas do tratamento: cumprimento de obrigação legal ou regulatória (inciso II); políticas públicas (inciso III); estudos por órgão de pesquisa (inciso IV), contrato (inciso V); exercício regular de direitos em processos (inciso VI); proteção da vida ou da incolumidade física (inciso VII); tutela da saúde (inciso VIII) e proteção do crédito (inciso X). Daí se extrai a premissa de que, com exceção do legítimo interesse, a utilização dos demais requisitos de licitude virá revestida, *a priori*, de presunção de licitude,

---

edu/28752561/Xeque-Mate_o_trip%C3%A9_de_prote%C3%A7%C3%A3o_de_ dados_pessoais_no_xadrez_das_iniciativas_legislativas_no_Brasil. Acesso em: 18 maio 2022.

220. BESSA, Leonardo Roscoe; BELINTAI, Nathália Maria Marcelino Galvão. LGPD e a importância da vontade do titular de dados na análise do legítimo interesse. *Brazilian Journal of Development*, Curitiba, v. 7, n. 12, p. 114823, dez. 2022. Disponível em: https://ojs.brazilianjournals.com.br/ojs/index.php/BRJD/article/view/41007/pdf. Acesso em: 02 jan. 2023.

221. AUTORIDADE NACIONAL DE PROTEÇÃO DE DADOS (ANPD). Guia orientativo: hipóteses legais de tratamento de dados pessoais. Legítimo interesse. Brasília: ANPD, fev. 2024. Versão 1.0. p. 5. Disponível em: https://www.gov.br/anpd/pt-br/documentos-e-publicacoes/guia_legitimo_interesse.pdf. Acesso em: 04 fev. 2024.

222. "Por outras palavras, o primeiro fundamento, previsto no artigo 7.º, alínea a), centra-se na autodeterminação da pessoa em causa como fundamento para o tratamento legítimo. Em contrapartida, todos os outros fundamentos permitem o tratamento – sob reserva de garantias e medidas – em situações nas quais, independentemente do consentimento, o tratamento de dados num determinado contexto seja adequado e necessário para prosseguir um interesse legítimo específico. Cada uma das alíneas b), c), d) e e) especifica um critério que legitima o tratamento: b) A execução de um contrato com a pessoa em causa; c) O cumprimento de uma obrigação legal imposta ao responsável pelo tratamento; d) A proteção de interesses vitais da pessoa em causa; e) A execução de uma missão de interesse público" (COMISSÃO EUROPEIA. Grupo de Trabalho de Proteção de Dados do Artigo 29. *Parecer 06/2014 sobre o conceito de interesses legítimos do responsável pelo tratamento dos dados na aceção do artigo 7.º da Diretiva 95/46/CE*. Adotado em 9 de abril de 2014. p. 21. Disponível em: https://ec.europa.eu/justice/article-29/documentation/opinion-recommendation/files/2014/wp217_pt.pdf. Acesso em: 26 dez. 2022).

posto que o legislador ponderou previamente[223] os interesses em jogo e optou pela licitude da respectiva atividade de tratamento,[224] desde que em sintonia com o ordenamento jurídico, os princípios de tratamento, direitos dos titulares e demais previsões da LGPD.

Constatada a ausência de presunção de que o interesse do controlador ou do terceiro estariam em equilíbrio com os direitos dos titulares cujos dados pessoais são objeto do tratamento, a sua utilização demanda um procedimento prévio, diante da necessidade de criteriosa avaliação pelo controlador, de forma documentada, das legítimas expectativas dos titulares e do respeito aos seus direitos e liberdades individuais, conforme se verá no próximo capítulo.

---

223. "Tanto na determinação como na permissão normativa, houve prévia ponderação de valores pelo legislador para se concluir pela importância de, independentemente da vontade do titular, haver o tratamento de dados" (BESSA, Leonardo Roscoe; BELINTAI, Nathália Maria Marcelino Galvão. LGPD e a importância da vontade do titular de dados na análise do legítimo interesse. *Brazilian Journal of Development*, Curitiba, v. 7, n. 12, p. 440, dec. 2022. DOI:10.34117/bjdv7n12-311. p. 114826. Disponível em: https://ojs.brazilianjournals.com.br/ojs/index.php/BRJD/article/view/41007/pdf. Acesso em: 02 jan. 2023).

224. "Quando a lei autoriza o tratamento sem consentimento, a legitimidade é baseada na determinação da sociedade de que essas atividades são do seu melhor interesse" (Tradução livre do autor) (SOLOVE, Daniel J. Murky Consent: An Approach to the Fictions of Consent in Privacy Law. *Social Science Research Network (SSRN)*, 2023. p. 13. Disponível em: https://ssrn.com/abstract=4333743. Acesso em: 26 jan. 2023).

3
INTERESSES LEGÍTIMOS NA LGPD: REQUISITOS, CRITÉRIOS INTERPRETATIVOS E PROCEDIMENTOS DE APLICAÇÃO

Uma única força move o mundo: o interesse. (Friedrich Schiller)

O interesse legítimo constitui a principal base legal utilizada pelos agentes de tratamento do setor privado.[1] Alguns exemplos retratam este cenário. De acordo com o Grupo de Trabalho do Artigo 29, são eles, dentre outros, o marketing ou publicidade; envio de mensagens não comerciais para campanhas políticas ou de caridade; promoção de ações filantrópicas; na prevenção de fraude e na segurança de TI e de redes; desenvolvimento de estudos que potencialmente beneficiem a sociedade; na prevenção de fraudes, uso indevido de produtos ou serviços; no monitoramento de funcionários para fins de segurança ou gerenciamento; gestão de canais de denúncia corporativos e investigações internas.[2]

No Regulamento Europeu de Proteção de Dados, constam nos considerandos 47, 48, 49 e 50 algumas hipóteses exemplificativas: a prevenção e controle de fraudes; comercialização direta; transmissão de dados pessoais no âmbito do grupo de empresas para fins administrativos internos; para assegurar a segurança da rede e das informações, para garantia da disponibilidade, a autenticidade, a integridade e a confidencialidade dos dados pessoais conservados ou transmi-

---

1. "Aliás, atualmente a principal modalidade de tratamento de dados pessoais no sistema europeu é justamente a existência de interesses legítimos do responsável ou de terceiros" (LEONARDI, Marcel (Google Brasil). In: RUIZ, Juliana. O que pode autorizar o tratamento de dados pessoais. *Internetlab*, 12 jul. 2016. Disponível em: https://internetlab.org.br/pt/opiniao/especial-o-que-pode-autorizar-o--tratamento-de-dados-pessoais/. Acesso em: 18 jun. 2023).

2. COMISSÃO EUROPEIA. Grupo de Trabalho de Proteção de Dados do Artigo 29. *Parecer 06/2014 sobre o conceito de interesses legítimos do responsável pelo tratamento dos dados na aceção do artigo 7.º da Diretiva 95/46/CE.* Adotado em 9 de abril de 2014. p. 25. Disponível em: https://ec.europa.eu/justice/article-29/documentation/opinion-recommendation/files/2014/wp217_pt.pdf. Acesso em: 26 dez. 2022.

tidos; na transmissão à autoridade competente de dados pessoais pertinentes diante de eventuais atos criminosos ou ameaças à segurança pública. Igualmente se advoga sua utilização com a finalidade de propiciar controles internos, como a governança corporativa e questões de compliance / conformidade;[3] prospecção para atividades de caridade e otimização e planejamento logístico.[4]

A Autoridade brasileira igualmente tratou de trazer hipóteses práticas: utilização de cookies para fins de medição de audiência;[5] escola que coleta dados de estudantes para acessar a internet e garantir segurança na rede *wi-fi*; *shopping center* que faz o uso câmeras para aumentar a segurança e prevenir ilícitos; universidade que envia promoções de sua editora, via *e-mail* e *app* aos seus membros; instituição de ensino que divulga campanha de desconto em escola de idiomas para desenvolvimento de seu corpo de funcionários; loja online que utiliza o histórico de compras de seus clientes para enviar propaganda de produtos via *e-mail*.[6]

Há na LGPD um pequeno rol exemplificativo nos incisos I e II do art. 10, tratando-se de peculiaridade do ordenamento brasileiro, que não encontra respaldo no Regulamento Europeu de Proteção de Dados, conforme exposto no item 2.6.4. Menciona o dispositivo haver a possibilidade de utilização dos interesses legítimos para apoio e promoção das atividades de um controlador; com o objetivo de prestar serviços que beneficiem o titular[7] ou ainda com fins de proteção do exercício regular de seus direitos.

---

3. GUIDANCE on the use of Legitimate Interests under the EU General Data Protection Regulation. Version 2.0. *Data Protection Network*, 2018. p. 6. Disponível em: https://dpnetwork.org.uk/dpn-legitimate-interests-guidance/. Acesso em: 20 jan. 2023.
4. GUIDANCE on the use of Legitimate Interests under the EU General Data Protection Regulation. Version 2.0. *Data Protection Network*, 2018. p. 11, 14. Disponível em: https://dpnetwork.org.uk/dpn-legitimate-interests-guidance/. Acesso em: 20 jan. 2023.
5. "A utilização de cookies para fins de medição de audiência (cookies analíticos ou de medição) pode ser amparada na hipótese legal do legítimo interesse em determinados contextos, observados, em qualquer hipótese, os requisitos previstos na LGPD. Em particular, é razoável supor que a medição de audiência constituirá um interesse legítimo do controlador, bem como que os riscos à privacidade de titulares serão de menor monta quando o tratamento se limitar à finalidade específica de identificação de padrões e tendências, com base em dados agregados e sem a combinação com outros mecanismos de rastreamento ou sem a formação de perfis de usuários" (LOPES, Alexandra Krastins et al. *Guia orientativo*: cookies e proteção de dados pessoais. Brasília: ANPD, out. 2022. p. 24. Disponível em: https://www.gov.br/anpd/pt-br/documentos-e-publicacoes/guia-orientativo-cookies-e-protecao-de-dados-pessoais.pdf. Acesso em: 08 ago. 2023).
6. AUTORIDADE NACIONAL DE PROTEÇÃO DE DADOS (ANPD). *Estudo preliminar*: hipóteses legais de tratamento de dados pessoais. Legítimo interesse. Brasília: ANPD, ago. 2023. Versão 1.0. Documento não paginado. Disponível em: https://www.gov.br/participamaisbrasil/consulta-a-sociedade-de-estudo-preliminar-sobre-legitimo-interesse-1. Acesso em: 20 set. 2023.
7. "Exemplo 8: Envio de mensagens com propagandas para clientes de loja virtual. O titular de dados cadastra-se em site de loja de roupas virtual a fim de efetuar compras. A loja, nesse caso controlador, utiliza o histórico de compras do titular para enviar propagandas com novos produtos, via e-mail. Análise: Nesse caso, verifica-se, para além de uma finalidade legítima e considerando uma situação

3 • INTERESSES LEGÍTIMOS NA LGPD

Como visto no capítulo antecedente – item 2.7, denota-se relação direta como o direito constitucionalmente assegurado à livre iniciativa,[8] com abrigo do art. 1.º e 170 da Constituição Federal, com a parte inicial do inciso IX do art. 7.º, que autoriza o tratamento de dados pessoais *quando necessário para atender aos interesses legítimos do controlador ou de terceiro*. A funcionalização[9] deste diálogo encontra guarida na introdução dos legítimos interesses na LGPD, através do quadro normativo previsto no inciso IX do art. 7.º; arts. 10 e 37.

Diante da ausência de presunção de que o interesse do controlador ou do terceiro estariam em posição de equilíbrio com os direitos e liberdades dos titulares cujos dados pessoais são objeto do tratamento, a sua utilização demanda um procedimento prévio, conforme mencionado no item supramencionado. Urge-se por criteriosa avaliação documentada pelo controlador, em especial análise das legítimas expectativas dos titulares e da garantia de respeito aos seus direitos e liberdades individuais,[10] conforme se verá a seguir.

3.1 *LEGITIMATE INTEREST ASSESSMENT – LIA* – COMO PROCEDIMENTO PREPARATÓRIO

Conforme já dito acima e no capítulo anterior, o interesse legítimo constitui única hipótese a exigir procedimento preparatório, mediante avaliação das legítimas expectativas e observância de direitos e liberdades individuais.[11] Destacou-se

---

concreta, a legítima expectativa do titular de ter seus dados tratados pela loja virtual em razão de uma relação de consumo já existente. Ou seja, é razoável supor que, ao realizar compras em uma determinada loja virtual, o consumidor receba promoções relacionadas a itens de seu interesse, salvo se optar por não as receber" (AUTORIDADE NACIONAL DE PROTEÇÃO DE DADOS (ANPD). *Estudo preliminar*: hipóteses legais de tratamento de dados pessoais. Legítimo interesse. Brasília: ANPD, ago. 2023. Versão 1.0. Documento não paginado. Disponível em: https://www.gov.br/participamaisbrasil/consulta-a-sociedade-de-estudo-preliminar-sobre-legitimo-interesse-1. Acesso em: 20 set. 2023).

8. GROSSI, Bernardo Menicucci. O legítimo interesse como base legal para o tratamento de dados pessoais. *Lei Geral de Proteção de Dados*: uma análise preliminar da Lei 13.709/2018 e da experiência de sua implantação no contexto empresarial [recurso eletrônico] Porto Alegre: Fi, 2020. p. 73.

9. "Mas em que consiste exatamente a funcionalização de um instituto? Funcionalizar um instituto consiste na instrumentalização de estruturas jurídicas para realização de determinados fins. Consiste na tarefa de descobrir sob qual finalidade certo instituto serve melhor para o cumprimento dos objetivos constitucionais, que é a tutela da pessoa humana na perspectiva não apenas individual, como também solidarista e relacional" (CASTRO, Julia Ribeiro de; SOUSA, Thiago Andrade. A dicotomia entre as situações existenciais e as situações patrimoniais. In: SCHREIBER, Anderson; KONDER, Carlos Nelson (coords.). *Direito civil constitucional*. São Paulo: Atlas, 2016. p. 150).

10. LOPES, Alexandra Krastins et al. *Guia orientativo*: cookies e proteção de dados pessoais. Brasília: ANPD, out. 2022. p. 23. Disponível em: https://www.gov.br/anpd/pt-br/documentos-e-publicacoes/guia-orientativo-cookies-e-protecao-de-dados-pessoais.pdf. Acesso em: 08 ago. 2023.

11. "[...] o legítimo interesse só pode ser justificado quando não for sobreposto pelos direitos e liberdades fundamentais do titular. Essa análise de sobreposição implica um teste de balanceamento, em que irá se verificar o que prevalece – o legítimo interesse do controlador ou os direitos e liberdades do titular

ainda que a opção pela base legal do interesse legítimo não significa um cheque em branco, de modo que a liberdade conferida ao controlador se reveste de um sistema de freios e contrapesos. O interesse deve ser temperado com a *fórmula compromissária*[12] inscrita na parte final inciso IX do art. 7.º, pois constitui tarefa essencial a ponderação dos interesses legítimos do agente de tratamento ou do terceiro com os "direitos e liberdades fundamentais do titular que exijam a proteção dos dados pessoais".[13]

A etapa preliminar é conhecida por diversas nomenclaturas: teste de balanceamento;[14] teste de ponderação;[15] teste de proporcionalidade;[16] também deno-

---

de dados" (AUTORIDADE NACIONAL DE PROTEÇÃO DE DADOS (ANPD). *Nota Técnica n.º 02/2021/CGTP/ANPD*. Atualização da Política de Privacidade do WhatsApp. Processo/documento n.º 00261.000012/2021-04. Brasília, mar. 2021. p. 24. Disponível em: https://www.gov.br/anpd/pt-br/assuntos/noticias/inclusao-de-arquivos-para-link-nas-noticias/NOTATECNICADACGTP.pdf. Acesso em: 27 jun. 2023).

12. SARMENTO, Daniel. *Direitos fundamentais e relações privadas*. Rio de Janeiro: Lumen Juris, 2004. p. 212.

13. Verifica-se *ratio* idêntica no RGPD: "Embora o rol de bases legais do RGPD e da LGPD sejam distintos, é possível observar uma paridade de diversas bases legais. Em particular, as bases legais de necessidade contratual e legítimo interesse, que são destacadas na resposta do Ofício n.º 49, possuem a mesma natureza principiológica para aplicação" (AUTORIDADE NACIONAL DE PROTEÇÃO DE DADOS (ANPD). *Nota Técnica n.º 02/2021/CGTP/ANPD*. Atualização da Política de Privacidade do WhatsApp. Processo/documento n.º 00261.000012/2021-04. Brasília, mar. 2021. p. 14. Disponível em: https://www.gov.br/anpd/pt-br/assuntos/noticias/inclusao-de-arquivos-para-link-nas-noticias/NOTATECNICADACGTP.pdf. Acesso em: 27 jun. 2023). No mesmo sentido: "Sendo a ponderação dos interesses obrigatória nos termos do regulamento, a decisão tem de ser tomada caso a caso (ver artigo 6.º, n.º 1, alínea f). É insuficiente referir situações abstratas ou comparar casos similares. O responsável pelo tratamento tem de avaliar os riscos de interferência com os direitos do titular dos dados, sendo o critério decisivo a intensidade da intervenção no que diz respeito aos direitos e liberdades do indivíduo". Comitê Europeu para a Proteção de Dados. Diretrizes 3/2019 sobre tratamento de dados pessoais através de dispositivos de vídeo. Versão 2.0. Adotado em 29 de janeiro de 2020. p. 12.

14. "... o legítimo interesse só pode ser justificado quando não for sobreposto pelos direitos e liberdades fundamentais do titular. Essa análise de sobreposição implica um teste de balanceamento, em que irá se verificar o que prevalece – o legítimo interesse do controlador ou os direitos e liberdades do titular de dados" (AUTORIDADE NACIONAL DE PROTEÇÃO DE DADOS (ANPD). *Nota Técnica n.º 02/2021/CGTP/ANPD*. Atualização da Política de Privacidade do WhatsApp. Processo/documento n.º 00261.000012/2021-04. Brasília, mar. 2021. p. 24. Disponível em: https://www.gov.br/anpd/pt-br/assuntos/noticias/inclusao-de-arquivos-para-link-nas-noticias/NOTATECNICADACGTP.pdf. Acesso em: 27 jun. 2023).

15. EUROPEAN COMMISSION. Grupo de Trabalho do Artigo 29. *Opinião 06/2014 sobre a noção de interesses legítimos do controlador de dados nos termos do artigo 7.º da Diretiva 95/46/CE*. Adotado em 9 de abril de 2014. p. 47. Disponível em: https://ec.europa.eu/justice/article-29/documentation/opinion-recommendation/files/2014/wp217_pt.pdf. Acesso em: 03 nov. 2022.

16. "Em relação ao teste de proporcionalidade, torna-se imperiosa sua aplicação à luz da metodologia civil-constitucional. Com efeito, deve-se proceder, a partir das peculiaridades de cada caso concreto, à análise funcional da cláusula aberta de interesses legítimos. O objetivo é verificar, in casu, qual interesse – seja do controlador, de terceiro ou do titular – está mais alinhado aos valores constitucionais e, portanto, deve prevalecer em um ordenamento jurídico unitário e complexo. Nessa conjuntura, a maior dificuldade que se impõe é a ponderação a ser realizada entre o interesse legítimo dos contro-

minado *"legitimate interest assessment (LIA)"*.[17] De maneira uníssona, entende-se que deverá ser realizada previamente ao início da atividade de tratamento.[18] Seu objetivo primordial consiste na avaliação dos eventuais impactos da atividade de tratamento nos direitos e liberdades individuais do titular e no sopesamento com os interesses legítimos do controlador ou de terceiros, demonstrando cabalmente a prevalência destes em detrimento daqueles, em cada uma das finalidades[19] escolhidas pelo controlador.[20]

---

ladores e os direitos e liberdades fundamentais dos titulares dos dados pessoais tratados" (PEREIRA DE SOUZA, Carlos Affonso; VIOLA, Mario; PADRÃO, Vinicius. Considerações iniciais sobre os interesses legítimos do controlador na Lei Geral de Proteção de Dados Pessoais. *RDU*, Porto Alegre, v. 16, n. 90, 126, nov./dez. 2019).

17. "Para guiar o intérprete e facilitar a aplicação desse requisito em bases mais consistentes, o Grupo de Trabalho do Artigo 29 preparou um parecer sobre a noção de interesses legítimos do controlador. O parecer do Grupo de Trabalho não apenas serviu para moldar o texto da GDPR, como também tornou conhecida a aplicação de um teste para avaliar se, no caso concreto, o controlador poderia se valer do requisito dos interesses legítimos para tratar dados pessoais. Em breve síntese, o legitimate interest assessment (LIA) previsto no documento do grupo apresenta quatro fases que devem ser cumpridas. As fases são: 1) avaliação dos interesses legítimos; 2) avaliação dos impactos da atividade de tratamento no titular do dado pessoal; 3) a análise do equilíbrio entre os interesses legítimos do controlador e os impactos no titular; e 4) as salvaguardas adotadas para proteger o titular dos dados e evitar qualquer impacto indesejado" (VIOLA, Mario; PADRÃO, Vinicius. Legítimo interesse e mercado de seguros: tratamento de dados e prevenção à fraude. *Consultor Jurídico*, 27 jul. 2023. Disponível em: https://www.conjur.com.br/2023-jul-27/seguros-contemporaneos-legitimo-interesse-mercado-seguros-tratamento-dados. Acesso em: 27 jul. 2023).

18. "Além disso, de acordo com o princípio da responsabilização, esta avaliação tem de ser feito antes de iniciar quaisquer operações de tratamento com base no artigo 6.º, n.º 1, alínea f), e deve ser devidamente documentado para demonstrar que as obrigações do controlador foram cumpridas" (Tradução livre do autor) (KUNER, Christopher; BYGRAVE, Lee A.; DOCKSEY, Christopher; DRECHSLER, Laura; TOSONI, Luca. *The EU General Data Protection Regulation*: A Commentary. Oxford University Press, 2020. p. 338). "Por uma base legal mais flexível, sua adoção deve ser precedida de uma avaliação em que seja demonstrada a proporcionalidade entre, de um lado, os interesses do controlador ou de terceiro para a utilização do dado pessoal e, de outro, os direitos e as legítimas expectativas do titular" (AUTORIDADE NACIONAL DE PROTEÇÃO DE DADOS (ANPD). *Guia orientativo*: tratamento de dados pessoais pelo poder público. Versão 1.0, janeiro 2022. p. 8. Disponível em: https://www.gov.br/anpd/pt-br/documentos-e-publicacoes/guia-poder-publico-anpd-versao-final.pdf. Acesso em: 03 maio 2022).

19. AUTORIDADE NACIONAL DE PROTEÇÃO DE DADOS (ANPD); TRIBUNAL SUPERIOR ELEITORAL (TSE). *Guia orientativo*: aplicação da Lei Geral de Proteção de Dados Pessoais (LGPD) por agentes de tratamento no contexto eleitoral. Brasília, 2021. p. 29. Disponível em: https://www.gov.br/anpd/pt-br/assuntos/noticias/guia_lgpd_final.pdf. Acesso em: 03 maio 2022.

20. "O teste de balanceamento constitui uma materialização da avaliação da proporcionalidade exigida pela LGPD, com base no contexto e nas circunstâncias específicas do tratamento de dados, levando em consideração os impactos e os riscos aos direitos e liberdades dos titulares" AUTORIDADE NACIONAL DE PROTEÇÃO DE DADOS (ANPD). Guia orientativo: hipóteses legais de tratamento de dados pessoais. Legítimo interesse. Brasília: ANPD, fev. 2024. Versão 1.0. p. 43. Disponível em: https://www.gov.br/anpd/pt-br/documentos-e-publicacoes/guia_legitimo_interesse.pdf. Acesso em: 04 fev. 2024.

Não se trata de avaliação a evitar qualquer impacto negativo, mas sobretudo para evitar um impacto desproporcional,[21] havendo ainda situações nas quais o impacto poderá ser, inclusive, positivo para o próprio titular.[22]

Ora, qualquer atividade de tratamento realizada por agente de tratamento traz consigo um potencial lesivo,[23] representando riscos "intrínsecos, inerentes à própria atividade",[24] diante do manejo de direito dos titulares envolvidos, de cunho personalíssimo e de caráter fundamental. No entanto, o potencial de risco ou impacto negativo sobre os titulares não tem o condão de afastar, *per si*, a escolha pela atividade de tratamento com base no legítimo interesse, em especial quando se entende que vivemos na "Sociedade do Risco".[25] Em especial, impede frisar que a LGPD jamais determina que se alcance o "impacto zero",[26] mas, sim que os riscos e impactos sejam apurados pelo controlador, e que este adote medidas efetivas aptas e demonstrar, na hipótese individualmente considerada, a prevalência de seu interesse legítimo sobre os direitos e as liberdades fundamentais do titular.

---

21. O Grupo de Trabalho do Artigo 29 ilustra a publicação de artigo noticiando suposta corrupção no governo, cujo potencial em afetar a reputação dos envolvidos e levar a consequências significativas, até mesmo à prisão, ainda assim, poderia, em tese, encontrar respaldo nos interesses legítimos (COMISSÃO EUROPEIA. Grupo de Trabalho de Proteção de Dados do Artigo 29. *Parecer 06/2014 sobre o conceito de interesses legítimos do responsável pelo tratamento dos dados na aceção do artigo 7.º da Diretiva 95/46/CE*. Adotado em 9 de abril de 2014. p. 41. Disponível em: https://ec.europa.eu/justice/article-29/documentation/opinion-recommendation/files/2014/wp217_pt.pdf. Acesso em: 26 dez. 2022).

22. LOPES, Alexandra Krastins et al. *Guia orientativo*: cookies e proteção de dados pessoais. Brasília: ANPD, out. 2022. p. 25-26. Disponível em: https://www.gov.br/anpd/pt-br/documentos-e-publicacoes/guia-orientativo-cookies-e-protecao-de-dados-pessoais.pdf. Acesso em: 08 ago. 2023.

23. "A grande inovação que a LGPD operou no ordenamento jurídico brasileiro pode ser compreendida na instituição de um modelo *ex ante* de proteção de dados, baseado no conceito de que não existem mais dados irrelevantes diante do processamento eletrônico e ubíquo de dados na sociedade da informação. Os dados pessoais são projeções diretas da personalidade e como tais devem ser considerados. Assim, qualquer tratamento de dados, por influenciar na representação da pessoa na sociedade, pode afetar a sua personalidade e, portanto, tem o potencial de violar os seus direitos fundamentais" (MENDES, Laura Schertel; DONEDA, Danilo. Comentário à nova Lei de Proteção de Dados (Lei 13.709/2018): o novo paradigma da proteção de dados no Brasil. *Revista de Direito do Consumidor*, São Paulo, v. 120, p. 577, nov./dez. 2018).

24. MULHOLLAND, Caitlin. A LGPD e o fundamento da responsabilidade civil dos agentes de tratamento de dados pessoais: culpa ou risco? *Migalhas*, 30 jun. 2020. Disponível em: https://www.migalhas.com.br/coluna/migalhas-de-responsabilidade-civil/329909/a-lgpd-e-o-fundamento-da-responsabilidade-civil-dos-agentes-de-tratamento-de-dados-pessoais--culpa-ou-risco. Acesso em: 04 maio 2022.

25. "No contexto da sociedade de risco, as consequências desconhecidas e indesejadas passam a ser uma força dominante na história e na sociedade" (Tradução livre do autor) (BECK, Ulrich. *Risk Society*: Towards a New Modernity. Tradução de Mark Ritter. London: Sage Publications, 1992. p. 22).

26. AUTORIDADE NACIONAL DE PROTEÇÃO DE DADOS (ANPD). Guia orientativo: hipóteses legais de tratamento de dados pessoais. Legítimo interesse. Brasília: ANPD, fev. 2024. Versão 1.0. p. 33. Disponível em: https://www.gov.br/anpd/pt-br/documentos-e-publicacoes/guia_legitimo_interesse.pdf. Acesso em: 04 fev. 2024.

Em manifestação na Nota Técnica n.º 49/2022/CGF/ANPD – Processo n.º 00261.000012/2021-04, a ANPD analisou o novo *"teste de balanceamento de legítimo interesse"* do *Whatsapp* no Brasil:

> [...] 5.5.2.4. Esta autoridade determinou que o WhatsApp elaborasse novamente o teste de balanceamento de legítimo interesse, visando esclarecer as medidas de segurança adotadas que garantem a privacidade e a proteção dos dados pessoais dos usuários. O documento foi dividido em duas partes (i) segurança, proteção, integridade e conformidade; e (ii) experiências, desenvolvimento e melhorias de produtos. [...] 5.5.2.7. Concorda-se com a conclusão do teste de balanceamento de legítimo interesse elaborado pelo controlador e com as conclusões alcançadas sobre a identificação do legítimo interesse, teste de necessidade e o teste de balanceamento, sem prejuízo de futuras revisões, principalmente nos casos de alterações das operações de tratamento de dados pessoais, dos termos de uso ou política de privacidade, por exemplo, de quaisquer das plataformas deste controlador.[27]

Doutrina,[28] setor privado,[29] Autoridades de Proteção de Dados[30] e precedentes judiciais estrangeiros[31] defendem um procedimento trifásico para o LIA. No

---

27. AUTORIDADE NACIONAL DE PROTEÇÃO DE DADOS (ANPD). *Nota Técnica n.º 49/2022/ CGF/ANPD*. Atualização da Política de Privacidade do WhatsApp. Processo/documento n.º 00261.000012/2021-04. Brasília, maio 2022 (Documento eletrônico não paginado). Disponível em: https://www.gov.br/anpd/pt-br/documentos-e-publicacoes/nt_49_2022_cfg_anpd_versao_publica. pdf. Acesso em: 27 jun. 2023.

28. LEONARDI, Marcel. *Parecer*. Tribunal de Justiça do Distrito Federal e dos Territórios. Ação Civil Pública nº 0736634-81.2020.8.07.0001. 5.ª Vara Cível de Brasília/DF. p. 3-4.

29. IAB EUROPE LEGAL COMMITTEE. *GDPR Guidance*: Legitimate Interests Assessments (LIA) for Digital Advertising. Version 1. March 2021. p. 8. Disponível em: https://iabeurope.eu/wp-content/ uploads/2021/03/IAB-Europe-GDPR-Guidance-Legitimate-Interests-Assessments-LIA-for-Digital- -Advertising-March-2021.pdf. Acesso em: 1.º jun. 2023.

30. "O modelo de teste recomendado pela ANPD possui três fases, que se baseiam na LGPD e nas definições e nos parâmetros de interpretação expostos neste Texto. As fases do teste, descritas com mais detalhes no Anexo II, são as seguintes: Fase 1. Finalidade. [...] Fase 2. Necessidade. [...] Fase 3. Balanceamento e Salvaguardas. [...]" (AUTORIDADE NACIONAL DE PROTEÇÃO DE DADOS (ANPD). Guia orientativo: hipóteses legais de tratamento de dados pessoais. Legítimo interesse. Brasília: ANPD, fev. 2024. Versão 1.0. p. 31-32. Disponível em: https://www.gov.br/anpd/pt-br/documentos-e-pu- blicacoes/guia_legitimo_interesse.pdf. Acesso em: 04 fev. 2024.). No mesmo sentido: "Não há um processo definido, mas você deve abordar a LIA seguindo o teste de três partes: o teste de finalidade (identificar o interesse legítimo); o teste de necessidade (considerar se o tratamento é necessário); e o teste de equilíbrio (considerar os interesses do titular)" (Tradução livre do autor) (INFORMATION COMMISSIONER'S OFFICE. *How do we apply legitimate interests in practice?* Disponível em: https:// ico.org.uk/for-organisations/uk-gdpr-guidance-and-resources/lawful-basis/legitimate-interests/ how-do-we-apply-legitimate-interests-in-practice/#lia3. Acesso em: 20 set. 2023).

31. "A este respeito, o artigo 7.º, alínea f), da Diretiva 95/46 prevê três requisitos cumulativos para que um tratamento de dados pessoais seja lícito, a saber, em primeiro lugar, a prossecução de interesses legítimos do responsável pelo tratamento ou do terceiro ou terceiros a quem os dados sejam comunicados, em segundo lugar, a necessidade do tratamento dos dados pessoais para a realização do interesse legítimo e, em terceiro lugar, o requisito de os direitos e as liberdades fundamentais da pessoa a que a proteção de dados diz respeito não prevalecerem" (UNIÃO EUROPEIA. Tribunal de Justiça (Segunda Secção). *Processo C-13/16*. Valsts policijas Rīgas reģiona pārvaldes Kārtības policijas pārvalde contra Rīgas pavaldības SIA «Rīgas satiksme». 04 maio 2017. Disponível em: https://curia.europa.eu/juris/liste.

Brasil, de acordo com roteiro dialético inscrito nos artigos 7.º, IX, 10, 37 e 6.º, X da LGPD, as etapas consistem em *i)* teste de finalidade, através da clara demonstração do interesse legítimo (art. 7.º, IX; 10, caput e inciso I); *ii)* teste de necessidade, pelo esclarecimento da necessidade do tratamento com o fito de alcançar o legítimo interesse perseguido (art. 7.º, IX e 10, § 1.º), e *iii)* teste de balanceamento entre o interesse legítimo e os direitos e as liberdades fundamentais do titular (art. 7.º, IX, e 10, II).[32] Acrescenta Bruno Bioni:

> [...] a racionalidade da LGPD aponta para uma documentação especial, que nos parece ser justamente o LIA. Com isso, dada a peculiaridade do desenho normativo supradescrito da LGPD, somado ao princípio da *accountability*, há a obrigação de execução e de documentação do LIA no quadro jurídico brasileiro. Uma interpretação sistemática dos arts. 6.º, X, 10 e 37 da lei condiciona o uso responsável da base legal do legítimo interesse ao referido teste, sob pena de os agentes de tratamento de dados não demonstrarem a adoção de medidas eficazes para balancear os seus interesses aos do titular da informação.[33]

Conclui-se, portanto, que a redação do inciso IX do art. 7.º ao prever a necessidade de sopesamento dos interesses legítimos com os "direitos e liberdades fundamentais do titular que exijam a proteção dos dados pessoais", criou um verdadeiro sistema de freios e contrapesos.

Inobstante à exigência de balanceamento, o *caput* do art. 10 reforça o princípio da finalidade (art. 6.º, I) e exige a presença de uma situação concreta, não meramente hipotética; o § 1.º robustece o princípio da necessidade (art. 6.º, III); o § 2.º avigora o princípio da transparência (art. 6.º, VI); o § 3.º autoriza a Autoridade Nacional de Proteção de Dados (ANPD) a solicitar a apresentação de relatório de impacto à proteção de dados pessoais (art. 5.º, XVII) e o art. 37

---

jsf?num=C-13/16. Acesso em: 1.º jun. 2023). No mesmo sentido: UNIÃO EUROPEIA. Tribunal de Justiça (Grande Secção). *Processo C-252/21*. Meta Platforms Inc., anteriormente Facebook Inc., Meta Platforms Ireland Ltd, anteriormente Facebook Ireland Ltd., Facebook Deutschland GmbH contra Bundeskartellamt, sendo interveniente: Verbraucherzentrale Bundesverband e V. Relatora: L. S. Rossi. 04 jul. 2023. Disponível em: https://curia.europa.eu/juris/documents.jsf?num=C-252/21. Acesso em: 1.º jun. 2023.

32. LEONARDI, Marcel. *Parecer*. Tribunal de Justiça do Distrito Federal e dos Territórios. Ação Civil Pública nº 0736634-81.2020.8.07.0001. 5.ª Vara Cível de Brasília/DF. p. 3-4.

33. BIONI, Bruno Ricardo. Legítimo interesse: aspectos gerais a partir de uma visão obrigacional. In: DONEDA, Danilo et al. (coord.). *Tratado de proteção de dados pessoais*. Rio de Janeiro: Forense, 2021. Livro eletrônico não paginado. Em complementação: "O art. 10 da Lei Geral de Proteção de Dados é o dispositivo que explicita todas as condições para a aplicação do legítimo interesse. Conforme mencionado anteriormente, ele surgiu no anteprojeto de lei que deu origem à LGPD, especialmente a versão da segunda rodada de consulta pública promovida pelo Ministério da Justiça, em 2015. Assim, quando o projeto 5276/2016 foi enviado à Câmara dos Deputados, ele contava com uma versão do art. 10 semelhante à que veio a ser finalmente aprovada" (BIONI, Bruno; KITAYAMA, Marina; RIELLI, Mariana. *O legítimo interesse na LGPD*: quadro geral e exemplos de aplicação. São Paulo: Associação Data Privacy Brasil de Pesquisa, 2021. p. 24).

reforça a determinação de se manter registro das operações de tratamento de dados pessoais.

Observa-se igualmente a funcionalização do princípio da responsabilização e prestação de contas, que determina a demonstração, pelo agente de tratamento, da adoção de medidas eficazes e capazes de comprovar a observância e o cumprimento das normas de proteção de dados pessoais e, inclusive, da eficácia dessas medidas (art. 6.º, X).

Todos os elementos mencionados acima devem coexistir, sob pena de macular a escolha do controlador e tornar ilícita a atividade tratamento. Cada um será objeto de análise separada ao longo do presente capítulo. No entanto, antes de iniciar tal abordagem, faz-se imperioso diferenciar LIA do Relatório de Impacto à Proteção de Dados.

3.1.1 Relatório de Impacto à Proteção de Dados Pessoais: intercessões e traços distintivos

Na LGPD e no RGPD não menção expressa, tampouco definição, acerca do teste de legítimo interesse abordado no item anterior. Já o Relatório de Impacto à Proteção de Dados (RIPD) é mencionado no art. 10, § 3.º da Lei brasileira[34] e nos arts. 35 e 36, além dos considerandos 89-96 do Regulamento Europeu. O dispositivo mencionado da LGPD informa a possibilidade de a ANPD solicitar o RIPD ao controlador quando o tratamento tiver como fundamento seu interesse legítimo, observados os segredos comercial e industrial. No entanto, a hipótese deverá ser restrita quando da identificação de alto risco na atividade de tratamento, evitando sua "vulgarização"[35] para toda e qualquer hipótese.

Maria Cecília Gomes considera o RIPD ferramenta crucial para a prevenção de riscos, na forma de instrumento de análise proativa e não reativa, e que deve ser elaborado antes das operações de tratamento de dados se tornarem concretas.[36] Ressalta ainda que a prevenção de riscos deve estar focada na proteção dos direitos fundamentais e liberdades civis dos titulares dos dados, não recomendando seu

---

34. Art. 5.º, XVII, da Lei Geral de Proteção de Dados, o descreve como "[...] documentação do controlador que contém a descrição dos processos de tratamento de dados pessoais que podem gerar riscos às liberdades civis e aos direitos fundamentais, bem como medidas, salvaguardas e mecanismos de mitigação de risco". Consta ainda nos arts. 4.º, § 3.º; 10, § 3.º; 32 e 38.

35. "Com isso, evita-se uma ´vulgarização´ dos relatórios de impacto, até porque é a atividade de tratamento de dados em si, e não a base legal, que define o nível do risco em uma situação concreta" (BIONI, Bruno; KITAYAMA, Marina; RIELLI, Mariana. *O legítimo interesse na LGPD*: quadro geral e exemplos de aplicação. São Paulo: Associação Data Privacy Brasil de Pesquisa, 2021. p. 8).

36. GOMES, Maria Cecília O. *Reunião técnica sobre Relatório de Impacto de Proteção de Dados Pessoais*. [S.l.], 2021. Disponível em: https://www.youtube.com/watch?v=CctdemkepAU. Acesso em: 06 jan. 2024.

uso apenas a buscar conformidade regulatória.[37] Veja-se igualmente o Enunciado 679 aprovado pela XI Jornada de Direito Civil:

> O Relatório de Impacto à Proteção de Dados Pessoais (RIPD) deve ser entendido como uma medida de prevenção e de *accountability* para qualquer operação de tratamento de dados considerada de alto risco, tendo sempre como parâmetro o risco aos direitos dos titulares.[38]

No Regulamento[39] de aplicação da LGPD aos agentes de tratamento de pequeno porte, o art. 4.º fornece critérios e subsídios destinados à identificação de determinada atividade de tratamento como de "alto risco". Para tanto, será necessário que se satisfaça, simultaneamente, ao menos um critério geral e um critério específico, estabelecidos nos incisos I e II do artigo mencionado. Os critérios gerais são: i) tratamento em larga escala de dados pessoais, considerando-se o volume de dados, a quantidade de pessoas afetadas, além da duração, frequência e alcance geográfico; ou ii) tratamento que possa impactar significativamente interesses e direitos fundamentais dos titulares, caracterizado como aquele com potencial de impedir o exercício de direitos ou o acesso a serviços, ou causar danos materiais ou morais, incluindo discriminação, violação da integridade física, direito à imagem, reputação, fraudes financeiras ou roubo de identidade. Já os critérios específicos se enquadram como i) uso de tecnologias emergentes ou inovadoras, mediante aplicação de novas tecnologias que ainda não possuem um quadro regulatório estabelecido ou práticas consolidadas de proteção de dados; ii) vigilância ou controle de áreas públicas, através de monitoramento ou rastreamento de indivíduos em locais acessíveis ao público; iii) decisões baseadas unicamente em tratamento automatizado, incluindo a tomada de decisões importantes sem intervenção humana, com base em algoritmos ou sistemas de inteligência artificial, que podem determinar perfis pessoais, profissionais, de saúde, consumo, crédito ou aspectos da personalidade; ou iv) utilização de dados sensíveis ou de dados de crianças, adolescentes e idosos. O fluxograma abaixo auxilia o agente de tratamento na elaboração do RIPD:

---

37. GOMES, Maria Cecília O. *Reunião técnica sobre Relatório de Impacto de Proteção de Dados Pessoais*. [S.l.], 2021. Disponível em: https://www.youtube.com/watch?v=CctdemkepAU. Acesso em: 06 jan. 2024.
38. "Justificativa: [...] após o processo de avaliação de impacto (GOMES, 2019, p. 7), deve ser produzido o RIPD para possibilitar o mapeamento de procedimentos de gestão de dados e operações de tratamento, de forma que, caso sejam identificadas hipóteses de 'alto risco', seja possível a indicação de medidas, salvaguardas e mecanismos para sua mitigação [...]" (CONSELHO DA JUSTIÇA FEDERAL. IX Jornada de Direito Civil. *Comemoração dos 20 anos da Lei n. 10.046/2002 e da Instituição da Jornada de Direito Civil*: enunciados aprovados. Brasília: Conselho da Justiça Federal, Centro de Estudos Judiciários, 2022. p. 44-45).
39. Resolução CD/ANPD n.º 2 de 28 de janeiro de 2022 que aprovou o Regulamento de aplicação da Lei n.º 13.709, de 14 de agosto de 2018, Lei Geral de Proteção de Dados Pessoais (LGPD), para agentes de tratamento de pequeno porte. (*Diário Oficial da União*, 28.01.2022. Edição: 20. Seção: 1. Página: 6. Órgão: Presidência da República/Autoridade Nacional de Proteção de Dados).

---

40. Primeiramente, ocorre a identificação dos agentes de tratamento e do encarregado. Em seguida, identificam-se outras partes interessadas ou envolvidas no processo de tratamento de dados. Posteriormente, procede-se à avaliação da necessidade de elaboração ou atualização do RIPD, uma reflexão sobre a pertinência do relatório diante das operações de tratamento atuais. Caso se justifique, passa-se então a descrever o tratamento dos dados, detalhando os métodos, as finalidades e os procedimentos envolvidos. A quinta etapa engloba a análise da base legal que sustenta o tratamento de dados. Segue-se a análise dos princípios de tratamento no art. 6.º da LGPD. A sétima etapa envolve a identificação e a análise de riscos decorrentes da atividade de tratamento objeto do relatório. Identificados os riscos, a oitava etapa foca na implementação de medidas, salvaguardas e mecanismos eficazes para a mitigação desses riscos, visando fortalecer a proteção dos dados e a privacidade dos titulares. Finalmente, considerando que o RIPD não é um documento estático, a ANPD recomenda o monitoramento contínuo e atualizações periódicas, através de ciclos de revisão, de maneira a refletir quaisquer mudanças no tratamento de dados, na legislação ou na tecnologia empregada (AUTORIDADE NACIONAL DE PROTEÇÃO DE DADOS (ANPD). *Relatório de Impacto à Proteção de Dados Pessoais (RIPD)*. 06 abr. 2023. Disponível em: https://www.gov.br/anpd/pt-br/canais_atendimento/agente-de-tratamento/relatorio-de-impacto-a-protecao-de-dados-pessoais-ripd. Acesso em: 04 jan. 2024).

De acordo com o Grupo de Trabalho do Artigo 29, não é obrigatória a realização do RIPD para toda e qualquer operação de tratamento, que só surgirá na hipótese de atividade "suscetível de implicar um elevado risco para os direitos e liberdades das pessoas singulares", nos termos do art. 35(1) do RGPD, trazendo o seguinte esquema:

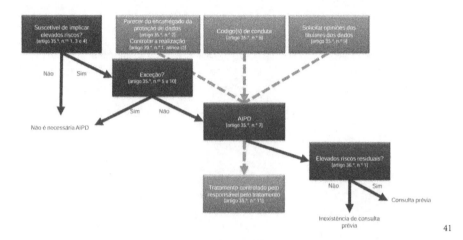

41

O Comitê Europeu para a Proteção de Dados sustenta o dever de avaliação da interferência nos direitos dos titulares, utilizando como critério de mensuração o seu nível de intensidade. Esta é apurada pela análise do tipo de dado pessoal coletado (conteúdo informativo),[42] o escopo e o âmbito do tratamento (densidade da informação, extensão espacial e geográfica),[43] o número de titulares envolvidos, a situação e contornos fáticos, os interesses dos titulares, as expectativas dos titulares no momento e contexto do tratamento e a eventual existência de meios alternativos para se alcançar a finalidade pretendida.[44]

---

41. COMISSÃO EUROPEIA. Grupo de Trabalho de Proteção de Dados do Artigo 29 para a proteção de dados. *Orientações relativas à Avaliação de Impacto sobre a Proteção de Dados (AIPD) e que determinam se o tratamento é «suscetível de resultar num elevado risco» para efeitos do Regulamento (UE) 2016/679*. 17/PT WP 248 rev.012. 04 out. 2017. p. 5. Disponível em: https://ec.europa.eu/newsroom/article29/item-detail.cfm?item_id=611236. Acesso em: 18 jan. 2024.
42. COMITÊ EUROPEU PARA A PROTEÇÃO DE DADOS. *Diretrizes 3/2019 sobre tratamento de dados pessoais através de dispositivos de vídeo*. Versão 2.0. Adotada em 29 de janeiro de 2020. p. 12. Disponível em: https://edpb.europa.eu/our-work-tools/our-documents/guidelines/guidelines-32019-processing-personal-data-through-video_pt. Acesso em: 1.º jun. 2023.
43. COMITÊ EUROPEU PARA A PROTEÇÃO DE DADOS. *Diretrizes 3/2019 sobre tratamento de dados pessoais através de dispositivos de vídeo*. Versão 2.0. Adotada em 29 de janeiro de 2020. p. 12. Disponível em: https://edpb.europa.eu/our-work-tools/our-documents/guidelines/guidelines-32019-processing-personal-data-through-video_pt. Acesso em: 1.º jun. 2023.
44. COMITÊ EUROPEU PARA A PROTEÇÃO DE DADOS. *Binding Decision 2/2022 on the dispute arisen on the draft decision of the Irish Supervisory Authority regarding Meta Platforms Ireland Limited*

Assim como no teste de balanceamento, o RIPD deverá ser confeccionado antes do início da atividade de tratamento,[45] de forma que se possibilite a efetiva avaliação dos riscos.[46] Informa Caitlin Mulholland que a expressão "mecanismos de mitigação do risco", previstas nos arts. 5.º, XVII e 38 da LGPD, guardam relação direta com a capacidade do agente de tratamento em promover o prévio reconhecimento de todos os riscos inerentes à atividade por ele desenvolvida, possibilitando a adoção de medidas de mitigação, com o objetivo de evitar a ocorrência de danos.[47]

RIPD e LIA, em suma, consistem em "instrumentos distintos, inclusive no que diz respeito às suas finalidades e aplicabilidades, sendo que a necessidade de um não implica a necessidade ou desnecessidade do outro".[48] Este objetiva a avaliação, pelo controlador, da viabilidade da escolha e utilização da base legal, ao passo que aquele consiste na documentação do controlador na hipótese da identificação do alto risco aos direitos fundamentais e liberdades dos titulares, que não necessariamente será fundado no interesse legítimo,

---

(Instagram) under Article 65(1)(a) GDPR. Adotada em 28 de julho de 2022. p. 36. Disponível em: https://edpb.europa.eu/our-work-tools/our-documents/binding-decision-board-art-65/binding--decision-22022-dispute-arisen_en. Acesso em: 1.º jun. 2023.

45. "Como o RIPD tem o propósito de mitigar riscos, ele deverá ser realizado antes do início do tratamento, mas com uma visão completa de todo o ciclo de vida dos dados" (MALDONADO, Viviane Nóbrega; BLUM, Renato Opice (coord.). *LGPD*: Lei Geral de Proteção de Dados comentada. 2. ed. rev., atual. e ampl. São Paulo: Thomson Reuters Brasil, 2020. p. 127).

46. AUTORIDADE NACIONAL DE PROTEÇÃO DE DADOS (ANPD). *Relatório de Impacto à Proteção de Dados Pessoais (RIPD)*. 06 abr. 2023. Disponível em: https://www.gov.br/anpd/pt-br/canais_aten-dimento/agente-de-tratamento/relatorio-de-impacto-a-protecao-de-dados-pessoais-ripd. Acesso em: 04 jan. 2024.

47. MULHOLLAND, Caitlin. A LGPD e o fundamento da responsabilidade civil dos agentes de tratamento de dados pessoais: culpa ou risco? *Migalhas*, 30 jun. 2020. Disponível em: https://www.migalhas.com.br/coluna/migalhas-de-responsabilidade-civil/329909/a-lgpd-e-o-fundamento-da--responsabilidade-civil-dos-agentes-de-tratamento-de-dados-pessoais--culpa-ou-risco. Acesso em: 04 maio 2022.

48. GARROTE, Marina Gonçalves; PASCHOALINI, Nathan; MEIRA, Marina; BIONI, Bruno. ANPD na regulamentação do Relatório de Impacto à Proteção de Dados Pessoais: análise dos primeiros movimentos da Autoridade Nacional de Proteção de Dados. *Jota*, 13 jul. 2021. Disponível em https://www.jota.info/opiniao-e-analise/colunas/agenda-da-privacidade-e-da-protecao-de-dados/anpd-relato-rio-impacto-protecao-dados-pessoais-13072021. Acesso em: 27 jun. 2023. "Enquanto um Relatório de Impacto à Proteção de Dados (RIPD) é um processo usado para avaliar e mitigar a probabilidade de riscos elevados para os titulares dos dados, uma Análise de Interesse Legítimo (LIA) é uma análise legal para determinar se os direitos e interesses dos titulares dos dados superam os interesses legítimos identificados que o controlador acredita serem necessários para o processamento de dados pessoais" (Tradução livre do autor) (IAB EUROPE. *Guide to conducting legitimate interests assessments (LIAs) in the digital advertising industry*. [S.l.], 2020. p. 9).

aplicando-se a qualquer base legal,[49] inclusive nas hipóteses de tratamento de dados sensíveis.[50]

No entanto, nada impede que o Relatório de Impacto à Proteção de Dados incorpore, em seu conteúdo, o teste de balanceamento,[51] posto que o RIPD acaba por contemplar grande parte do conteúdo do LIA. Ambos os documentos implicam em profunda consideração dos riscos e seus potenciais impactos nos direitos e liberdades do titular e envolvem consideração dos *trade-offs* entre a finalidade do tratamento e os interesses, direitos e liberdades do titular dos dados.[52]

3.2   IDENTIFICANDO UM INTERESSE

O primeiro passo para a utilização da hipótese do inciso IX do art. 7.º da LGPD consiste na identificação, por parte do controlador, de um interesse. Afirma Ricardo Bechara que "toda e qualquer relação humana se pressupõe um 'inte-

---

49. A Nota Técnica aborda a suspensão da divulgação dos microdados do censo escolar e do Enem pelo INEP, decorrente da necessidade de conformidade com a LGPD. A ANPD determinou ao INEP a realização do Relatório de Impacto à Proteção de Dados, enfatizando que o documento seria necessário no caso analisado, em função de dois fatores: i) pelo risco aos titulares diante da publicação das bases de dados oriundas dos censos educacionais; e ii) pela necessidade de reforço da conformidade com a LGPD, das atividades de tratamento realizadas pelo controlador (AUTORIDADE NACIONAL DE PROTEÇÃO DE DADOS (ANPD). *Nota Técnica n.º 46/2022/CGF/ANPD*. Adequação dos microdados disponibilizados para o atendimento às exigências previstas na Lei n.º 13.709, de 14 de agosto de 2018 – Lei Geral de Proteção de Dados Pessoais (LGPD). Disponível em: https://www.gov.br/anpd/ pt-br/documentos-e-publicacoes/sei_00261-000730_2022_53-nt-46.pdf. Acesso em: 1.º jun. 2023).

50. "Apesar da previsão contida na LGPD, em seu art. 10, § 3.º, sobre a possibilidade de a ANPD solicitar RIPD quando a base legal utilizada for legítimo interesse, a obrigatoriedade de sua elaboração não advém das bases legais autorizativas de tratamento dos dados pessoais, mas sim do alto risco decorrente da atividade sob análise" (GARROTE, Marina Gonçalves; PASCHOALINI, Nathan; MEIRA, Marina; BIONI, Bruno. ANPD na regulamentação do Relatório de Impacto à Proteção de Dados Pessoais: análise dos primeiros movimentos da Autoridade Nacional de Proteção de Dados. *Jota*, 13 jul. 2021. Disponível em https://www.jota.info/opiniao-e-analise/colunas/agenda-da-privacidade-e-da-prote-cao-de-dados/anpd-relatorio-impacto-protecao-dados-pessoais-13072021. Acesso em: 27 jun. 2023).

51. AUTORIDADE NACIONAL DE PROTEÇÃO DE DADOS (ANPD). Guia orientativo: hipóteses legais de tratamento de dados pessoais. Legítimo interesse. Brasília: ANPD, fev. 2024. Versão 1.0. p. 26. Disponível em: https://www.gov.br/anpd/pt-br/documentos-e-publicacoes/guia_legitimo_interesse. pdf. Acesso em: 04 fev. 2024. No mesmo sentido: "À medida que o LIA é iniciado, os resultados do DPIA, em particular os riscos residuais, serão insumos importantes para a LIA. Na verdade, se o seu DPIA for completo e correto, deve incluir a maior parte do trabalho subjacente ao LIA" (Tradução livre do autor) (IAB EUROPE. *GDPR Data Protection Impact Assessments (DPIA) for Digital Advertising under GDPR*. [S.l.], 2020. p. 10. Disponível em: https://iabeurope.eu/wp-content/uploads/IAB-Eu-rope_DPIA-Guidance-Nov-2020.pdf. Acesso em: 11 jan. 2024).

52. IAB EUROPE. *GDPR Data Protection Impact Assessments (DPIA) for Digital Advertising under GDPR*. [S.l.], 2020. p. 10. Disponível em: https://iabeurope.eu/wp-content/uploads/IAB-Europe_DPIA-Gui-dance-Nov-2020.pdf. Acesso em: 11 jan. 2024.

resse'", aduzindo se tratar da "mola propulsora do mundo".[53] Como dito no item 2.1, a palavra interesse tem um "conceito amplo",[54] flexível e aberto, abrangendo qualquer benefício, proveito[55] ou utilidade que possa ser obtida através daquela atividade de tratamento. Admite-se, portanto, qualquer interesse protegido pela ordem jurídica,[56] que pode se revestir de natureza legal, econômica[57] ou imaterial,[58] de modo que "não existe qualquer tipo de interesse que seja excluído per se, desde que, evidentemente, seja lícito".[59]

Não basta, no entanto, que a mera identificação de um interesse perseguido pelo interessado na atividade de tratamento. Exige-se que ele seja legítimo, como se verá no item a seguir.

---

53. "Em toda e qualquer relação humana se pressupõe um "interesse", sem o qual a humanidade não caminha, daí se dizer que o "interesse" é a mola propulsora do mundo, seja este mundo capitalista, socialista, comunista ou realista, ou seja ele um mundo científico. Sem "interesse" não há emoção. Sem emoção não se pode transformar escuridão em luz nem apatia em movimento" (SANTOS, Ricardo Bechara. Interesse segurado e o princípio da predeterminação do risco. In: CARLINI, Angélica L.; SANTOS, Ricardo Bechara (org.). *Estudos de direito do seguro em homenagem a Pedro Alvim*. Rio de Janeiro: Funenseg, 2011. p. 120-121).

54. AUTORIDADE NACIONAL DE PROTEÇÃO DE DADOS (ANPD). Guia orientativo: hipóteses legais de tratamento de dados pessoais. Legítimo interesse. Brasília: ANPD, fev. 2024. Versão 1.0. p. 16. Disponível em: https://www.gov.br/anpd/pt-br/documentos-e-publicacoes/guia_legitimo_interesse. pdf. Acesso em: 04 fev. 2024.

55. AUTORIDADE NACIONAL DE PROTEÇÃO DE DADOS (ANPD). Guia orientativo: hipóteses legais de tratamento de dados pessoais. Legítimo interesse. Brasília: ANPD, fev. 2024. Versão 1.0. p. 16. Disponível em: https://www.gov.br/anpd/pt-br/documentos-e-publicacoes/guia_legitimo_interesse. pdf. Acesso em: 04 fev. 2024.

56. MENDES, Laura Schertel; DONEDA, Danilo. Comentário à nova Lei de Proteção de Dados (Lei 13.709/2018): o novo paradigma da proteção de dados no Brasil. *Revista de Direito do Consumidor*, São Paulo, v. 120, p. 578, nov./dez. 2018.

57. A Autoridade holandesa investigou a Voetbal TV em 2019, aplicando sanção pecuniária de €575.000 em 2022, sustentando que um interesse puramente comercial jamais poderia ser considerado legítimo nos termos do artigo 6.º, n.º 1, alínea f), do RGPD. A VoetbalTV recorreu ao Tribunal Distrital, que anulou a referida decisão, observando que a existência de interesse puramente comercial não desnatura, *per si*, um interesse legítimo (RECHTSPRAAK.NL. *Uitspraken zoeken. RvS – 202100045/1/A3.* Disponível em: https://www.rechtspraak.nl/Uitspraken-en-nieuws/Uitspraken/Paginas/Uitspraken-zoeken.aspx. Acesso em: 16 jan. 2024). Destaca-se ainda: "Não há nada na jurisprudência do TJUE que permita concluir que o TJUE é de opinião que os interesses econômicos não podem ser considerados legítimos nos termos do Artigo 6(1)(f) RGPD. [...] Além das explicações descritas acima, lembramos que o objetivo do GDPR é não para dificultar as atividades comerciais, mas sim para permitir a condução dos negócios enquanto garantindo simultaneamente um alto nível de proteção de dados" (EUROPEAN COMMISSION. *Carta do Diretor da Comissão Europeia para o Diretor da Autoridade Holandesa de Proteção de Dados*. Ref. Ares(2020)1417369 - 06/03/2020. Disponível em: https://static.nrc.nl/2022/ pdf/letter-dutch-dpa-legitimate-interest.pdf. Acesso em: 09 jul. 2022).

58. COMITÊ EUROPEU PARA A PROTEÇÃO DE DADOS. *Diretrizes 3/2019 sobre tratamento de dados pessoais através de dispositivos de vídeo.* Versão 2.0. Adotada em 29 de janeiro de 2020. p. 9. Disponível em: https://edpb.europa.eu/our-work-tools/our-documents/guidelines/guidelines-32019-processin-g-personal-data-through-video_pt. Acesso em: 1.º jun. 2023.

59. (Tradução livre do autor) FASHION ID GMBH & CO. KG V. Verbraucherzentrale NRW e. V. C-40/17, julgamento de 29 de julho de 2019 (ECLI:EU:C:2019:629).

3.2.1 Análise funcional e merecimento de tutela do interesse identificado pelo agente de tratamento

No Direito contemporâneo, não é mais suficiente trazer definições sobre um determinado instituto jurídico, simplesmente definindo "o que é". Fundamental entender a função desempenhada, revelando "para que serve", quais as finalidades, considerado o ordenamento no qual se insere, posto que o "juízo de merecimento de tutela depende da realização da função".[60]

Frisando o que se afirmou no item 2.7, a previsão da base jurídica dos interesses legítimos atende às exigências formuladas pelo mercado (entendido como os agentes de tratamento do setor privado que, comumente, tratam dados pessoais em larga escala). É fruto de três fatores principais: do reconhecimento da essencialidade da circulação de dados pessoais na sociedade da informação; da insuficiência da utilização do consentimento e demais bases legais objetivas, com finalidades predefinidas pelo legislador, para lidar com o ubíquo e complexo quadro de hipóteses de tratamento de dados pessoais; e pela necessidade de se tolerar determinadas limitações ao exercício informacional.

Tem, com isso, a função trazer maior flexibilidade para o ecossistema de tratamento de dados pessoais – que historicamente se pautou na preferência pelo consentimento – e fornecer de segurança jurídica aos agentes de tratamento, para que possam desempenhar atividades não contempladas prévia e expressamente nas finalidades inscritas na legislação, desde que não prevaleçam os direitos e liberdades fundamentais do titular que exijam a proteção dos dados pessoais, além de cumpridos certos requisitos adicionais.

Dada a unicidade do ordenamento jurídico,[61] constituído por sistema que inadmite a coexistência de normas incompatíveis,[62] imperiosa a tarefa do intér-

---

60. MEIRELES, Rose Melo Vencelau. *Autonomia privada e dignidade humana*. Rio de Janeiro: Renovar, 2009. p. 37.

61. "A unidade do ordenamento é característica reconhecidamente essencial, *rectius*, lógica, da estrutura e da função do sistema jurídico. Ela decorre da existência pressuposta da norma fundamental, *Grundnorm*, fator determinador de validade de toda a ordem jurídica, e abrange a intolerabilidade de antinomias entre as múltiplas proposições normativas, constituindo-se, assim, em um sistema. A relação entre a norma fundamental e a Constituição, quanto à questão do fundamento de validade do ordenamento, é também lógica, configurável através do mecanismo do silogismo jurídico; possibilita que se considere o documento constitucional como conjunto de normas objetivamente válidas, e, concomitantemente, coloca-o como a instância a que foi dada a legitimidade para 'revalidar' a ordem jurídica" (BODIN DE MORAES, Maria Celina. A caminho de um direito civil constitucional. *Revista Estado, Direito e Sociedade*, v. 1, p. 63, 1991).

62. BOBBIO, Norberto. *Teoria do ordenamento jurídico*. 6. ed. Brasília: Editora da Universidade de Brasília, 1995. p. 80.

prete em harmonizá-las, de maneira que a finalidade dos institutos de direito civil nunca se afaste do projeto constitucional.[63] Neste sentido:

> Acolher a construção da unidade (hierarquicamente sistematizada) do ordenamento jurídico significa sustentar que seus princípios superiores, isto é, os valores propugnados pela Constituição, estão presentes em todos os recantos do tecido normativo, resultando, em consequência, inaceitável a rígida contraposição direito público – direito privado. Os princípios e valores constitucionais devem se estender a todas as normas do ordenamento, sob pena de se admitir a concepção de um "mondo in frammenti", logicamente incompatível com a ideia de sistema unitário.[64]

Diante deste quadro de legalidade constitucional, os institutos jurídicos têm como requisito de validade a funcionalização dos valores que se irradiam da Carta Magna, inserida num "ordenamento cujo valor máximo é a proteção da pessoa humana",[65] princípio inscrito no art. 1.º, inciso III, da Constituição Federal, entendido como "valor precípuo do ordenamento"[66] brasileiro.

Neste turno, é possível observar com clareza, por exemplo, os novos contornos da tutela da propriedade, da empresa e dos contratos, que sofreram radical mutação após o advento da Constituição de 1988.[67] Para que seja digno de merecimento de tutela, cada instituto jurídico deve funcionalizar o projeto constitucional, que elegeu a dignidade da pessoa humana como "o valor dos valores".[68] Na lição de Gustavo Tepedino:

> Os legítimos interesses individuais dos titulares da atividade econômica só merecerão tutela na medida em que interesses socialmente relevantes, posto que alheios à esfera individual, venham a ser igualmente tutelados. A proteção dos interesses privados não mais se justifica apenas como expressão da liberdade individual, mas, além disso, também em virtude da função que tais interesses desempenham para a promoção de posições jurídicas externas, as quais alcançam e integram a ordem pública constitucional. Vincula-se, assim, a proteção dos

---

63. MEIRELES, Rose Melo Vencelau. *Autonomia privada e dignidade humana*. Rio de Janeiro: Renovar, 2009. p. 38.
64. BODIN DE MORAES, Maria Celina. A caminho de um direito civil constitucional. *Revista Estado, Direito e Sociedade*, v. 1, p. 64-66, 1991.
65. "A esta constatação, segue uma reelaboração da dogmática civilística, na qual os direitos da personalidade desempenham papel fundamental" (DONEDA, Danilo. Os direitos da personalidade no Código Civil. In: TEPEDINO, Gustavo. (coord.). *O código civil na perspectiva civil-constitucional*. Rio de Janeiro: Renovar, 2013. p. 51).
66. BODIN DE MORAES, Maria Celina. *Na medida da pessoa humana*: estudos de direito civil-constitucional. Rio de Janeiro: Renovar, 2010. p. 323.
67. "Os institutos jurídicos, portanto, tiveram que se adaptar às funções atuais, a fim de que não pairasse sobre eles um juízo de inconstitucionalidade" (MEIRELES, Rose Melo Vencelau. *Autonomia privada e dignidade humana*. Rio de Janeiro: Renovar, 2009. p. 38).
68. MEIRELES, Rose Melo Vencelau. *Autonomia privada e dignidade humana*. Rio de Janeiro: Renovar, 2009. p. 38.

interesses privados ao atendimento dos interesses sociais, a serem promovidos no âmbito da atividade econômica (socialização dos direitos subjetivos).[69]

Abandonando a análise meramente formalista e abstrata, cabe ao intérprete perquirir os reais efeitos da atividade de tratamento fundada na base legal dos legítimos interesses.

Ao abordar as situações jurídicas subjetivas, Pietro Perlingieri defende a necessidade de avaliação de seus efeitos, entendidos como conjunto simples ou complexo de constituição, modificação ou extinção de situações jurídicas.[70] Como corolário do conceito destas situações, traz como exemplos o direito subjetivo, direito potestativo (*potestà*), ônus, as obrigações e o interesse legítimo.[71] Acrescenta o autor:

> Na maior parte das hipóteses, o interesse dá lugar, portanto, a uma situação subjetiva complexa, composta tanto de poderes quanto de deveres, obrigações, ônus. A complexidade das situações subjetivas – pela qual, em cada situação, estão presentes momentos de poder e de dever, de maneira que a distinção entre situações ativas e passivas não deve ser entendida em sentido absoluto – exprime a configuração solidarista do nosso ordenamento constitucional. Aspecto essencial das situações subjetivas é, enfim, aquele normativo ou regulamentar; é ele que atribui relevância jurídica a situação. A juridicidade traduz-se no poder de realizar ou de exigir que outros realizem (ou que se abstenham de realizar) determinados atos e encontra confirmação em princípios e em normas jurídicas. Nesse aspecto, a situação constitui uma norma de conduta que pode significar atribuindo ao sujeito – no interesse próprio e/ou de terceiros, no interesse individual e/ou social – do poder as vezes de realizar, outras, de não realizar determinados atos ou atividades.[72]

Desta forma, o merecimento de tutela e a compatibilidade com os valores expressos no texto constitucional do interesse do agente de tratamento ou de terceiro terá como métrica a maior aproximação as opções de cunho existencial. Quanto mais próximo de questões eminentemente patrimoniais, menos evidente será a tutela.[73] Eventual ponto de inflexão surgirá quando não se identificar nenhum valor existencial no interesse do agente. Neste sentido:

---

69. TEPEDINO, Gustavo. O princípio da função social no direito civil contemporâneo. *Revista do Ministério Público do Rio de Janeiro*, n. 54, p. 142-143, out./dez. 2014.
70. PERLINGIERI, Pietro. *Perfis de direito civil*. Rio de Janeiro: Renovar, 1997. p. 105-107.
71. PERLINGIERI, Pietro. *Perfis de direito civil*. Rio de Janeiro: Renovar, 1997. p. 106.
72. PERLINGIERI, Pietro. *Perfis de direito civil*. Rio de Janeiro: Renovar, 1997. p. 107.
73. "[...] A proteção à autonomia privada decorrente da Constituição de 88 é heterogênea: mais forte, quando estão em jogo as dimensões existenciais da vida humana; menos intensa quando se trata de relações de caráter exclusivamente patrimonial. Em relação às liberdades existenciais, como a privacidade, as liberdades de comunicação e expressão, de religião, de associação e de profissão, dentre tantas outras, existe uma proteção constitucional reforçada, porque, sob o prisma da Constituição, estes direitos são indispensáveis para a vida humana com dignidade. [...]" (SARMENTO, Daniel. *Direitos fundamentais e relações privadas*. Rio de Janeiro: Lumen Juris, 2004. p. 214-215).

Da mesma forma, o merecimento de tutela se revela como uma instância positiva de controle dos atos particulares. Seu objetivo não é diretamente a repressão de violações ao direito, função já exercida pelos juízos de licitude e não abusividade, mas sim conferir uma proteção especial a determinados atos devido aos valores que promovem. Ainda que a consequência indireta dessa proteção possa resultar na repressão de outro exercício particular que esteja em conflito com ele. De fato, pode acontecer que dois atos particulares sejam indubitavelmente lícitos e não abusivos, mas, ainda assim, encontrem-se, no caso concreto, em rota de colisão, de tal modo que o exercício de um não se compatibilize com o de outro. É exatamente neste ponto, quando se verifica que não há ilicitude nem abuso por parte de nenhum dos envolvidos, e mesmo assim um novo juízo valorativo precisa ser aplicado sobre tais atos (para decidir qual deles irá prevalecer), que o juízo de merecimento de tutela se revela especialmente útil. Estamos diante de verdadeiros 'hard cases', nos quais a decisão buscará proteger primordialmente o ato que se considere mais promotor dos valores do ordenamento. Apenas de maneira secundária, e por via transversa, negará tutela jurídica ao outro ato, somente na medida em que for inevitável que ambos convivam.[74]

No tratamento de dados pessoais, os interesses de cunho econômico-patrimoniais, deverão funcionar como ferramenta posta à disposição do agente de tratamento para realização dos valores existenciais, garantido aos titulares a proteção de seus dados pessoais, a autodeterminação informativa e o livre desenvolvimento da personalidade. Deve-se ainda observância ao texto constitucional,[75] que alça a dignidade humana a fundamento da República, como "consecução do projeto de realização do indivíduo como interesse superior e primeiro".[76] Nos valendo dos ensinamentos de Perlingieri, "a sociedade tecnológica deve permanecer societas solidária e atenta aos conteúdos, aos valores, à cultura da dignidade humana".[77]

---

74. SOUZA, Eduardo Nunes de. Merecimento de tutela: a nova fronteira da legalidade no direito civil. *Revista de Direito Privado*, v. 15, n. 58, p. 93, abr./jun. 2014.

75. "A norma constitucional toma-se a razão primária e justificadora (e todavia não a única, se for individuada uma normativa ordinária aplicável ao caso) da relevância jurídica de tais relações, constituindo parte integrante da normativa na qual elas, de um ponto de vista funcional, se concretizam. Portanto, a normativa constitucional não deve ser considerada sempre e somente como mera regra hermenêutica, mas também como norma de comportamento, idônea a incidir sobre o conteúdo das relações entre situações subjetivas, funcionalizando-as aos novos valores" (PERLINGIERI, Pietro. *Perfis do direito civil*: introdução ao direito civil constitucional. Rio de Janeiro: Renovar, 2002. p. 12).

76. "Na experiência brasileira, a Constituição Federal é um marco, pois ancorou como fundamento da República a prioridade à dignidade da pessoa humana (art. 1.º, I e III), de forma a orientar toda a atividade legislativa, estatal ou privada à consecução do projeto de realização do indivíduo como interesse superior e primeiro. Logo, toda a normativa civil deve não apenas ocupar-se do momento patológico dos direitos da personalidade, realizando a operação de transformação do dano em indenização (responsabilidade civil), mas orientar-se no sentido de dirigir a atividade privada à concretização e efetivação da dignidade da pessoa humana" (RODRIGUES, Rafael Garcia. A pessoa e o ser humano no Código Civil. In: TEPEDINO, Gustavo (coord.). *O Código Civil na perspectiva civil-constitucional*. Rio de Janeiro: Renovar, 2013. p. 50).

77. PERLINGIERI, Pietro. *O direito civil na legalidade constitucional*. Rio de Janeiro: Renovar, 2008. p. 514.

Em suma, não bastará a mera análise *a priori* do interesse, isoladamente considerado, para se identificar se a situação jurídica terá cunho patrimonial ou existencial, como se num jogo binário de tudo ou nada. O interesse será o resultado da interpretação-qualificação conjunta, unitária, da norma e do fato concreto e suas especificidades, justamente através de uma avaliação de seu perfil funcional.[78]

3.2.2 Autonomia privada e solidariedade: binômio inseparável

Cabe aqui uma ressalva, especialmente quando se vê na definição de interesse como "posição favorável à satisfação de uma necessidade",[79] etimologicamente definido, em algumas hipóteses, até como ganho ou lucro.[80] Frisa-se que a Constituição Brasileira de 1988, em que pese seu evidente caráter solidarista, não veio para demolir os alicerces do capitalismo.[81] Tal premissa se confirma nos arts. 1.º, inciso IV; 5.º *caput* e inciso XXII; e 170 *caput* e incisos II e IV, que garantem, respectivamente, a livre iniciativa como fundamento da República; inviolabilidade e o direito à propriedade privada na qualidade de direito fundamental; livre iniciativa como fundamento da ordem econômica, elencando como princípios a propriedade privada e a livre concorrência. A autonomia privada

---

78. CASTRO, Julia Ribeiro de; SOUSA, Thiago Andrade. A dicotomia entre as situações existenciais e as situações patrimoniais. In: SCHREIBER, Anderson; KONDER, Carlos Nelson (coords.). *Direito civil constitucional*. São Paulo: Atlas, 2016. p. 148. Ainda neste sentido: "Embora o perfil do interesse e de efeito sejam também importantes para se refletir acerca da normativa aplicável a cada situação, hoje o perfil funcional é o mais relevante nessa distinção, pois utiliza o recorte fático para refletir sobre a específica função daquela situação no ordenamento jurídico, com todas as circunstâncias que o caso determina, através de um profundo diálogo entre a norma e a realidade, de modo que este é o ponto de partida para a qualificação da situação jurídica subjetiva" (KONDER, Carlos Nelson; TEIXEIRA, Ana Carolina Brochado. Situações jurídicas dúplices: controvérsias na nebulosa fronteira entre a patrimonialidade e extrapatrimonialidade. In: TEPEDINO, Gustavo; FACHIN, Luiz Edson. *Diálogos sobre direito civil*. Rio de Janeiro: Renovar, 2008. v. 3. p. 6).

79. CARNELUTTI, Francesco. *Sistema di Diritto Processuale Civile*. Padova: Cedam, 1936. v. 1. p. 7 apud PINTO, Paulo Mota. *Interesse contratual negativo e interesse contratual positivo*. Coimbra: Coimbra Editora, 2008. v. 1. p. 497.

80. PINTO, Paulo Mota. *Interesse contratual negativo e interesse contratual positivo*. Coimbra: Coimbra Editora, 2008. v. 1. p. 83-88. Na língua inglesa, o vocábulo *"interest"* tem diversos significados, dentre eles, destaca-se o que em português se denominam "juros".

81. SARMENTO, Daniel. *Direitos fundamentais e relações privadas*. Rio de Janeiro: Lumen Juris, 2004. p. 212. No ordenamento europeu, destacamos: "A este respeito, importa também ter presente que a liberdade de empresa, incluindo a busca de interesses comerciais puros, como a maximização do lucro, é um direito consagrado no artigo 16.º da Carta dos Direitos Fundamentais da União Europeia" (MATTIUZZO, Marcela; PONCE, Paula Pedigoni. O legítimo interesse e o teste da proporcionalidade: uma proposta interpretativa. *Revista Internet & Sociedade*, v. 1, n. 2, p. 59, 2020). "O considerando 4 do GDPR sublinha que o direito à proteção de dados pessoais não configura um direito absoluto e deve ser equilibrado com outros fundamentos direitos, como a liberdade de conduzir um negócio" (EUROPEAN COMMISSION. *Carta do Diretor da Comissão Europeia para o Diretor da Autoridade Holandesa de Proteção de Dados*. Ref. Ares(2020)1417369 – 06.03.2020. Disponível em: https://static.nrc.nl/2022/pdf/letter-dutch-dpa-legitimate-interest.pdf. Acesso em: 09 jul. 2022).

e a solidariedade passam a interagir e convergir como "binômio inseparável"[82] em prol da promoção dos valores constitucionais da liberdade e solidariedade.

Não há antinomia entre o modelo de mercado criado pela Constituição, que traz ao mesmo tempo a livre iniciativa econômica e a valorização do trabalho. Todos estes princípios levam ao direcionamento, pelo constituinte originário, no sentido da construção de uma sociedade solidária, livre, justa e solidária, nos termos do art. 3.º da Carta Política de 1988.[83]

A solidariedade não é antítese, mas sim molde do mercado, da mesma forma que o são a valorização da iniciativa privada e do trabalho, que devem ser "combinadas em atenção ao objetivo comum que as polariza, que é a construção de uma sociedade solidária".[84] Situações patrimoniais, como, por exemplo, a busca pelo lucro ou ganho patrimonial, em muitas situações, funcionam como instrumentos para a realização dos interesses existenciais,[85] já que consubstancia o norte constitucional de assegurar a todos existência digna, conforme os ditames da justiça social, nos termos do art. 170 da Constituição Federal.

A título exemplificativo, na Holanda, o Poder Judiciário comentou o conceito de interesse legítimo, informando que diante de seu conceito flexível e de natureza aberta, não há nenhum tipo de interesse que seja necessariamente excluído. Citando opinião do Grupo de Trabalho do artigo 29, acrescentou a possibilidade de se considerar uma gama de interesses distintos, dos triviais aos mais convincentes, óbvios ou controversos, desde que se trate de interesse real e presente (e, portanto, não especulativo).[86]

---

82. TEPEDINO, Gustavo. Relações contratuais e a funcionalização do direito civil. *Revista de Ciências Jurídicas – Pensar*, Fortaleza, v. 28, n. 1, p. 2, jan./mar. 2023.

83. MARTINS-COSTA, Judith. Mercado e solidariedade social entre cosmos e taxis: a boa-fé nas relações de consumo. In: MARTINS-COSTA, Judith (org.). *A reconstrução do direito privado*: reflexos dos princípios, diretrizes e direitos fundamentais constitucionais no direito privado. São Paulo: Ed. RT, 2002. p. 620.

84. MARTINS-COSTA, Judith. Mercado e solidariedade social entre cosmos e taxis: a boa-fé nas relações de consumo. In: MARTINS-COSTA, Judith (org.). *A reconstrução do direito privado*: reflexos dos princípios, diretrizes e direitos fundamentais constitucionais no direito privado. São Paulo: Ed. RT, 2002. p. 620-622.

85. PERLINGIERI, Pietro. *Perfis de direito civil*. Rio de Janeiro: Renovar, 1997. p. 105. Acrescente-se: "Os direitos de personalidade, assim, estão cercados pelas relações de caráter patrimonial, o que leva ao surgimento de uma zona de transição entre a esfera patrimonial e a existencial, na qual se encontram algumas situações subjetivas" (BAIÃO, Kelly Sampaio; GONÇALVES, Kalline Carvalho. A garantia da privacidade na sociedade tecnológica: um imperativo à concretização do princípio da dignidade da pessoa humana. *Civilistica.com*, Rio de Janeiro, v. 3, n. 2, jul./dez. 2014. Disponível em: http:// civilistica.com/agarantia-da-privacidade-na-sociedade-tecnologica-um-imperativo-a-concretiza-cao-do-principio-dadignidade-da-pessoa-humana. Acesso em: 09 set. 2022).

86. (Tradução livre do autor) O Tribunal se reportou à opinião do advogado-geral do Tribunal de Justiça da União Europeia, no Acórdão proferido no julgamento do caso C-40/17, ECLI:EU:C:2018:1039. (TRIBUNAL DISTRITAL DE MIDDEN-NEDERLAND (Agentes: Sr. E.W.S. Peperkamp, Sr. S.E.A. Vermeer-de Jongh e Sr. G.N.N. Kamphuis) vs Autoridade Holandesa de Proteção de Dados. *AMS 20/4850*. Data do julgamento. 22.09.2022. Data de publicação: 28.09.2022).

No entanto, em que pese as garantias e direitos típicos do regime capitalista supramencionados, estes são temperados por *fórmulas compromissárias*,[87] conforme defende Daniel Sarmento, sustentando que nos princípios da ordem econômica, além das normas de matriz liberal, existem igualmente "diretrizes e mandamentos revestidos de inequívoco pendor solidarista".[88]

Aliás, como ressaltado na parte introdutória do presente capítulo, o art. 2.º da LGPD estabelece um diálogo harmônico, quando, ao mesmo tempo, traz como fundamentos da proteção de dados, a autodeterminação informativa e o livre desenvolvimento da personalidade ao lado do desenvolvimento econômico, tecnológico e inovação, a livre iniciativa e concorrência. É clara portanto, na LGPD, a relação com o exercício da livre iniciativa, com abrigo do art. 1.º e 170 da Constituição Federal, na parte inicial do inciso IX do art. 7.º que autoriza o tratamento de dados pessoais quando necessário para atender aos interesses legítimos do controlador ou de terceiro. A funcionalização deste diálogo encontra guarida na introdução dos legítimos interesses na LGPD.

3.2.3 A legitimidade do interesse: a necessária mudança da premissa de mera licitude para o cânone hermenêutico à luz da boa-fé objetiva

Desde 2014, ainda sob a vigência da Diretiva Europeia 95/46/CE, o Grupo de Trabalho do Artigo 29 (antecessor do Conselho Europeu de Proteção de Dados) recomenda que o interesse deve ser "aceitável sob a lei".[89] O termo *"lei"* seria lido em sentido mais abrangente, não necessariamente associado à sua acepção estritamente positivista. Sob este prisma, além da legislação, mereciam

---

87. SARMENTO, Daniel. *Direitos fundamentais e relações privadas*. Rio de Janeiro: Lumen Juris, 2004. p. 212.
88. "[...] constata-se que o art. 1.º aponta como fundamento da República não a livre iniciativa *tout court*, mas 'os valores sociais do trabalho e da livre iniciativa' (art. 1.º, IV, CF). Verifica-se, também, que o art. 170, antes de falar na livre iniciativa, menciona a valorização do trabalho humano como fundamento da ordem econômica, estabelece ainda que a finalidade desta ordem é 'assegurar a todos uma existência digna, conforme os ditames da justiça social' (art. 170, CF), tratando a livre iniciativa econômica não como um fim em si, mas como um meio na busca daquele magno objetivo. Nota-se, ademais, que a proteção da propriedade privada é condicionada ao cumprimento da sua função social (art. 5.º, XXII e XXIII, e 170, II e III, CF). E atesta-se, por fim, que no elenco de princípios da ordem econômica, constam não só normas de matriz liberal, como também diretrizes e mandamentos revestidos de inequívoco pendor solidarista, como a própria função social da propriedade, a defesa do consumidor, a proteção do meio ambiente, a redução das desigualdades regionais e sociais, a busca do pleno emprego e o tratamento favorecido às empresas nacionais de pequeno porte (art. 170, III, V, VI. VII e VIII, CF)" (SARMENTO, Daniel. *Direitos fundamentais e relações privadas*. Rio de Janeiro: Lumen Juris, 2004. p. 212).
89. COMISSÃO EUROPEIA. Grupo de Trabalho de Proteção de Dados do Artigo 29. *Parecer 06/2014 sobre o conceito de interesses legítimos do responsável pelo tratamento dos dados na aceção do artigo 7.º da Diretiva 95/46/CE*. Adotado em 9 de abril de 2014. p. 25. Disponível em: https://ec.europa.eu/justice/article-29/documentation/opinion-recommendation/files/2014/wp217_pt.pdf. Acesso em: 26 dez. 2022.

consideração os precedentes judiciais, princípios do direito, códigos de conduta e ética, cláusulas contratuais, contextos fáticos relevantes, tais como costumes, contextos sociais e culturais; e outros.[90]

De acordo alguns guias orientativos da Autoridade Nacional de Proteção de Dados, o primeiro critério de legitimação do interesse para a atividade de tratamento reside na análise da sua compatibilidade com o ordenamento jurídico.[91]

No entanto, afirmar que o interesse será legítimo quando não for contrário ao ordenamento pouco contribui para auxiliar o agente de tratamento em seu exercício de escolha pela base legal. A tarefa simplória de eventual descarte de interesse expressamente vedado, não é suficiente, especialmente diante de casos difíceis. Entender que o limite da legitimidade do interesse está concentrado apenas no critério de licitude poderá levar à interpretação – totalmente equivocada – pela inexistência de outros limites além do próprio texto de lei, revelando uma visão simplista e ultrapassada, típica da regulação civil oitocentista.[92] Em outras palavras, a ideia de mera conformidade estrutural[93] com o Direito, como critério de legalidade, através de simplória visão binária de cunho repressivo, baseada na violação ou não violação da lei, não mais serve como método hermenêutico.[94]

---

90. No Relatório Explicativo da Convenção 108 de 1981, o Conselho Europeu aduzia que a identificação das finalidades legítimas do tratamento poderia *variar de acordo com a legislação nacional* (CONSELHO DA EUROPA. *Relatório explicativo da Convenção para a Proteção de Indivíduos com relação ao tratamento automático de dados pessoais*. 28 jan. 1981. p. 9. Disponível em: https://rm.coe.int/16800ca434. Acesso em: 10 abr. 2023).

91. "O interesse do controlador será considerado legítimo quando for compatível com o ordenamento jurídico e não contrariar as disposições da lei" (LOPES, Alexandra Krastins et al. *Guia orientativo*: cookies e proteção de dados pessoais. Brasília: ANPD, out. 2022. p. 23. Disponível em: https://www. gov.br/anpd/pt-br/documentos-e-publicacoes/guia-orientativo-cookies-e-protecao-de-dados-pessoais.pdf. Acesso em: 08 ago. 2023). "O interesse do controlador será considerado legítimo quando não encontrar óbices legais, isto é, quando não for contrário às disposições da lei" (AUTORIDADE NACIONAL DE PROTEÇÃO DE DADOS (ANPD); TRIBUNAL SUPERIOR ELEITORAL (TSE). *Guia orientativo*: aplicação da Lei Geral de Proteção de Dados Pessoais (LGPD) por agentes de tratamento no contexto eleitoral. Brasília, 2021. p. 27. Disponível em: https://www.gov.br/anpd/pt-br/assuntos/noticias/guia_lgpd_final.pdf. Acesso em: 03 maio 2022).

92. "O direito civil deve, com efeito, ser concebido como 'serviço da vida' a partir de sua raiz antropocêntrica, não para repor em cena o individualismo do século XVIII, nem para retomar a biografia do sujeito de direito da Revolução Francesa, mas sim para se afastar do tecnicismo e do neutralismo" (FACHIN, Luiz Edson. *O novo direito civil*: naufrágio ou porto? Curitiba, 1998. Mimeo).

93. "O reconhecimento, feito pioneiramente pelos tribunais, de que certas condutas estruturalmente lícitas contrariavam, na expressão de Louis Josserand, o 'espírito do direito' no momento de seu exercício, permitiu a construção da figura do abuso do direito e criou uma nova instância de controle valorativo das atividades privadas. A concepção de abuso seria, assim, a grande responsável por inaugurar no direito civil uma nova forma de análise das prerrogativas individuais, não mais estática e estrutural como aquela pressuposta pela licitude, mas dinâmica (aplicada ao momento do exercício da situação subjetiva) e funcional" (SOUZA, Eduardo Nunes de. Merecimento de tutela: a nova fronteira da legalidade no direito civil. *Revista de Direito Privado*, v. 15, n. 58, p. 88, abr./jun. 2014).

94. SOUZA, Eduardo Nunes de. Merecimento de tutela: a nova fronteira da legalidade no direito civil. *Revista de Direito Privado*, v. 15, n. 58, p. 88, abr./jun. 2014.

Destaca-se que o mais recente Guia sobre o legítimo interesse a ANPD alterou seu posicionamento anterior, informando que a "compatibilidade com o ordenamento jurídico" tem como pressuposto a compatibilidade do interesse do controlador ou de terceiro com os princípios, as normas jurídicas e os direitos fundamentais. Conclui a Autoridade afirmando que legítimo interesse que calça determinada atividade de tratamento "não deve ser vedado pela legislação vigente e nem pode, direta ou indiretamente, contrariar disposições legais nem os princípios aplicáveis ao caso".[95]

Com base nestas premissas, faz-se fundamental que a doutrina ofereça critérios de aplicação dos interesses legítimos do agente de tratamento, auxiliando-o na correta escolha pela base legal, contribuindo pela busca à necessária segurança jurídica, mitigação de riscos excessivos para os agentes e titulares, e ainda, não menos relevante, pela defesa da unicidade normativa do ordenamento jurídico, evitando-se a criação de um microssistema de proteção de dados pessoais.[96]

Conforme destacado nos itens anteriores, na contemporaneidade, a legalidade tem como condição essencial a análise do merecimento de tutela, de tal forma que o ato digno de merecimento de tutela deve se revestir de um mérito adicional, ativamente suportando e promovendo valores, em vez de simplesmente não os violar.

Face às premissas delineadas, sugere-se, como critério valorativo, a incidência da boa-fé objetiva, defendida por Emílio Betti como "ponto cardeal no contexto da relação obrigacional e no contexto de qualquer relação civil".[97] Consta como princípio norteador na LGPD, inscrito no caput de seu art. 6.º quando estabelece que "As atividades de tratamento de dados pessoais deverão observar a boa-fé e os seguintes princípios: [...]".[98]

---

95. AUTORIDADE NACIONAL DE PROTEÇÃO DE DADOS (ANPD). Guia orientativo: hipóteses legais de tratamento de dados pessoais. Legítimo interesse. Brasília: ANPD, fev. 2024. Versão 1.0. p. 16. Disponível em: https://www.gov.br/anpd/pt-br/documentos-e-publicacoes/guia_legitimo_interesse. pdf. Acesso em: 04 fev. 2024.

96. "Em última análise, como o ordenamento jurídico há de ser unitário, a exigir a harmonização das diversas fontes normativas orientada pelos valores constitucionais, rejeita-se a expressão microssistema, mesmo tendo em conta o sentido meramente didático que se quer emprestar à sua utilização no Brasil, diversamente da noção originariamente concebida pela doutrina italiana" (TEPEDINO. Gustavo. O direito-civil constitucional e suas perspectivas atuais. *Temas de direito civil*. Rio de Janeiro: Renovar, 2009. t. 3. p. 30).

97. BETTI, E. Teoria generale dell'interpretazione, II, Milano, 1955. p. 5 apud PATTI, Francesco Paolo. Significados e limites da autonomia privada: entre princípios e cláusulas gerais. Tradução de Eduardo Souza e Thiago Rodovalho. *Civilistica.com*, Rio de Janeiro, v. 11, n. 1, p. 11, 2022. Disponível em: http:// civilistica.com/significados-e-limites-da-autonomia/. Acesso em: 09 set. 2022.

98. Consta ainda, no art. 52, que trata das Sanções Administrativas, a necessária observância da boa-fé do infrator consta no rol de parâmetros e critérios de observância necessária pela ANPD. Lei n.º 13.709, de 14 de agosto de 2018. Lei Geral de Proteção de Dados Pessoais (LGPD). Art. 52. [...] § 1.º As sanções serão aplicadas após procedimento administrativo que possibilite a oportunidade da ampla defesa, de forma gradativa, isolada ou cumulativa, de acordo com as peculiaridades do caso concreto e considerados os seguintes parâmetros e critérios: [...] II – a boa-fé do infrator.

A boa-fé objetiva tem função tríplice: *i)* parâmetro de interpretação, na qualidade de "cânone hermenêutico e integrativo"; *ii)* cria deveres anexos e iii) limita o exercício de direitos subjetivos em determinadas situações.[99] Impõe deveres no sentido de obrigar atitudes positivas de cooperação, de colaboração, pela consideração dos legítimos interesses da outra parte,[100] de maneira que estes deveres "densificam e especificam" o princípio da solidariedade social inscrito na Constituição; cria deveres instrumentais, pois direcionam à operacionalização do caráter solidarista proposto pelo constituinte, e "avoluntaristas", na medida em que restringe, em determinadas situações, o exercício de alguns direitos, limitando a autonomia privada.[101]

Constitui equívoco balizar a análise ao interesse meramente declarado. Tendo da boa-fé como filtro valorativo do interesse perseguido pelo agente de tratamento, caberá uma análise complexa de seu comportamento, de acordo com as especificidades do caso concreto,[102] singular e irrepetível,[103] funcionando "como verdadeira régua-mestra do conteúdo normativo"[104] do interesse.

Durante a XI Jornada de Direito Civil, realizada em maio de 2022 pelo Conselho da Justiça Federal, restou aprovado o Enunciado 683, com a seguinte redação:

> A legítima expectativa do titular quanto ao tratamento de seus dados pessoais se relaciona diretamente com o princípio da **boa-fé objetiva** e é um dos parâmetros de legalidade e juridicidade do legítimo interesse.[105]

---

99. MARTINS-COSTA, Judith. Mercado e solidariedade social entre cosmos e taxis: a boa-fé nas relações de consumo. In: MARTINS-COSTA, Judith (org.). *A reconstrução do direito privado*: reflexos dos princípios, diretrizes e direitos fundamentais constitucionais no direito privado. São Paulo: Ed. RT, 2002. p. 640.

100. MARTINS-COSTA, Judith. Mercado e solidariedade social entre cosmos e taxis: a boa-fé nas relações de consumo. In: MARTINS-COSTA, Judith (org.). *A reconstrução do direito privado*: reflexos dos princípios, diretrizes e direitos fundamentais constitucionais no direito privado. São Paulo: Ed. RT, 2002. p. 612.

101. MARTINS-COSTA, Judith. Mercado e solidariedade social entre cosmos e taxis: a boa-fé nas relações de consumo. In: MARTINS-COSTA, Judith (org.). *A reconstrução do direito privado*: reflexos dos princípios, diretrizes e direitos fundamentais constitucionais no direito privado. São Paulo: Ed. RT, 2002. p. 633-635.

102. "... a boa-fé objetiva inaugura uma posição intermediária entre as tendências subjetiva e objetiva, presentes no artigo antecedente (art. 112 CC), equilibrando a interpretação geral nele estabelecida e remetendo o intérprete à análise do caso concreto, para nele estabelecer a presença ou ausência da boa-fé" (TEPEDINO, Gustavo; BARBOZA, Heloisa Helena; BODIN DE MORAES, Maria Celina. *Código civil interpretado*: conforme a Constituição da República. Rio de Janeiro: Renovar, 2014. v. 1. p. 231).

103. LÔBO, Paulo. Colisão de direitos fundamentais nas relações de família. In: PEREIRA, Rodrigo da Cunha (org.). *Família*: entre o público e o privado. Porto Alegre: Magister, 2012. v. 1. p. 292.

104. GROSSI, Bernardo Menicucci. O legítimo interesse como base legal para o tratamento de dados pessoais. *Lei Geral de Proteção de Dados*: uma análise preliminar da Lei 13.709/2018 e da experiência de sua implantação no contexto empresarial [recurso eletrônico]. Porto Alegre: Fi, 2020. p. 78.

105. Destaca-se a justificativa e fundamentação jurídica apresentadas para a submissão e aprovação do Enunciado: "A Lei Geral de Proteção de Dados (Lei n. 13.709/1918) traz, no art. 10, parâmetros para

A boa-fé, repita-se, inscrita como princípio norteador das atividades de tratamento, conforme caput do art. 6.º, impõe ao agente de tratamento o dever de pautar seu comportamento de maneira que não violar interesses e expectativas legítimas do titular,[106] em efetiva tutela da confiança,[107] funcionalizando o solidarismo social inscrito no art. 3.º, I da Carta de 88. Na realidade prática, serve como cânone interpretativo do interesse do controlador, prestigiando a lealdade, honestidade; restringindo exercícios abusivos;[108] criando deveres, ônus adicionais, conforme expressamente estabelece a LGPD e seus arts. 10 (situação deve ser concreta, atual – vedado o uso genérico; teste de balanceamento – ponderação;

---

a aplicação da base legal do legítimo interesse, que é um conceito jurídico indeterminado. A legítima expectativa baseia-se em um dever de lealdade e não frustração da confiança do titular de dados, de modo a garantir uma maior previsibilidade quanto à aplicação e interpretação do legítimo interesse. A interpretação desta base legal deve necessariamente levar em consideração a forte influência do princípio da boa-fé no direito privado brasileiro e sua relação com a vedação do abuso de direito, que implica uma limitação ao tratamento de dados que não passe no teste do legítimo interesse. Tal orientação é condizente com as escolhas inscritas na Lei Geral de Proteção de Dados, que elege a bo-a-fé como princípio reitor dos demais princípios da lei (art. 6.º, *caput*), e também com a busca por se evitar um transplante legal inadequado da figura do legítimo interesse para o ordenamento jurídico nacional. Contudo, a legítima expectativa não é um valor absoluto, podendo ser flexibilizado se a análise do caso concreto revelar que o interesse do controlador ou de terceiros se sobrepõe à legítima expectativa (e.g., prevenção a fraudes), a partir de um equacionamento dos diversos aspectos do caso, o que se convencionou chamar teste do legítimo interesse" (CONSELHO DA JUSTIÇA FEDERAL. IX Jornada de Direito Civil. *Comemoração dos 20 anos da Lei n. 10.046/2002 e da Instituição da Jornada de Direito Civil*: enunciados aprovados. Brasília: Conselho da Justiça Federal, Centro de Estudos Judiciários, 2022. p. 46-47).

106. "A consideração pela posição da outra parte, pelas suas particularidades e seus interesses, consiste na razão do desenvolvimento da boa-fé objetiva em um direito dirigido à realização da solidariedade social, pois ao impor sobre todos um dever de não se comportar de forma lesiva aos interesses e expectativas legítimas despertadas no outro, a tutela da confiança revela-se, em um plano axiológico-normativo, não apenas como principal integrante do conteúdo da boa-fé, mas também como forte expressão da solidariedade social" (DINIZ, Carlos Eduardo Iglesias. *A boa-fé objetiva no direito brasileiro e a proibição de comportamentos contraditórios*. Série Aperfeiçoamento de Magistrados 13. 10 Anos do Código Civil – Aplicação, Acertos, Desacertos e Novos Rumos. v. 1. p. 71. Disponível em: https://www.emerj.tjrj.jus.br/serieaperfeicoamentodemagistrados/paginas/series/13/volumeI/10anosdocodigocivil_61.pdf. Acesso em: 1.º jun. 2023).

107. "A tutela da confiança não vem expressamente prevista no ordenamento positivo brasileiro, sendo o seu fundamento, assim como o da proibição de comportamentos contraditórios, indicado pelo art. 422 do Código Civil, que trata da cláusula geral da boa-fé objetiva. O exercício de um direito será, portanto, irregular, se consubstanciar quebra da confiança e frustração das legítimas expectativas, pois contrário à boa-fé e, como tal, estará sujeito ao controle da ordem jurídica com fundamento no art. 422 do código" (DINIZ, Carlos Eduardo Iglesias. *A boa-fé objetiva no direito brasileiro e a proibição de comportamentos contraditórios*. Série Aperfeiçoamento de Magistrados 13. 10 Anos do Código Civil – Aplicação, Acertos, Desacertos e Novos Rumos. v. 1. p. 72. Disponível em: https://www.emerj.tjrj.jus.br/serieaperfeicoamentodemagistrados/paginas/series/13/volumeI/10anosdocodigocivil_61.pdf. Acesso em: 1.º jun. 2023).

108. "[...] os juízos de licitude e não abusividade passaram a constituir, em conjunto, o conteúdo da noção de legalidade, entendida como o limite imposto pelo direito para o exercício de prerrogativas particulares" (SOUZA, Eduardo Nunes de. Merecimento de tutela: a nova fronteira da legalidade no direito civil. *Revista de Direito Privado*, v. 15, n. 58, p. 89, abr./jun. 2014).

3 • INTERESSES LEGÍTIMOS NA LGPD

reforço do princípio da necessidade e da transparência; relatório de impacto à proteção de dados pessoais) e 37 (reforço da exigência de manutenção de registro das operações de tratamento).

Por fim, faz-se relevante alertar que o reconhecimento da legitimidade do interesse não chancela automaticamente a licitude da atividade de tratamento com fundamento no inciso IX do art. 7.º da LGPD, na medida em que se trata de primeira etapa[109] do completo movimento hermenêutico,[110] que urge por medidas adicionais, conforme acima mencionado, e, em especial, à ponderação com os direitos e liberdades fundamentais dos titulares.

3.2.4 Abuso de direito como restrição ao exercício de posições jurídicas contrárias aos valores e princípios do ordenamento

Diante da função negativa intrínseca à boa-fé, incidindo diretamente no exercício de posições jurídicas,[111] limitando a autonomia privada,[112] é possível

---

109. "O facto de o responsável pelo tratamento ter tal interesse legítimo no tratamento de determinados dados não significa necessariamente que possa invocar o artigo 7.º, alínea f), como fundamento jurídico para o tratamento. A legitimidade do interesse do responsável pelo tratamento dos dados é apenas um ponto de partida, um dos elementos que necessitam de ser analisados nos termos do artigo 7.º, alínea f). A questão de saber se o artigo 7.º, alínea f), pode ser invocado dependerá do resultado do teste da ponderação subsequente" (EUROPEAN COMMISSION. Grupo de Trabalho do Artigo 29. *Opinião 06/2014 sobre a noção de interesses legítimos do controlador de dados nos termos do artigo 7.º da Diretiva 95/46/CE*. Adotado em 9 de abril de 2014. p. 40. Disponível em: https://ec.europa.eu/justice/article-29/documentation/opinion-recommendation/files/2014/wp217_pt.pdf. Acesso em: 03 nov. 2022).

110. "[...] não há como conceituar objetivamente e de forma antecipada o conteúdo integral do interesse legítimo do controlador, conquanto cada caso concreto que se apresentar futuramente acabará por analisar necessariamente a violação de direito de personalidade do indivíduo envolvido, isto é, na esfera de sua dignidade como mandamento constitucionalmente protegido. Todavia, isso não significa que alguns passos não possam ser dados em direção a um burilamento deste direito subjetivo do controlador como forma de otimizar a sua aplicação e favorecer a sua interpretação, ainda que dependente de elementos concretos de um dado caso futuro" (GROSSI, Bernardo Menicucci. O legítimo interesse como base legal para o tratamento de dados pessoais. *Lei Geral de Proteção de Dados*: uma análise preliminar da Lei 13.709/2018 e da experiência de sua implantação no contexto empresarial [recurso eletrônico]. Porto Alegre: Fi, 2020. p. 72-73).

111. "O papel hermenêutico desempenhado pela boa-fé, em certa medida, tem o condão de definir melhor os contornos tanto dos deveres anexos antes mencionados (função positiva da boa-fé) quanto do grau de restrição por ela imposto ao exercício das posições jurídicas individuais (função negativa), fazendo abusivo o exercício que extrapola tais limites" (TEDEPEDINO, Gustavo; BARBOZA, Heloisa Helena; BODIN DE MORAES, Maria Celina. *Código civil interpretado*: conforme a Constituição da República. Rio de Janeiro, Renovar, 2014. v. 1. p. 231).

112. "Mesmo no direito privado, onde a autonomia privada implica também o reconhecimento aos sujeitos da faculdade de livre definição dos interesses em obediência aos quais orientam a sua vida, podem existir diversas formas e níveis de relevância do interesse, desde uma sua determinação objectiva para integrar uma *regula agendi*, eventualmente como restrição àquela autonomia, até à sua consideração como mera condição, ou pressuposto, do reconhecimento de um efeito (ou como circunstância impeditiva deste), incluindo da aquisição ou exercício de um direito subjectivo, passando pela sua relevância enquanto

afirmar que no exercício das atividades de tratamento que se fundem em interesse legítimo, o controlador eventualmente poderá atuar de maneira abusiva.[113]

A configuração de prática abusiva sequer exige uma "pretensão antagônica"[114] por parte dos titulares, na medida em que a atividade de tratamento poderá ser considerada abusiva quando seu exercício ocorrer de maneira contrária aos valores e princípios que o ordenamento jurídico associada àquela determinada situação subjetiva, a depender de sua perspectiva funcional,[115] conforme delineado no item 3.2.1.

A título exemplificativo, na hipótese da análise de dados pessoais de escola que, utilizando o legítimo interesse, coleta e analisa dados pessoais de estudantes que acessam a rede *wi-fi* interna com a finalidade de garantir a segurança digital. Imagine então que o sistema utilizado pela referida instituição de ensino obre em coleta excessiva de dados pessoais, tendo acesso, por exemplo, aos dados de contato e mensagens armazenados nos dispositivos conectado na rede. Em que pese a finalidade, em análise isolada, tratar-se de clássica hipótese da base dos interesses legítimos,[116] o caso retratado informa a violação, dentre outros, o princípio da necessidade, inscrito no inciso III do art. 6.º da LGPD, que informa da exigência de limitação do tratamento ao mínimo necessário para o alcance das finalidades almejadas.

---

critério para a medida de uma certa pretensão ou direito" (PINTO, Paulo Mota. *Interesse contratual negativo e interesse contratual positivo*. Coimbra: Coimbra Editora, 2008. v. 1. p. 495).

113. "Quanto à proteção dos direitos da personalidade, é fato que a partir da mudança de perspectiva constitucional, passando a estar o ordenamento a serviço da pessoa humana, conforme a determinação do art. 1.º, III da Constituição, se consolidou definitivamente a prevalência das relações não patrimoniais (pessoais e familiares) face às relações patrimoniais (contratuais e proprietárias). Consequência desta opção constitucional foi o substancial aumento das restrições estruturais impostas à vontade individual pelo Código de 2002, através, por exemplo, das noções de abuso do direito, dos princípios da boa-fé, da confiança e da função social do contrato e da propriedade, solidificando a já existente compressão da autonomia privada patrimonial" (BODIN DE MORAES, Maria Celina. Ampliando os direitos da personalidade. *Na medida da pessoa humana*: estudos de direito civil-constitucional. Rio de Janeiro: Renovar, 2010. p. 124).

114. SOUZA, Eduardo Nunes de. Merecimento de tutela: a nova fronteira da legalidade no direito civil. Revista de Direito Privado, v. 15, n. 58, p. 94, abr./jun. 2014.

115. "É a perspectiva funcional que permite que o controle social sobre os atos de autonomia privada não se limite ao exame de estruturas ou tipos abstratamente considerados – em simples valoração de licitude segundo a qual, por exemplo, uma locação cujo objeto não fosse proibido por lei resultaria sempre legítima. Isso dá lugar ao exame do merecimento de tutela do tipo no caso em exame, a verificar qual função econômico-individual desempenha a *fattispecie* concreta" (TEPEDINO, Gustavo. O princípio da função social no direito civil contemporâneo. *Revista do Ministério Público do Rio de Janeiro*, n. 54, p. 146, out./dez. 2014).

116. AUTORIDADE NACIONAL DE PROTEÇÃO DE DADOS (ANPD). Guia orientativo: hipóteses legais de tratamento de dados pessoais. Legítimo interesse. Brasília: ANPD, fev. 2024. Versão 1.0. p. 11-12. Disponível em: https://www.gov.br/anpd/pt-br/documentos-e-publicacoes/guia_legitimo_interesse.pdf. Acesso em: 04 fev. 2024.

Outra hipótese elucidativa é da empresa que emprega software de monitoramento de funcionários calçada no legítimo interesse, gravando a imagens por *webcam* e registrando a digitação em todos os terminais, com a finalidade de avaliar a produtividade e permitir identificar eventuais vazamentos de informações confidenciais. Em que pese haver um interesse evidentemente legítimo da organização nas finalidades informadas, segundo a Autoridade Brasileira, o exemplo em análise configura abuso de direito, na medida em que há coleta excessiva e desproporcional de dados pessoais, muito além do necessário para os objetivos pretendidos, violando assim as legítimas expectativas dos titulares,[117] seus direitos e liberdades fundamentais.[118]

Considerando a boa-fé objetiva como filtro hermenêutico na aplicação do legítimo interesse no tratamento de dados pessoais, conclui-se que uma análise meramente estrutural de conformidade com a lei não se releva suficiente. Faz-se imperiosa o exame do caso concreto, através de análise funcional e de merecimento de tutela, à luz dos valores e princípios fundantes do ordenamento jurídico.[119] Adicionalmente, a boa-fé objetiva, como princípio norteador da LGPD e cânone interpretativo do interesse do controlador, prestigia a lealdade, honestidade e cria deveres e ônus adicionais, conforme arts. 10 e 37, restringindo exercícios abusivos, quando este se der de forma contrária aos valores e princípios que o ordenamento jurídico associa àquela determinada situação subjetiva individualmente considerada.

3.2.5 Interesse legítimo de terceiro

A parte inicial da redação inscrita no inciso IX, art. 7.º da LGPD, contempla a possibilidade de tratamento de dados quando necessário para atender aos in-

---

117. "Desse modo, exige-se que as liberdades individuais tenham por função, ao lado da legítima preocupação com os interesses de seu titular, o alcance de interesses socialmente relevantes atingidos por seu exercício" (TEPEDINO, Gustavo. O princípio da função social no direito civil contemporâneo. *Revista do Ministério Público do Rio de Janeiro*, n. 54, p. 150, out./dez. 2014).

118. A ANPD adverte que a referida base legal não pode funcionar como "justificativa ampla e indefinida para condutas abusivas no tratamento de dados pessoais", quando resultarem em "impactos excessivos e desproporcionais aos direitos dos titulares, sem as salvaguardas apropriadas" AUTORIDADE NACIONAL DE PROTEÇÃO DE DADOS (ANPD). Guia orientativo: hipóteses legais de tratamento de dados pessoais. Legítimo interesse. Brasília: ANPD, fev. 2024. Versão 1.0. p. 22-25. Disponível em: https://www.gov.br/anpd/pt-br/documentos-e-publicacoes/guia_legitimo_interesse.pdf. Acesso em: 04 fev. 2024.

119. "Com efeito, deve-se proceder, a partir das peculiaridades de caso concreto, à análise funcional da cláusula aberta de interesses legítimos, de modo a verificar, *in casu*, qual interesse – seja do controlador, de terceiro ou do titular – está mais alinhado com os valores constitucionais e, portanto, deve, em um ordenamento jurídico unitário e complexo, prevalecer" (PEREIRA DE SOUZA, Carlos Affonso; VIOLA, Mario; PADRÃO, Vinicius. Considerações iniciais sobre os interesses legítimos do controlador na Lei Geral de Proteção de Dados Pessoais. *RDU*, Porto Alegre, v. 16, n. 90, 126, nov./dez. 2019).

teresses legítimos do controlador ou de terceiros.[120] Considerando a amplitude conceitual do vocábulo "interesse", abrangendo qualquer benefício, proveito ou utilidade obtidos através de determinada atividade de tratamento, admite-se o interesse capaz de beneficiar terceiro,[121] associado a qualquer pessoa, seja ela natural ou jurídica, ou até mesmo um grupo de pessoas, desde que distintos do controlador,[122] inclusive a própria sociedade.[123]

No curso da IX Jornada de Direito Civil destaca-se o Enunciado 685, que tive a honra de figurar como autor, trazendo a seguinte redação:

> O interesse legítimo do terceiro, mencionado no inciso IX do art. 7.º da Lei Geral de Proteção de Dados, não se restringe à pessoa física ou jurídica singularmente identificadas, admitin-do-se sua utilização em prol de grupos ou da coletividade para atividades de tratamento que sejam de seu interesse.[124]

---

120. "A previsão de que o interesse legítimo pode ser de um terceiro foi introduzida na versão do Anteprojeto de lei de proteção de dados encaminhada ao Congresso, que se tornou o PL 5276/2016. Diferente-mente do RGPD, a lei brasileira não traz uma definição de quem seria o terceiro, nem quando este se enquadra na figura de recipiente, de modo que é ainda mais desafiador interpretar o alcance da base legal do legítimo interesse de terceiro na LGPD, e é tarefa urgente da Autoridade Nacional de Proteção de Dados (ANPD) endereçar a questão" (BIONI, Bruno; KITAYAMA, Marina; RIELLI, Mariana. *O legítimo interesse na LGPD*: quadro geral e exemplos de aplicação. São Paulo: Associação Data Privacy Brasil de Pesquisa, 2021. p. 6).

121. "[...] O termo 'terceiro' não se refere apenas a outras organizações, podendo também ser um indivíduo não envolvido inicialmente de forma direta na relação ou o público em geral. Por exemplo, uma com-panhia de seguros deseja processar dados pessoais com base em interesses legítimos para identificar reivindicações fraudulentas" (TEFFÉ, Chiara Spadaccini de; VIOLA, Mario. Tratamento de dados pessoais na LGPD: estudo sobre as bases legais. *Civilistica.com*, Rio de Janeiro, v. 9, n. 1, p. 20, 2020. Disponível em: http://civilistica.com/tratamento-de-dados-pessoais-na-lgpd/. Acesso em: 21 nov. 2023).

122. AUTORIDADE NACIONAL DE PROTEÇÃO DE DADOS (ANPD). Guia orientativo: hipóteses legais de tratamento de dados pessoais. Legítimo interesse. Brasília: ANPD, fev. 2024. Versão 1.0. p. 41. Disponível em: https://www.gov.br/anpd/pt-br/documentos-e-publicacoes/guia_legitimo_interesse. pdf. Acesso em: 04 fev. 2024.

123. "Na prática jurídica, caberá ao intérprete analisar, de acordo com as peculiaridades do caso concreto, a relevância daquele interesse para o controlador ou para terceiro, isto é, o proveito que se pretende obter com aquele tratamento de dados pessoais específico, que poderá ser, como já mencionado, em favor do controlador, do próprio titular ou da sociedade" (PEREIRA DE SOUZA, Carlos Affonso; VIOLA, Mario; PADRÃO, Vinicius. Considerações iniciais sobre os interesses legítimos do controlador na Lei Geral de Proteção de Dados Pessoais. *RDU*, Porto Alegre, v. 16, n. 90, 110, nov./dez. 2019).

124. Como justificativa, restou assim asseverado: "A Lei n. 13.709, de 14 de agosto de 2018 – Lei Geral de Proteção de Dados –, não faz qualquer ressalva com relação ao 'terceiro' mencionado no inciso IX do art. 7.º A doutrina brasileira reforça a amplitude do termo 'terceiro', admitindo sua abrangência como "interesses da coletividade e da sociedade amplamente considerados" (LEONARDI, Marcel. Legítimo interesse. *Revista do Advogado*, v. 39, n. 144, p. 70, 2019) e ainda como o "público em geral" (TEFFÉ, Chiara Spadaccini de; VIOLA, Mario. Tratamento de dados pessoais na LGPD: estudo sobre as bases legais. *Civilistica.com*, Rio de Janeiro, v. 9, n. 1, 2020. Disponível em: http://civilistica.com/ tratamento-de-dados-pessoais-na-lgpd/. Acesso em: 21 nov. 2023). Destaca-se ainda a "Opinion 06/2014 on the notion of legitimate interests of the data controller under Article 7 of Directive 95/46/ EC" publicada pelo Article 29 Data Protection Working Party, onde se afirma que "Alguns interesses

O interesse de terceiros no tratamento de dados pessoais não está restrito à hipótese do legítimo interesse. A LGPD traz outros dispositivos prevendo interesses além do próprio agente de tratamento ou do titular, como, por exemplo, a base legal do artigo 7.º, inciso VII e do artigo 11, inciso II, alínea "e", ambas legitimadoras do tratamento de dados pessoais "para a proteção da vida ou da incolumidade física do titular ou de terceiro"; incluindo ainda a hipótese de transferência internacional, consoante art. 33, inciso IV.

Todas as regras contidas no inciso IX do art. 7.º, inclusive os adicionais informados nos arts. 10 e 37, todos da LGPD, devem sempre ser observados de maneira cumulativa pelo controlador que identificou interesse de terceiro, inexistindo qualquer distinção entre os requisitos legais que incidem sobre as duas hipóteses – legítimo interesse do controlador e legítimo interesse de terceiro.[125]

---

podem ser atraentes e benéficos para sociedade em geral, como o interesse da imprensa em divulgar informações corrupção ou o interesse em realizar pesquisas científicas (sujeito a proteções)" (Tradução livre do autor). Cumpridos os todos requisitos legais, em especial os princípios de tratamento de dados pessoais e respeitados os direitos e liberdades fundamentais dos titulares, entende-se, desta forma, que o "terceiro" mencionado no inciso IX do art. 7.º o da Lei Geral de Proteção de Dados poderá ser a coletividade e a sociedade amplamente considerada" (CONSELHO DA JUSTIÇA FEDERAL. IX Jornada de Direito Civil. *Comemoração dos 20 anos da Lei n. 10.046/2002 e da Instituição da Jornada de Direito Civil*: enunciados aprovados. Brasília: Conselho da Justiça Federal, Centro de Estudos Judiciários, 2022. p. 47).

125. AUTORIDADE NACIONAL DE PROTEÇÃO DE DADOS (ANPD). Guia orientativo: hipóteses legais de tratamento de dados pessoais. Legítimo interesse. Brasília: ANPD, fev. 2024. Versão 1.0. p. 41. Disponível em: https://www.gov.br/anpd/pt-br/documentos-e-publicacoes/guia_legitimo_interesse. pdf. Acesso em: 04 fev. 2024. Em sentido contrário: "Por outro lado, quando o tratamento for baseado no legítimo interesse de terceiro, a LGPD não exige a observância dos requisitos do artigo 10. Este é um ponto crucial, pois os interesses legítimos de terceiros englobam não apenas terceiros em uma relação negocial, mas também a própria sociedade amplamente considerada, ou seja, os interesses legítimos de certas categorias de pessoas ou mesmo de toda a população, conforme o caso. Por esses motivos, uma avaliação de legítimo interesse deve levar em consideração não apenas os interesses do controlador, mas também os interesses de terceiros amplamente considerados" (LEONARDI, Marcel. *Publicidade personalizada e LGPD*: Parecer Jurídico. São Paulo, 26 jul. 2021. Parecer elaborado a pedido da Associação de Mídia Interativa ("IAB Brasil"), de forma a analisar algumas implicações da Lei 13.709/2018 (Lei Geral de Proteção de Dados Pessoais, "LGPD") à publicidade personalizada. Documento não paginado). Ainda sobre o tema: "Um primeiro modo de compreender as hipóteses de aplicação do art. 10 é por meio de uma interpretação restritiva, segundo a qual os pressupostos do dispositivo referem-se exclusivamente ao legítimo interesse do controlador, não incluindo aqueles advindos de terceiros. Essa interpretação restritiva poderia ser extraída a partir da escolha de um método interpretativo literal gramatical, que parte do pressuposto de que as palavras que compõem o comando normativo representam aquilo que estritamente descrevem. Esta conclusão é válida, contudo, está longe de ser a única interpretação possível do dispositivo. Uma interpretação sistemática e teleológica do artigo 10, que alcançaria também a figura do terceiro, mostra-se possível. A partir dela, evita-se uma valoração distinta entre os destinatários da norma e, com isso, obtém-se uma aplicação mais uniforme da base legal do legítimo interesse, independentemente de quem seja o seu favorecido. Um resultado hermenêutico preferível para não afetar a própria substância do direito, ainda mais quando o próprio arranjo normativo não justifica por que deveria haver a imposição de deveres em proporções distintas para o controlador e terceiros" (BIONI, Bruno; KITAYAMA, Marina; RIELLI,

Além disso, é relevante distinguir o terceiro da eventual figura do interesse legítimo de terceiro e do interesse de outro controlador, em hipótese de controladoria conjunta, expressamente prevista no art. 26 do Regulamento Europeu de Proteção de Dados[126] e admitida no ordenamento pátrio através de expressa manifestação da ANPD,[127] em que pese o silêncio no corpo da LGPD. Deste modo, caso terceiro interessado na atividade de tratamento se insira na noção de controladoria conjunta, cada um deverá fundamentar e justificar individualmente o tratamento de dados com base em seus próprios interesses legítimos.[128]

A hipótese de utilização de interesse legítimo como fundamento para tratamento de dados pessoais com a finalidade de prevenção à fraude[129] e promoção de segurança em sistemas informáticos, que talvez seja uma das mais utilizadas na prática, configura eloquente exemplo de interesses que beneficiam[130] o próprio titular e à coletividade,[131] na medida em que dispõem de ambiente digital

---

Mariana. *O legítimo interesse na LGPD*: quadro geral e exemplos de aplicação. São Paulo: Associação Data Privacy Brasil de Pesquisa, 2021. p. 25).

126. Artigo 26.º – Responsáveis conjuntos pelo tratamento. 1. Quando dois ou mais responsáveis pelo tratamento determinem conjuntamente as finalidades e os meios desse tratamento, ambos são responsáveis conjuntos pelo tratamento. Estes determinam, por acordo entre si e de modo transparente as respetivas responsabilidades pelo cumprimento do presente regulamento, nomeadamente no que diz respeito ao exercício dos direitos do titular dos dados e aos respetivos deveres de fornecer as informações referidas nos artigos 13.º e 14.º, a menos e na medida em que as suas responsabilidades respetivas sejam determinadas pelo direito da União ou do Estado-Membro a que se estejam sujeitos. O acordo pode designar um ponto de contacto para os titulares dos dados.

127. "[...] Assim, ao adaptar a concepção europeia para o cenário da LGPD, pode-se entender o conceito de controladoria conjunta como 'a determinação conjunta, comum ou convergente, por dois ou mais controladores, das finalidades e dos elementos essenciais para a realização do tratamento de dados pessoais, por meio de acordo que estabeleça as respectivas responsabilidades quanto ao cumprimento da LGPD'" (AUTORIDADE NACIONAL DE PROTEÇÃO DE DADOS (ANPD). *Guia orientativo para definições dos agentes de tratamento de dados pessoais e do encarregado*: versão 2.0. Brasília, abr. 2022. p. 13-14).

128. KUNER, Christopher; BYGRAVE, Lee A.; DOCKSEY, Christopher; DRECHSLER, Laura; TOSONI, Luca. *The EU General Data Protection Regulation*: A Commentary. Oxford University Press, 2020. p. 337.

129. O considerando 47 do Regulamento Europeu informa que "[...] O tratamento de dados pessoais estritamente necessário aos objetivos de prevenção e controle da fraude constitui igualmente um interesse legítimo do responsável pelo seu tratamento [...]".

130. É o exemplo do inciso II, art. 10 da LGPD: "O legítimo interesse do controlador somente poderá fundamentar tratamento de dados pessoais para finalidades legítimas, consideradas a partir de situações concretas, que incluem, mas não se limitam a: [...] II – proteção, em relação ao titular, do exercício regular de seus direitos ou prestação de serviços que o beneficiem, respeitadas as legítimas expectativas dele e os direitos e liberdades fundamentais, nos termos desta Lei".

131. "A divisão do direito, então, não pode permanecer ancorada àqueles antigos conceitos e, de substancial – isto é, expressão de duas realidades herméticas e opostas traduzidas pelo binômio autoridade-liberdade – se transforma em distinção meramente "quantitativa": há institutos onde é prevalente o interesse dos indivíduos, estando presente contudo, o interesse da coletividade; e institutos em que prevalece, em termos quantitativos, o interesse da sociedade, embora sempre funcionalizado, em sua essência, à realização dos interesses individuais e existenciais dos cidadãos" (BODIN DE MORAES, Maria Celina. A caminho de um direito civil constitucional. *Revista Estado, Direito e Sociedade*, v. 1, p. 65, 1991).

mais seguro e confiável. A própria LGPD permite, em caráter excepcional e em hipótese absolutamente restrita, o tratamento de dados sensíveis sem o consentimento com a finalidade de "garantia da prevenção à fraude e à segurança do titular, nos processos de identificação e autenticação de cadastro em sistemas eletrônicos", desde que sejam "resguardados os direitos mencionados no art. 9.º desta Lei e exceto no caso de prevalecerem direitos e liberdades fundamentais do titular que exijam a proteção dos dados pessoais" como se verifica da redação do art. 11, II, "b".[132]

Ademais, ao tutelar interesse de terceiro, o ordenamento brasileiro garante à determinadas situações subjetivas o cumprimento de verdadeira função social,[133] tornando digna de tutela jurídica a promoção de interesses sociais e/ou coletivos,[134] eventualmente até em situação de colisão com um interesse individual.[135]

A título exemplificativo, no Brasil, menciona-se projeto denominado "Operação Serenata de Amor",[136] iniciado em 2016, com o emprego de inteligência artificial no tratamento de informações com a finalidade auditar contas públicas e promover controle social sobre reembolsos realizados pela Cota para Exercício da Atividade Parlamentar (CEAP), fundo destinado a cobrir despesas como alimentação, transporte, hospedagem e outros custos de parlamentares. Não parece pairar dúvidas sobre os profundos benefícios sociais desta iniciativa, identificando-se claro interesse legítimo de terceiro – da população brasileira – na atividade de tratamento que lhe possibilite e auxilie no escrutínio sobre verbas de natureza pública, pagas pelo contribuinte. Noutro turno, destaca-se o seguinte julgado da Justiça do Trabalho:

> Trata-se de dissídio coletivo de natureza econômica ajuizado pelo Sindicato dos Empregados Rurais de Bastos em face do Sindicato Rural de Bastos. Acordão. [...] Cláusula 50.ª – Relação de trabalhadores admitidos e demitidos. a) Reivindicação: Os empregadores rurais deverão,

---

132. "Embora limitada para o atendimento a uma finalidade específica ('prevenção à fraude e à segurança'), a aplicação da hipótese legal prevista no art. 11, II, g, da LGPD, deve observar sistemática similar à prevista para o legítimo interesse. Isso porque, pela própria redação do texto legal, o controlador também deve verificar se, no caso concreto, prevalecem 'direitos e liberdades fundamentais do titular que exijam a proteção dos dados pessoais'" (AUTORIDADE NACIONAL DE PROTEÇÃO DE DADOS (ANPD). Guia orientativo: hipóteses legais de tratamento de dados pessoais. Legítimo interesse. Brasília: ANPD, fev. 2024. Versão 1.0. p. 34. Disponível em: https://www.gov.br/anpd/pt-br/documentos-e-publicacoes/guia_legitimo_interesse.pdf. Acesso em: 04 fev. 2024).

133. Sobre o tema: TEPEDINO, Gustavo. O princípio da função social no direito civil contemporâneo. *Revista do Ministério Público do Rio de Janeiro*, n. 54, p. 142-154, out./dez. 2014.

134. "No ordenamento, o interesse é tutelado enquanto atende não somente ao interesse do titular, mas também aquele da coletividade" (PERLINGIERI, Pietro. *Perfis de direito civil*. Rio de Janeiro: Renovar, 1997. p. 107).

135. MEIRELES, Rose Melo Vencelau. *Autonomia privada e dignidade humana*. Rio de Janeiro: Renovar, 2009. p. 43.

136. Disponível em: https://serenata.ai/. Acesso em: 22 nov. 2023.

impreterivelmente, a cada 30 (trinta) dias, a contar a partir de 01 de fevereiro de 2021, enviar ao Sindicato dos Empregados Rurais de Bastos, a relação dos funcionários admitidos, afastados e demitidos no período, assim como deverão enviar cópia da RAIS – Relação Anual de Informações Sociais dentro do prazo de 15 (quinze) dias contados após a entrega ao sistema do Ministério do Trabalho e Emprego, a fim de que se possa apurar o cumprimento das cláusulas coletivas e promover à análise estatísticas e de mobilidade da categoria profissional, bem como, realizar as homologações de contratos rescindidos no sindicato. b) Cláusula preexistente: não há. c) Justificativa: Defiro, em parte. Não prospera o inconformismo do suscitado no sentido de que a cláusula viola a Lei Geral de Proteção de Dados (LGPD), uma vez que referida norma permite a utilização de dados para atender interesses do controlador e de terceiros (inciso IX do art. 7.º), como na hipótese, em que os dados repassados ao sindicato visam beneficiar os próprios trabalhadores, seja para apurar o cumprimento da norma coletiva ou analisar as estatísticas de mobilidade profissional.[137]

Na Europa, o caso *Rīgas*,[138] marco na interpretação do Artigo 7(f) da Diretiva 95/46/EC, envolveu um acidente de trânsito em Riga, Letônia, no qual um passageiro de táxi abriu subitamente a porta do veículo, causando uma colisão com um trólebus, pertencente à *Rīgas satiksme*. Esta solicitou à polícia a divulgação dos dados pessoais do passageiro, com o objetivo de processá-lo. A polícia forneceu apenas o nome do passageiro e se recusou a compartilhar sua identidade e endereço, argumentando que a divulgação seria ilícita diante da legislação de proteção de dados. O TJUE esclareceu, dentre outros, que no caso concreto analisado, a solicitação de dados pessoais para processar uma pessoa causadora de danos materiais constituía um interesse legítimo de um terceiro.

A Corte Europeia de Direitos Humanos já afirmou a existência de interesse legítimo no compartilhamento de dados pessoais com o instituto de seguridade social para proteger "o bem-estar econômico do país".[139] O Tribunal de Justiça da União Europeia informou ainda haver "interesse legítimo dos internautas potencialmente interessados em ter acesso a essa informação" e o interesse legítimo dos motores de busca em promover "a publicação de um dado pessoal num sítio web".[140]

---

137. BRASIL. Tribunal Regional do Trabalho da 15.ª Região. *DC 0006966-05.2021.5.15.0000*. Relator: Francisco Alberto da Motta Peixoto Giordani. Suscitante: Sindicato dos Empregados Rurais de Bastos Suscitado: Sindicato Rural de Bastos.
138. UNIÃO EUROPEIA. Tribunal de Justiça (Segunda Secção). *Processo C-13/16*. Valsts policijas Rīgas reģiona pārvaldes Kārtības policijas pārvalde contra Rīgas pavaldības SIA «Rīgas satiksme». 04 maio 2017. Disponķvel em: https://curia.europa.eu/juris/liste.jsf?num=C-13/16. Acesso em: 1.º jun. 2023.
139. M.S. v. Suécia (n.º 20837/92). 27 de agosto de 1997. European Court of Human Rights. Factsheet – Personal data protection. September 2022. p. 24.
140. Vale a ressalva, no trecho da decisão destacada: "Embora seja verdade que, regra geral, os direitos da pessoa em causa protegidos por esses artigos prevalecem também sobre o referido interesse dos internautas, este equilíbrio pode, todavia, depender, em determinados casos particulares, da natureza da informação em questão e da sua sensibilidade para a vida privada da pessoa em causa, bem como do interesse do público em dispor dessa informação, que pode variar, designadamente, em função

3 • INTERESSES LEGÍTIMOS NA LGPD

Veja-se o caso julgado pelo Supremo Tribunal Austríaco (*Oberster Gerichtshof* – OGH),[141] confirmando as decisões das instâncias inferiores que julgaram improcedente o pleito, através de ponderação de pedido de apagamento de dados pessoais do requerente em face de uma instituição financeira, afirmando-se a importância de manutenção registros precisos e transparentes sobre a capacidade de pagamento dos clientes, visando à mitigação dos riscos financeiros para terceiros. O Tribunal enfatizou a importância de assegurar a objetividade, transparência e veracidade das informações sobre a capacidade e eventuais dificuldades de pagamento dos clientes, ressaltando a relevância destas informações para a avaliação de risco por parte dos agentes financiadores (*credit scoring*), mas também para a manutenção da integridade do sistema de crédito como um todo. O OGH entendeu, portanto, pelo interesse legítimo para as agências de pontuação de crédito e indeferiu o pleito do autor pela exclusão de seus dados pessoais dos cadastros financeiros.

Por fim, ainda na Áustria, o BVwG (Bundesverwaltungsgericht) – Tribunal Administrativo Federal[142] – entendeu que havia interesse legítimo na hipótese de ativista, vice-presidente de uma organização de proteção animal, que durante evento de caça, captou e publicou fotos e vídeos de um indivíduo sem seu consentimento e mesmo após pedidos formais para que não tornasse o material público. O titular, pessoa fotografada, recorreu ao BVwG, que por sua vez concluiu que há interesse legítimo, com fundamento no artigo 6(1)(f) do RGPD, em contribuir para debate de interesse público – caça de animais – que se sobrepõe, no caso analisado, ao direito à privacidade do titular.

3.2.6 Legítimas expectativas e legítimos interesses dos titulares: tutela da confiança à luz da boa-fé objetiva

Na avaliação da legitimidade do interesse, advogou-se pela necessária mudança da premissa de mera licitude para o cânone hermenêutico à luz da boa-fé objetiva– item 3.2.3, a funcionar como verdadeiro filtro valorativo do interesse

---

do papel desempenhado por essa pessoa na vida pública" (TRIBUNAL DE JUSTIÇA DA UNIÃO EUROPEIA. *Google Spain SL e Google Inc. vs Agencia Española de Protección de Datos (AEPD) e Mario Costeja González*. [S.l], 13 maio 2014. Sumário. Disponível em: https://eur-lex.europa.eu/legal-content/PT/TXT/HTML/?uri=CELEX:62012CJ0131_SUM. Acesso em: 09 jun. 2023).

141. ÁUSTRIA. *Oberster Gerichtshof*. Caso n.º 6Ob87/21v. Identificador Europeu de Jurisprudência (ECLI). ECLI:AT:OGH0002:2021:E132444. 23 jun, 2021. Disponível em: https://www.ris.bka.gv.at/Dokumente/.Justiz/JJT_20210623_OGH0002_0060OB00087_21V0000_000/JJT_20210623_OGH0002_0060OB00087_21V0000_000.pdf. Acesso em: 22 nov. 2023.

142. ÁUSTRIA. *Bundesverwaltungsgericht*. W274 2243598-1. Erkenntnis. Relator: Mag. LUGHOFER. 24 ago. 2023. Disponível em: https://www.ris.bka.gv.at/Dokumente/Bvwg/BVWGT_20230824_W274_2243598_1_00/BVWGT_20230824_W274_2243598_1_00.pdf. Acesso em: 22 nov. 2023.

perseguido pelo agente de tratamento. Na qualidade de princípio norteador na LGPD, consta do art. 6.º a exigência para que toda atividade de tratamento observe a boa-fé e os demais princípios inscritos dos incisos I a X.[143] Como igualmente já salientado no item mencionado, a tutela da confiança densifica e funcionaliza o "vetor da solidariedade"[144] presente no art. 3.º, I da Carta de 88.

A boa-fé não só limita a autonomia privada, mas impõe deveres anexos (*v.g.* arts. 10 e 37 da LGPD), atitudes positivas de cooperação e colaboração, cabendo ao agente de tratamento pautar sua atividade de tratamento levando em consideração o interesse alheio, de maneira que expectativas do titular carregam peso especialmente relevante à aplicação dos interesses legítimos.[145] Aliás, consta do inciso II, art. 10, a possibilidade de escolha pelo legítimo interesse com a finalidade de "proteção, em relação ao titular, do exercício regular de seus direitos ou prestação de serviços que o beneficiem, *respeitadas as legítimas expectativas dele e os direitos e liberdades fundamentais, nos termos desta Lei*".[146] A funcionalização da transparência tem grande impacto sobre as expectativas dos titulares,[147]

---

143. "É necessário compreender que a legítima expectativa do titular está relacionada com a boa-fé e os princípios do tratamento de dados, merecendo especial atenção na avaliação pelo controlador ao se amparar na hipótese do legítimo interesse. Dessa forma, o titular deve ter elementos, disponibilizados pelo controlador, para avaliar que o tratamento de dados atende às suas legítimas expectativas. [...] O controlador não deve perder de vista as expectativas do titular de dados, resguardando assim a sua confiança ao fornecer os seus dados" (AUTORIDADE NACIONAL DE PROTEÇÃO DE DADOS (ANPD). Guia orientativo: hipóteses legais de tratamento de dados pessoais. Legítimo interesse. Brasília: ANPD, fev. 2024. Versão 1.0. p. 23-24. Disponível em: https://www.gov.br/anpd/pt-br/documentos-e-publicacoes/guia_legitimo_interesse.pdf. Acesso em: 04 fev. 2024).

144. "Destaca os deveres da lealdade, de cuidado, previdência e segurança; de aviso e esclarecimento; de informação; de consideração com os legítimos interesses do parceiro contratual; de proteção ou tutela com a pessoa e o patrimônio da contraparte; de abstenção de condutas que possam pôr em risco o programa contratual; de omissão e de segredo, em certas hipóteses, deveres que podem anteceder o contrato, na chamada fase pré-contratual, ou mesmo prolongar-se findo o negócio, hipótese da responsabilidade pós-contratual" (MARTINS-COSTA, Judith. *A reconstrução do direito privado*: reflexos dos princípios, diretrizes e direitos fundamentais constitucionais no direito privado. São Paulo: Ed. RT, 2002. v. 1. p. 634-635).

145. VIOLA, Chiara Spadaccini de; VIOLA, Mario. Tratamento de dados pessoais na LGPD: estudo sobre as bases legais dos artigos 7.º e 11. In: DONEDA, Danilo et al. (coord.). *Tratado de proteção de dados pessoais*. Rio de Janeiro: Forense, 2021. p. 129.

146. "Ademais, prevemos que deverá se basear em situação concreta e desde que atendidas as legítimas expectativas do titular" (CÂMARA DOS DEPUTADOS. *Parecer da Comissão Especial destinada a proferir parecer ao Projeto de Lei n.º 4060/2016*. p. 34. Disponível em: https://www.camara.leg.br/proposicoesWeb/prop_ mostrarintegra?codteor=1663305&filename=SBT+1+PL406012+=%3E+PL+4060/2012. Acesso em: 27 jun. 2022).

147. "A avaliação também deve levar em conta as medidas que o controlador planeja adotar para cumprir suas obrigações, inclusive em termos de proporcionalidade e transparência. [...] O EDPB lembra que, se o controlador omitir informações importantes para o titular, não atenderá os requisitos de expectativas razoáveis do titular e de um equilíbrio geral aceitável de interesses" (Tradução livre do autor) (COMITÊ EUROPEU PARA A PROTEÇÃO DE DADOS. *Binding Decision 2/2022 on the dispute arisen on the draft decision of the Irish Supervisory Authority regarding Meta Platforms Ireland Limited (Instagram) under Article 65(1)(a) GDPR*. Adotada em 28 de julho de 2022. p. 37-38. Disponível em:

atuando como corolário da boa-fé, inscrita no inciso VI do art. 6.º e objeto de reforço no § 2.º do art. 10.

Em outras palavras, a boa-fé objetiva – imperativo axiológico-hermenêutico que permeia a complexa a atuação do agente de tratamento e a sua consequente relação jurídica com o titular – demanda que se leve em conta a avaliação não só dos interesses legítimos do controlador ou do terceiro, mas igualmente os interesses do próprio titular.[148] A obrigatoriedade de atuação refletida[149] por parte do controlador implica em inegável redução da margem de discricionariedade que o agente carrega consigo, gerando intrinsecamente a obrigatória observância dos interesses legítimos e as expectativas razoáveis do titular.[150]

Vale lembrar que o "*consentimento implícito*" retratado no item 2.6.2, surgido no debate público realizado pelo Ministério da Justiça em movimento prévio à aprovação da LGPD e que acabou se transformando na hipótese do interesse legítimo, vem somente a ressaltar a premissa da tutela da confiança. Ora, diante de atividade de tratamento fundada em interesse legítimo, na qual o controlador entende por desnecessário indagar ao titular se o tratamento poderá ser realizado, não resta outro caminho senão pela análise criteriosa das legítimas expectativas e legítimos interesses da pessoa titular dos dados pessoais.

Laura Schertel, referindo-se ao termo cunhado por Helen Nissenbaum, destaca que a proteção dos dados perpassa pelo respeito à integridade contextual – *contextual integrity* – do fluxo dos dados coletados, de forma que o contexto em que tais dados serão utilizados deve ser apropriado e esperado à luz das "normas

---

https://edpb.europa.eu/our-work-tools/our-documents/binding-decision-board-art-65/binding-decision-22022-dispute-arisen_en. Acesso em: 1.ºjun. 2023).

148. "Foi neste contexto que se construiu a doutrina da boa-fé, caracterizada como um dever de agir de acordo com determinados padrões, socialmente recomendados, de correção, lisura e honestidade. Reduz-se a margem de discricionariedade da atuação privada: o sujeito, para a consecução dos seus objetivos individuais, tem que agir com lealdade, observando e respeitando não só os direitos, mas também os interesses legítimos e as expectativas razoáveis de seus parceiros na aventura social" (LEWICKI, Bruno. Panorama da boa-fé objetiva. In: TEPEDINO, Gustavo (coord.). *Problemas de direito civil-constitucional*. Rio de Janeiro: Renovar, 2000. p. 57).

149. "Boa-fé objetiva significa, portanto, uma atuação refletida, uma atuação refletindo, pensando no outro, no parceiro contratual, respeitando-o, respeitando seus interesses legítimos, suas expectativas razoáveis, seus direitos, agindo com lealdade, sem abuso, sem obstrução, sem causar lesão ou desvantagem excessiva, cooperando para atingir o bom fim das obrigações: o cumprimento do objetivo contratual e a realização dos interesses das partes" (MARQUES, Claudia Lima. *Contratos no Código de Defesa do Consumidor*: o novo regime das relações contratuais. São Paulo: Ed. RT, 1998. p. 107).

150. "A correta interpretação da garantia à intimidade e à vida privada deve ser consentânea do próprio conceito contemporâneo de privacidade, daquilo que qualquer usuário pode esperar, legitimamente, de acordo com os valores sociais e morais, da sua não exposição" (GIACCHETTA, André Zonaro; MENEGUETTI, Pamela Gabrielle. A garantia constitucional à inviolabilidade da intimidade e da vida privada como direito dos usuários no Marco Civil da Internet. In: LEITE, George Salomão; LEMOS, Ronaldo (coord.). *Marco civil da internet*. São Paulo: Atlas, 2014. p. 381).

informacionais"[151] aplicáveis, o que, por certo, contempla a análise das expectativas legítimas do titular.[152]

Legítimas expectativas e legítimos interesses dos titulares já foram objeto de análise e recomendações da ANPD,[153] afirmando a Autoridade ser "de suma importância respeitar as legítimas expectativas dos titulares",[154] ressaltando igualmente o dever do controlador em ter certeza de que a atividade de tratamento em questão "poderia ser razoavelmente prevista pela pessoa titular de dados".[155] No mesmo sentido destaca-se o Enunciado 683 do CJF e sua respectiva justificativa:

> A legítima expectativa do titular quanto ao tratamento de seus dados pessoais se relaciona diretamente com o princípio da boa-fé objetiva e é um dos parâmetros de legalidade e juridicidade do legítimo interesse. Justificativa: A Lei Geral de Proteção de Dados (Lei n. 13.709/1918)

---

151. NISSENBAUM, Helen. A Contextual Approach to Privacy Online. *Dædalus – Journal of the American Academy of Arts & Sciences*, Cambridge, v. 140, n. 4, p. 32-48, 2011 apud MENDES, Laura S.; FONSECA, Gabriel C. S. Proteção de dados para além do consentimento: tendências de materialização. In: DONEDA, Danilo et al. (coords.). *Tratado de proteção de dados pessoais*. Rio de Janeiro: Forense, 2021. p. 84.

152. "Em um contexto de assistência médica, por exemplo, os pacientes esperam que seus médicos mantenham as informações médicas pessoais confidenciais, mas aceitam que essas informações possam ser compartilhadas com especialistas conforme necessário. As expectativas dos pacientes seriam violadas e eles provavelmente ficariam chocados e consternados se descobrissem que seus médicos venderam as informações para uma empresa de marketing. Nesse caso, diríamos que as normas de informação para o contexto da saúde foram violadas" (Tradução livre do autor) (NISSENBAUM, Helen. A Contextual Approach to Privacy Online. *Dædalus – Journal of the American Academy of Arts & Sciences*, Cambridge, v. 140, n. 4, p. 33, 2011).

153. "A linguagem utilizada nos Termos do WAB é ampla o suficiente para permitir que o WhatsApp e as Empresas do Facebook utilizem os dados pessoais de usuários tradicionais, compartilhados pelas Empresas no WhatsApp, para fins além daqueles esperados de um intermediário de serviços, o que extrapola a legítima expectativa de privacidade dos titulares de dados que utilizam a plataforma" (AUTORIDADE NACIONAL DE PROTEÇÃO DE DADOS (ANPD). *Nota Técnica n.º 02/2021/CGTP/ANPD*. Atualização da Política de Privacidade do WhatsApp. Processo/documento n.º 00261.000012/2021-04. Brasília, mar. 2021. p. 18. Disponível em: https://www.gov.br/anpd/pt-br/assuntos/noticias/inclusao-de-arquivos-para-link-nas-noticias/NOTATECNICADACGTP.pdf. Acesso em: 27 jun. 2023).

154. "[...] Essa conclusão é reforçada ao se considerar que os cookies de publicidade são classificados como não necessários e que é de suma importância respeitar as legítimas expectativas dos titulares, conferindo-lhes maior controle sobre o uso de seus dados pessoais no ambiente digital" (LOPES, Alexandra Krastins et al. *Guia orientativo*: cookies e proteção de dados pessoais. Brasília: ANPD, out. 2022. p. 25. Disponível em: https://www.gov.br/anpd/pt-br/documentos-e-publicacoes/guia-orientativo-cookies--e-protecao-de-dados-pessoais.pdf. Acesso em: 08 ago. 2023).

155. "A avaliação a ser realizada pelo controlador acerca das legítimas expectativas da pessoa titular de dados deve considerar o respeito aos seus direitos e liberdades individuais. Para ser adequado o tratamento, o controlador deve se certificar de que a utilização pretendida, além de não ferir direitos e liberdades, poderia ser razoavelmente prevista pela pessoa titular de dados, isto é, que seria possível à pessoa titular supor que aquela utilização poderia ocorrer com seus dados pessoais a partir das informações prestadas pelo controlador no momento da coleta do dado pessoal" (AUTORIDADE NACIONAL DE PROTEÇÃO DE DADOS (ANPD); TRIBUNAL SUPERIOR ELEITORAL (TSE). *Guia orientativo*: aplicação da Lei Geral de Proteção de Dados Pessoais (LGPD) por agentes de tratamento no contexto eleitoral. Brasília, 2021. p. 28. Disponível em: https://www.gov.br/anpd/pt-br/assuntos/noticias/guia_lgpd_final.pdf. Acesso em: 03 maio 2022).

traz, no art. 10, parâmetros para a aplicação da base legal do legítimo interesse, que é um conceito jurídico indeterminado. A legítima expectativa baseia-se em um dever de lealdade e não frustração da confiança do titular de dados, de modo a garantir uma maior previsibilidade quanto à aplicação e interpretação do legítimo interesse. A interpretação desta base legal deve necessariamente levar em consideração a forte influência do princípio da boa-fé no direito privado brasileiro e sua relação com a vedação do abuso de direito, que implica uma limitação ao tratamento de dados que não passe no teste do legítimo interesse. Tal orientação é condizente com as escolhas inscritas na Lei Geral de Proteção de Dados, que elege a boa-fé como princípio reitor dos demais princípios da lei (art. 6.º, *caput*), e também com a busca por se evitar um transplante legal inadequado da figura do legítimo interesse para o ordenamento jurídico nacional. Contudo, a legítima expectativa não é um valor absoluto, podendo ser flexibilizado se a análise do caso concreto revelar que o interesse do controlador ou de terceiros se sobrepõe à legítima expectativa (e.g., prevenção a fraudes), a partir de um equacionamento dos diversos aspectos do caso, o que se convencionou chamar teste do legítimo interesse.[156]

Desta forma, recomenda-se, dentre outros fatores, analisar eventual existência de uma relação prévia entre controlador e titular, contexto e duração do tratamento, além da fonte e a forma pela qual os dados pessoais foram coletados.[157]

Marcel Leonardi, em parecer contratado pelo Serasa, apresentado no bojo de Ação Civil Pública junto Tribunal de Justiça do Distrito Federal e dos Territórios, sustentou que a expectativa legítima do titular "não deve ser interpretada como uma barreira intransponível", sob pena de inviabilização total de diversas atividades comerciais lícitas e essenciais ao desenvolvimento economia.[158] Aduz que seria impossível que determinado agente privado divulgasse seus produtos e serviços para clientes em potencial sem realizar o tratamento de dados pessoais desses titulares. Neste sentido, sustenta Leonardi, não faria qualquer sentido falar na base de legal do consentimento com a finalidade de prospecção de novos clientes, pois seu objetivo precípuo consiste, justamente, em viabilizar o contato com indivíduos com quem ainda não existe um relacionamento comercial.[159] A demanda foi julgada procedente, em desfavor do Serasa, mantida em segunda instância, com trânsito em julgado em 17 de março de 2022.[160]

---

156. CONSELHO DA JUSTIÇA FEDERAL. IX Jornada de Direito Civil. *Comemoração dos 20 anos da Lei n. 10.046/2002 e da Instituição da Jornada de Direito Civil*: enunciados aprovados. Brasília: Conselho da Justiça Federal, Centro de Estudos Judiciários, 2022. p. 46-47.

157. AUTORIDADE NACIONAL DE PROTEÇÃO DE DADOS (ANPD). Guia orientativo: hipóteses legais de tratamento de dados pessoais. Legítimo interesse. Brasília: ANPD, fev. 2024. Versão 1.0. p 23. Disponível em: https://www.gov.br/anpd/pt-br/documentos-e-publicacoes/guia_legitimo_interesse.pdf. Acesso em: 04 fev. 2024.

158. LEONARDI, Marcel. *Parecer*. Tribunal de Justiça do Distrito Federal e dos Territórios. Ação Civil Pública n.º 0736634-81.2020.8.07.0001. 5.ª Vara Cível de Brasília/DF. p. 7-9.

159. LEONARDI, Marcel. *Parecer*. Tribunal de Justiça do Distrito Federal e dos Territórios. Ação Civil Pública n.º 0736634-81.2020.8.07.0001. 5.ª Vara Cível de Brasília/DF. p. 7-9.

160. "[...] Não há dúvida de que interessaria ao consumidor e ao fornecedor um cenário no qual o cliente recebe ofertas de serviços e produtos condizentes com os seus hábitos de consumo, seu comportamento

No RGPD, em especial no considerando 47, afirma, dentre outros, que os interesses legítimos dos responsáveis pelo tratamento, "[...] podem constituir um fundamento jurídico para o tratamento [...] tomando em conta as expectativas razoáveis dos titulares dos dados baseadas na relação com o responsável"; exigindo-se "[...] avaliação cuidada, nomeadamente da questão de saber se o titular dos dados pode razoavelmente prever, no momento e no contexto em que os dados pessoais são recolhidos, que esses poderão vir a ser tratados com essa finalidade"; e ainda que "[...] interesses e os direitos fundamentais do titular dos dados podem, em particular, sobrepor-se ao interesse do responsável pelo tratamento, quando que os dados pessoais sejam tratados em circunstâncias em que os seus titulares já não esperam um tratamento adicional". Destacam-se ainda recomendações da Autoridade Francesa – CNIL;[161] do Grupo de Trabalho do Artigo 29[162] e do Comitê Europeu para a Proteção de Dados.[163]

---

financeiro, seu poder aquisitivo. Mas a legislação exige transparência acerca dos procedimentos de coleta e de tratamento de informações. Somente em uma relação de efetiva transparência é possível conceber a existência de legítima expectativa (prevista no art. 10, inciso II, LGPD). O consumidor precisa ter a exata noção acerca de quais dados pessoais foram utilizados no tratamento, como foram coletados, a forma de processamento e qual a política de compartilhamento, especialmente porque elementos socioeconômicos e comportamentais estão intrinsecamente vinculados à esfera da privacidade e, como tal, reclamam proteção (art. 2.º, inciso I, Lei n.º 13.709/2018). [...] Ainda, constitui argumento incapaz de confrontar a ausência de transparência dos procedimentos de coleta e processamento de informações que, sob o pretexto de prestar serviços benéficos ao consumidor, invade a esfera da privacidade e avança sobre liberdades individuais, ultrapassando a legítima expectativa do titular das informações tratadas com tal propósito. [...]" (BRASIL. Tribunal de Justiça do Distrito Federal e dos Territórios. Ação Civil Pública. AC 0736634-81.2020.8.07.0001. Relator: Sandoval Oliveira. Julgamento: 09/02/2022. Órgão julgador: 2.ª Turma Cível).

161. "A existência de um interesse legítimo deve ser cuidadosamente avaliada, em particular para determinar se um titular pode razoavelmente esperar, no momento e em conexão com a coleta de dados pessoais, que eles serão tratados para um propósito específico. Os interesses e direitos fundamentais do sujeito de dados poderiam, em particular, prevalecer sobre o interesse do controlador onde os dados pessoais são tratados em circunstâncias em que os sujeitos de dados não esperam razoavelmente mais processamento' (considerando (47) GDPR) (Tradução livre do autor) (COMMISSION NATIONALE DE L'INFORMATIQUE ET DES LIBETRES (CNIL). L'intérêt légitime: comment fonder un traitement sur cette base légale? Disponível em: https://www.cnil.fr/fr/linteret-legitime-comment-fonder-un--traitement-sur-cette-base-legale. Acesso em: 03 nov. 2022).

162. "[...] exige que sejam também levados em conta os interesses dos titulares, não apenas os seus direitos e liberdades fundamentais" (COMISSÃO EUROPEIA. Grupo de Trabalho de Proteção de Dados do Artigo 29. Parecer 06/2014 sobre o conceito de interesses legítimos do responsável pelo tratamento dos dados na aceção do artigo 7.º da Diretiva 95/46/CE. Adotado em 9 de abril de 2014. p. 19. Disponível em: https://ec.europa.eu/justice/article-29/documentation/opinion-recommendation/files/2014/wp217_pt.pdf. Acesso em: 26 dez. 2022).

163. "[...] não é razoável esperar que seja realizado controlo em instalações sanitárias ou saunas, uma vez que o controlo deste tipo de espaços constitui uma forte interferência nos direitos do titular dos dados" (COMITÊ EUROPEU PARA A PROTEÇÃO DE DADOS. Diretrizes 3/2019 sobre tratamento de dados pessoais através de dispositivos de vídeo. Versão 2.0. Adotada em 29 de janeiro de 2020. p. 13. Disponível em: https://edpb.europa.eu/our-work-tools/our-documents/guidelines/guidelines-32019-processing-personal-data-through-video_pt. Acesso em: 1.º jun. 2023).

Pesquisa encomendada pelo Centro Europeu para Direitos Digitais, conduzida na Áustria em outubro de 2019, procurou entender a atitude e o nível de conhecimento dos usuários ativos em relação aos termos e condições do Facebook. No total, foram obtidas respostas de 1000 participantes, verificando-se que 86% acessam a rede social várias vezes por semana, 58% diariamente. Revelou que a maioria dos entrevistados percebe a publicidade no Facebook não seria útil. Ainda, de acordo com os dados apresentados na pesquisa, a maioria dos titulares não deseja publicidade comportamental, 74% veem a prática de forma negativa, somente 10% expressaram confiança em como as plataformas de mídia social, como Facebook, Twitter e LinkedIn, tratam seus dados pessoais.[164]

Por fim, destaca-se julgamento do Processo C-252/21 pelo Tribunal de Justiça da União Europeia,[165] que analisou, dentre outros, a prática de publicidade personalizada com base nos dados pessoais, sob o fundamento do legítimo interesse sustentado pelo Meta. A decisão observou que o tratamento de dados envolve uma quantidade potencialmente ilimitada de dados pessoais, tendo, por consequência lógica, impacto significativo sobre os titulares, em especial pela capacidade de monitoramento contínuo e em tempo real de suas atividades online. Nos parágrafos 115 a 117, Tribunal reconhece, inicialmente, que a publicidade personalizada pode, em tese, ser considerada um interesse legítimo. No entanto, salientou que essa atividade deve ser necessária para alcançar esse interesse e não pode violar os direitos e liberdades fundamentais dos titulares dos dados. O Acórdão destaca que, mesmo em serviços aparentemente gratuitos, como é o caso típico das redes sociais *online*, os usuários não devem esperar que seus dados pessoais sejam usados para personalização de publicidade sem seu consentimento, prestigiando, evidentemente, as expectativas legítimas dos titulares.[166] O TJUE ressalta que os direitos e interesses dos titulares dos dados

---

164. A pesquisa revelou ainda que para 87% dos usuários do Facebook entrevistados, a proteção de seus dados pessoais é muito importante (DAS ÖSTERREICHISCHE GALLUP INSTITUT. *Facebook and Advertising – User-Insights*: a quantitative study. Nov. 2019. Disponível em: https://noyb.eu/sites/default/files/2020-05/Gallup_Facebook_EN.pdf. Acesso em: 09 fev. 2022).

165. UNIÃO EUROPEIA. Tribunal de Justiça (Grande Secção). *Processo C-252/21*. Meta Platforms Inc., anteriormente Facebook Inc., Meta Platforms Ireland Ltd, anteriormente Facebook Ireland Ltd., Facebook Deutschland GmbH contra Bundeskartellamt, sendo interveniente: Verbraucherzentrale Bundesverband eV. Relatora: L. S. Rossi. 04 jul. 2023. Disponível em: https://curia.europa.eu/juris/documents.jsf?num=C-252/21. Acesso em: 1.°jun. 2023.

166. Sobre o tema:"[...] Por exemplo, a "promessa de serviço" de uma rede social é conectar indivíduos, não perfilá-los a fim de enviá-los publicidade personalizada. Essas expectativas razoáveis devem ser levadas em conta pelo controlador no equilíbrio dos direitos e interesses em jogo: constituem um elemento contextual na avaliação dos elementos envolvidos. Quanto mais o tratamento se enquadra nessas expectativas razoáveis, mais o interesse legítimo do controlador pode justificar validamente sua implementação; quanto mais o tratamento se afastar dessas expectativas, mais os interesses e direitos dos indivíduos prevalecerão sobre o interesse da organização" (COMMISSION NATIONALE DE L'INFORMATIQUE ET DES LIBERTES (CNIL). *L'intérèt légitime*: comment fonder un traitement

podem se sobrepor aos interesses da rede social, especialmente nas situações nas quais a atividade tratamento ocorre de forma inesperada para o titular.[167]

3.2.7 Legítimos interesses e tratamento de dados sensíveis

Dados sensíveis possuem como característica distintiva dos dados pessoais a presunção de que o tratamento daqueles representam risco, potencial danoso e discriminatório elevados para o titular.[168] Considerados o "núcleo duro da privacidade",[169] demanda o mais alto grau protetivo.[170]

Nos termos do inciso II do art. 5.º da Lei Geral de Proteção de Dados, dados sensíveis são aqueles que versam sobre origem racial ou étnica, convicção religiosa, opinião política, filiação a sindicato ou a organização de caráter religioso, filosófico ou político, dado referente à saúde ou à vida sexual, dado genético ou biométrico, quando vinculado a uma pessoa natural.[171] Inobstante, o § 1.º, art.

---

sur cette base légale? Disponível em: https://www.cnil.fr/fr/linteret-legitime-comment-fonder-un--traitement-sur-cette-base-legale. Acesso em: 03 nov. 2022).

167. "[...] 115. Relativamente, primeiro, à personalização da publicidade, há que salientar que, em conformidade com o considerando 47 deste regulamento, se poderá considerar de interesse legítimo do responsável pelo tratamento o tratamento de dados pessoais efetuado para efeitos de comercialização direta. 116. No entanto, é ainda necessário que tal tratamento seja necessário para a realização desse interesse e que os interesses ou os direitos e liberdades fundamentais do titular dos dados não prevaleçam sobre este. No âmbito desta ponderação dos direitos e interesses opostos em causa, ou seja, os do responsável pelo tratamento, por um lado, e os do titular dos dados, por outro, importa ter em conta, como recordado no. n.º 112 do presente acórdão, designadamente, as expetativas razoáveis do titular dos dados, o alcance do tratamento em causa e o impacto deste sobre essa pessoa. 117. A este respeito, importa salientar que, apesar da gratuidade dos serviços de uma rede social em linha como o Facebook, o utilizador desta não pode razoavelmente esperar que, sem o seu consentimento, o operador dessa rede social trate os dados pessoais desse utilizador para efeitos de personalização da publicidade. Nestas condições, deve considerar-se que os interesses e os direitos fundamentais desse utilizador prevalecem sobre o interesse desse operador nessa personalização da publicidade através da qual financia a sua atividade, pelo que o tratamento efetuado por este para estas finalidades não pode estar abrangido pelo artigo 6.º, n.º 1, primeiro parágrafo, alínea f), do RGPD. UNIÃO EUROPEIA. Tribunal de Justiça (Grande Secção). *Processo C-252/21. Meta Platforms Inc.*, anteriormente Facebook Inc., Meta Platforms Ireland Ltd, anteriormente Facebook Ireland Ltd., Facebook Deutschland GmbH contra Bundeskartellamt, sendo interveniente: Verbraucherzentrale Bundesverband e V. Relatora: L. S. Rossi. 04 jul. 2023. Disponível em: https://curia.europa.eu/juris/documents.jsf?num=C-252/21. Acesso em: 1.º jun. 2023.

168. TEFFÉ, Chiara Spadaccini de; VIOLA, Mario. Tratamento de dados pessoais na LGPD: estudo sobre as bases legais. *Civilistica.com*, Rio de Janeiro, v. 9, n. 1, p. 29-30, 2020. Disponível em: http://civilistica.com/tratamento-de-dados-pessoais-na-lgpd/. Acesso em: 21 nov. 2023.

169. TEFFÉ, Chiara Spadaccini de; VIOLA, Mario. Tratamento de dados pessoais na LGPD: estudo sobre as bases legais. *Civilistica.com*, Rio de Janeiro, v. 9, n. 1, p. 29, 2020. Disponível em: http://civilistica.com/tratamento-de-dados-pessoais-na-lgpd/. Acesso em: 21 nov. 2023.

170. DONEDA, Danilo. A proteção dos dados pessoais como um direito fundamental. *Espaço Jurídico*, Joaçaba, v. 12, n. 2, p. 92-108, jul./dez. 2011.

171. Há debate doutrinário acerca da taxatividade do rol de dados sensíveis. Sobre o tema, nos reportamos à MULHOLLAND, Caitlin. Dados pessoais sensíveis e consentimento na Lei geral de Proteção de Dados Pessoais. *Revista do Advogado*, n. 144, p. 47-53, nov. 2019.

11 da LGPD, complementa informando a aplicação da base legal do art. 11 – "O tratamento de dados pessoais sensíveis somente poderá ocorrer nas seguintes hipóteses: – quando revele dados pessoais sensíveis e que possa causar dano ao titular, ressalvado o disposto em legislação específica".

Ana Frazão salienta que a linha de distinção entre dados pessoais e dados sensíveis, em determinadas hipóteses, pode não ser clara, posto que a perspectiva da análise deve ser dinâmica, jamais estática, acrescentando que "são sensíveis todos os dados que permitem que se chegue, como resultado final, a informações sensíveis a respeito das pessoas".[172] Merece destaque a passagem de Danilo Doneda:

> A elaboração desta categoria e de disciplinas específicas a ela aplicadas não foi isenta de críticas, como a que afirma que é impossível, em última análise, definir antecipadamente os efeitos do tratamento de uma informação, seja ela da natureza que for. Desta forma, mesmo dados não qualificados como sensíveis, quando submetidos a um determinado tratamento, podem revelar aspectos sobre a personalidade de alguém, podendo levar a práticas discriminatórias. Afirma-se, em síntese, que um dado, em si, não é perigoso ou discriminatório – mas o uso que dele se faz pode sê-lo. Deve-se ter em conta que o próprio conceito de dados sensíveis atende à uma necessidade de delimitar uma área na qual a probabilidade de utilização discriminatória da informação é potencialmente maior – sem deixarmos de reconhecer que há situações onde tal consequência pode advir sem que sejam utilizados dados sensíveis, ou então que a utilização destes dados se preste a fins legítimos e lícitos.[173]

Exemplo corriqueiro se dá nos dados de geolocalização: isoladamente, pouco revelam sobre o titular, porém, quando analisados em conjunto, podem revelar dados de natureza sensível, tais como frequência em templos religiosos, em bares ou restaurantes comumente frequentados por pessoas com determinada orientação sexual ou posição partidária; participação em marchas ou aglomerações políticas, realização de consultas e procedimentos médicos etc.

Desta forma, não se admite o tratamento de dados sensíveis na hipótese dos legítimos interesses inscrita no inciso IX do art. 9.º da Lei Geral de Proteção de Dados. Trata-se de vedação legal, *regra básica*[174] amplamente sustentada pela

---

172. FRAZÃO, Ana. Nova LGPD: o tratamento dos dados pessoais sensíveis. A quinta parte de uma série sobre as repercussões para a atividade empresarial. *Jota*, 26 set. 2018. Disponível em: https://www.jota.info/opiniao-e-analise/colunas/constituicao-empresa-e-mercado/nova-lgpd-o-tratamento-dos-dados-pessoais-sensiveis-26092018. Acesso em: 21 jan. 2024.

173. DONEDA, Danilo. *A proteção de dados pessoais nas relações de consumo*: para além da informação creditícia. Escola Nacional de Defesa do Consumidor. Brasília: SDE/DPDC, 2010; LOPES, Alexandra Krastins et al. *Guia orientativo*: cookies e proteção de dados pessoais. Brasília: ANPD, out. 2022. p. 24. Disponível em: https://www.gov.br/anpd/pt-br/documentos-e-publicacoes/guia-orientativo-cookies-e-protecao-de-dados-pessoais.pdf. Acesso em: 08 ago. 2023.

174. MATTIUZZO, Marcela; PONCE, Paula Pedigoni. O legítimo interesse e o teste da proporcionalidade: uma proposta interpretativa. *Revista Internet & Sociedade*, v. 1, n. 2, p. 57, 2020.

doutrina[175] e reforçada pela Autoridade Brasileira,[176] uma vez que a hipótese não consta do rol de autorizações do art. 11.

Na Europa, vale mencionar o considerando 51 do RDPG,[177] além de decisão proferida pela Autoridade Belga,[178] que entendeu ser ilícita a utilização do interesse legítimo em razão do tratamento de dados sensíveis.

Há, no entanto, uma hipótese de legítimo interesse inscrita no art. 11, porém com severas delimitações no tocante à circunstância e finalidade previstas pelo legislador: a alínea "g)" do inciso II, que contempla a garantia da prevenção à fraude e à segurança do titular, nos processos de identificação e autenticação de cadastro em sistemas eletrônicos. Exemplos da aplicação prática da respectiva previsão ocorrem quando instituições bancárias e empregadores tratam dados biométricos com objetivo de prevenção de fraudes, sem consentimento dos titulares, a fim de confirmar que efetivamente é o empregado autorizado quem está ingressando em área cujo acesso é restrito, ou que determinado cliente está, pessoalmente, realizando uma transação bancária por meio de um caixa eletrônico.[179]

---

175. PEREIRA DE SOUZA, Carlos Affonso; VIOLA, Mario; PADRÃO, Vinicius. Considerações iniciais sobre os interesses legítimos do controlador na Lei Geral de Proteção de Dados Pessoais. *RDU*, Porto Alegre, v. 16, n. 90, 128, nov./dez. 2019; TEFFÉ, Chiara Spadaccini de; VIOLA, Mario. Tratamento de dados pessoais na LGPD: estudo sobre as bases legais. *Civilistica.com*, Rio de Janeiro, v. 9, n. 1, p. 16, 2020. Disponível em: http://civilistica.com/tratamento-de-dados-pessoais-na-lgpd/. Acesso em: 21 nov. 2023.

176. AUTORIDADE NACIONAL DE PROTEÇÃO DE DADOS (ANPD). *Guia orientativo*: tratamento de dados pessoais pelo poder público. Versão 1.0, janeiro 2022. p. 8. Disponível em: https://www.gov. br/anpd/pt-br/documentos-e-publicacoes/guia-poder-publico-anpd-versao-final.pdf. Acesso em: 03 maio 2022; AUTORIDADE NACIONAL DE PROTEÇÃO DE DADOS (ANPD); TRIBUNAL SUPERIOR ELEITORAL (TSE). *Guia orientativo*: aplicação da Lei Geral de Proteção de Dados Pessoais (LGPD) por agentes de tratamento no contexto eleitoral. Brasília, 2021. p. 27. Disponível em: https:// www.gov.br/anpd/pt-br/assuntos/noticias/guia_lgpd_final.pdf. Acesso em: 03 maio 2022.

177. "(51) Merecem proteção específica os dados pessoais que sejam, pela sua natureza, especialmente sensíveis do ponto de vista dos direitos e liberdades fundamentais, dado que o contexto do tratamento desses dados poderá implicar riscos significativos para os direitos e liberdades fundamentais. Deverão incluir-se neste caso os dados pessoais que revelem a origem racial ou étnica, não implicando o uso do termo «origem racial» no presente regulamento que a União aceite teorias que procuram determinar a existência de diferentes raças humanas [...].

178. AUTORITÉ DE PROTECTION DES DONNÉES. Litigation Chamber. *Decision on the merits 11/2022 of 21 January 2022*. Case File number: DOS-2018-05968. Subject: Cross border complaint relating to cookies. p. 16. Disponível em: https://www.autoriteprotectiondonnees.be/publications/decision- -quant-au-fond-n-11-2022-anglais.pdf. Acesso em: 06 abr. 2023.

179. "Adicionalmente, pode-se mencionar a exigência para atendimento médico-hospitalar, com a utilização de seguro ou plano de assistência à saúde, que o segurado/beneficiário coloque seu polegar em um leitor biométrico para confirmar sua identidade, a fim de evitar que outra pessoa utilize a cobertura securitária em seu lugar" (TEFFÉ, Chiara Spadaccini de; VIOLA, Mario. Tratamento de dados pessoais na LGPD: estudo sobre as bases legais. *Civilistica.com*, Rio de Janeiro, v. 9, n. 1, p. 32, 2020. Disponível em: http://civilistica.com/tratamento-de-dados-pessoais-na-lgpd/. Acesso em: 21 nov. 2023).

O texto legal informa, na parte final do dispositivo destacado, que devem ser resguardados os direitos mencionados no art. 9.º da LGPD, além de excetuar as hipóteses nas quais prevalecerem direitos e liberdades fundamentais do titular que exijam a proteção dos dados pessoais. Desta maneira, todos os procedimentos, em especial a ponderação, previstos à aplicação da base legal dos interesses legítimos, deverão ser implementados pelo controlador.

3.2.8 Legítimos interesses e tratamento de dados de crianças e de adolescentes: prevalência apriorística da cláusula do melhor interesse

A Constituição Federal, em seu art. 227, informa a absoluta prioridade para que o Estado, a família e sociedade assegurem às crianças, aos adolescentes e aos jovens, o direito à vida, à saúde, à alimentação, à educação, ao lazer, à profissionalização, à cultura, à dignidade, ao respeito, à liberdade e à convivência familiar e comunitária. Além disso, determina a obrigação de colocá-los a salvo de toda forma de negligência, discriminação, exploração, violência, crueldade e opressão. Destaca-se ainda o Estatuto da Criança e do Adolescente (Lei 8.069/1990), além da Convenção das Nações Unidas sobre os Direitos da Criança de 29 de maio de 2013[180] e considerando 38 do RGPD. A "*ratio protetiva*"[181] distinta e diferenciada atribuída às crianças e aos adolescentes se justifica pelo fato de lhes faltar o completo discernimento.

Na LGPD, há o art. 14 no Capítulo II – Do Tratamento De Dados Pessoais, Seção III – Do Tratamento de Dados Pessoais de Crianças e de Adolescentes. O referido dispositivo levantou acalorado debate doutrinário[182] quando da edição

---

180. De acordo com o Comitê dos Direitos da Criança da ONU, no Comentário Geral nº 14 (2013) sobre o direito da criança de ter seus melhores interesses considerados primordialmente, trata-se de um direito, um princípio e uma regra de procedimento: "Um princípio legal interpretativo fundamental: Se uma disposição legal está aberta a mais de uma interpretação, a interpretação que mais efetivamente serve ao melhor interesse da criança deve ser escolhida. Os direitos consagrados na Convenção e seus Protocolos Facultativos fornecem a estrutura para interpretação" RAMOS, André de Carvalho; AZEVEDO, Davi Quintanilha Failde de; LIMA, Raquel da Cruz; YOUSSEF, Surrailly F. Comentários gerais dos comitês de tratados de direitos humanos da ONU: Comitê dos Direitos das Crianças. São Paulo: Núcleo de Estudos Internacionais – Clínica de Direito Internacional e Direitos Humanos da Faculdade de Direito da Universidade de São Paulo, 2023. p. 223-224. Disponível em: https://alana. org.br/wp-content/uploads/2023/10/comentarios-gerais-portugues.pdf. Acesso em: 04 fev. 2024.

181. TEFFÉ, Chiara Spadaccini de. Dados sensíveis de crianças e adolescentes: aplicação do melhor interesse e tutela integral. In: LATERÇA, Priscilla Silva; FERNANDES, Elora; TEFFÉ, Chiara Spadaccini de; BRANCO, Sérgio (coords.). *Privacidade e proteção de dados de crianças e adolescentes*. Rio de Janeiro: Instituto de Tecnologia e Sociedade do Rio de Janeiro; Obliq, 2021. p. 349. *E-book*.

182. "Observa-se, todavia, que, ao não mencionar o adolescente – pessoa entre doze e dezoito anos de idade –, o parágrafo 1.º do art. 14 tem despertado discussões entre os estudiosos do tema" (TEPEDINO, Gustavo; OLIVA, Milena Donato; TEFFÉ, Chiara Spadaccini de. Dados sensíveis de crianças e ado-

da LGPD, em especial pela redação do § 1.º, art. 14, ao regular que, em relação às crianças,[183] este "deverá ser realizado com o consentimento específico e em destaque dado por pelo menos um dos pais ou pelo responsável legal". Dentre as teorias levantadas, chegou-se a sustentar a equiparação dos dados de titulares crianças e adolescentes aos dados sensíveis.[184]

Diante de suas especificidades, a hipótese dos interesses legítimos, em especial por se tratar de conceito jurídico indeterminado, desafia a reflexão.[185] Significativa parte da doutrina especializada defendia a inadequação da escolha pelo interesse legítimo quando diante de dados pessoais de crianças, seja sob o argumento da obrigatória busca pelo melhor interesse como filtro antecedente, o que tornaria impossível que prevalecessem outros interesses,[186] seja sobre a já mencionada tese de equiparação aos dados sensíveis.

---

lescentes: aplicação do melhor interesse e tutela integral. In: LATERÇA, Priscilla Silva; FERNANDES, Elora; TEFFÉ, Chiara Spadaccini de; BRANCO, Sérgio (coords.). *Privacidade e proteção de dados de crianças e adolescentes.* Rio de Janeiro: Instituto de Tecnologia e Sociedade do Rio de Janeiro; Obliq, 2021. p. 291-292. *E-book*). "Este dispositivo suscita dúvida quanto à aplicabilidade das demais hipóteses legais previstas nos arts. 7.º e 11 da LGPD a esse tipo de tratamento, a exemplo de realização de estudos por órgãos de pesquisa, execução de contrato, proteção da vida ou da incolumidade física do titular ou de terceiro e interesse legítimo" (MAIA, Roberta Mauro Medina. O legítimo interesse do controlador e o término do tratamento de dados pessoais. In: MULHOLLAND, Caitlin (org.). *A LGPD e o novo marco normativo no Brasil.* Porto Alegre: Arquipélago, 2020. p. 104).

183. Lei n.º 8.069/1990 – Estatuto da Criança e do Adolescente (ECA). "Art. 2.º Considera-se criança, para os efeitos desta Lei, a pessoa até doze anos de idade incompletos, e adolescente aquela entre doze e dezoito anos de idade".

184. "Neste sentido, em que pese a interpretação aqui examinada, segundo a qual dados pessoais de crianças e adolescentes seriam equiparados a dados pessoais sensíveis, entende-se que a tentativa de amenizar os riscos no tratamento de dados de crianças e adolescentes por meio do impedimento, a priori e em abstrato, do uso de determinadas hipóteses legais, tais como as de execução de contrato, de legítimo interesse e proteção ao crédito, poderá inviabilizar casos específicos de tratamento de dados pessoais que sejam realizados no melhor interesse da criança e do adolescente" (MAIA, Roberta Mauro Medina. O legítimo interesse do controlador e o término do tratamento de dados pessoais. In: MULHOLLAND, Caitlin (org.). *A LGPD e o novo marco normativo no Brasil.* Porto Alegre: Arquipélago, 2020. p. 104).

185. [...] "A intenção aqui não é exaurir as possibilidades de tratamento de dados infantis fora da regra do artigo 14, § 1.º, qual seja: consentimento de um dos pais ou responsável legal da criança, mas tão simplesmente fazer a leitura integrada com as demais hipóteses legais da LGPD. Contudo, em homenagem à posição de vulnerabilidade própria da criança, deveriam as bases legais dos artigos 7.º e 11 serem submetidas, *a priori*, ao princípio do melhor interesse? Se sim, podemos assumir que estamos diante de uma cláusula geral de força significativa, a ponto de dificultar ou mesmo impedir a aplicação dos artigos 7.º e 11? De todas as hipóteses dos artigos em referência (7.º e 11), o interesse legítimo do controlador ou de terceiro é a que mais desafia à reflexão [...]" (MULHOLLAND, Caitlin; PALMEIRA, Mariana. As bases legais para tratamento de dados de crianças e adolescentes. In: LATERÇA, Priscilla Silva; FERNANDES, Elora; TEFFÉ, Chiara Spadaccini de; BRANCO, Sérgio (coords.). *Privacidade e proteção de dados de crianças e adolescentes.* Rio de Janeiro: Instituto de Tecnologia e Sociedade do Rio de Janeiro; Obliq, 2021. p. 333-334. *E-book*).

186. "[...] avocando de maneira preliminar o princípio do melhor interesse, somado às características intrínsecas de flexibilidade e abertura próprias da base legal do legítimo interesse, entendemos pela impossibilidade de sua aplicação no que diz respeito ao tratamento de dados de crianças e adolescentes" (MULHOLLAND, Caitlin; PALMEIRA, Mariana. As bases legais para tratamento de dados de crianças

No entanto, em 2022 foi aprovado o Enunciado n.º 684 do CJF: "O art. 14 da Lei n.º 13.709/2018 (Lei Geral de Proteção de Dados – LGPD) não exclui a aplicação das demais bases legais, se cabíveis, observado o melhor interesse da criança".[187] Cerca de 1 ano depois, coube à própria Autoridade Brasileira pacificar a polêmica, lançando seu primeiro Enunciado com o seguinte conteúdo:

> O tratamento de dados pessoais de crianças e adolescentes poderá ser realizado com base nas hipóteses legais previstas no art. 7.º ou no art. 11 da Lei Geral de Proteção de Dados Pessoais (LGPD), desde que observado e prevalecente o seu melhor interesse, a ser avaliado no caso concreto, nos termos do art. 14 da Lei.[188]

Pacificou-se, com isso, entendimento de que se deve proceder em leitura integrada[189] na aplicação das bases legais inscritas nos arts. 7.º e 11 da LGPD, mesmo quando diante de titular criança ou adolescente, funcionando "pilar central e inegociável será sempre o melhor interesse da criança e do adolescente".[190]

O traço distintivo para fundar o tratamento nos legítimos interesses quando diante de dados pessoais de titulares crianças e adolescente reside no ato da ponderação, que deverá sempre apontar qual interesse deve prevalecer sobre o outro, porém, adotando como norte hermenêutico antecedente o melhor interesse da criança / adolescente inserido no concreto. Vale transcrever o seguinte posicionamento sobre o tema:

> [...] em função do direito fundamental da criança à prioridade absoluta dos seus direitos e melhor interesse em todos os casos ou tomadas de decisões, diferentemente da colisão tradicional enfrentada na teoria dos princípios entre direitos fundamentais de indivíduos ou coletividades distintas, a regra da proporcionalidade em sentido estrito é aplicada dentro do universo discursivo e normativo da própria criança, no sopesamento entre seus direitos fundamentais, como uma forma de se chegar ao seu melhor interesse por uma

---

e adolescentes. In: LATERÇA, Priscilla Silva; FERNANDES, Elora; TEFFÉ, Chiara Spadaccini de; BRANCO, Sérgio (coords.). *Privacidade e proteção de dados de crianças e adolescentes*. Rio de Janeiro: Instituto de Tecnologia e Sociedade do Rio de Janeiro; Obliq, 2021. p. 338-339. *E-book*).

187. CONSELHO DA JUSTIÇA FEDERAL. IX Jornada de Direito Civil. *Comemoração dos 20 anos da Lei n. 10.046/2002 e da Instituição da Jornada de Direito Civil*: enunciados aprovados. Brasília: Conselho da Justiça Federal, Centro de Estudos Judiciários, 2022. p. 47.

188. AUTORIDADE NACIONAL DE PROTEÇÃO DE DADOS (ANPD). Conselho Diretor. Enunciado CD/ANPD n.º 1, de 22 de maio de 2023. *Diário Oficial da União*: seção 1, Brasília, DF, ano 98, n. 98, p. 129, 24 maio 2023.

189. MULHOLLAND, Caitlin; PALMEIRA, Mariana. As bases legais para tratamento de dados de crianças e adolescentes. In: LATERÇA, Priscilla Silva; FERNANDES, Elora; TEFFÉ, Chiara Spadaccini de; BRANCO, Sérgio (coords.). *Privacidade e proteção de dados de crianças e adolescentes*. Rio de Janeiro: Instituto de Tecnologia e Sociedade do Rio de Janeiro; Obliq, 2021. p. 333-334. *E-book*.

190. TEFFÉ, Chiara Spadaccini de. Dados sensíveis de crianças e adolescentes: aplicação do melhor interesse e tutela integral. In: LATERÇA, Priscilla Silva; FERNANDES, Elora; TEFFÉ, Chiara Spadaccini de; BRANCO, Sérgio (coords.). *Privacidade e proteção de dados de crianças e adolescentes*. Rio de Janeiro: Instituto de Tecnologia e Sociedade do Rio de Janeiro; Obliq, 2021. p. 387. *E-book*.

fundamentação mais racional. Ou seja, o que está em conflito no sopesamento não é o direito da criança com o direito de outro indivíduo ou coletividade, como, por exemplo, o direito de seus próprios pais ou diferentes interesses da sociedade. O que está, abstratamente, em conflito, ou vistos como antagônicos para fins analíticos, são direitos da criança, em seu próprio universo normativo. Nesse sentido, o sopesamento serve para identificar qual desses direitos deve prevalecer sobre o outro, especificando, assim, o melhor interesse no contexto discursivo e normativo do caso concreto. [...] Destaca-se, contudo, que isso não significa que os interesses parentais e de outros indivíduos envolvidos no caso concreto devem ser obliterados ou deixados de lado. Ao contrário, são valores e razões importantíssimos para a constituição dos pesos abstratos no conflito de direitos no universo normativo da criança. Inclusive, muitas vezes, a forma de garantir o melhor interesse da criança é garantir um direito do próprio adulto.[191]

Admite-se, por conseguinte, a utilização da base legal dos interesses legítimos – art. 7.º, IX, inclusive para dados de titulares crianças, sempre em harmonia com o art. 14 da LGPD, por técnica de interpretação sistemática que deverá levar em conta, dentre outros, a Constituição Federal e o ECA, estabelecendo-se a prevalência, *a priori*, a cláusula do melhor interesse. Veja-se o exemplo prático, que parece não desafiar debates:

[...] ao utilizar a rede *wi-fi* de sua escola, os dados pessoais de crianças e adolescentes podem ser eventualmente coletados com base no legítimo interesse do controlador visando à própria segurança daqueles estudantes e ao adequado gerenciamento da rede da escola, como ao impedir o acesso a determinadas páginas eletrônicas ou ao identificar uma criança que acessou determinada página em horário específico.[192]

Em apertada síntese, a prioridade absoluta dos direitos e melhor interesse das crianças e adolescentes não significa que outros interesses devem ser ignorados, sob pena de resultar, paradoxalmente, em violação do próprio princípio.[193]

Por fim, insta acrescentar que, diferentemente da LGPD, no Regulamento Europeu, consta expressamente a possibilidade de utilização dos legítimos

---

191. HARTUNG, Pedro Affonso Duarte. *Levando os direitos das crianças a sério*: a absoluta prioridade dos direitos fundamentais e melhor interesse da criança. 2019. Tese (Doutorado) – Faculdade de Direito, Universidade de São Paulo, São Paulo, 2019. p. 467.
192. MAIA, Roberta Mauro Medina. O legítimo interesse do controlador e o término do tratamento de dados pessoais. In: MULHOLLAND, Caitlin (org.). *A LGPD e o novo marco normativo no Brasil*. Porto Alegre: Arquipélago, 2020. p. 104.
193. "Observa-se, portanto, que além de não ter amparo no texto da LGPD, que possui definição específica de dados pessoais sensíveis, a equiparação entre estes dados e os dados de crianças e adolescentes pode inviabilizar situações triviais de tratamento de dados pessoais desses titulares e, até mesmo, gerar impactos negativos aos direitos de crianças e adolescentes, violando o princípio do melhor interesse" (MAIA, Roberta Mauro Medina. O legítimo interesse do controlador e o término do tratamento de dados pessoais. In: MULHOLLAND, Caitlin (org.). *A LGPD e o novo marco normativo no Brasil*. Porto Alegre: Arquipélago, 2020. p. 104).

interesses para crianças, que não constava da Diretiva anterior,[194] pois inserido na parte final da letra f) do art. 6.º – "em especial se o titular for uma criança".[195]

3.2.9 Legítimos interesses e tratamento de dados pelo Poder Público

Riquíssimos bancos de dados atualmente disponíveis são fruto de interesse do Poder Público,[196] que realiza tratamento de dados pessoais muitas vezes oriundos do setor privado,[197] coletando em massa informações sobre movimentações e ativos financeiros, dados de deslocamentos, transporte, comunicações eletrônicas e outros, muitos deles essenciais ao próprio funcionamento da máquina administrativa.[198] Reconhecendo este fenômeno, a Autoridade Nacional de Proteção de Dados publicou Guia Orientativo versando sobre orientações para o tratamento de dados pessoais pelo Poder Público.[199]

Como critério de incidência das regras atinentes ao setor público, a Lei Geral de Proteção de Dados adotou como base de incidência a natureza jurídica do

---

194. KUNER, Christopher; BYGRAVE, Lee A.; DOCKSEY, Christopher; DRECHSLER, Laura; TOSONI, Luca. *The EU General Data Protection Regulation*: A Commentary. Oxford University Press, 2020. p. 337.

195. "O EDPB relembra que os dados pessoais podem ser tratados com base no artigo 6.º, n.º 1, alínea f), do RGPD quando o tratamento for necessário para efeitos dos interesses legítimos do controlador ou de um terceiro, desde que não prevaleçam os interesses ou direitos e liberdades fundamentais dos titulares dos dados. A este respeito, deve ser prestada especial atenção quando o titular dos dados é uma criança" (Tradução livre do autor) (COMITÊ EUROPEU PARA A PROTEÇÃO DE DADOS. *Binding Decision 2/2022 on the dispute arisen on the draft decision of the Irish Supervisory Authority regarding Meta Platforms Ireland Limited (Instagram) under Article 65(1)(a) GDPR*. Adotada em 28 de julho de 2022. p. 32. Disponível em: https://edpb.europa.eu/our-work-tools/our-documents/binding-decision-board-art-65/binding-decision-22022-dispute-arisen_en. Acesso em: 1.º jun. 2023).

196. "O termo "Poder Público" é definido pela LGPD de forma ampla e inclui órgãos ou entidades dos entes federativos (União, Estados, Distrito Federal e Municípios) e dos três Poderes (Executivo, Legislativo e Judiciário), inclusive das Cortes de Contas e do Ministério Público" (LANDERDAHL, Cristiane; MAIOLINO, Isabela; BARBOSA, Jeferson Dias; CARVALHO, Lucas Borges de. *Guia orientativo*: tratamento de dados pessoais pelo Poder Público – Versão 2.0. Brasília: ANPD, 2023. Disponível em: https://www.gov.br/anpd/pt-br/documentos-e-publicacoes/guia-poder-publico-anpd-versao-final.pdf. Acesso em: 1.º jun. 2023).

197. CATE, Fred H.; DEMPSEY, James X. *Bulk collection*: systematic government access to private-sector data. Oxford: Oxford University Press, 2017.

198. Como exemplos podemos citar o Plano Nacional de Operacionalização da Vacinação contra a Covid-19, cujos critérios de imunização demanda a coleta de dados pessoais, muitas vezes de natureza sensível dos vacinados, de forma a organizar a aquisição, calendário, logística, dentre outros (Disponível em: https://www.gov.br/saude/pt-br/coronavirus/vacinas/plano-nacional-de-operacionalizacao-da-vacina-contra-a-covid-19. Acesso em: 22 jun. 2022).

199. LANDERDAHL, Cristiane; MAIOLINO, Isabela; BARBOSA, Jeferson Dias; CARVALHO, Lucas Borges de. *Guia orientativo*: tratamento de dados pessoais pelo Poder Público – Versão 2.0. Brasília: ANPD, 2023. Disponível em: https://www.gov.br/anpd/pt-br/documentos-e-publicacoes/guia-poder-publico-anpd-versao-final.pdf. Acesso em: 1.º jun. 2023.

agente de tratamento.[200] É o que se vê no bojo do Capítulo IV – do Tratamento de Dados Pessoais pelo Poder Público – que traz conceito amplo de "Poder Público",[201] contemplando a União, os Estados e Municípios, além do Distrito Federal. Engloba ainda os três Poderes da República – Executivo, Legislativo e Judiciário, incluindo os Tribunais de Contas e o Ministério Público.[202] Além destes, o § 4.º do art. 23 da LGPD inclui os cartórios – serviços notariais e de registro –, o art. 24 as empresas públicas e as sociedades de economia mista, estas desde que não atuem sob regime concorrencial ou operacionalizem políticas públicas.[203]

Inobstante, o art. 23, em claro reforço ao princípio da legalidade,[204] acrescenta e reforça o requisito para que o tratamento deverá objetivar o atendimento de sua

---

200. WIMMER, Miriam. Proteção de dados pessoais no setor público: incidência, bases legais e especificidades. *Revista do Advogado*, v. 144, p. 130, 2019.

201. "[...] ao buscar regular os diferentes atores que integram o Poder Público, a lei incorre em graves imprecisões técnicas, utilizando de maneira aparentemente intercambiável termos como Administração Pública, Poder Público e pessoas jurídicas de Direito Público. A falta de rigor da lei quanto ao uso de tais termos gera importantes consequências no mundo jurídico. O conceito de 'Poder Público', por exemplo, é mais amplo que o de 'Administração Pública', visto que engloba também os Poderes Legislativo e Judiciário. Do mesmo modo, 'Administração Pública' é conceito mais amplo que o de 'pessoa jurídica de direito público', visto que, nos termos do Decreto-Lei n.º 200/1967, a Administração Pública é integrada também por pessoas jurídicas de direito privado, como sociedades de economia mista, empresas públicas e fundações públicas de direito privado. [...] Conforme amplamente debatido anteriormente, o Poder Público não se resume à Administração Pública e as inúmeras atividades por ele desempenhadas transcendem, em grande medida, a execução de políticas públicas" (WIMMER, Miriam. Proteção de dados pessoais no setor público: incidência, bases legais e especificidades. *Revista do Advogado*, v. 144, p. 130-131, 2019).

202. O art. 23 da LGPD menciona as pessoas jurídicas de direito público referidas no parágrafo único do art. 1.º da Lei n.º 12.527/2011 – Lei de Acesso à Informação: Art. 1.º Esta Lei dispõe sobre os procedimentos a serem observados pela União, Estados, Distrito Federal e Municípios, com o fim de garantir o acesso a informações previsto no inciso XXXIII do art. 5.º, no inciso II do § 3.º do art. 37 e no § 2.º do art. 216 da Constituição Federal. Parágrafo único. Subordinam-se ao regime desta Lei: I – os órgãos públicos integrantes da administração direta dos Poderes Executivo, Legislativo, incluindo as Cortes de Contas, e Judiciário e do Ministério Público; II – as autarquias, as fundações públicas, as empresas públicas, as sociedades de economia mista e demais entidades controladas direta ou indiretamente pela União, Estados, Distrito Federal e Municípios.

203. "Para dar coerência à sistemática de regulação com base na natureza jurídica do agente, a lei estabelece uma complexa teia de regras e de exceções. A lei identifica, por exemplo, uma circunstância em que entidades da Administração Pública submetem-se ao regime aplicável às pessoas jurídicas de direito privado: trata-se da hipótese em que empresas públicas e sociedades de economia mista atuam em regime de concorrência. No caminho inverso, a lei também identifica um caso em que atividades de natureza privada submetem-se ao regime jurídico das pessoas de direito público: é o caso dos serviços notariais e de registro exercidos em caráter privado, por delegação do Poder Público" (WIMMER, Miriam. Proteção de dados pessoais no setor público: incidência, bases legais e especificidades. *Revista do Advogado*, v. 144, p. 130, 2019).

204. "O princípio da legalidade é certamente a diretriz básica da conduta dos agentes da Administração. Significa que toda e qualquer atividade administrativa deve ser autorizada por lei. Não o sendo, a atividade é ilícita. Tal postulado, consagrado após séculos de evolução política, tem por origem mais próxima a criação do Estado de Direito, ou seja, do Estado que deve respeitar as próprias leis que edita. O princípio "implica subordinação completa do administrador à lei. Todos os agentes públicos, desde

3 • INTERESSES LEGÍTIMOS NA LGPD **175**

finalidade pública, na persecução do interesse público, com o objetivo de executar as competências legais ou cumprir as atribuições legais do serviço público. Não custa lembrar que o agente de tratamento do setor público deverá observar todas as normas, regulamentos, leis e princípios administrativos,[205] e, assim como os agentes privados, demanda que observe a boa-fé e todos os princípios de tratamento inscritos no art. 6.º – prática reforçada pelo art. 26; enfatiza a obrigação de indicação do Encarregado[206] e da garantia do exercício dos direitos dos titulares.[207]

Considerando que o Estado é um dos maiores agentes de tratamento de dados,[208] sem a qual não poderá exercer suas prerrogativas legais, formulando e operacionalização políticas públicas,[209] considerando ainda que a participação social e o exercício da cidadania dependem, precipuamente, da entrega dos dados pessoais ao setor público, ressalta-se a substancial relevância para que o Poder Público cumpra os mandamentos inscritos na Lei Geral de Proteção de Dados.[210] Vejamos orientação da Autoridade Nacional de Proteção de Dados sobre o tema:

---

    o que lhe ocupe a cúspide até o mais modesto deles, devem ser instrumentos de fiel e dócil realização das finalidades normativas". Na clássica e feliz comparação de HELY LOPES MEIRELLES, enquanto os indivíduos no campo privado podem fazer tudo o que a lei não veda, o administrador público só pode atuar onde a lei autoriza" (CARVALHO FILHO, José dos Santos. *Manual de direito administrativo*. 34. ed. São Paulo: Atlas, 2020. Livro eletrônico não paginado).

205. "Em nível constitucional, sempre é relevante observar que os princípios se impõem a todas as esferas federativas, abrangendo a administração direta e a indireta. Não há, portanto, qualquer restrição quanto à esfera de aplicação nos princípios administrativos constitucionais básicos – a legalidade, a moralidade, a impessoalidade, a publicidade e a eficiência (art. 37, caput, da CF, com a redação da EC n.º 19/1998)" (CARVALHO FILHO, José dos Santos. *Manual de direito administrativo*. 34. ed. São Paulo: Atlas, 2020. Livro eletrônico não paginado).

206. "O artigo 41 da LGPD não faz distinção quanto a instituições públicas ou privadas e por isso é importante que ambas estejam cientes da sua obrigação de indicar um encarregado de dados. A esse respeito, o art. 23, III, reforça a necessidade de um encarregado ser indicado por órgãos e entidades públicas que realizam operação de tratamento de dados pessoais" (AUTORIDADE NACIONAL DE PROTEÇÃO DE DADOS (ANPD). *Guia orientativo para definições dos agentes de tratamento de dados pessoais e do encarregado*: versão 2.0. Brasília, abr. 2022. p. 23).

207. Importante mencionar os casos nos quais a LGPD não se aplica: Art. 4.º Esta Lei não se aplica ao tratamento de dados pessoais: [...] II – realizado para fins exclusivamente: III – realizado para fins exclusivos de: a) segurança pública; b) defesa nacional; c) segurança do Estado; ou d) atividades de investigação e repressão de infrações penais; [...] § 1.º O tratamento de dados pessoais previsto no inciso III será regido por legislação específica, que deverá prever medidas proporcionais e estritamente necessárias ao atendimento do interesse público, observados o devido processo legal, os princípios gerais de proteção e os direitos do titular previstos nesta Lei.

208. "Relevante função do Estado moderno, a função administrativa é dentre todas a mais ampla, uma vez que é através dela que o Estado cuida da gestão de todos os seus interesses e os de toda a coletividade" (CARVALHO FILHO, José dos Santos. *Manual de direito administrativo*. 34. ed. São Paulo: Atlas, 2020. Livro eletrônico não paginado).

209. "Conhecer seus cidadãos é, para o Estado, pré-requisito para o desempenho de suas finalidades públicas" (WIMMER, Miriam. Proteção de dados pessoais no setor público: incidência, bases legais e especificidades. *Revista do Advogado*, v. 144, p. 127, 2019).

210. "Inequívoco que o acelerado desenvolvimento tecnológico provocou que há cada vez mais dispositivos ou programas capazes de coletar dados sobre as pessoas, monitorizar e mesmo manipular

> O tratamento de dados pessoais pelo Poder Público possui muitas peculiaridades, que decorrem, em geral, da necessidade de compatibilização entre o exercício de prerrogativas estatais típicas e os princípios, regras e direitos estabelecidos na Lei Geral de Proteção de Dados Pessoais (Lei n.º 13.709, de 14 de agosto de 2018 – LGPD). [...] Trata-se de assegurar a celeridade e a eficiência necessárias à execução de políticas e à prestação de serviços públicos com respeito aos direitos à proteção de dados pessoais e à privacidade.[211]

O referido Capítulo IV da LGPD informa as regras gerais de observância impositiva pelos entes públicos, cumprindo notar que todas as suas atividades de tratamento devem ocorrer com fundamento nas hipóteses legais inscritas nos art. 7 – dados pessoais ou 11 – dados sensíveis, em diálogo sistemático com o art. 23.[212] Acrescente-se que na Lei Brasileira inexiste expressa vedação pela utilização do legítimo interesse no Poder Público, por conseguinte, admite-se abertamente que o Estado a invoque. Como exemplo, a ANPD traz situações de garantia da segurança de sistemas informatizados utilizados e administrados pelo setor público, com a finalidade de "viabilizar a autenticação de usuários e prevenir que softwares maliciosos possam criar vulnerabilidades na rede interna".[213]

Entretanto, diferentemente do setor privado, a escolha pelo legítimo interesse no Poder Público é tida com ressalvas pela própria Autoridade Brasileira, que por sua recomenda que seja evitada. Veja-se orientação sobre o tema:

---

seus comportamentos. Não se pode ignorar que muitos desses dados têm o potencial de melhorar os serviços públicos, promovendo iniciativas mais ajustadas às necessidades do público ao transporte, à segurança pública, entre outros aspectos" (XAVIER, Luciana Pedroso; XAVIER, Marília Pedroso; SPALER, Mayara Guibor. Primeiras impressões sobre o tratamento de dados pessoais na hipótese de interesse público e execução de contratos. In: FRAZÃO, Ana; OLIVA, Milena Donato; TEPEDINO, Gustavo (coords.). *Lei geral de proteção de dados pessoais e suas repercussões no direito brasileiro*. São Paulo: Thomson Reuters Brasil, 2019. p. 499).

211. LANDERDAHL, Cristiane; MAIOLINO, Isabela; BARBOSA, Jeferson Dias; CARVALHO, Lucas Borges de. *Guia orientativo*: tratamento de dados pessoais pelo Poder Público – Versão 2.0. Brasília: ANPD, 2023. p. 5. Disponível em: https://www.gov.br/anpd/pt-br/documentos-e-publicacoes/guia--poder-publico-anpd-versao-final.pdf. Acesso em: 1.º jun. 2023.

212. Ressalva-se posição de Miriam Wimmer: "Conquanto não seja desarrazoado invocar, como base legal para o tratamento de dados pessoais pelo Poder Público, o "cumprimento de obrigação legal ou regulatória pelo controlador" (art. 7.º, inciso II, c.c. art. 11, inciso II, alínea a), parece mais adequado buscar no art. 23 da LGPD, inserido no capítulo específico relativo ao Poder Público, uma base legal complementar: a de tratamento de dados pessoais com o objetivo de 'executar as competências legais ou cumprir as atribuições legais do serviço público', observando-se a finalidade pública e a persecução do interesse público. Observa-se, assim, que a LGPD parece fornecer, na verdade, duas bases legais estruturantes, voltadas especificamente ao Poder Público: (i) execução de políticas públicas; e (ii) execução de competências legais ou atribuições legais do serviço público" (WIMMER, Miriam. Proteção de dados pessoais no setor público: incidência, bases legais e especificidades. *Revista do Advogado*, v. 144, p. 131-132, 2019).

213. Autoridade Nacional de Proteção de Dados. Guia Orientativo. Tratamento de dados pessoais pelo Poder Público. Versão 2.0 | jun / 2023. p. 14-15.

De forma similar ao que ocorre com o consentimento, a aplicação do legítimo interesse é limitada no âmbito do setor público. Em particular, a sua utilização não é apropriada quando o tratamento de dados pessoais é realizado de forma compulsória ou quando for necessário para o cumprimento de obrigações e atribuições legais do Poder Público. Nessas situações, não há como se realizar, propriamente, uma ponderação entre as expectativas dos titulares e os supostos interesses estatais, visto que estes, por definição legal ou regulamentar, conforme o caso, tendem a estabelecer restrições aos direitos individuais nele envolvidos. Isto é, a própria legislação estabelece essa ponderação, ao fixar as condições a serem observadas para a realização do tratamento de dados pessoais. Por isso, é recomendável que, em geral, órgãos e entidades públicos evitem recorrer ao legítimo interesse, preferindo outras bases legais, a exemplo de execução de políticas públicas e cumprimento de obrigação legal, para fundamentar os tratamentos de dados pessoais que realizam nessas condições.[214]

Neste turno, verifica-se que, de acordo com a ANPD, há uma posição preferencial do gestor público na opção pela base legal, que deverá priorizar a execução de políticas públicas e cumprimento de obrigação legal, em detrimento do legítimo interesse. Tal premissa torna ainda mais árdua a já hercúlea tarefa de gestão da coisa pública,[215] posto que deverá atuar com cautela,[216] cercando-se de medidas adicionais, em especial através de robusta e sólida documentação apta a fundamentar sua eventual opção pelo interesse legítimo.[217]

---

214. LANDERDAHL, Cristiane; MAIOLINO, Isabela; BARBOSA, Jeferson Dias; CARVALHO, Lucas Borges de. *Guia orientativo*: tratamento de dados pessoais pelo Poder Público – Versão 2.0. Brasília: ANPD, 2023. p. 14. Disponível em: https://www.gov.br/anpd/pt-br/documentos-e-publicacoes/guia-poder-publico-anpd-versao-final.pdf. Acesso em: 1.º jun. 2023.

215. "Essa nova abordagem jurídica do direito fundamental à proteção de dados, nesse aspecto, engloba uma proteção abrangente, que desloca o eixo da proteção do conteúdo dos dados para as possibilidades e finalidades do seu processamento. Todos esses fatores indicam que, a priori, não há uma autorização irrestrita no ordenamento jurídico brasileiro ao livre fluxo e compartilhamento de dados no Poder Público, inclusive para realização das atividades de inteligência nacional. Desse modo, convênios e acordos de compartilhamento baseados única e exclusivamente nas disposições do Decreto 10.046/2020 parecem afigurar-se potencialmente lesivos às garantias individuais discutidas nesta ADPF, a depender, é claro, das condições de compartilhamento e dos riscos envolvidos. O teste de proporcionalidade é plenamente aplicável às relações de tratamento de dados no setor público. A incidência do princípio da finalidade nessas relações não deve se limitar à busca por uma base legal – que no presente caso sequer é existente – mas deve levar em consideração também elementos como (i) as expectativas razoáveis do titular, (ii) a natureza dos dados processados e (iii) os possíveis prejuízos a serem suportados pelo titular" (Trecho do voto Ministro Gilmar Mendes: Referendo na Medida Cautelar na Ação Direta de Inconstitucionalidade 6.389 – Distrito Federal. Relatora: Min. Rosa Weber Reqte. (S): Partido Socialista Brasileiro – PSB. Intdo. (A/S): Presidente Da República Proc. (A/S) (Es): Advogado-Geral da União. Voto Conjunto nas ADIs 6.389, 6.390, 6.393, 6.388 e 6.387).

216. "Embora a lei não seja explícita quanto a esse ponto, a necessária submissão do Poder Público ao princípio da legalidade impõe cautela na invocação de outras bases legais para além daquelas especificamente concebidas para legitimar o tratamento de dados pessoais pelo Estado" (WIMMER, Miriam. Proteção de dados pessoais no setor público: incidência, bases legais e especificidades. *Revista do Advogado*, v. 144, p. 132, 2019).

217. "A via hermenêutica a ser seguida deve ser, sempre, a de viabilizar a atividade pública, mas com balizamentos jurídicos fundamentais que vão moldar a atuação do agente de tratamento" (MONTEIRO FILHO, Carlos Edison do Rêgo; CASTRO, Diana Loureiro Paiva de. Proteção de dados pessoais nas

No tocante à documentação prévia à utilização do legítimo interesse, de nada haverá distinção com relação ao setor privado, com destaque para a elaboração do LIA, obrigatório e essencial, além do RIPD,[218] este quando cabível nos casos de risco elevado aos direitos dos titulares.

Por fim, ressalta-se que no Regulamento Europeu, estabelece-se claramente que às Autoridades Públicas é vedado invocar o interesse legítimo como fundamento do tratamento dos dados na prossecução das suas atribuições,[219] nos termos do art. 6.º, n.º 1, segundo parágrafo[220] e do considerando 47.[221] Trata-se de inovação do legislador Europeu, que alterou a disposição antecedente no artigo 7(f) da Diretiva revogada, de forma que o interesse legítimo, no âmbito do RGPD, refere-se exclusivamente aos interesses dos agentes do setor privado.[222]

3.3 ATIVIDADE DE TRATAMENTO DEVE SER NECESSÁRIA PARA ATINGIR A FINALIDADE PRETENDIDA

Na parte inicial do texto do inciso IX, art. 7.º da LGPD, aduz-se que a atividade de tratamento poderá ser utilizada "quando necessário" ao atendimento dos interesses legítimos.[223] Caberá, portanto, ao controlador a tarefa da identificação de uma efetiva necessidade daquele tratamento baseado no legítimo interesse ao atingimento da finalidade perseguida.

---

contratações públicas de Inteligência Artificial – Parte II. *Migalhas*, 26 ago. 2022). Disponível em: https://www.migalhas.com.br/coluna/migalhas-de-protecao-de-dados/372371/protecao-de-dados--pessoais-nas-contratacoes-publicas-de-ia. Acesso em: 05 out. 2022).

218. Seção II Da Responsabilidade. Art. 32. A autoridade nacional poderá solicitar a agentes do Poder Público a publicação de relatórios de impacto à proteção de dados pessoais e sugerir a adoção de padrões e de boas práticas para os tratamentos de dados pessoais pelo Poder Público.

219. COMITÊ EUROPEU PARA A PROTEÇÃO DE DADOS. *Diretrizes 3/2019 sobre tratamento de dados pessoais através de dispositivos de vídeo*. Versão 2.0. Adotada em 29 de janeiro de 2020. p. 10. Disponível em: https://edpb.europa.eu/our-work-tools/our-documents/guidelines/guidelines-32019-processing-g-personal-data-through-video_pt. Acesso em: 1.º jun. 2023.

220. Artigo 6.º O primeiro parágrafo, alínea f), não se aplica ao tratamento de dados efetuado por autoridades públicas na prossecução das suas atribuições por via eletrônica.

221. Considerando (47) [...] Dado que incumbe ao legislador prever por lei o fundamento jurídico para autorizar as autoridades a procederem ao tratamento de dados pessoais, esse fundamento jurídico não deverá ser aplicável aos tratamentos efetuados pelas autoridades públicas na prossecução das suas atribuições. [...]

222. KUNER, Christopher; BYGRAVE, Lee A.; DOCKSEY, Christopher; DRECHSLER, Laura; TOSONI, Luca. *The EU General Data Protection Regulation*: A Commentary. Oxford University Press, 2020. p. 337.

223. No RGPD consta previsão similar, porém na parte inicial da letra f) do art. 6.º: "O tratamento for necessário para efeito dos interesses legítimos prosseguidos pelo responsável pelo tratamento ou por terceiros...".

O adjetivo "necessário" não deve ser lido como sinônimo de "indispensável", tampouco considerado tão abrangente quanto "comum", "útil", "razoável" ou "desejável".[224] Cabe ao controlador a demonstração de que o tratamento proposto é necessário e proporcional de acordo com a finalidade do interesse legítimo identificado.[225] Decisão da Autoridade de Proteção de Dados da Hungria entendeu pela existência de legítimo interesse na utilização de câmeras de videomonitoramento nas áreas internas de sua propriedade, no entanto, aduziu que o sistema de vigilância se revelava desnecessário e desproporcional na captação de certas partes de espaços públicos.[226]

Recomenda-se um singelo questionamento a todo controlador diante da hipótese do legítimo interesse no tratamento de dados pessoais: existem outros meios menos invasivos para alcançar aquela mesma finalidade?[227] Até mesmo a opção por não realizar determinada atividade de tratamento deve ser considerada: é o caso da rede social *Instagram* que divulgava publicamente informações de contato dos usuários nas contas comerciais, sob o argumento de haver legítimo interesse não só do controlador (*Instagram*), mas também dos usuários, que poderiam entrar em contato com os "negócios". Muitas vezes estas contas empresariais eram utilizadas por crianças, com o objetivo de burlar a restrição de idade imposta nas contas de pessoas físicas. Após investigação da Autoridade Irlandesa, a plataforma parou de publicar estas informações, mantendo as demais atividades das contas comerciais, o que deixou claro que havia mecanismos menos invasivos, inclusive pela afirmativa de que o contato com as contas comerciais poderia se dar através do *chat* disponível, sem a necessária divulgação pública de dados pessoais.[228]

Deve-se verificar e documentar se não existem outras formas, com o mínimo impacto nos direitos e liberdades individuais, para se alcançar o mes-

---

224. GUIDANCE on the use of Legitimate Interests under the EU General Data Protection Regulation. Version 2.0. *Data Protection Network*, 2018. p. 17. Disponível em: https://dpnetwork.org.uk/dpn-legitimate-interests-guidance/. Acesso em: 20 jan. 2023.

225. IAB EUROPE. *Guide to conducting legitimate interests assessments (LIAs) in the digital advertising industry*. [S.l.], 2020. p. 8.

226. NAIH (Hungria). *NAIH-3734-15/2023*. Data da decisão: 30 nov. 2023. Disponível em: https://gdprhub.eu/index.php?title=NAIH_%28Hungary%29_-_NAIH-3734-15%2F2023. Acesso em: 03 out. 2023.

227. COMISSÃO EUROPEIA. Grupo de Trabalho de Proteção de Dados do Artigo 29. *Parecer 06/2014 sobre o conceito de interesses legítimos do responsável pelo tratamento dos dados na aceção do artigo 7.º da Diretiva 95/46/CE*. Adotado em 9 de abril de 2014. p. 45. Disponível em: https://ec.europa.eu/justice/article-29/documentation/opinion-recommendation/files/2014/wp217_pt.pdf. Acesso em: 26 dez. 2022.

228. COMITÊ EUROPEU PARA A PROTEÇÃO DE DADOS. *Binding Decision 2/2022 on the dispute arisen on the draft decision of the Irish Supervisory Authority regarding Meta Platforms Ireland Limited (Instagram) under Article 65(1)(a) GDPR*. Adotada em 28 de julho de 2022. p. 13. Disponível em: https://edpb.europa.eu/our-work-tools/our-documents/binding-decision-board-art-65/binding-decision-22022 dispute-arisen_en. Acesso em: 1.º jun. 2023.

mo resultado pretendido,[229] como, por exemplo, a busca pelo consentimento do titular. Em caso de resposta negativa ao questionamento anterior, parece clara a necessidade; havendo outras maneiras, porém que demande esforços desproporcionais, como por exemplo, quando implicar em custos proibitivos, ainda se tende pela presença da necessidade.[230] Destaca-se hipótese levantada pela ANPD, que aduz haver legítimo interesse nos casos de utilização de *cookies* estritamente necessários – entendido como hipótese de *apoio e promoção de atividades do controlador e de prestação de serviços que beneficiem o titular*, nos termos do art. 10, I e II, LGPD.[231]

Vale mencionar, por fim, decisão da Autoridade Norueguesa – *Datatilsynet*,[232] quando decidiu notificar a o *Meta Platforms Ireland Limited* em razão de suposta violação à legislação local e ao Regulamento Europeu de Proteção de Dados – art. 6.º(1)(f), diante das práticas relacionadas ao tratamento de dados com a finalidade de publicidade comportamental. O documento revela entendimento da Autoridade que o tratamento para tais fins não atendeu ao critério da necessidade, já que o Meta teria capacidade de perseguir seus interesses legítimos de formas menos intrusivas para os titulares dos dados.

3.4 FINALIDADES LEGÍTIMAS, CONSIDERADAS A PARTIR DE SITUAÇÕES CONCRETAS

Além dos requisitos já mencionados acima, para ser considerado legítimo, o interesse perseguido pelo agente de tratamento deve ser concreto, imediato, pre-

---

229. "Por conseguinte, a necessidade implica que o interesse legítimo prosseguido não pode ser razoavelmente alcançado com a mesma eficácia por outros meios menos restritivos dos direitos e liberdades fundamentais dos titulares dos dados, em particular os direitos ao respeito pela vida privada e à proteção dos dados pessoais garantidos pelos artigos 7.º e 8.º da Carta" (Tradução livre do autor) (UNIÃO EUROPEIA. Tribunal de Justiça (Grande Secção). *Processo C-252/21*. Meta Platforms Inc., anteriormente Facebook Inc., Meta Platforms Ireland Ltd, anteriormente Facebook Ireland Ltd., Facebook Deutschland GmbH contra Bundeskartellamt, sendo interveniente: Verbraucherzentrale Bundesverband eV. Relatora: L. S. Rossi. 04 jul. 2023. par. 108. Disponível em: https://curia.europa.eu/juris/documents.jsf?num=C-252/21. Acesso em: 1.º jun. 2023).

230. GUIDANCE on the use of Legitimate Interests under the EU General Data Protection Regulation. Version 2.0. *Data Protection Network*, 2018. p. 17. Disponível em: https://dpnetwork.org.uk/dpn-legitimate-interests-guidance/. Acesso em: 20 jan. 2023.

231. "[...] aqueles que são essenciais para a adequada prestação do serviço ou para o funcionamento da página eletrônica [...]" (LOPES, Alexandra Krastins et al. *Guia orientativo*: cookies e proteção de dados pessoais. Brasília: ANPD, out. 2022. p. 24. Disponível em: https://www.gov.br/anpd/pt-br/documentos-e-publicacoes/guia-orientativo-cookies-e-protecao-de-dados-pessoais.pdf. Acesso em: 08 ago. 2023).

232. AUTORIDADE DE PROTEÇÃO DE DADOS DA NORUEGA. *Medidas Urgentes e Provisórias – Meta*. Ref. 21/03530-16; 14.07.2023. p. 18. Disponível em: https://www.datatilsynet.no/contentassets/36ad4a92100943439df9a8a3a7015c19/urgent-and-provisional-measures--meta_redacted.pdf. Acesso em: 06 dez. 2023.

sente, real,[233] existente e efetivo no momento do tratamento[234] ou em um "futuro muito próximo".[235] É o que diz o caput do art. 10 da LGPD, quando informa que as finalidades legítimas buscadas pelo controlador somente deverão ser consideradas a partir de situações concretas.[236] O perímetro do interesse prosseguido deve ser claro, precisamente determinado e identificado, a fim de garantir a possibilidade de ponderação com os interesses, direitos e liberdades fundamentais dos titulares.[237]

Sob este prisma, não se admite interesse especulativo,[238] amplo, vago ou hipotético,[239] que poderá, eventualmente, se materializar no futuro, mesmo que com grande probabilidade. Riscos vagos ou improváveis em geral não serão

---

233. COMITÊ EUROPEU PARA A PROTEÇÃO DE DADOS. *Binding Decision 2/2022 on the dispute arisen on the draft decision of the Irish Supervisory Authority regarding Meta Platforms Ireland Limited (Instagram) under Article 65(1)(a) GDPR.* Adotada em 28 de julho de 2022. p. 32. Disponível em: https://edpb.europa.eu/our-work-tools/our-documents/binding-decision-board-art-65/binding--decision-22022-dispute-arisen_en. Acesso em: 1.º jun. 2023.

234. TK v Asociaţia de Proprietari bloc M5A-ScaraA (Caso C-708/18) ECLI:EU:C:2019:1064). ACÓRDÃO DO TRIBUNAL DE JUSTIÇA. 11 de dezembro de 2019. [Texto retificado por Despacho de 13 de fevereiro de 2020] «Reenvio prejudicial – Proteção das pessoas singulares no que diz respeito ao tratamento de dados pessoais – Carta dos Direitos Fundamentais da União Europeia – Artigos 7.º e 8.º – Diretiva 95/46/CE – Artigo 6.º, n.º 1, alínea c), e artigo 7.º, alínea f) – Legitimidade para o tratamento de dados pessoais – Legislação nacional que permite a videovigilância para garantir a segurança e proteção das pessoas, bens e valores e para a prossecução de interesses legítimos, sem o consentimento da pessoa em causa – Instalação de um sistema de videovigilância nas partes comuns de um edifício para habitação».

235. "Em outras palavras, interesses muito vagos ou especulativos não serão suficientes" (COMISSÃO EUROPEIA. Grupo de Trabalho de Proteção de Dados do Artigo 29. *Parecer 06/2014 sobre o conceito de interesses legítimos do responsável pelo tratamento dos dados na aceção do artigo 7.º da Diretiva 95/46/CE.* Adotado em 9 de abril de 2014. p. 24. Disponível em: https://ec.europa.eu/justice/article-29/documentation/opinion-recommendation/files/2014/wp217_pt.pdf. Acesso em: 26 dez. 2022).

236. "[...] Ademais, prevemos que deverá se basear em situação concreta e desde que atendidas as legítimas expectativas do titular" (CÂMARA DOS DEPUTADOS. *Parecer da Comissão Especial destinada a proferir parecer ao Projeto de Lei n.º 4060/2016.* p. 34. Disponível em: https://www.camara.leg.br/proposicoesWeb/prop_mostrarintegra?codteor=1663305&filename=SBT+1+PL406012+=%3E+PL+4060/2012. Acesso em: 27 jun. 2022).

237. COMITÊ EUROPEU PARA A PROTEÇÃO DE DADOS. *Binding Decision 2/2022 on the dispute arisen on the draft decision of the Irish Supervisory Authority regarding Meta Platforms Ireland Limited (Instagram) under Article 65(1)(a) GDPR.* Adotada em 28 de julho de 2022. p. 33. Disponível em: https://edpb.europa.eu/our-work-tools/our-documents/binding-decision-board-art-65/binding--decision-22022-dispute-arisen_en. Acesso em: 1.º jun. 2023.

238. COMITÊ EUROPEU PARA A PROTEÇÃO DE DADOS. *Diretrizes 3/2019 sobre tratamento de dados pessoais através de dispositivos de vídeo.* Versão 2.0. Adotada em 29 de janeiro de 2020. p. 10. Disponível em: https://edpb.europa.eu/our-work-tools/our-documents/guidelines/guidelines-32019-processing-personal-data-through-video_pt. Acesso em: 1.º jun. 2023.

239. BIONI, Bruno; MONTEIRO, Renato Leite. Proteção de Dados Pessoais como Elemento de Inovação e Fomento à Economia: O impacto econômico de uma lei geral de dados. In: REIA, Jhessica; FRANCISCO, Pedro Augusto P.; BARROS, Marina; MAGRANI, Eduardo. *Horizonte presente tecnologia e sociedade em debate.* Belo Horizonte: Casa do Direito; FGV, 2019. p. 239. Disponível em: http://bibliotecadigital.fgv.br/dspace/bitstream/handle/10438/27448/Horizonte%20presente%20-%20tecnologia%20e%20sociedade%20em%20dcbate.pdf. Acesso em: 19 dez. 2022.

suficientes[240] a justificar a escolha pela base legal em estudo. Veja este exemplo trazido pela Autoridade Brasileira:

> Envio de mensagens com propagandas para clientes de loja virtual. O titular de dados cadastra-se em site de loja de roupas virtual a fim de efetuar compras. A loja, nesse caso controlador, utiliza o histórico de compras do titular para enviar propagandas com novos produtos, via e-mail. Análise: Nesse caso, verifica-se, para além de uma finalidade legítima e considerando uma situação concreta, a legítima expectativa do titular de ter seus dados tratados pela loja virtual em razão de uma relação de consumo já existente.[241]

A Corte de Justiça da União Europeia entendeu como interesse legítimo do Meta o tratamento com a finalidade "visa garantir a segurança da rede" e com o "objetivo de melhoria do produto",[242] ao passo que a Autoridade Europeia não admitiu a possibilidade de interesse real, concreto, com as finalidades de "criar, fornecer, apoiar e manter produtos e recursos inovadores", eis que considerado "descrito de forma vaga", levantando dúvidas se interesse levantado pela Meta atendia ao requisito de se revelar "suficientemente específico".[243]

3.5 REFORÇO AOS PRINCÍPIOS DAS ATIVIDADES DE TRATAMENTO: ÔNUS ARGUMENTATIVO REFORÇADO PARA O CONTROLADOR

Evidencia-se verdadeiro reforço na LGPD com relação aos princípios da finalidade, necessidade e transparência, esculpidos ao longo do art. 10, além

---

240. "[...] o empregador deve ter um interesse legítimo em monitorar o local de trabalho com uma câmera. A vigilância deve ser objetivamente justificada pela atividade, e ligada a uma necessidade concreta e real de vigilância das câmeras. O empregador não pode configurar uma câmera como uma 'medida de precaução'. Por exemplo, se o empregador deseja montar uma câmera para garantir a segurança dos funcionários em relação a quaisquer roubos, deve ser possível apontar problemas específicos com isso, ou que o tipo de negócio que o empregador administra é vítima de roubo. O mesmo se aplica se estamos falando de cochilar – o problema deve ser suficientemente concreto e um tópico risco para os negócios" Vigilância de câmeras no local de trabalho (Tradução livre do autor) (FØR OVERVÅKINGEN STARTER. *Datatilsynet*, 22 mar. 2022. Disponível em: https://www.datatilsynet.no/personvern-pa-ulike-omrader/personvern-pa-arbeidsplassen/ kameraovervaking-pa-arbeidsplassen/for-overvakingen-starter/. Acesso em: 19 ago. 2022).

241. AUTORIDADE NACIONAL DE PROTEÇÃO DE DADOS (ANPD). *Estudo preliminar*: hipóteses legais de tratamento de dados pessoais. Legítimo interesse. Brasília: ANPD, ago. 2023. Versão 1.0. Documento não paginado. Disponível em: https://www.gov.br/participamaisbrasil/consulta-a-sociedade-de-estudo-preliminar-sobre-legitimo-interesse-1. Acesso em: 20 set. 2023.

242. COMITÊ EUROPEU PARA A PROTEÇÃO DE DADOS. *Binding Decision 2/2022 on the dispute arisen on the draft decision of the Irish Supervisory Authority regarding Meta Platforms Ireland Limited (Instagram) under Article 65(1)(a) GDPR*. Adotada em 28 de julho de 2022. p. 34. Disponível em: https://edpb.europa.eu/our-work-tools/our-documents/binding-decision-board-art-65/binding-decision-22022-dispute-arisen_en. Acesso em: 1.º jun. 2023.

243. COMITÊ EUROPEU PARA A PROTEÇÃO DE DADOS. *Binding Decision 2/2022 on the dispute arisen on the draft decision of the Irish Supervisory Authority regarding Meta Platforms Ireland Limited (Instagram) under Article 65(1)(a) GDPR*. Adotada em 28 de julho de 2022. p. 33. Disponível em: https://edpb.europa.eu/our-work-tools/our-documents/binding-decision-board-art-65/binding-decision-22022-dispute-arisen_en. Acesso em: 1.º jun. 2023.

da ênfase no registro das operações de tratamento trazida no art. 37. Com isso, a opção do agente de tratamento pelo fundamento do legítimo interesse atrai verdadeiro "ônus argumentativo reforçado",[244] de forma a demonstrar medidas e salvaguardas mais contundentes, além das razoavelmente exigidas e esperadas para as demais bases legais,[245] conforme se abordará nos próximos itens.

3.5.1 Finalidade no *caput* do art. 10

No caput do art. 10 da LGPD consta que o legítimo interesse do controlador só poderá fundamentar a atividade de tratamento para finalidades legítimas. Trata-se de clara referência e reafirmação do princípio da finalidade inscrito no art. 6.º, inciso I, que o define como "realização do tratamento para propósitos legítimos, específicos, explícitos e informados ao titular" acrescentando ao final a impossibilidade do tratamento "posterior de forma incompatível com essas finalidades". Ressalva-se, com acerto, não se está de "impedimento absoluto ao uso secundário", mas sim da obrigatória atenção para que os novos fins se mostrem compatíveis com os originalmente desenhados.[246]

Em 2021, ao analisar informações prestadas pelo *Whatsapp Inc.*, a ANPD entendeu "bastante abrangente e genérica" a argumentação sobre as finalidades informadas a título de "aprimoramento de serviços" e "personalização de recursos" constantes da política de privacidade do aplicativo.[247] Em interpretação similar, na verificação do tratamento de dados pessoais de crianças e adolescentes pela rede social *TikTok*, a Autoridade adjetivou como "demasiadamente genérica" a

---

244. BIONI, Bruno; KITAYAMA, Marina; RIELLI, Mariana. *O legítimo interesse na LGPD*: quadro geral e exemplos de aplicação. São Paulo: Associação Data Privacy Brasil de Pesquisa, 2021. p. 28.

245. "A Meta lista salvaguardas que adotou como medidas de mitigação. No entanto, várias das medidas listadas parecem ser medidas já exigidas por outras disposições do GDPR. Medidas exigidas para a conformidade com outras disposições do GDPR não são relevantes como salvaguardas. Como exemplo, a Meta se refere a restrições nos critérios de segmentação. Várias das categorias mencionadas são categorias especiais que se enquadram no Artigo 9 do GDPR. Assim, uma restrição no tratamento dessas categorias de dados pessoais já decorre do GDPR e não pode ser considerada como uma medida de mitigação ao realizar um teste de ponderação sob o Artigo 6(1)(f)" (Tradução livre do autor) (AUTORIDADE DE PROTEÇÃO DE DADOS DA NORUEGA. *Medidas Urgentes e Provisórias – Meta*. Ref. 21/03530-16; 14.07.2023. p. 20. Disponível em: https://www.datatilsynet.no/contentassets/36a-d4a92100943439df9a8a3a7015c19/urgent-and-provisional-measures--meta_redacted.pdf. Acesso em: 06 dez. 2023).

246. WIMMER, Miriam. Proteção de dados pessoais no setor público: incidência, bases legais e especificidades. *Revista do Advogado*, v. 144, p. 135, 2019.

247. AUTORIDADE NACIONAL DE PROTEÇÃO DE DADOS (ANPD). *Nota Técnica n.º 02/2021/ CGTP/ANPD*. Atualização da Política de Privacidade do WhatsApp. Processo/documento n.º 00261.000012/2021-04. Brasília, mar. 2021. p. 23. Disponível em: https://www.gov.br/anpd/pt-br/assuntos/noticias/inclusao-de-arquivos-para-link-nas-noticias/NOTATECNICADACGTP.pdf. Acesso em: 27 jun. 2023.

finalidade de "informar os algoritmos da Plataforma".[248] Já no Auto de Infração n.º 3/2022/CGF/ANPD, identificou-se a violação ao princípio da finalidade quando a empresa sancionada, ao utilizar dados públicos para atividades comerciais com fundamento no legítimo interesse, não teria cumprido com o dever de aplicação de propósitos legítimos, específicos, explícitos e informados ao titular. A conduta, segundo a ANPD, evidenciou a existência de tratamento posterior de dados pessoais de forma incompatível com as finalidades iniciais.[249]

Na Islândia, a Autoridade de Proteção de Dados (*Persónuvernd*) entendeu que a *Iceland Post* violou o princípio da finalidade quando utilizou dados de tacógrafo inserido no automóvel funcional, dispositivo que regista tempo de condução, períodos de descanso, velocidade etc. O titular teria sido informado que os tacógrafos foram instalados por razões de segurança, no entanto, os dados extraídos do tacógrafo sobre o desempenho no trabalho e intervalos para refeição foram posteriormente utilizados com outra finalidade, qual seja, para justificar a demissão do mesmo funcionário. Dentre os fundamentos da decisão, destacou-se a vedação ao tratamento de dados pessoais para finalidades diferentes das anteriormente declaradas ao titular.[250] O Supremo Tribunal Federal, ao publicar o Informativo n.º 976, abordou o princípio em análise:

> O colegiado observou que o único dispositivo da MP 954/2020 a dispor sobre a finalidade e o modo de utilização dos dados objeto da norma é o § 1.º do seu art. 2.º. E esse limita-se a enunciar que os dados em questão serão utilizados exclusivamente pelo IBGE para a produção estatística oficial, com o objetivo de realizar entrevistas em caráter não presencial no âmbito de pesquisas domiciliares. Não delimita o objeto da estatística a ser produzida, nem a finalidade específica, tampouco sua amplitude. Igualmente não esclarece a necessidade de disponibilização dos dados nem como serão efetivamente utilizados. [...] Ao não definir apropriadamente como e para que serão utilizados os dados coletados, a MP 954/2020 não oferece condições para avaliação da sua adequação e necessidade, assim entendidas como a compatibilidade do tratamento com as finalidades informadas e sua limitação ao mínimo necessário para alcançar suas finalidades. Desatende, assim, a garantia do devido processo legal (CF, art. 5.º, LIV), em sua dimensão substantiva.[251]

---

248. AUTORIDADE NACIONAL DE PROTEÇÃO DE DADOS (ANPD). *Nota Técnica n.º 6/2023/CGF/ANPD*. Tratamentos de dados pessoais de crianças e adolescentes, pela rede social TikTok, no momento em que eles se cadastram na plataforma. p. 12. Disponível em: https://www.gov.br/anpd/pt-br/documentos-e-publicacoes/tiktok-nota_tecnica_6_versao_publica.pdf. Acesso em: 1.º jun. 2023.

249. AUTORIDADE NACIONAL DE PROTEÇÃO DE DADOS (ANPD). *Auto de Infração n.º 3/2022/CGF/ANPD*. Brasília, DF, 10 de março de 2022. p. 8.

250. PERÓNU VERND. *Rafræn vöktun af hálfu Íslandspósts*. Processo n.º 2022050836. Julgamento 08/12/2023 Disponível em: https://www.personuvernd.is/urlausnir/rafraen-voktun-af-halfu-islands-posts. Acesso em: 16 dez. 2023.

251. BRASIL. Supremo Tribunal Federal. *Informativo n.º 976*. Brasília, 4 a 8 de maio de 2020. Disponível em: https://www.stf.jus.br/arquivo/informativo/documento/informativo976.htm. Acesso em: 20 set. 2023.

Registra-se, quando do surgimento do conceito de autodeterminação informativa, oriundo da decisão histórica proferida pelo Tribunal Constitucional Federal da Alemanha em 1983, um dos fundamentos recaiu justamente sobre violação ao princípio da finalidade.[252]

Vale dizer que quanto mais delineado for o interesse, e, por conseguinte, a finalidade perseguida pelo controlador, menos árdua será a tarefa de ponderação, de maneira que, especificando-se em detalhes os objetivos, mais simples se dará a apuração sobre quais dados pessoais serão realmente necessários, facilitando ainda a fixação de medidas de mitigatórias face ao nível impacto e riscos para os direitos e liberdades do titular.

3.5.2 Necessidade na parte final do § 1.º do art. 10

Pela leitura do § 1.º do art. 10 da LGPD, parte final, verifica-se a determinação para que "somente os dados pessoais estritamente necessários para a finalidade pretendida poderão ser tratados". Parece bem claro que o legislador reforça o princípio da necessidade,[253] também conhecido como minimização,[254] inscrito no inciso III do art. 6.º da LGPD, que institui regra limitadora no tratamento de dados pessoais ao mínimo necessário para a realização das finalidades, com abrangência apenas aos dados pertinentes, proporcionais e não excessivos.[255] O

---

252. "Vários foram os motivos que levaram a Corte a reconhecer esta profunda incompatibilidade. Um deles foi a observação de que, caso os dados recolhidos fossem utilizados ao mesmo tempo para fins administrativos e estatísticos (como na hipótese da retificação do registro civil a partir de dados do censo), estaria caracterizada a diversidade de finalidades, que impediria que o cidadão conhecesse o uso efetivo que seria feito de suas informações. Estas duas finalidades eram, além do mais, inconciliáveis, dado que o rigor estatístico não poderia coexistir com a necessidade dos órgãos administrativos de identificar os titulares destes dados. O Tribunal, desta forma, reconheceu a necessidade de se observar o princípio da finalidade na coleta de dados pessoais" (DONEDA, Danilo. *Da privacidade à proteção de dados pessoais*: fundamentos da Lei Geral de Proteção de Dados. 2. ed. rev. e atual. São Paulo: Thomson Reuters Brasil, 2020. p. 167).

253. "Embora aplicável a todos os tratamentos de dados pessoais, a LGPD reforçou o dever de observância ao princípio da necessidade nos casos em que o legítimo interesse seja a hipótese legal utilizada. Assim, nos termos do art. 10, § 1.º, somente os dados pessoais estritamente necessários para a finalidade pretendida poderão ser tratados" (AUTORIDADE NACIONAL DE PROTEÇÃO DE DADOS (ANPD). Guia orientativo: hipóteses legais de tratamento de dados pessoais. Legítimo interesse. Brasília: ANPD, fev. 2024. Versão 1.0. p. 25. Disponível em: https://www.gov.br/anpd/pt-br/documentos-e-publicacoes/guia_legitimo_interesse.pdf. Acesso em: 04 fev. 2024).

254. No Regulamento Europeu de Proteção de Dados o princípio é conhecido como "Minimização dos Dados", definido no item 1, "c)" do art. 5.º, ao informar que os dados pessoais devem ser "Adequados, pertinentes e limitados ao que é necessário relativamente às finalidades para as quais são tratados".

255. "Percebe-se, mais uma vez, a importância do princípio da necessidade, que implica que apenas os dados minimamente necessários para a realização das finalidades pretendidas devem ser tratados. Para auxiliar nessa avaliação, a LGPD oferece o art. 10, que traz informações importantes sobre o legítimo interesse" (AUTORIDADE NACIONAL DE PROTEÇÃO DE DADOS (ANPD). *Nota Técnica n.º 02/2021/CGTP/ANPD*. Atualização da Política de Privacidade do WhatsApp. Processo/documento

referido princípio também foi objeto de análise na decisão Supremo Tribunal Federal no julgamento da ADI 6387 analisado no item 2.6.5, inclusive levantado por Danilo Doneda em sua histórica sustentação oral na Tribuna da Corte.[256] Ademais, veja-se exemplo sugerido pela ANPD sobre o tema:

> Instalação de software para rastrear atividades e medir a produtividade de funcionários. Uma empresa utiliza a hipótese legal do legítimo interesse para justificar a utilização de software que rastreia as atividades dos empregados, incluindo o uso de webcam e o registro de tudo o que é digitado nos computadores da empresa. O objetivo da coleta é medir a produtividade dos funcionários e propiciar meios de identificação de compartilhamentos indevidos de informações de natureza confidencial. Análise: Nesse caso concreto, a coleta de dados, incluindo o registro de imagens e de tudo o que é digitado pelo empregado, por meio do software, interfere de forma excessiva e desproporcional sobre os direitos e liberdades fundamentais dos titulares e contraria a sua legítima expectativa, mesmo que esta atividade possa ter sido previamente informada e constar da política de privacidade. Deve-se considerar, especialmente, que a coleta vai muito além do necessário para o atendimento das finalidades pretendidas, de modo que não seria razoável esperar que tamanha coleta de dados fosse realizada pelo empregador. Ademais, no contexto da relação de emprego, os empregados estão em posição de maior vulnerabilidade em face de seu empregador, não possuindo meios efetivos de oposição ao tratamento. Por tais razões, o tratamento não poderia ser realizado e não seria admissível o recurso à hipótese legal do legítimo interesse, uma vez que, no caso concreto, não foram respeitadas as legítimas expectativas dos titulares, devendo prevalecer os seus direitos e liberdades fundamentais.[257]

3.5.3 Transparência no § 2.º do art. 10

Inobstante, na utilização do legítimo interesse, além de se enfatizar os princípios da finalidade e necessidade, demanda especial atenção ao princípio da transparência, nos termos do § 2.º do art. 10 da LGPD, que determina ao controlador "adotar medidas para garantir a transparência do tratamento de dados baseado em seu legítimo interesse". Ademais, a ausência transparência

---

n.º 00261.000012/2021-04. Brasília, mar. 2021. p. 24. Disponível em: https://www.gov.br/anpd/pt-br/assuntos/noticias/inclusao-de-arquivos-para-link-nas-noticias/NOTATECNICADACGTP.pdf. Acesso em: 27 jun. 2023).

256. "Com efeito, como sustentado pelo Prof. Danilo Doneda, em sua substanciosa sustentação oral, a MP autorizaria a transferência ao IBGE de toda a base de dados dos usuários de telefonia fixa e móvel, a representar volume de informações bem maior do que a amostragem necessária para a realização da PNAD – Pesquisa Nacional por Amostra de Domicílios –, para a qual bastaria pouco mais de 200 mil pesquisados. Esta discrepância caracteriza a violação ao princípio da proporcionalidade e da minimização, próprios da temática da proteção de dados pessoais, a desencadear risco desnecessário para a sociedade" (TEPEDINO, Gustavo. Editorial. *Revista Brasileira de Direito Civil*, v. 24, n. 2, p. 11, 2020. Disponível em: https://rbdcivil.ibdcivil.org.br/rbdc/article/view/587. Acesso em: 20 mar. 2023).

257. AUTORIDADE NACIONAL DE PROTEÇÃO DE DADOS (ANPD). Guia orientativo: hipóteses legais de tratamento de dados pessoais. Legítimo interesse. Brasília: ANPD, fev. 2024. Versão 1.0. p. 24-25. Disponível em: https://www.gov.br/anpd/pt-br/documentos-e-publicacoes/guia_legitimo_interesse.pdf. Acesso em: 04 fev. 2024.

foi um dos fundamentos que levaram a ANPD[258] a aplicar a sua primeira sanção administrativa no Brasil. Remonta diretamente ao inciso VI do art. 6.º, que por sua vez informa a garantia de se prestar informações claras, precisas e facilmente acessíveis sobre a atividade de tratamento, identificação dos respectivos agentes de tratamento, nos termos, além de promover a efetivação dos princípios da responsabilização e prestação de contas.[259]

Este "dever-direito de informação"[260] ou "right do know"[261] constitui medida essencial e relevantíssima a qualquer atividade de tratamento, diante da proibição da opacidade no trato de dados pessoais, posto que haverá interferência nos direitos personalíssimos, de caráter fundamental. Ao mesmo tempo que se confere maior liberdade[262] ao agente de tratamento para se valer do legítimo interesse sem a necessidade do consentimento dos titulares, a postura transparente, na forma de um "dever ativo",[263] se faz ainda mais essencial, assumindo maior relevância quando em repetidas vezes existem atividades de tratamento invisíveis ao titular, "que não tem noção clara (ou noção alguma) do que está sendo feito com suas informações", e, consequentemente, se vê "impossibilitado de fazer valer seu direito no caso".[264]

---

258. "Cumpre destacar, ainda, que o legítimo interesse não é aplicável quando prevaleçam direitos e liberdades fundamentais do titular que exijam a proteção de dados pessoais. Como os titulares não têm conhecimento de que a Telekall é controladora de seus dados pessoais, obsta-se o exercício do conjunto de direitos previstos no art. 18 da LGPD: [...]" (AUTORIDADE NACIONAL DE PROTEÇÃO DE DADOS (ANPD). *Auto de Infração n.º 3/2022/CGF/ANPD*. Brasília, DF, 10 de março de 2022. p. 8).

259. AUTORIDADE NACIONAL DE PROTEÇÃO DE DADOS (ANPD). *Nota Técnica n.º 02/2021/CGTP/ANPD*. Atualização da Política de Privacidade do WhatsApp. Processo/documento n.º 00261.000012/2021-04. Brasília, mar. 2021. p. 25. Disponível em: https://www.gov.br/anpd/pt-br/assuntos/noticias/inclusao-de-arquivos-para-link-nas-noticias/NOTATECNICADACGTP.pdf. Acesso em: 27 jun. 2023.

260. BIONI, Bruno Ricardo. *Proteção de dados pessoais*: a função e os limites do consentimento. Rio de Janeiro: Forense, 2019. Livro eletrônico não paginado.

261. WUERMELING, Ulrich U. Harmonization of European Union Privacy Law. *Journal of Computer & Information Law*, v. 14, n. 3, p. 414, 1996. Disponível em: https://repository.law.uic.edu/jitpl/vol14/iss3/1/. Acesso em: 28 dez. 2022.

262. "De um lado, confere-se maior liberdade a esses agentes [...]. De outro, essa liberdade demanda também maior responsabilidade e transparência" (MENDES, Laura S.; FONSECA, Gabriel C. S. Proteção de dados para além do consentimento: tendências de materialização. In: DONEDA, Danilo et al. (coords.). *Tratado de proteção de dados pessoais*. Rio de Janeiro: Forense, 2021. p. 79-80).

263. "A transparência, por sua vez, gera a obrigação ao agente de tratamento de prestar contas, onde serão evidenciadas as medidas que estão sendo tomadas para uma atuação em conformidade com as boas práticas impostas pela lei" (MULHOLLAND, Caitlin. A LGPD e o fundamento da responsabilidade civil dos agentes de tratamento de dados pessoais: culpa ou risco? *Migalhas*, 30 jun. 2020. Disponível em: https://www.migalhas.com.br/coluna/migalhas-de-responsabilidade-civil/329909/a-lgpd-e-o-fundamento-da-responsabilidade-civil-dos-agentes-de-tratamento-de-dados-pessoais--culpa-ou-risco. Acesso em: 04 maio 2022).

264. DONEDA, Danilo. Considerações iniciais sobre os bancos de dados informatizados e o direito à privacidade. In: TEPEDINO, Gustavo (coord.). *Problemas de direito civil-constitucional*. Rio de Janeiro: Renovar, 2000. p. 118.

Deste modo, as informações prestadas aos titulares devem estar claras, possibilitando a identificação com a maior facilidade[265] possível, posto que, dentre outros fatores, a funcionalização transparência tem grande impacto sobre as expectativas razoáveis dos respectivos titulares, conforme ressaltado no item 3.2.6. Veja-se o seguinte Acórdão proferido em fevereiro de 2022 pelo Tribunal de Justiça do Distrito Federal e dos Territórios, onde se afirmou a violação do dever de transparência:

> O tratamento realizado pela requerida para alcançar listas de potenciais consumidores, além de utilizar informações concernentes a poder aquisitivo, classe social, modelos de afinidade e padrões de consumo – ultrapassando a baliza dos dados de natureza puramente cadastral – não evidencia a necessária transparência aos titulares das informações coletadas. A requerida, seja nestes autos ou em seu site, dirige-se quase que exclusivamente às empresas-clientes; não apresenta aos titulares dos dados tratados todas as informações exigidas no artigo 9.º da LGPD. Não há transparência acerca da forma de coleta dos metadados, da metodologia utilizada, da duração do tratamento, ou do uso compartilhado, por exemplo. Talvez seja esta, inclusive, a principal razão para a alegada ausência de reclamações sobre os produtos. Não há dúvida de que interessaria ao consumidor e ao fornecedor um cenário no qual o cliente recebe ofertas de serviços e produtos condizentes com os seus hábitos de consumo, seu comportamento financeiro, seu poder aquisitivo. Mas a legislação exige transparência acerca dos procedimentos de coleta e de tratamento de informações. Somente em uma relação de efetiva transparência é possível conceber a existência de legítima expectativa (prevista no art. 10, inciso II, LGPD). O consumidor precisa ter a exata noção acerca de quais dados pessoais foram utilizados no tratamento, como foram coletados, a forma de processamento e qual a política de compartilhamento, especialmente porque elementos socioeconômicos e comportamentais estão intrinsecamente vinculados à esfera da privacidade e, como tal, reclamam proteção (art. 2.º, inciso I, Lei n.º 13.709/2018). Não são elementos ou comportamentos plenamente acessíveis ao público ou suscetíveis de serem conhecidos por todos, em absoluto. Em arremate, parece claro que o direito de exclusão do banco de dados – garantido pela requerida ao consumidor – mais interessaria em caso de demandas individuais. Ainda, constitui argumento incapaz de confrontar a ausência de transparência dos procedimentos de coleta e processamento de informações que, sob o pretexto de prestar serviços benéficos ao consumidor, invade a esfera da privacidade e avança sobre liberdades individuais, ultrapassando a legítima expectativa do titular das informações tratadas com tal propósito. Mesmo que o produto final dos serviços impugnados garanta ao contratante um apanhado de informações de natureza meramente cadastral, é inafastável a conclusão de que a segmentação e o direcionamento de mercado – prometidos pela requerida – depende de tratamento de informações outras, de natureza socioeconômica e comportamental, não havendo transparência sobre os trâmites de coleta e tratamento.[266]

---

265. AUTORIDADE NACIONAL DE PROTEÇÃO DE DADOS (ANPD). *Nota Técnica n.º 02/2021/CGTP/ANPD*. Atualização da Política de Privacidade do WhatsApp. Processo/documento n.º 00261.000012/2021-04. Brasília, mar. 2021. p. 25. Disponível em: https://www.gov.br/anpd/pt-br/assuntos/noticias/inclusao-de-arquivos-para-link-nas-noticias/NOTATECNICADACGTP.pdf. Acesso em: 27 jun. 2023. Veja-se ainda o disposto no Art. 9.º da LGPD.

266. BRASIL. Tribunal de Justiça do Distrito Federal e dos Territórios. Ação Civil Pública. *AC 0736634-81.2020.8.07.0001*. Relator: Sandoval Oliveira. Julgamento: 09.02.2022. Órgão julgador: 2.ª Turma Cível. Acórdão transitou em julgado no dia 17.03.2022.

É pela transparência que se permite controle social[267] no âmbito das atividades de tratamento, funcionando como "premissa para uma presença efetiva dos cidadãos no interior das organizações sociais e políticas",[268] pois além dos titulares, existem outras partes interessadas neste controle, em especial a Autoridade Nacionais de Proteção de Dados.[269]

3.6 REFORÇO À NECESSIDADE DE REGISTRO DAS OPERAÇÕES DE TRATAMENTO

O art. 37 da LGPD estabelece que os agentes de tratamento deverão obrigatoriamente "manter registro das operações de tratamento de dados pessoais que realizarem, especialmente quando baseado no legítimo interesse". O claro reforço[270] e destaque[271] para a hipótese dos interesses legítimos determina a criação, manutenção e atualização periódica[272] de um "Inventário de Dados Pessoais"[273] (IDP).[274]

---

267. AUTORIDADE NACIONAL DE PROTEÇÃO DE DADOS (ANPD). *Nota Técnica n.º 02/2021/ CGTP/ANPD*. Atualização da Política de Privacidade do WhatsApp. Processo/documento n.º 00261.000012/2021-04. Brasília, mar. 2021. p. 24. Disponível em: https://www.gov.br/anpd/pt-br/ assuntos/noticias/inclusao-de-arquivos-para-link-nas-noticias/NOTATECNICADACGTP.pdf. Acesso em: 27 jun. 2023.

268. RODOTÀ, Stefano. *A vida na sociedade de vigilância*: a privacidade hoje. Rio de Janeiro: Renovar, 2008. p. 31.

269. BIONI, Bruno; KITAYAMA, Marina; RIELLI, Mariana. *O legítimo interesse na LGPD*: quadro geral e exemplos de aplicação. São Paulo: Associação Data Privacy Brasil de Pesquisa, 2021. p. 34.

270. MALDONADO, Viviane Nóbrega; BLUM, Renato Opice (coord.). *LGPD*: Lei Geral de Proteção de Dados comentada. 2. ed. rev., atual. e ampl. São Paulo: Thomson Reuters Brasil, 2020. p. 345.

271. "Embora seja dado destaque para essas atividades de registro no caso de uso da hipótese legal do legítimo interesse, é importante frisar que a manutenção desses registros é obrigatória para qualquer atividade de tratamento de dados" (AUTORIDADE NACIONAL DE PROTEÇÃO DE DADOS (ANPD); TRIBUNAL SUPERIOR ELEITORAL (TSE). *Guia orientativo*: aplicação da Lei Geral de Proteção de Dados Pessoais (LGPD) por agentes de tratamento no contexto eleitoral. Brasília, 2021. p. 36. Disponível em: https://www.gov.br/anpd/pt-br/assuntos/noticias/guia_lgpd_final.pdf. Acesso em: 03 maio 2022).

272. CONEXIS BRASIL DIGITAL. *Código de boas práticas de proteção de dados para o setor de telecomunicações*. Brasília, 30 ago. 2022. p. 107.

273. "[...] o Inventário de Dados Pessoais representa documento primordial no sentido de documentar o tratamento de dados pessoais realizados pela instituição, em alinhamento ao previsto pelo art. 37 da LGPD" (FRAZÃO, Ana. Propósitos, desafios e parâmetros gerais dos programas de compliance e das políticas de proteção de dados. In: FRAZÃO, Ana; BÔAS CUEVA, Ricardo Villas (org.). *Compliance e políticas de proteção de dados*. São Paulo: Thomson Reuters – Revista dos Tribunais, 2021. v. 1. p. 50-51).

274. PROGRAMA DE PRIVACIDADE E SEGURANÇA DA INFORMAÇÃO (PPSI). *Guia de Elaboração de Inventário de Dados Pessoais*. Versão 2.0. Brasília, mar. 2023. p. 10. Disponível em: https://www.gov. br/governodigital/pt-br/seguranca-e-protecao-de-dados/ppsi/guia_inventario_dados_pessoais.pdf. Acesso em: 09 dez 2023.

Aqui cabe uma ressalva, posto que a Autoridade Brasileira, ao comentar o referido dispositivo legal, informa que o registro "deve conter a análise efetuada pelo controlador, em especial o teste de balanceamento do legítimo interesse", incluindo, dentre outros, "a sua ponderação com os direitos dos titulares e a compatibilidade com as suas legítimas expectativas".[275] Prossegue a ANPD aduzindo que "Outro documento relevante é o Relatório de Impacto à Proteção de Dados (RIPD), caso o tratamento envolva alto risco".[276] Não podemos concordar com esta afirmação, posto que o teste de balanceamento e/ou o RIPD não decorrem da regra inscrita no art. 37, esta que se limita a demandar o registro[277] da respectiva operação de tratamento. A documentação relativa ao teste de ponderação e análise de riscos decorrem, por seu turno, da exigência inscrita na parte final do inciso IX do art. 7.º, dada a ressalva para o "caso de prevalecerem direitos e liberdades fundamentais do titular que exijam a proteção dos dados pessoais" e ainda do § 3.º do art. 10, que autoriza a ANPD a solicitar o RIPD.

Diversos modelos de registro estão acessíveis nos *websites* de Autoridades Europeias, em documento comumente denominado *"Record of Processing Activities"* (ROPA).[278] A Autoridade Nacional de Proteção de Dados publicou documento destinado ao registro simplificado de operações de tratamento de dados pessoais destinado exclusivamente aos Agentes de Tratamento de Pequeno Porte (ATPP).[279] Já o Governo Federal disponibiliza um modelo completo para este propósito.[280]

---

275. AUTORIDADE NACIONAL DE PROTEÇÃO DE DADOS (ANPD). Guia orientativo: hipóteses legais de tratamento de dados pessoais. Legítimo interesse. Brasília: ANPD, fev. 2024. Versão 1.0. p. 26. Disponível em: https://www.gov.br/anpd/pt-br/documentos-e-publicacoes/guia_legitimo_interesse. pdf. Acesso em: 04 fev. 2024.

276. AUTORIDADE NACIONAL DE PROTEÇÃO DE DADOS (ANPD). Guia orientativo: hipóteses legais de tratamento de dados pessoais. Legítimo interesse. Brasília: ANPD, fev. 2024. Versão 1.0. p. 26. Disponível em: https://www.gov.br/anpd/pt-br/documentos-e-publicacoes/guia_legitimo_interesse. pdf. Acesso em: 04 fev. 2024.

277. Veja a origem etimológica do vocábulo: "Registro – Do lat. *registru*, catálogo, inventário, rol [...]" (NASCENTES, Antenor. *Dicionário etimológico da língua portuguesa*. 2.ª tiragem do I Tomo. Rio de Janeiro: Jornal do Commercio, 1955. p. 438).

278. CONEXIS BRASIL DIGITAL. *Código de boas práticas de proteção de dados para o setor de telecomunicações*. Brasília, 30 ago. 2022. p. 107.

279. Traz 8 (oito) campos de preenchimento, considerados essenciais pela Autoridade, tais como informações de contato da instituição; categorias de titulares de dados pessoais; dados pessoais; compartilhamento de dados; medidas de segurança; período de armazenamento dos dados pessoais; processo, finalidade e hipótese legal (AUTORIDADE NACIONAL DE PROTEÇÃO DE DADOS (ANPD). ANPD divulga modelo de registro simplificado de operações com dados pessoais para Agentes de Tratamento de Pequeno Porte (ATPP). *ANPD Notícias*, 14 jun. 2023. Disponível em: https://www.gov.br/anpd/pt-br/assuntos/noticias/anpd-divulga-modelo-de-registro-simplificado-de-operacoes-com-dados-pessoais-para-agentes-de-tratamento-de-pequeno-porte-atpp. Acesso em: 11 dez. 2023).

280. PROGRAMA DE PRIVACIDADE E SEGURANÇA DA INFORMAÇÃO (PPSI). *Guia de Elaboração de Inventário de Dados Pessoais*. Versão 2.0. Brasília, mar. 2023. Disponível em: https://www.gov.br/

O IDP inclui detalhes cruciais sobre as atividades de tratamento de dados pessoais desempenhadas pelo controlador ou operador, tais como a identificação dos agentes de tratamento e do encarregado responsável, as finalidades específicas do uso dos dados pessoais, as bases legais que justificam o tratamento (conforme os artigos 7.º e 11 da LGPD) e a natureza dos dados pessoais tratados. Adicionalmente, recomenda-se que o IDP contenha a categorização dos titulares dos dados pessoais, o ciclo de vida do tratamento (fases de: coleta, retenção, processamento, compartilhamento e eliminação), a ocorrência de transferências internacionais de dados (regidas pelo artigo 33 da LGPD), e as medidas de segurança implementadas para proteger esses dados.[281]

Trata-se de instrumento essencial para o registro e controle das operações de tratamento de dados pessoais realizadas por uma organização, mecanismo fundamental para a conformidade com a LGPD, promovendo a transparência, responsabilização e prestação de contas no tratamento de dados pessoais.

Dada a parte final do art. 37 que destaca a hipótese do legítimo interesse, o controlador deverá ter especial atenção na confecção e manutenção do registro das atividades de tratamento que se fundam neste base legal, robustecendo tal escrituração com informações e subsídios além dos razoavelmente exigidos e esperados para as demais bases legais.

3.7 MEDIDAS E SALVAGUARDAS ADICIONAIS EM PROL DA MITIGAÇÃO DE RISCOS

Conforme ressaltado no item 3.1, as atividades de tratamento naturalmente impõem riscos aos direitos dos titulares de dados. Leciona Caitlin Mulholland que tais riscos "são intrínsecos, inerentes à própria atividade"[282] desempenhada pelos agentes de tratamento. Essencial, portanto, que sejam incorporadas medidas e salvaguardas aptas a mitigar os riscos identificados, de acordo com as especificidades da operação. É o que se extrai da análise dos princípios da segurança, prevenção e responsabilização e prestação de contas, (art. 6.º, VII, VIII e

---

governodigital/pt-br/seguranca-e-protecao-de-dados/ppsi/guia_inventario_dados_pessoais.pdf. Acesso em: 09 dez 2023.

281. PROGRAMA DE PRIVACIDADE E SEGURANÇA DA INFORMAÇÃO (PPSI). *Guia de Elaboração de Inventário de Dados Pessoais*. Versão 2.0. Brasília, mar. 2023. p. 10. Disponível em: https://www.gov.br/governodigital/pt-br/seguranca-e-protecao-de-dados/ppsi/guia_inventario_dados_pessoais.pdf. Acesso em: 09 dez 2023.

282. MULHOLLAND, Caitlin. A LGPD e o fundamento da responsabilidade civil dos agentes de tratamento de dados pessoais: culpa ou risco? *Migalhas*, 30 jun. 2020. Disponível em: https://www.migalhas.com.br/coluna/migalhas-de-responsabilidade-civil/329909/a-lgpd-e-o-fundamento-da-responsabilidade-civil-dos-agentes-de-tratamento-de-dados-pessoais--culpa-ou-risco. Acesso em: 04 maio 2022.

X da LGPD) que exigem, respectivamente, medidas técnicas e administrativas aptas a proteger os dados pessoais; a adoção de gestão de riscos, com estratégias proativas para evitar danos; e a demonstração da eficácia das medidas adotadas.

Ademais, evidenciou-se nos itens anteriores o reforço que a LGPD dispensa aos princípios da finalidade, necessidade e transparência, esculpidos ao longo do art. 10, além da ênfase no registro das operações de tratamento trazida no art. 37. Afora as ações expressamente demandadas na hipótese do legítimo interesse constante dos artigos salientados, existem na própria Lei Geral de Proteção de Dados outras salvaguardas que podem auxiliar o controlador em sua jornada pela conformidade, como, por exemplo, técnicas de anonimização[283] ou pseudonimização.[284] O art. 13, § 4.º[285] define esta como o tratamento pelo qual um determinado dado pessoal perde a possibilidade de associação, direta ou indireta, a um indivíduo, senão pelo uso de informação adicional, esta que deverá ser mantida pelo controlador em ambiente separado, controlado e seguro. Os mais comuns exemplos práticos desta técnica são a utilização da criptografia,[286] função *hash* e dispositivos de autenticação (*tokens*).[287]

Destaca-se ainda a Seção II – Das Boas Práticas e da Governança na LGPD, na qual o art. 50 informa que os agentes de tratamento individualmente ou por

---

283. Veja-se os arts. 5.º, III, XI; 12 e 18, IV.

284. "Anonimização e pseudonimização são duas técnicas muito conhecidas e amplamente utilizadas para implementar na prática os princípios de proteção de dados, como a minimização de dados. [...] informação anônima refere-se a informações que não estão relacionadas a uma pessoa natural identificada ou identificável – e, portanto, dados anônimos não são considerados dados pessoais. Em contrapartida, segundo o Art. 4 (5), dados pseudonimizados, que podem ser (re)atribuídos a uma pessoa natural com o uso de informações adicionais, são dados pessoais e os princípios de proteção de dados do GDPR se aplicam a eles" (Tradução livre do autor) (EUROPEAN UNION AGENCY FOR CYBERSECURITY (ENISA). *Data Protection Engineering*. From Theory to Practice. January 2022. p. 10).

285. "Embora o art. 13 estabeleça requisitos específicos para os estudos em saúde pública, a prevenção e a segurança são princípios gerais da LGPD (art. 6.º, VII e VIII), que se aplicam a qualquer operação com dados pessoais, constituindo obrigação legal dos agentes de tratamento, nos termos dos arts. 46 e 47" (VARGAS, Andressa Girotto; RABELO, Augusto Henrique Alves; COSTA, Diego Vasconcelos; MACIEL, Fernando de Mattos; GONÇALINHO, Gustavo; CARVALHO, Lucas Borges de; FAVERO, Sabrina Fernandes Maciel. *Tratamento de dados pessoais para fins acadêmicos e para a realização de estudos e pesquisas*. Brasília, DF: Autoridade Nacional de Proteção de Dados, 2023. p. 15).

286. VARGAS, Andressa Girotto; LOPES, Fabrício; MIOLINO, Isabela; BARBOSA, Jeferson Dias; GUEDES, Marcelo Santiago; SA, Maria Luiza Duarte; DOS SANTOS, Rodrigo Santana; MORAES, Thiago. *Guia orientativo sobre segurança da informação para agentes de tratamento de pequeno porte*. Brasília, DF: Autoridade Nacional de Proteção de Dados, 2021. p. 13).

287. Função ou código *hash* consiste numa sequência única, gerada a partir de dados, ao passo que *tokens* são identificadores usados para autenticar e autorizar usuários sem expor credenciais. Para explicação detalhada dos significados e exemplos práticos, veja-se: COMISSÃO EUROPEIA. Grupo de Trabalho de Proteção de Dados do Artigo 29. *Parecer n.º 05/2014 sobre técnicas de anonimização*. Adotado em 10 abr. 2014. p. 22-23. Disponível em: https://ec.europa.eu/justice/article-29/documentation/opinion-recommendation/files/2014/wp216_pt.pdf. Acesso em: 1.º jun. 2023.

meio de associações, poderão criar e estabelecer regras de boas práticas e de governança, introduzindo, dentre outros, normas de segurança, padrões técnicos, mecanismos internos de supervisão e de mitigação de riscos. Inobstante, informa a Autoridade Brasileira que as obrigações trazidas pelos artigos 46, 47, 49 e 50 da LGPD, que versam sobre segurança de informação relacionada a dados pessoais, basearam-se em boas práticas internacionais, aduzindo alguns exemplos neste sentido, *v.g.* política de segurança da informação; conscientização e treinamento; gerenciamento de contratos, controle de acesso e segurança dos dados pessoais armazenados; manutenção do programa de gerenciamento de vulnerabilidades; medidas relacionadas ao uso de dispositivos móveis e medidas relacionadas ao serviço em nuvem.[288]

A título exemplificativo, em abril de 2023 a Autoridade do Reino Unido (*Information Commissioner's Office* – ICO)[289] aplicou ao *TikTok Inc* e *TikTok Information Technologies UK Limited* sanção administrativa pecuniária de £12,700,000 (doze milhões e setecentos mil libras). Reconheceu-se que o *TikTok* empreendeu em esforços para identificar e remover usuários com menos de 13 anos de idade de sua plataforma, no entanto, tais medidas não foram consideradas suficientes, pois o número de contas excluídas (152.978) e o número estimado de usuários menores (entre 1,1 milhão e 1,4 milhão) evidenciou falhas substanciais nas políticas e procedimentos adotados. A decisão apontou ainda que, apesar de haver melhorias nas políticas de privacidade entre maio de 2018 e julho de 2020, tais alterações não foram suficientes, notadamente diante do porte da organização, pois esperava-se que a empresa adotasse política totalmente alinhada com as leis e normativas vigentes, em especial o RGPD.

3.7.1 *Privacy by design* como premissa de concepção, desenvolvimento e aplicação de produtos e serviços e suas atividades de tratamento

Privacy by design (privacidade desde a concepção) representa as medidas técnicas e organizacionais adotadas como premissas e projetadas para introjetar os princípios de proteção de dados, o respeito à privacidade e incorporando as salvaguardas necessárias à atividade de tratamento, com a finalidade de proteger os direitos e liberdades dos titulares.[290] Devem levar em conta o "estado da arte",

---

288. VARGAS, Andressa Girotto; LOPES, Fabrício; MIOLINO, Isabela; BARBOSA, Jeferson Dias; GUEDES, Marcelo Santiago; SA, Maria Luiza Duarte; DOS SANTOS, Rodrigo Santana; MORAES, Thiago. *Guia orientativo sobre segurança da informação para agentes de tratamento de pequeno porte*. Brasília, DF: Autoridade Nacional de Proteção de Dados, 2021. p. 7; 8-17.

289. DATA PROTECTION ACT 2018. Enforcement Powers of the Information Commissioner. *Penal ty Notice*. Disponível em: https://ico.org.uk/media/4025182/tiktok-mpn.pdf. Acesso em: 20 dez. 2023.

290. EUROPEAN DATA PROTECTION BOARD. *Guidelines 4/2019 on Article 25*. Data Protection by Design and by Default. Version 2.0. Adopted on 20 October 2020. p. 6. Disponível em: https://edpb.

os custos para a implementação, a natureza, escopo, contexto e finalidades do tratamento.[291]

A expressão foi cunhada em novembro de 2009, no lançamento de evento denominado evento, *"Privacy by Design: The Definitive Workshop"*, realizado na cidade de Madrid.[292] Inobstante, desde a década de 1970 já se registraram esforços partindo da premissa de que o desenvolvimento tecnológico não se resumia à causa do aumento da preocupação geral com os potenciais riscos de violação à privacidade, mas poderia também ser visto como uma solução para endereçar o problema.[293]

Diante dos significativos avanços das Tecnologias da Informação e Comunicação (TIC), surgem as primeiras soluções, tais como comunicações anônimas, criptografia, abrindo caminho para o desenvolvimento do que veio a se chamar de Tecnologias de Aprimoramento da Privacidade (PET),[294] ou seja, uma gama de soluções tecnológicas cuja missão precípua consiste na minimização de riscos para a privacidade dos indivíduos.[295] Em parecer emitido pela Autoridade Europeia para a Proteção de Dados, aduziu-se que a confiança é um elemento crítico para o sucesso, aceitação e confiança nas TIC, frisando-se a necessidade de garantia de que não violem a privacidade e a proteção de dados pessoais. O documento endereça conclusão recomendando que a Comissão Europeia incorpore o princípio de "privacidade desde a concepção" em diferentes níveis legislativos e na formulação de políticas.[296]

---

europa.eu/sites/ default/files/files/file1/edpb_guidelines_201904_dataprotection_by_design_and_ by_default_v2.0_en.pdf. Acesso em: 22 dez. 2023.

291. EUROPEAN DATA PROTECTION SUPERVISOR (EDPS). *Opinion 5/2018*. Preliminary Opinion on privacy by design. Brussels, 31 May 2018. p. 5. Disponível em https://edps.europa.eu/sites/default/files/ publication/18-05-31_preliminary_opinion_on_privacy_by_design_en_0.pdf. Acesso em: 21 dez. 2023.

292. Liderado por Ann Cavoukian, Comissária de Informação e Privacidade de Ontário, e pela Autoridade Israelense de Direito, Informação e Tecnologia, reuniu profissionais de privacidade, líderes empresariais, especialistas em tecnologia da informação e acadêmicos para discutir a abordagem diante dos riscos e ameaças à privacidade (CAVOUKIAN, Ann. Privacy by design: the definitive workshop. A foreword. *Identity in the Information Society*, v. 3, n. 2, p. 247, 2010.

293. EUROPEAN DATA PROTECTION SUPERVISOR (EDPS). *Opinion 5/2018*. Preliminary Opinion on privacy by design. Brussels, 31 May 2018. p. 4. Disponível em https://edps.europa.eu/sites/default/files/ publication/18-05-31_preliminary_opinion_on_privacy_by_design_en_0.pdf. Acesso em: 21 dez. 2023.

294. "Quando a Comissária Cavoukian e John Borking (representando o Comissário Peter Hustinx) da Autoridade de Proteção de Dados Holandesa apresentaram seu artigo conjunto em 1995, *Privacy-Enhancing Technologies: The Path to Anonymity*, em Bruxelas, foi recebido com silêncio pelos Comissários presentes. Foram necessários mais três anos para que a mensagem ganhasse força e o conceito ganhasse impulso global" (Tradução livre do autor) (CAVOUKIAN, Ann. Privacy by design: the definitive workshop. A foreword. *Identity in the Information Society*, v. 3, n. 2, p. 247, 2010).

295. EUROPEAN DATA PROTECTION SUPERVISOR (EDPS). *Opinion 5/2018*. Preliminary Opinion on privacy by design. Brussels, 31 May 2018. p. 4. Disponível em https://edps.europa.eu/sites/default/files/ publication/18-05-31_preliminary_opinion_on_privacy_by_design_en_0.pdf. Acesso em: 21 dez. 2023.

296. AUTORIDADE EUROPEIA PARA A PROTECÇÃO DE DADOS. Parecer da Autoridade Europeia para a Protecção de Dados sobre a promoção da confiança na sociedade da informação através do reforço

São sete os princípios fundamentais do *privacy by design*. *i)* proativo, não reativo; preventivo, não remediativo: enfatiza a importância de antever e neutralizar problemas de privacidade antes que eles surjam, em vez de adotar medidas corretivas após a sua ocorrência; *ii)* privacidade como configuração padrão: busca assegurar que a privacidade seja um componente intrínseco e automático de qualquer sistema ou prática comercial, sem que o usuário tenha que realizar ajustes ou configurações adicionais para proteger sua privacidade; *iii)* privacidade incorporada ao design: refere-se à integração da privacidade no desenvolvimento inicial e estrutural dos sistemas de TI e práticas de negócios, assegurando que a privacidade não seja um adendo, mas sim um aspecto fundamental, desde o início; *iv)* funcionalidade completa – soma positiva, não soma zero *(zero-sum)*: defende a ideia de que é possível atender simultaneamente a todos os interesses legítimos, como privacidade e segurança, de maneira equilibrada e harmônica, sem a necessidade do comprometimento de um em detrimento do outro; *v)* segurança de ponta a ponta – proteção completa do ciclo de vida: enfatiza a necessidade de implementar medidas de segurança robustas e contínuas ao longo de todo o ciclo de vida dos dados, desde a coleta até a eliminação; *vi)* visibilidade e transparência – manter aberto: visa assegurar que as práticas de privacidade sejam transparentes, facilmente compreensíveis e abertas à verificação externa, promovendo a confiança e a clareza para os usuários e demais partes interessadas; *vii)* respeito pela privacidade do usuário – centrado no usuário: enfatiza a necessidade de priorizar e proteger os interesses dos usuários, oferecendo opções claras, controles acessíveis e mecanismos de consentimento eficazes, que permitam ao usuário gerir sua própria privacidade.[297]

No considerando 46 da Diretiva 95/46/EC, atualmente revogada, constava destaque para as medidas técnicas e organizacionais com o objetivo proteger os direitos e liberdades dos titulares, que deveriam ser adotadas "[...] tanto no momento do projeto do sistema de tratamento quanto no momento do próprio tratamento [...]".

No Regulamento Europeu de Proteção de Dados, no art. 25.º "Proteção de dados desde a conceção e por defeito",[298] o item 1, informa que o controlador

---

da protecção dos dados e da privacidade. *Jornal Oficial da União Europeia*, 16 out. 2010. C280/15. Disponível em: https://edps.europa.eu/sites/edp/files/publication/10-03-19_trust_information_society_pt.pdf. Acesso em: 21 dez. 2023.

297. PRIVACY BY DESIGN. Disponível em: https://www.ipc.on.ca/wp-content/uploads/2018/01/pbd.pdf. Acesso em: 21 dez. 2023.

298. "Em decorrência da aplicação do *privacy by design*, emerge também o conceito *privacy by default*. Esse conceito refere-se à metodologia que adota, por padrão, a configuração de privacidade mais restritiva possível na fase da coleta de dados pessoais por qualquer sistema de tecnologia da informação. O objetivo é garantir a proteção dos dados pessoais de forma automática, ainda que nenhuma interação com

deve aplicar, "tanto no momento de definição dos meios de tratamento como no momento do próprio tratamento, as medidas técnicas e organizativas adequadas", tais como *pseudonimização* e minimização. Nota-se ainda que o Regulamento traz uma nova nomenclatura, qual seja, "Proteção de dados desde a conceção", na versão em língua inglesa *"Data Protection by Design"*. Observa-se ainda sua presença nos considerandos 78 e 108.

No Brasil, em que pese inexistir um dispositivo com expressa menção ao *privacy by design*, a LGPD determina no § 2.º do art. 46 que as medidas de segurança, técnicas e administrativas aptas a proteger os dados pessoais de acessos não autorizados e de situações acidentais ou ilícitas de destruição, perda, alteração, comunicação ou qualquer forma de tratamento inadequado ou ilícito deverão ser observadas desde a fase de concepção do produto ou do serviço até a sua execução,[299] entendendo-se, por conseguinte, que o legislador brasileiro refletiu o conceito e positivou o *privacy by design*.[300]

A ANPD apresentou Nota Técnica recomendando ao *Whatsapp* que reforçasse as salvaguardas de segurança e privacidade em seu aplicativo, mediante adoção de diversas medidas, dentre elas a implementação de controles administrativos destinados ao inventário de dados, registro de operações de tratamento, controle dos contratos com operadores e "a implementação de *privacy by design and by default*, para além da criptografia fim-a-fim dos conteúdos de mensagens".[301] Posteriormente, reiterou-se as recomendações, com destaque a sugestão, pela Autoridade, para implementação de técnicas de pseudonimização e maior transparência quanto às funções e ao tratamento dos dados pessoais.[302] Cabe transcrever trecho das conclusões da Autoridade sobre o assunto:

---

a máquina tenha sido feita pelo usuário nesse sentido. Trata-se da configuração do sistema no mais alto padrão protetivo" (MALDONADO, Viviane Nóbrega; BLUM, Renato Opice (coord.). *LGPD*: Lei Geral de Proteção de Dados comentada. 2. ed. rev., atual. e ampl. São Paulo: Thomson Reuters Brasil, 2020. p. 378).

299. Art. 46. Os agentes de tratamento devem adotar medidas de segurança, técnicas e administrativas aptas a proteger os dados pessoais de acessos não autorizados e de situações acidentais ou ilícitas de destruição, perda, alteração, comunicação ou qualquer forma de tratamento inadequado ou ilícito. [...] § 2.º As medidas de que trata o caput deste artigo deverão ser observadas desde a fase de concepção do produto ou do serviço até a sua execução.

300. MALDONADO, Viviane Nóbrega; BLUM, Renato Opice (coord.). *LGPD*: Lei Geral de Proteção de Dados comentada. 2. ed. rev., atual. e ampl. São Paulo: Thomson Reuters Brasil, 2020. p. 377 e 379.

301. AUTORIDADE NACIONAL DE PROTEÇÃO DE DADOS (ANPD). *Nota Técnica n.º 02/2021/ CGTP/ANPD*. Atualização da Política de Privacidade do WhatsApp. Processo/documento n.º 00261.000012/2021-04. Brasília, mar. 2021. p. 41. Disponível em: https://www.gov.br/anpd/pt-br/ assuntos/noticias/inclusao-de-arquivos-para-link-nas-noticias/NOTATECNICADACGTP.pdf. Acesso em: 27 jun. 2023.

302. AUTORIDADE NACIONAL DE PROTEÇÃO DE DADOS (ANPD). *Nota Técnica n.º 19/2021/ CGF/ANPD*. Atualização da Política de Privacidade do WhatsApp. Processo/documento n.º

O Relatório de Impacto à Proteção de Dados Pessoais ("RIPD") sobre a Interação dos Serviços do WhatsApp Business com o WhatsApp Messenger (SEI n.º 2848074) informa ainda que o WhatsApp não processa dados para revelar ou inferir dados pessoais sensíveis sobre os usuários, bem como que a criptografia de ponta-a-ponta impede a leitura ou escuta de mensagens e ligações pessoais pela empresa, o que consistiria em uma medida de *privacy by design* e *privacy by default*. Essa informação acerca do tratamento de dados sensíveis é reiterada no Teste de Balanceamento de Legítimo Interesse sobre o Compartilhamento de Informações pelo WhatsApp (SEI n.º 2848076). É importante ressaltar, no entanto, que várias das aplicações oferecidas pela empresa, como o *Facebook Pay*, a integração Clique para o WhatsApp (CTWA) e a interação com BSP podem dar ensejo a inferências acerca de dados pessoais sensíveis. Metadados decorrentes dessas aplicações revelam padrões de atividade de titulares que, com o auxílio de ferramentas de análise e ciência de dados, aliadas a bases de dados já tratadas pelas empresas do grupo, permitem a concretização de diversas inferências, inclusive sobre dados sensíveis, especialmente para fins de publicidade direcionada e crescimento orgânico de suas redes (sugestão de contas a adicionar – "*people you may know*"). Muito embora esse risco não seja motivo para invalidar as ferramentas de *privacy by design* e *privacy by default* apresentadas, não restou suficientemente claro como as ferramentas de *privacy by design* atualmente instituídas poderiam mitigar eventuais riscos à privacidade e proteção de dados sensíveis de titulares nesses contextos.[303]

Admitindo-se que na opção do agente de tratamento pela base legal do interesse legítimo haverá o ônus reforçado, para que este demonstre medidas e salvaguardas mais contundentes do que aquelas razoavelmente exigidas e esperadas diante das demais hipóteses, a implementação de Tecnologias de Aprimoramento da Privacidade (PET), destacando-se o *Privacy by design* (privacidade desde a concepção), se revela medida fundamental à minimização de riscos para a privacidade e proteção de dados pessoais dos titulares.

3.7.2 Direito de oposição ao tratamento fundado no legítimo interesse e o pressuposto do descumprimento ao disposto na LGPD como condição de exercício pelo titular

O Capítulo III da Lei Geral de Proteção de Dados, que versa sobre os Direitos do Titular, inicia com o art. 17, estabelecendo que à pessoa natural será "assegurada a titularidade de seus dados pessoais", acrescentando a garantia dos "direitos fundamentais de liberdade, de intimidade e de privacidade", nos termos da Lei. No art. 18, elenca-se os direitos potestativos do titular em face do controlador,

---

00261.000012/2021-04. Brasília, jun. 2021. p. 12. Disponível em: https://www.gov.br/anpd/pt-br/assuntos/noticias/NotaTcnica19.2021.CGF.ANPD.pdf. Acesso em: 22 dez. 2023.

303. AUTORIDADE NACIONAL DE PROTEÇÃO DE DADOS (ANPD). *Nota Técnica n.º 49/2022/CGF/ANPD*. Atualização da Política de Privacidade do WhatsApp. Processo/documento n.º 00261.000012/2021-04. Brasília, maio 2022 (Documento eletrônico não paginado). Disponível em: https://www.gov.br/anpd/pt-br/documentos-e-publicacoes/nt_49_2022_cfg_anpd_versao_publica.pdf. Acesso em: 27 jun. 2023.

que incluem a confirmação da existência da atividade de tratamento, acesso aos próprios dados e correção de informações que sejam incompletas, inexatas ou desatualizadas. Ao titular é conferido o direito à anonimização, bloqueio ou eliminação de dados que sejam desnecessários, excessivos ou não tratados de acordo com a legislação, a portabilidade de dados para outro fornecedor de serviço ou produto, a possibilidade de exigir a eliminação dos seus dados pessoais tratados com base no consentimento, salvo algumas exceções previstas em lei. Verifica-se o direito de receber informações sobre com quais entidades públicas e privadas o controlador compartilhou seus dados, assim como informações sobre a possibilidade e as consequências de não fornecer consentimento. O titular tem ainda o direito de revogação do consentimento.[304]

Além dos direitos acima informados, § 2.º do art. 18 aduz que o titular poderá "opor-se a tratamento realizado com fundamento em uma das hipóteses de dispensa de consentimento, em caso de descumprimento ao disposto nesta Lei". Evidente que a hipótese de legítimo interesse se enquadra nos casos de dispensa do consentimento, não restando dúvidas da incidência do direito de oposição do titular nesta circunstância, quando se verificar o descumprimento dos requisitos previstos na LGPD.[305]

Em que pese o claro pressuposto de descumprimento da LGPD como condição ao exercício do direito de oposição, nada impede que se acate o pleito exarado pelo titular, mesmo sem fundamentação, o que deverá ser interpretado como uma boa prática por parte do controlador,[306] na forma de medida volun-

---

304. Cabe mencionar que a LGPD traz em seu art. 6.º, inciso IV, o princípio do livre acesso, cujo objetivo é garantir aos titulares a "consulta facilitada e gratuita sobre a forma e a duração do tratamento, bem como sobre a integralidade de seus dados pessoais". Inobstante, a art. 9.º informa que ao titular se confere o direito de "acesso facilitado às informações sobre o tratamento de seus dados, que deverão ser disponibilizadas de forma clara, adequada e ostensiva" sobre as finalidades específicas, forma e duração do tratamento, respeitando-se os segredos comercial e industrial; identificação e informações de contato do controlador; informações sobre o uso compartilhado de dados; as responsabilidades dos agentes que realizarão o tratamento; e aos seus direitos do titular, devendo haver menção expressa aos direitos inscritos no art. 18.
305. LOPES, Alexandra Krastins et al. *Guia orientativo*: cookies e proteção de dados pessoais. Brasília: ANPD, out. 2022. p. 23. Disponível em: https://www.gov.br/anpd/pt-br/documentos-e-publicacoes/guia-orientativo-cookies-e-protecao-de-dados-pessoais.pdf. Acesso em: 08 ago. 2023. Deve-se destacar, igualmente, que o direito de oposição não se confunde com a revogação do consentimento previsto no art. 8.º, § 5.º: "O consentimento pode ser revogado a qualquer momento mediante manifestação expressa do titular, por procedimento gratuito e facilitado, ratificados os tratamentos realizados sob amparo do consentimento anteriormente manifestado enquanto não houver requerimento de eliminação, nos termos do inciso VI do caput do art. 18 desta Lei".
306. COMISSÃO EUROPEIA. Grupo de Trabalho de Proteção de Dados do Artigo 29. *Parecer 06/2014 sobre o conceito de interesses legítimos do responsável pelo tratamento dos dados na aceção do artigo 7.º da Diretiva 95/46/CE.* Adotado em 9 de abril de 2014. p. 45. Disponível em: https://ec.europa.eu/justice/article-29/documentation/opinion-recommendation/files/2014/wp217_pt.pdf. Acesso em: 26 dez. 2022.

tária, a título de salvaguarda adicional,[307] fundada na boa-fé e nas premissas de *privacy by design*. Menciona-se, por exemplo, a hipótese do *opt-out*,[308] conforme levantada pelo *Whatsapp* em 2023, ao afirmar que sob o legítimo interesse, os usuários poderão se opor ao uso de seus dados pessoais para as finalidades de marketing.[309]

Merece destaque a substancial diferença entre a LGPD e o RGPD, posto que a lei brasileira "condiciona o direito de oposição à existência de um 'desrespeito à lei'"[310] ao passo que no Regulamento Europeu, nos termos do artigo 21(1), o titular dos dados poderá se opor ao tratamento com base no interesse legítimo "por motivos relacionados com a sua situação particular", devendo o controlador, com regra geral, interromper o tratamento,[311] ressalvadas as hipóteses imperiosas face aos direitos e liberdades do titular.[312] Ademais, o artigo 21(2) traz hipótese

---

307. BIONI, Bruno; KITAYAMA, Marina; RIELLI, Mariana. *O legítimo interesse na LGPD*: quadro geral e exemplos de aplicação. São Paulo: Associação Data Privacy Brasil de Pesquisa, 2021. p. 8.

308. "Salvaguardas e Mecanismos de *Opt-out* e de Oposição: Quais medidas são adotadas para mitigar os riscos identificados? Quais medidas de transparência são adotadas? Serão disponibilizadas informações claras, precisas e facilmente acessíveis sobre a realização do tratamento e respectivos agentes de tratamento? Será disponibilizado canal de fácil acesso, por meio do qual os titulares podem exercer os direitos previstos na LGPD, em especial os de se opor ao tratamento e de solicitar o término da operação e a eliminação de seus dados pessoais?" (AUTORIDADE NACIONAL DE PROTEÇÃO DE DADOS (ANPD). Guia orientativo: hipóteses legais de tratamento de dados pessoais. Legítimo interesse. Brasília: ANPD, fev. 2024. Versão 1.0. p. 52. Disponível em: https://www.gov.br/anpd/pt-br/documentos-e-publicacoes/guia_legitimo_interesse.pdf. Acesso em: 04 fev. 2024).

309. TAR, Julia. WhatsApp shifts legal basis for processing personal data in Europe. *Euractiv*, 17 jul. 2023. Disponível em: https://www.euractiv.com/section/data-privacy/news/whatsapp-shifts-legal-basis--for-processing-personal-data-in-europe/. Acesso em: 26 dez. 2023. No entanto, veja-se o caminho necessário para o titular exercer seu direito de oposição ao tratamento de dados para finalidade publicidade comportamental na plataforma da Meta, conforma apurado Autoridade de Proteção de Dados da Noruega, no primeiro sementes de 2023: o titular deverá seguir um total de sete etapas, i) acessar a Política de Privacidade da Meta; ii) encontrar a seção sobre direitos sob o GDPR e outras leis relevantes de proteção de dados; iii) clicar na subseção 'oposição'; iv) clicar no link de oposição ('direito de oposição' ou 'oposição'); v) selecionar informações específicas na nova página (país de residência, ajuda com Facebook ou Instagram, idade, gerenciamento de informações ou reporte ao Facebook, e opção de oposição ao uso da informação; vi) preencher o formulário de oposição; vii) enviar a objeção para consideração da Meta (AUTORIDADE DE PROTEÇÃO DE DADOS DA NORUEGA. *Medidas Urgentes e Provisórias – Meta*. Ref. 21/03530-16; 14.07.2023. p. 24-25. Disponível em: https://www.datatilsynet.no/contentassets/36ad4a92100943439df9a8a3a7015c19/urgent-and-provisional-measures--meta_redacted.pdf. Acesso em: 06 dez. 2023).

310. BIONI, Bruno; KITAYAMA, Marina; RIELLI, Mariana. *O legítimo interesse na LGPD*: quadro geral e exemplos de aplicação. São Paulo: Associação Data Privacy Brasil de Pesquisa, 2021. p. 8.

311. "Sempre que os dados pessoais sejam tratados sob o fundamento de 'interesses legítimos', o indivíduo tem o direito de se opor a qualquer momento ao tratamento, por motivos relacionados à sua situação particular, de acordo com o artigo 21.º, n.º 1, do RGPD. O controlador deve interromper o tratamento, a menos que demonstre motivos legítimos convincentes para continuar" (Tradução livre do autor) (EUROPEAN UNION AGENCY FOR FUNDAMENTAL RIGHTS AND COUNCIL OF EUROPE. *Handbook on European data protection law*. Luxembourg, 2018. p. 158).

312. "No entanto, o responsável pelo tratamento deve ter em conta que, se o titular dos dados se opuser à vigilância em conformidade com o artigo 21.º, o responsável pelo tratamento só pode efetuar a

específica, que poderá atrair ainda a aplicação conjunta da Directiva 2002/58/CE – Diretiva *ePrivacy*,[313] qual seja, o direito do titular se opor ao tratamento com a finalidade de marketing direto.[314] Tal direito, segundo o RGPD, é incondicional[315] e independente da base legal invocada pelo controlador.[316]

---

videovigilância desse titular dos dados se se tratar de interesses legítimos imperiosos que prevalecem sobre os interesses, os direitos e as liberdades do titular dos dados ou se o tratamento for necessário à declaração, ao exercício ou à defesa de um direito. Numa situação real e perigosa, a finalidade de proteger bens contra assalto, furto ou vandalismo pode constituir um interesse legítimo para a videovigilância" (COMITÊ EUROPEU PARA A PROTEÇÃO DE DADOS. *Diretrizes 3/2019 sobre tratamento de dados pessoais através de dispositivos de vídeo.* Versão 2.0. Adotada em 29 de janeiro de 2020. p. 10. Disponível em: https://edpb.europa.eu/our-work-tools/our-documents/guidelines/guidelines-32019-processing-personal-data-through-video_pt. Acesso em: 1.º jun. 2023).

313. De acordo com o RGPD e a Directiva 2002/58/CE, existem diferentes regras, de acordo a forma que é realizado o marketing: o direito incondicional de se opor ao marketing direto (destinado ao tradicional, contexto de correspondência postal e para a comercialização de produtos similares) nos termos do Artigo 21 (2) do GDPR; a exigência de consentimento nos termos do Artigo 13 da Diretiva para sistemas sem intervenção humana, tais como mensagens de texto e e-mail marketing (sujeito a exceções, pois o Artigo 13.º(3) da Diretiva *ePrivacy* que deixa aos Estados-Membros a escolha entre optar por *opt-in* ou *opt-out* para marketing direto através de outros meios). A exigência de consentimento nos termos do artigo 5.º(3) da Diretiva *ePrivacy* para publicidade comportamental baseada em rastreamento – técnicas como cookies que armazenam informações no terminal do usuário.

314. A Autoridade Sueca de Proteção de Dados considerou que e-mails enviados a um titular por uma empresa que comercializa assinatura digital de jornais e revistas, com a finalidade de melhorar o acesso aos serviços do controlador, contendo conteúdo adaptado individualmente para o destinatário, constitui marketing direto. O titular, portanto, teria o direito de se opor ao tratamento sob o Artigo 21(2) do RGPD. O controlador seria então obrigado a imediatamente parar de enviar os e-mails. Considerando, no caso concreto, que o titular continuou a receber e-mails de marketing por mais 23 dias após o pedido de *opt-out*, o controlador não teria agido corretamente, portanto, violado os Artigos 21(3) e 12(3) do RGPD. Segundo a Autoridade, quando um titular se opõe ao marketing direto, qualquer tratamento posterior de seus dados pessoais não seria permitido para tais fins. A Autoridade emitiu advertência, de acordo com o Artigo 58(2)(b) do RGPD, sem imposição de sanção pecuniária (AUTORIDADE SUECA DE PROTEÇÃO À PRIVACIDADE (IMY). *Supervisão sob o Regulamento Geral de Proteção de Dados – Readly AB*. DI-2020-10547, IMI Caso n.º 116489. Estocolmo: IMY, 2022. Disponível em: https://edpb.europa.eu/system/files/2022-10/se_2022-04_decisionpublic.pdf. Acesso em: 26 dez. 2023).

315. "Neste sentido, não é necessário efetuar uma ponderação dos interesses; o responsável pelo tratamento tem de respeitar a vontade da pessoa sem questionar os motivos da objeção" (COMISSÃO EUROPEIA. Grupo de Trabalho de Proteção de Dados do Artigo 29. *17/PT. WP251rev.01. Orientações sobre as decisões individuais automatizadas e a definição de perfis para efeitos do Regulamento (UE) 2016/679.* Adotadas em 3 de outubro de 2017. Rev. em 6 de fevereiro de 2018. p. 20-21).

316. "A este respeito, é útil recordar o parecer do Grupo de Trabalho sobre a limitação da finalidade, que refere expressamente que, «quando uma organização pretenda especificamente analisar ou prever as preferências, o comportamento e as atitudes pessoais dos clientes individuais, que posteriormente servirão de inspiração para 'medidas ou decisões' tomadas em relação a esses clientes [...], o consentimento prévio, livre, específico, informado e inequívoco é quase sempre exigido, caso contrário a utilização posterior dos dados não pode ser considerada compatível. É importante que esse consentimento seja exigido, por exemplo, para o rastreamento e a elaboração de perfis para fins de marketing direto, publicidade comportamental, corretagem de dados, publicidade baseada na localização ou pesquisa de mercado digital baseada no rastreamento»" (COMISSÃO EUROPEIA. Grupo de Trabalho de Proteção de Dados do Artigo 29. *Parecer 06/2014 sobre o conceito de interesses legítimos do responsável pelo tratamento dos dados na aceção do artigo 7.º da Diretiva 95/46/CE.* Adotado em 9 de abril de 2014. p.

Nota-se que a premissa de descumprimento da legislação não consta do texto da Europa. No entanto, no velho mundo, assim como no Brasil, o direito de oposição não se reveste de caráter absoluto, pois a parte final do dispositivo em destaque regula que o controlador, em face da oposição manifestada pelo titular, poderá "apresentar razões imperiosas e legítimas que prevaleçam sobre os interesses, os direitos e as liberdades do titular". Não há no RGPD definição acerca das razões imperiosas e legítimas, porém é possível informar casos corriqueiros nos quais, a priori, a objeção do titular poderá ser insuficiente para prevalecer em face dos interesses legítimos do controlador, tais como: a prevenção de fraudes e práticas necessárias a garantir a segurança de redes e sistemas;[317] na utilização de cookies estritamente necessários; procedimentos de *due diligence* em operações societárias[318] e nas relações de emprego.[319]

Vale citar ainda precedente da Autoridade Dinamarquesa, que informou que uma plataforma online de comércio de produtos usados teria interesse legítimo em bloquear e manter em seu banco de dados os dados pessoais de um usuário acusado por outros membros cadastrados de praticar supostas fraudes.[320] Segundo a *Datatilsynet*, mesmo diante do pedido de oposição e apagamento de dados formulado pelo titular, no caso concreto o interesse legítimo da plataforma – controlador – na conservação dos dados pessoais superava os direitos e interesses do titular.

---

74. Disponível em: https://ec.europa.eu/justice/article-29/documentation/opinion-recommendation/files/2014/wp217_pt.pdf. Acesso em: 26 dez. 2022).

317. GUIDANCE on the use of Legitimate Interests under the EU General Data Protection Regulation. Version 2.0. *Data Protection Network*, 2018. p. 8. Disponível em: https://dpnetwork.org.uk/dpn-legitimate-interests-guidance/. Acesso em: 20 jan. 2023.

318. BIONI, Bruno Ricardo. Legítimo interesse: aspectos gerais a partir de uma visão obrigacional. In: DONEDA, Danilo et al. (coord.). *Tratado de proteção de dados pessoais*. Rio de Janeiro: Forense, 2021. Livro eletrônico não paginado.

319. "Os trabalhadores podem se opor a serem monitorados no ambiente de trabalho? Sim, embora esse direito não seja absoluto. Um trabalhador pode se opor quando a base legal em que você se apoia é: interesse público (para o desempenho de uma tarefa realizada no interesse público ou para o exercício de autoridade oficial conferida a você); ou interesses legítimos. O trabalhador deve fornecer razões específicas pelas quais está se opondo à coleta e ao processamento de dados através da monitorização. As razões devem ser baseadas em sua situação particular. Você pode recusar cumprir a objeção se: puder demonstrar interesses legítimos convincentes para o tratamento, que superem os interesses, direitos e liberdades do trabalhador; ou o tratamento for para o estabelecimento, exercício ou defesa de reivindicações legais. [...] Para decidir, você precisa equilibrar os interesses, direitos e liberdades do trabalhador com seus próprios interesses legítimos. É sua responsabilidade demonstrar que seus motivos legítimos superam os do trabalhador" (Tradução livre do autor) (INFORMATION COMMISSIONER'S OFFICE. *Employment practices*: monitoring at work. draft guidance. 12 October 2022. Version: 1.0. p. 25. Disponível em: https://ico.org.uk/media/about-the-ico/consultations/4021868/draft-monitoring-at-work-20221011.pdf. Acesso em: 08 maio 2023).

320. DINAMARCA. *Datatilsynet*. 2021-31-5439. 31 jan. 2022. Disponível em: https://gdprhub.eu/index.php?title=Datatilsynet_(Denmark)_-_2021-31-5439. Acesso em: 19 jan. 2023.

Após o pedido de oposição pelo titular, haverá necessidade de nova avaliação pelo controlador, tendo em vista os argumentos levantados pelo titular dos dados, seja com base na LGPD (caso de descumprimento da lei), seja no RGPD. Caberá ao agente de tratamento o ônus da apresentação de razões e fundamentos para que o tratamento prevaleça sobre os interesses, direitos e liberdades do titular dos dados. Parece claro que o teste de ponderação será distinto daquele previsto inicialmente na escolha pela base legal do interesse legítimo, pois não bastará a demonstração de que a sua análise anterior foi escorreita. Este novo teste de ponderação, necessariamente realizado após recebido o pedido de oposição do titular, exige que o interesse legítimo se revele imperioso, implicando em um limiar mais elevado e restrito, de forma a prevalecer sobre a objeção expressamente manifestada.[321]

Como visto nos itens 3.2.1-3.2.4, diante da função negativa intrínseca à boa-fé, que incide diretamente no exercício de posições jurídicas, haverá a possibilidade de limitação da autonomia privada, impedindo atitudes contrárias aos valores e princípios que o ordenamento jurídico. Não só o controlador poderá se ver diante de exercício abusivo, mas também o titular, especialmente quando é cediça a consideração de que o direito de oposição não se reveste de caráter absoluto.

Com base nestes pressupostos, o direito de se opor poderá ser relativizado frente a outros interesses, em especial aqueles de natureza coletiva, capaz de trazer benefícios sociais.

3.8 INTERESSES LEGÍTIMOS E DIREITOS FUNDAMENTAIS DO TITULAR: CRITÉRIOS DE PONDERAÇÃO

Conforme delineado ao longo desta obra, em especial nos itens 2.7 e 3.1, a liberdade do controlador na escolha pelo legítimo interesse não se reveste de caráter absoluto. Demanda-se temperamento dos interesses do agente de tratamento ou de terceiro com a fórmula compromissária presente na parte final do mesmo inciso IX do art. 7.º, de maneira que se ateste a prevalência daqueles face às expectativas e direitos do titular. Busca-se, com isso, evitar impacto desproporcional, destacando-se situações nas quais o efeito poderá ser, inclusive, positivo

---

321. "A redação do artigo 21.º deixa claro que o teste de ponderação é diferente do encontrado no artigo 6.º, n.º 1, alínea f). Por outras palavras, não basta um responsável pelo tratamento demonstrar que a sua anterior análise do interesse legítimo estava correta. Esse teste de ponderação exige que o interesse legítimo seja imperioso, o que implica um limiar mais elevado para prevalecer sobre as objeções" (COMISSÃO EUROPEIA. Grupo de Trabalho de Proteção de Dados do Artigo 29. *17/PT. WP251rev.01. Orientações sobre as decisões individuais automatizadas e a definição de perfis para efeitos do Regulamento (UE) 2016/679*. Adotadas em 3 de outubro de 2017. Rev. em 6 de fevereiro de 2018. p. 20-21.

3 • INTERESSES LEGÍTIMOS NA LGPD

para o próprio titular: é o corriqueiro caso *cookies* estritamente necessários ao funcionamento de página na internet, com o objetivo de garantia da segurança e continuidade dos serviços prestados; igualmente da rede *wi-fi* de escola que trata dados pessoais de crianças e adolescentes visando a segurança dos estudantes e o adequado gerenciamento do sistema interno.[322]

Em que pese a primorosa necessidade de análise dos detalhes intrínsecos ao caso concreto que se funda no legítimo interesse, tal premissa não macula a missão da Doutrina no estabelecimento de critérios de aplicação e premissas hermenêuticas, possibilitando, por consequência, a "solução constitucionalmente adequada"[323] à hipótese, com prestígio à "hegemonia axiológica dos princípios"[324] da Carta Política de 1988.

3.8.1 Análise do caso concreto à luz da legalidade constitucional como processo unitário de interpretação

Conforme já delineado no item 2.6.4, a própria Lei Geral de Proteção de Dados já busca articular e conciliar princípios e direitos de estatura constitucional, quando em seu art. 2.º informa que a disciplina da proteção de dados pessoais possui como fundamentos *i)* o respeito à privacidade; *ii)* a autodeterminação informativa; *iii)* a liberdade de expressão, de informação, de comunicação e de opinião; *iv)* a inviolabilidade da intimidade, da honra e da imagem; *v)* o desenvolvimento econômico e tecnológico e a inovação; *vii)* a livre-iniciativa, a livre concorrência e a defesa do consumidor; e *vii)* – os direitos humanos, o livre desenvolvimento da personalidade, a dignidade e o exercício da cidadania pelas pessoas naturais. A característica dialética deste dispositivo configura evidente chamado ao aplicador do Direito, que para corretamente articular e conciliar direitos fundamentais, muitas vezes em rota de aparente colisão, deverá

---

322. MAIA, Roberta Mauro Medina. O legítimo interesse do controlador e o término do tratamento de dados pessoais. In: MULHOLLAND, Caitlin (org.). *A LGPD e o novo marco normativo no Brasil*. Porto Alegre: Arquipélago, 2020. p. 104.

323. "A nova interpretação constitucional assenta-se no exato oposto de tal proposição: as cláusulas constitucionais, por seu conteúdo aberto, principiológico e extremamente dependente da realidade subjacente, não se prestam ao sentido unívoco e objetivo que uma certa tradição exegética lhes pretende dar. O relato da norma, muitas vezes, demarca apenas uma moldura dentro da qual se desenham diferentes possibilidades interpretativas. À vista dos elementos do caso concreto, dos princípios a serem preservados e dos fins a serem realizados é que será determinado o sentido da norma, com vistas à produção da solução constitucionalmente adequada para o problema a ser resolvido" (BARROSO, Luis Roberto; BARCELLOS, Ana Paula de. O começo da história: a nova interpretação constitucional e o papel dos princípios no direito brasileiro. *Revista de Direito Administrativo*, Rio de Janeiro, v. 232, p. 144, abr./jun. 2003).

324. BONAVIDES, Paulo. *Curso de direito constitucional*. 26. ed. São Paulo: Malheiros, 2011. p. 264. Acrescenta o autor à p. 294. "Um princípio constitucional é a norma das normas, fonte das fontes".

ampliar seu espectro de análise, não restando outra opção senão pela chamada "interpretação sistemática", definida por Bobbio como a forma de interpretação que parte da premissa de que as normas inseridas no ordenamento constituem uma "totalidade ordenada",[325] unicidade que se revela "indispensável à própria existência do ordenamento".[326]

Sob este prisma, tendo em vista que o ordenamento jurídico apenas encontra concretização à luz do caso concreto,[327] a escola de Direito Civil-Constitucional fornece sólidos alicerces, fortes o suficiente a suportar a solução interpretativa sempre assentada à luz da metodologia conforme os princípios da Constituição Federal.[328]

Mediante exigência de avaliação meritória de acordo com a *fattispicie*,[329] valendo-se da técnica de ponderação,[330] ao exegeta caberá a "missão criativa"[331] dentro de firmes premissas e demonstrando lógica adequada,[332] sobretudo le-

---

325. "[...] e, portanto, seja lícito esclarecer uma norma obscura ou diretamente integrar uma norma deficiente recorrendo ao chamado "espírito do sistema", mesmo indo contra aquilo que resultaria de uma interpretação meramente literal" (BOBBIO, Norberto. *Teoria do ordenamento jurídico*. 6. ed. Brasília: Editora da Universidade de Brasília, 1995. p. 76).

326. TEPEDINO, Gustavo. Normas constitucionais e direito civil na construção unitária do ordenamento. In: SOUZA NETO, Cláudio Pereira de; SARMENTO, Daniel (coords.). *A constitucionalização do direito*: fundamentos teóricos e aplicações específicas. Rio de Janeiro: Forense, 2017. p. 314-315.

327. SOUZA, Eduardo Nunes de. Merecimento de tutela: a nova fronteira da legalidade no direito civil. *Revista de Direito Privado*, v. 15, n. 58, p. 96-98, abr./jun. 2014.

328. "Desse modo, a normativa fundamental passa a ser a justificação direta de cada norma ordinária que com aquela deve se harmonizar. Negar tal atitude hermenêutica significaria admitir um ordenamento assistemático, inorgânico e fragmentado, no qual cada núcleo legislativo responderia a tecido axiológico próprio, desprovido da unidade normativa, traduzindo-se em manifesto desrespeito ao princípio da legalidade constitucional" (BODIN DE MORAES, Maria Celina. A caminho de um direito civil constitucional. *Revista Estado, Direito e Sociedade*, v. 1, p. 64-66, 1991).

329. "Segundo Torquato Castro, foi Betti quem criou o termo *fattispicie*, e que obteve apoio no consenso geral da doutrina italiana, que seria o fato jurídico, em face do qual a situação jurídica se confronta como resposta a ele dada pela ordem jurídica, como resultado de uma valoração de direito (cf. CASTRO, Torquato. *Teoria da situação jurídica em direito privado nacional*. São Paulo: Saraiva, 1985. p. 62)" (PATTI, Francesco Paolo. Significados e limites da autonomia privada: entre princípios e cláusulas gerais. Tradução de Eduardo Souza e Thiago Rodovalho. *Civilistica.com*, Rio de Janeiro, v. 11, n. 1, p. 3, 2022. Disponível em: http://civilistica.com/significados-e-limites-da-autonomia/. Acesso em: 09 set. 2022).

330. "De qualquer forma, hoje é predominante na doutrina a ideia de que a colisão entre princípios resolve-se através de uma ponderação" (SARMENTO, Daniel. *Direitos fundamentais e relações privadas*. Rio de Janeiro: Lumen Juris, 2004. p. 82-83).

331. PERLINGIERI, Pietro. *Perfis do direito civil*: introdução ao direito civil constitucional. Tradução de Maria Cristina De Cicco. Rio de Janeiro: Renovar, 1999. p. 81.

332. "[...] o controle da racionalidade do discurso jurídico suscita questões diversas e complexas, que se tornam tanto mais graves quanto maior seja a liberdade concedida a quem interpreta. No caso da interpretação constitucional, a argumentação assume, muitas vezes, um papel decisivo: é que o caráter aberto de muitas normas, o espaço de indefinição de conduta deixado pelos princípios e os conceitos indeterminados conferem ao intérprete elevado grau de subjetividade. A demonstração lógica adequada do raciocínio desenvolvido é vital para a legitimidade da decisão proferida" (BARROSO, Luis Roberto; BARCELLOS, Ana Paula de. O começo da história: a nova interpretação constitucional e o

vando em conta a axiologia unitária do ordenamento jurídico.[333] Deverá se aferir quais interesses – do controlador, de terceiros, do titular – estarão mais bem alicerceados à promoção dos valores do ordenamento, merecedor, portanto, de tutela jurídica privilegiada na eventual colisão entre si.[334] Repita-se, o "esforço hermenêutico"[335] deverá se nutrir da direta aplicação dos valores e princípios expressos na Constituição nas relações do direito privado,[336] de forma que a busca do intérprete será no sentido de maximizar a realizar de cada um dos direitos fundamentais em eventual rota de colisão.[337]

Por conseguinte, informa a LGPD, no inciso IX do art. 7.º que o interesse legítimo do controlador ou de terceiro poderá ou não sucumbir face à prevalência dos "direitos e liberdades fundamentais do titular que exijam a proteção dos dados pessoais", o que se concluirá através de técnica de ponderação,[338] de acordo com as especificidades do caso concreto,[339] optando-se, sempre, pela solução que melhor realize a escala axiológica constitucional.[340] O norte hermenêutico será

---

papel dos princípios no direito brasileiro. *Revista de Direito Administrativo*, Rio de Janeiro, v. 232, p. 160, abr./jun. 2003).

333. "A adoção desta perspectiva funcional enseja, ainda, a revisão de diversos cânones do direito privado, impondo-se, notadamente, a superação da técnica da subsunção pelo aplicador das normas jurídicas. Tal método, baseado no raciocínio silogístico, limita-se a enquadrar o fato (premissa menor) à *fattispecie* abstrata prevista na norma (premissa maior), daí decorrendo a conclusão - pretensamente rigorosa, de modo a mascarar as escolhas ideológicas do intérprete. Deve-se, ao revés, no processo unitário de interpretação e qualificação do fato, confrontar este último com o inteiro ordenamento jurídico, com vistas a determinar a disciplina jurídica aplicável para a hipótese concreta" (TEPEDINO, Gustavo. O princípio da função social no direito civil contemporâneo. *Revista do Ministério Público do Rio de Janeiro*, n. 54, p. 144, out./dez. 2014).

334. SOUZA, Eduardo Nunes de. Merecimento de tutela: a nova fronteira da legalidade no direito civil. *Revista de Direito Privado*, v. 15, n. 58, p. 84-85, abr./jun. 2014.

335. BODIN DE MORAES, Maria Celina. *Na medida da pessoa humana*: estudos de direito civil-constitucional. Rio de Janeiro: Renovar, 2010. p. 14.

336. "[...]as normas constitucionais sempre serão aplicadas em qualquer relação jurídica privada, seja integralmente, seja pela conformação das normas infraconstitucionais" (LÔBO, Paulo. Colisão de direitos fundamentais nas relações de família. In: PEREIRA, Rodrigo da Cunha (org.). *Família*: entre o público e o privado. Porto Alegre: Magister, 2012. v. 1. p. 284).

337. SILVA, Luís Virgílio Afonso da. O proporcional e o razoável. *Revista dos Tribunais*, São Paulo, v. 91, n. 798, p. 44, abr. 2002.

338. "Enunciado 274 – Art. 11: Os direitos da personalidade, regulados de maneira não-exaustiva pelo Código Civil, são expressões da cláusula geral de tutela da pessoa humana, contida no art. 1.º, inc. III, da Constituição (princípio da dignidade da pessoa humana). Em caso de colisão entre eles, como nenhum pode sobrelevar os demais, deve-se aplicar a técnica da ponderação" (CONSELHO DA JUSTIÇA FEDERAL. *Jornadas de direito civil I, III, IV e V*: enunciados aprovados. Coordenador científico Ministro Ruy Rosado de Aguiar Júnior. Brasília: Conselho da Justiça Federal, Centro de Estudos Judiciários, 2012. p. 48).

339. A ponderação deverá estar registrada e fundamentada do denominado "*legitimate interest assessment (LIA)*", que deverá ser realizada previamente ao início da atividade de tratamento com fundamento no interesse legítimo. Vide item 3.1.

340. PERLINGIERI, Pietro. La pubblica amministrazione e la tutela della privacy. *La persona e i suoi diritti*: problemi del diritto civile. Napoli: Edizioni Scientifiche Italiane, 2005. p. 259.

pela prevalência da dignidade da pessoa humana tida como "valor dos valores",[341] ponto de referência implacável,[342] princípio constante do art. 1, inciso III da Constituição que se qualifica como "a própria finalidade-função do direito".[343] Vale citar a seguinte *ratio* na lição de Eduardo Nunes de Souza, que sintetiza o caminho a ser percorrido:

> Em última análise, no sentido aqui proposto, o juízo de merecimento de tutela se presta aos casos em que é preciso escolher entre duas pretensões lícitas e não abusivas, porém antagônicas. Neste caso, a solução a ser extraída da aplicação unitária do ordenamento fará prevalecer a pretensão mais consentânea com a axiologia do sistema, por promover de modo mais adequado ou mais intenso valores juridicamente relevantes. A outra pretensão não receberá a tutela preferencial do ordenamento, devendo ceder espaço à pretensão que se considera merecedora de tutela (na exata medida da harmonização entre as duas, podendo – e devendo – merecer proteção no espaço em que não colidir com a outra). Por todos esses motivos, semelhante juízo, de delicada aplicação, depende fundamentalmente dos elementos do caso concreto.[344]

No histórico julgamento da ADI 6387 pelo Supremo Tribunal Federal[345] analisado no item 2.6.5, que afirmou a autonomia da proteção de dados pessoais como direito fundamental na Constituição Brasileira, destaca-se igualmente a técnica utilizada pela Corte, que fez uso da ponderação dos valores em posição de conflito. No bojo de Editorial da Revista Brasileira de Direito Civil, Gustavo Tepedino analisou a decisão, sustentando que a Medida Provisória objeto do julgamento, "embora para fins genuinamente legítimos, permitia desmesurado acesso a informações pessoais dos usuários".[346]

Veja-se ainda que no 9.º item da Ementa de Julgamento, o STF ponderou, de um lado o evidente cenário emergencial diante da crise sanitária causada por

---

341. MEIRELES, Rose Melo Vencelau. *Autonomia privada e dignidade humana*. Rio de Janeiro: Renovar, 2009. p. 38.
342. KLEE, Antonia Espínola Longoni; MARTINS, Guilherme Magalhães. A privacidade, a proteção dos dados e dos registros pessoais e a liberdade de expressão: algumas reflexões sobre o Marco Civil da Internet no Brasil (Lei n.º 12.965/2014). In: DE LUCCA, Newton; SIMÃO FILHO, Adalberto; LIMA, Cíntia Rosa Pereira (org.). *Direito & internet III*. São Paulo: Quartier Latin, 2015. t. 1. p. 299.
343. BODIN DE MORAES, Maria Celina. *Na medida da pessoa humana*: estudos de direito civil-constitucional. Rio de Janeiro: Renovar, 2010. p. 323.
344. SOUZA, Eduardo Nunes de. Merecimento de tutela: a nova fronteira da legalidade no direito civil. *Revista de Direito Privado*, v. 15, n. 58, p. 100-101, abr./jun. 2014.
345. BRASIL. Supremo Tribunal Federal. *ADI 6387 MC-Ref./DF*. Relatora: Min. Rosa Weber. Julgamento: 07/05/2020. Órgão julgador: Plenário. Publicação: 12/11/2020. p. 46-47.
346. "Merecem destaque, na decisão, duas notáveis conquistas na temática dos direitos fundamentais estabelecidas pelo precedente. Em primeiro lugar, a utilização exemplar da técnica da razoabilidade, a partir do sopesamento dos princípios em colisão. Contribui, assim, o STF, para o desenvolvimento do raciocínio ponderativo" (TEPEDINO, Gustavo. Editorial. *Revista Brasileira de Direito Civil*, v. 24, n. 2, p. 11, 2020. Disponível em: https://rbdcivil.ibdcivil.org.br/rbdc/article/view/587. Acesso em: 20 mar. 2023).

pandemia de escala global e da necessidade de se criarem políticas públicas; e de outro lado o direito à privacidade e à proteção de dados pessoais como direitos fundamentais. Salta aos olhos a evidência de interesse legítimo no tratamento de dados pessoais para o efetivo combate a uma pandemia global.[347] No entanto, na *fattispicie* analisada, em especial, apuradas *i)* a ausência de proteção e segurança no compartilhamento dos dados pessoais; *ii)* a utilização de dados excessivos, em violação ao princípio da necessidade; *iii)* a incompatibilidade do tratamento com as finalidades informadas, afrontando-se o princípio da adequação; *iv)* a excessiva conservação de dados pessoais coletados, por lapso temporal excedente ao estritamente necessário para atender à finalidade declarada; *v)* o universo gigantesco de titulares envolvidos – mais de 100 milhões de pessoas; ponderou-se que prevalecem os direitos e garantias fundamentais consagradas na Constituição, em especial a privacidade e a proteção dos dados pessoais.[348]

A Corte de Justiça Europeia já afirmou, através de diversos precedentes, a obrigatoriedade da técnica da ponderação quando diante da base legal dos legítimos interesses. Caso paradigmático está no julgado mencionado no item 3.2.5 – caso *Rīgas*,[349] envolvendo acidente de trânsito no qual passageiro de táxi abriu subitamente a porta do veículo. Invocando a necessidade de ponderação no caso concreto, o TJUE esclareceu, dentre outros, que a solicitação de dados pessoais para processar uma pessoa causadora de danos materiais constituía um interesse legítimo de terceiro. Também em análise no item 2.4.1 – caso ASNEF e

---

347. Entendemos que, sob a ótica da LGPD, que não se encontrava plenamente em vigor à época do julgado, a base legal que, em tese, fundaria o tratamento, se vigente a lei, residiria no inciso II do art. 7.º III, eis que o tratamento seria evidentemente necessário "à execução de políticas públicas" que decorrem de comando normativo. No entanto, o exercício mental proposto, sob a ótica hermenêutica, visa demonstrar hipótese de legítimo interesse abstratamente considerado, sem levar em conta que o agente seria o próprio Estado Brasileiro.

348. Voto do Ministro Luís Roberto Barroso. "A questão jurídica que está em jogo, como se percebe nitidamente, é a ponderação entre dois valores importantes. De um lado, a estatística, que não é um valor em si, mas é um instrumento, uma ferramenta indispensável no mundo contemporâneo para que se desenhem políticas públicas adequadas para atender as necessidades da população. Portanto, como em qualquer ponderação, temos dois pratos em uma balança. Em um dos pratos, está a importância da estatística dos dados objetivos de informação confiável para que se produzam soluções adequadas. No outro prato dessa balança, estão os direitos constitucionais elencados no art. 5.º da Constituição, X e XII, notadamente o direito à intimidade e à vida privada, genericamente identificados com o direito de privacidade, que é o direito que toda pessoa tem de ter uma esfera da sua vida que não seja acessível, quer ao Estado, quer a outras pessoas, salvo, eventualmente, por vontade própria. Portanto, nós estamos aqui ponderando a importância da estatística para o delineamento de políticas públicas que atendam os direitos fundamentais e, de outro lado, direitos fundamentais, como, sobretudo, o direito de privacidade" (BRASIL. Supremo Tribunal Federal. *ADI 6387 MC-Ref./DF*. Relatora: Min. Rosa Weber. Julgamento: 07/05/2020. Órgão julgador: Plenário. Publicação: 12/11/2020. p. 46-47).

349. UNIÃO EUROPEIA. Tribunal de Justiça (Segunda Secção). *Processo C-13/16*. Valsts policijas Rīgas reģiona pārvaldes Kārtības policijas pārvalde contra Rīgas pašvaldības SIA «Rīgas satiksme». 04 maio 2017. Disponível em: https://curia.europa.eu/juris/liste.jsf?num=C-13/16. Acesso em: 1.º jun. 2023.

FECEMD, o Tribunal assentou ser necessária a "ponderação dos direitos e interesses"[350] a depender das circunstâncias do caso concreto, levando-se em conta a relevância dos direitos do titular envolvido no tratamento, constantes dos artigos 7.º (privacidade pessoal e familiar) e 8.º (proteção de dados pessoais) da Carta dos Direitos Fundamentais da União Europeia.

3.8.2 Proporcionalidade entre o interesse do controlador ou de terceiro e os direitos do titular

Diante dos casos difíceis,[351] a ponderação deverá observar a regra da proporcionalidade,[352] procedimento defendido por Danilo Doneda e Laura Schertel Mendes:

> A previsão da hipótese de tratamento para a realização de interesses legítimos do controlador ou de terceiro (art. 7.º, IX) se afigura como uma espécie de cláusula geral, na qual opera-se um teste de proporcionalidade entre os interesses na utilização dos dados pessoais, que são do controlador ou de terceiro, e os direitos do titular.[353]

A aplicação da proporcionalidade na solução de direitos fundamentais em rota de colisão "não decorre deste ou daquele dispositivo constitucional, mas da própria estrutura dos direitos fundamentais",[354] intrínseca ao próprio conceito de Estado Democrático de Direito,[355] conforme estabelecido no caput do artigo

---

350. ESPANHA. *Acórdão do Tribunal de Justiça (Terceira Secção) de 24 de novembro de 2011* (pedidos de decisão prejudicial do Tribunal Supremo – Espanha) – Asociación Nacional de Establecimientos Financieros de Crédito (ASNEF) (C-468/10), Federación de Comercio Eletrónico y Marketing Directo (FECEMD) (C-469/10)/Administración del Estado (Processos apensos C-468/10 e C-469/10) («Tratamento de dados pessoais – Diretiva 95/46/CE – Artigo 7.º, alínea f) – Efeito direto») Disponível em: https://eur-lex.europa.eu/legal-content/PT/TXT/HTML/?uri=CELEX:62010CJ0468. Acesso em: 09 jun. 2023.

351. "[...] pode-se afirmar que, para a metodologia civil-constitucional, todos os casos são considerados difíceis. Na prática, a solução do caso não é obtida exclusivamente pela aplicação de uma regra ou de um princípio, mas pela construção do ordenamento do caso concreto. Perde-se, então, o sentido da dicotomia entre casos facilmente solucionáveis por regras que se subsumem e casos difíceis solucionados por princípios que se ponderam. No mínimo, seria necessário dizer que é preciso ponderar princípios sempre, uma vez que todo ordenamento do caso concreto é composto por princípios potencialmente colidentes. Portanto, "ponderação", no sentido de compatibilização de princípios, é algo presente em qualquer hipótese de interpretação e aplicação do direito" (SOUZA, Eduardo Nunes de. Merecimento de tutela: a nova fronteira da legalidade no direito civil. *Revista de Direito Privado*, v. 15, n. 58, p. 84-85, abr./jun. 2014).

352. A regra da proporcionalidade tem origem na jurisprudência alemã (SILVA, Luís Virgílio Afonso da. O proporcional e o razoável. *Revista dos Tribunais*, São Paulo, v. 91, n. 798, p. 45, abr. 2002).

353. MENDES, Laura Schertel; DONEDA, Danilo. Reflexões gerais sobre a Lei Geral de Proteção de Dados. *Revista de Direito do Consumidor*, v. 120, p. 473, nov./dez. 2018.

354. SILVA, Luís Virgílio Afonso da. O proporcional e o razoável. *Revista dos Tribunais*, São Paulo, v. 91, n. 798, p. 43, abr. 2002.

355. SOUZA, Carlos Affonso Pereira de; SAMPAIO, Patrícia Regina Pinheiro. O princípio da razoabilidade e o princípio da proporcionalidade: uma abordagem constitucional. *Revista Forense*, v. 96, p. 366, 2003.

1.º da Constituição de 1988. Vale citar ensinamento de Daniel Sarmento, que sintetiza a indispensabilidade da ponderação orientada pela proporcionalidade:

> Por mais elaborados que sejam, os juízos de adequação não são suficientes para equacionar todas as tensões entre princípios constitucionais, pois em certas situações mais difíceis o intérprete será levado à conclusão de que dois princípios são igualmente adequados para incidir sobre determinado caso, e terá então de buscar um ponto de equilíbrio; uma situação que, à luz das circunstâncias concretas, sacrifique o mínimo possível cada um dos interesses salvaguardados pelos princípios em confronto, pautando-se pela proporcionalidade e tendo como bússola a axiologia constitucional.[356]

No juízo de proporcionalidade incidem "três instâncias de controle valorativo",[357] indissociáveis sob o ponto de vista hermenêutico, a saber: *i)* adequação, ou seja, o meio empregado deve ser apto a alcançar a finalidade pretendida; *ii)* necessidade, de maneira que a restrição ao direito fundamental deverá ser a menor possível; e c) proporcionalidade em sentido estrito, ou seja, o benefício oriundo da restrição deverá compensar os sacrifícios produzidos no processo.[358]

No tocante à instância da adequação, esta será eventualmente satisfeita quando da aferição do interesse legítimo – conforme delineado no item 3.2, pois que, na avaliação do controlador, este deverá ser adequado ao atendimento à finalidade pretendida. Com relação ao critério de necessidade, no item 3.3 viu-se que a parcela inicial do texto do inciso IX, art. 7.º da LGPD aduz-se que a atividade de tratamento poderá ser utilizada "quando necessário" ao atendimento dos interesses legítimos. Caberá, como já sustentando, ao controlador identificar a efetiva necessidade daquele tratamento baseado no legítimo interesse, como medida apta ao atingimento da finalidade perseguida.

O controlador deverá ainda demonstrar que a atividade de tratamento é proporcional, de acordo com a finalidade do interesse legítimo identificado. No item 3.7 informou-se a exigência de ônus argumentativo reforçado por parte do controlador, posto que caberá a demonstração de medidas e salvaguardas adicionais e mais contundentes daquelas exigidas nas outras hipóteses legais, aptas a promover a minimização de riscos para a privacidade e proteção de dados pessoais dos titulares.

No controle da proporcionalidade em sentido estrito, ressalte-se, não basta que a limitação ao direito fundamental se revele necessária e adequada à promo-

---

356. SARMENTO, Daniel. *Direitos fundamentais e relações privadas*. Rio de Janeiro: Lumen Juris, 2004. p. 86-87.

357. SOUZA, Eduardo Nunes de. Merecimento de tutela: a nova fronteira da legalidade no direito civil. *Revista de Direito Privado*, v. 15, n. 58, p. 101-102, abr./jun. 2014.

358. TEPEDINO, Gustavo. Editorial. *Revista Brasileira de Direito Civil*, v. 24, n. 2, p. 12, 2020. Disponível em: https://rbdcivil.ibdcivil.org.br/rbdc/article/view/587. Acesso em: 20 mar. 2023.

ção do outro direito fundamental. Estes dois critérios, *per si*, não são suficientes à conclusão pela regra da proporcionalidade.[359] Urge-se pela imprescindível ponderação do nível de "intensidade da restrição ao direito fundamental atingido" com a relevância atribuída à "realização do direito fundamental que com ele colide e que fundamenta a adoção da medida restritiva".[360] Em outras palavras, para que seja tida como proporcional em sentido estrito, as razões que suportam a atividade devem necessariamente ter força adequada, apta a fundamentar a restrição ao direito fundamental impactado.[361]

A ANPD menciona exemplo hipotético de partido político que realiza a coleta de informações, através de *cookies*, sobre como as pessoas utilizam seu *website*, com a finalidade de aprimorar a maneira como os usuários interagem com a página, buscando a melhora da experiência *online*. Esses *cookies* rastreiam e armazenam dados sobre a atividade de navegação do usuário, como as páginas visitadas e as preferências mostradas, para que o partido entenda melhor o comportamento dos usuários em seu *website* e fazer ajustes para tornar a navegação mais eficiente e agradável. Nesta hipótese, a ANPD recomenda que, antes da coleta dos dados pessoais, o agente de tratamento deverá avaliar a legitimidade do seu interesse; "a proporcionalidade entre o interesse declarado e as legítimas expectativas da pessoa titular do dado";[362] eventual violação aos direitos e liberdades individuais dos titulares, além da adoção de salvaguardas adicionais em prol dos direitos destes.[363]

---

359. SILVA, Luís Virgílio Afonso da. O proporcional e o razoável. *Revista dos Tribunais*, São Paulo, v. 91, n. 798, p. 40-41, abr. 2002.

360. SILVA, Luís Virgílio Afonso da. O proporcional e o razoável. *Revista dos Tribunais*, São Paulo, v. 91, n. 798, p. 40-41, abr. 2002.

361. "Se a importância da realização do direito fundamental, no qual a limitação se baseia, não for suficiente para justificá-la, será ela desproporcional" (SILVA, Luís Virgílio Afonso da. O proporcional e o razoável. *Revista dos Tribunais*, São Paulo, v. 91, n. 798, p. 41, abr. 2002).

362. AUTORIDADE NACIONAL DE PROTEÇÃO DE DADOS (ANPD); TRIBUNAL SUPERIOR ELEITORAL (TSE). *Guia orientativo*: aplicação da Lei Geral de Proteção de Dados Pessoais (LGPD) por agentes de tratamento no contexto eleitoral. Brasília, 2021. p. 29. Disponível em: https://www.gov.br/anpd/pt-br/assuntos/noticias/guia_lgpd_final.pdf. Acesso em: 03 maio 2022.

363. AUTORIDADE NACIONAL DE PROTEÇÃO DE DADOS (ANPD); TRIBUNAL SUPERIOR ELEITORAL (TSE). *Guia orientativo*: aplicação da Lei Geral de Proteção de Dados Pessoais (LGPD) por agentes de tratamento no contexto eleitoral. Brasília, 2021. p. 29. Disponível em: https://www.gov.br/anpd/pt-br/assuntos/noticias/guia_lgpd_final.pdf. Acesso em: 03 maio 2022. No mesmo sentido, destaca-se: "Por isso, ainda que fundamentado na hipótese de interesse legítimo de terceiro, no tratamento deve ser verificada a proporcionalidade entre os interesses do controlador e os direitos e liberdades do titular e, portanto, a ANPD recomenda que tal tratamento seja precedido de teste de balanceamento" AUTORIDADE NACIONAL DE PROTEÇÃO DE DADOS (ANPD). Guia orientativo: hipóteses legais de tratamento de dados pessoais. Legítimo interesse. Brasília: ANPD, fev. 2024. Versão 1.0. p. 20. Disponível em: https://www.gov.br/anpd/pt-br/documentos-e-publicacoes/guia_legitimo_interesse.pdf. Acesso em: 04 fev. 2024.

Destaca-se, no mesmo sentido, demanda proposta na Alemanha, na qual uma empresa e um titular de dados questionaram a licitude de Regulamentos que determinavam a publicação obrigatória de dados que identificavam de beneficiários de verbas públicas voltadas ao fomento da agricultura local.[364] O TJUE considerou que a publicação obrigatória desses dados seria ilícita tão somente para as pessoas naturais, asseverando que a publicação de informações detalhadas sobre os montantes recebidos pelos beneficiários constituía uma interferência indevida na vida privada, conforme tutelado nos mesmos artigos 7.º (privacidade pessoal e familiar) e 8.º (proteção de dados pessoais) da Carta dos Direitos Fundamentais da União Europeia, posto que "excederam os limites impostos pelo respeito do princípio da proporcionalidade".[365]

Já a Corte Europeia de Direitos Humanos julgou demanda sobre armazenamento de dados de internação compulsória de paciente em hospital psiquiátrico francês, cuja legalidade já havia sido questionada.[366] O paciente alegou que o registro constituía violação de sua privacidade e exigiu o apagamento de seus dados pessoais dos registros. A Corte, porém, julgou o pedido improcedente, enfatizando que a manutenção desses registros servia ao interesse legítimo de assegurar a eficiência do serviço público de saúde e à proteção dos direitos dos próprios pacientes, especialmente em casos de internação compulsória. Ressaltou ainda que as informações estavam adequadamente protegidas por regras de confidencialidade e eram acessíveis apenas a um grupo restrito e específico de pessoas, não ao público em geral. Desta forma, considerou-se que a interferên-

---

364. Acórdão do Tribunal de Justiça – 9 de novembro de 2010. «Protecção das pessoas singulares no que diz respeito ao tratamento de dados pessoais – Publicação de informação sobre os beneficiários de ajudas agrícolas – Validade das disposições do direito da União que determinam essa publicação e definem as suas modalidades – Carta dos Direitos Fundamentais da União Europeia – Artigos 7.º e 8.º – Directiva 95/46/CE – Interpretação dos artigos 18.º e 20.º»

365. "Resulta do que precede que não se afigura que as instituições tenham procedido a uma ponderação equilibrada entre, por um lado, os objectivos do artigo 44.º-A do Regulamento n.º 1290/2005 e do Regulamento n.º 259/2008 e, por outro, os direitos que os artigos 7.º e 8.º da Carta reconhecem às pessoas singulares. Dado que as derrogações à protecção dos dados pessoais e as suas limitações devem ocorrer na estrita medida do necessário (Acórdão Satakunnan Markkinapörssi e Satamedia, já referido, n.º 56) e que são admissíveis medidas que restrinjam menos o referido direito fundamental das pessoas singulares desde que contribuam eficazmente para a consecução dos objectivos da regulamentação em causa da União, deve observar-se que o Conselho e a Comissão, ao imporem a publicação dos nomes de todos as pessoas singulares beneficiárias de ajudas da FEAGA e do Feader e dos montantes exactos que receberam, excederam os limites impostos pelo respeito do princípio da proporcionalidade" (UNIÃO EUROPEIA. Acórdão do Tribunal de Justiça – 9 de novembro de 2010. «Protecção das pessoas singulares no que diz respeito ao tratamento de dados pessoais – Publicação de informação sobre os beneficiários de ajudas agrícolas – Validade das disposições do direito da União que determinam essa publicação e definem as suas modalidades – Carta dos Direitos Fundamentais da União Europeia – Artigos 7.º e 8.º – Directiva 95/46/CE – Interpretação dos artigos 18.º e 20.º»).

366. *Chave née Jullien* v. França. 9 de julho de 1991. European Court of Human Rights. Factsheet – Factsheet Personal data protection. September 2022. p. 20-21.

cia nos direitos fundamentais do paciente não era desproporcional ao objetivo, legítimo, de proteger a saúde.

Inobstante, nos valemos de outro exemplo, trazido por Luís Virgílio Afonso da Silva:

> Se, para combater a disseminação da Aids, o Estado decidisse que todos os cidadãos devessem fazer exame para detectar uma possível infecção pelo HIV e, além disso, prescrevesse que todos os infectados fossem encarcerados, estaríamos diante da seguinte situação: a medida seria, sem dúvida, adequada e necessária – nos termos previstos pela regra da proporciona-lidade –, já que promove a realização do fim almejado e, embora seja fácil imaginar medidas alternativas que restrinjam menos a liberdade e a dignidade dos cidadãos, nenhuma dessas alternativas teria a mesma eficácia da medida citada. Somente o sopesamento que a propor-cionalidade em sentido estrito exige é capaz de evitar que esse tipo de medidas descabidas seja considerado proporcional, visto que, após ponderação racional, não há como não decidir pela liberdade e dignidade humana (art. 5.º e 1.º, III), ainda que isso possa, em tese, implicar um nível menor de proteção à saúde pública (art. 6.º).[367]

Diante da necessidade de ponderação pautada pela proporcionalidade, à luz dos valores consagrados pela Constituição Federal, o dever de fundamentação das decisões se revela de vital importância,[368] sob pena de indesejada subversão da axiologia de valores consagrados no ordenamento.

---

367. SILVA, Luís Virgílio Afonso da. O proporcional e o razoável. *Revista dos Tribunais*, São Paulo, v. 91, n. 798, p. 40-41, abr. 2002.
368. SOUZA, Eduardo Nunes de. Merecimento de tutela: a nova fronteira da legalidade no direito civil. *Revista de Direito Privado*, v. 15, n. 58, p. 100, abr./jun. 2014.

CONCLUSÃO

Delineadas as 4 fases geracionais de leis específicas para tratar da proteção de dados pessoais, viu-se a importação do consentimento negocial, típico da civilista clássica e individualista, alçado a protagonista da regulação da autodeterminação informativa, que por sua vez encontra fundamento no princípio da dignidade da pessoa humana e no livre desenvolvimento da personalidade, na noção de dignidade como autonomia.

A história demonstra uma escolha equivocada, de sorte que o consentimento, antes imbricado nos pilares regulatórios da privacidade e da proteção de dados, sofreu exaustão na sociedade da informação. O ato de "consentir" a cada *website* que se visita, cada aplicativo que se baixa, cada serviço que se adere ou produto que compra, acabou por erodir os próprios alicerces dos mecanismos de controle dos dados pessoais, legitimando resultado diametralmente oposto àquele esperado: a desproteção dos dados pessoais.

Em outras palavras, no âmago do exercício da autodeterminação informativa, a liberdade outorgada ao titular por meio do consentimento culminou na banalização de sua utilização, equiparando-se, em algumas situações, a um conto de fadas. Raramente o ato será realmente livre, informado e inequívoco, como determina o art. 5.º, XII, da LGPD, que o define como a manifestação livre, informada e inequívoca pela qual o titular concorda com o tratamento de seus dados pessoais para uma finalidade determinada. Exemplos não faltam para ilustrar a constatação, dentre eles se destaca a utilização de aplicativos de mensageria, presentes praticamente em todos os telefones móveis do Brasil.

Não é raro constatar que determinados institutos jurídicos se veem em posição de obsolência diante das constantes e transformações na realidade social. A privacidade e a proteção de dados pessoais retratam alguns dos mais eloquentes exemplos da releitura e até ressignificação jurídica, sobretudo por conta do avanço tecnológico e, por consequência, das profundas alterações na dinâmica social. Conforme ressaltou Danilo Doneda, restou evidente a reconfiguração da tutela jurídica da personalidade diante do avanço das técnicas e mecanismos de tratamento de dados pessoais.

Diante do avanço tecnológico que traz inovações e desafios constantes, possibilitando acesso dos agentes de tratamento a uma vasta quantidade de dados, evidencia-se a necessidade preeminente da Doutrina auxiliar o intérprete. Esse suporte se torna especialmente crucial na aplicação dos legítimos interesses, diante de sua fluidez conceitual. Na qualidade de conceito jurídico indeterminado, o interesse legítimo na LGPD urge por critérios e premissas hermenêuticas aptas à correta promoção dos valores máximos do ordenamento, trazendo segurança jurídica não só para os agentes de tratamento de dados, mas igualmente às pessoas naturais - titulares.

Some-se isso à constatação de que a lei brasileira, no art. 6.º, menciona a boa-fé objetiva e outros dez princípios de tratamento, além da reiteração, em seu art. 2.º, de diversos direitos e princípios de estatura constitucional, como os direitos humanos; o livre desenvolvimento da personalidade, a dignidade e o exercício da cidadania privacidade; a autodeterminação informativa e a livre iniciativa.

Ressalte-se que a base jurídica dos interesses legítimos veio de sugestão do setor privado, enfrentando severa resistência de outros grupos, em especial da academia. Fruto do reconhecimento da essencialidade da circulação de dados pessoais na sociedade da informação, da insuficiência do já combalido consentimento e pela necessidade de se tolerar determinadas limitações ao exercício informacional, acabou adjetivada como a hipótese camaleão.

As premissas hermenêuticas de sua aplicação prática estão no próprio ordenamento, que fornece ferramentas prontas para auxiliar o aplicador do Direito na construção da solução mais adequada à tábua axiológica constitucional. Para que seja digno de merecimento de tutela, o interesse identificado – do controlador ou de terceiro – deverá funcionalizar o projeto constitucional, que elegeu a dignidade da pessoa humana como o valor dos valores. Imperioso que se estude do caso concreto, através de uma análise funcional e de merecimento de tutela, à luz dos valores e princípios fundantes do ordenamento jurídico, em especial ao princípio constante do art. 1.º, inciso III da Constituição, que se qualifica como a própria finalidade-função do direito.

Adicionalmente, a boa-fé objetiva, como princípio norteador da LGPD e imperativo axiológico-hermenêutico do interesse do controlador, prestigia a lealdade, honestidade e cria deveres e ônus adicionais, conforme arts. 10 e 37, restringindo exercícios abusivos, quando estes se derem de forma contrária aos valores e princípios que o ordenamento jurídico associa àquela determinada situação subjetiva individualmente considerada. Isso implica redução da margem de discricionariedade do agente de tratamento, e intrinsecamente o obriga a observar e ponderar os direitos, interesses legítimos e as expectativas razoáveis do titular.

Diante do inciso IX do art. 7.º da LGPD, que aduz a necessidade de prevalência do interesse legítimo do controlador ou de terceiro face aos direitos e liberdades fundamentais do titular que exijam a proteção dos dados pessoais, deve o intérprete se valer da técnica de ponderação, optando-se, sempre, pela solução que melhor se amolde à escala axiológica constitucional. O Supremo Tribunal Federal e a Corte de Justiça Europeia se valem desta técnica, consoante demonstrado através de diversos precedentes citados.

A ponderação dos interesses legítimos com os direitos dos titulares deverá observar a regra da proporcionalidade. Trata-se da forma mais adequada à hipótese de direitos fundamentais em rota de colisão, que decorre da própria estrutura dos direitos fundamentais, intrínseca ao próprio conceito de Estado Democrático de Direito, conforme estabelecido no caput do artigo 1.º da Constituição de 1988.

No juízo de proporcionalidade deverá reunir de maneira indissociável, sob o ponto de vista hermenêutico, *i)* adequação, ou seja, o meio empregado deve ser apto a alcançar a finalidade pretendida; *ii)* necessidade, de maneira que a restrição ao direito fundamental deverá ser a menor possível; e c) proporcionalidade em sentido estrito, ou seja, o benefício oriundo da restrição deverá compensar os sacrifícios produzidos no processo.

A adequação estará eventualmente satisfeita quando da aferição do interesse legítimo, que na avaliação do controlador, deverá ser adequada ao atendimento da finalidade pretendida. A necessidade, inscrita na parte inicial do texto do inciso IX, art. 7.º da LGPD, regula que a atividade de tratamento poderá ser utilizada *"quando necessário"* ao atendimento dos interesses legítimos, ônus de demonstração que caberá ao controlador. Igualmente, deverá o controlador demonstrar que a atividade de tratamento é proporcional, de acordo com a finalidade do interesse legítimo identificado.

No controle da proporcionalidade em sentido estrito, não é suficiente que a limitação ao direito fundamental se revele necessária e adequada à promoção do outro direito fundamental. Estes são insuficientes, fazendo-se imperiosa a ponderação do nível de intensidade da restrição ao direito fundamental atingido com a relevância atribuída à realização do direito fundamental que com ele colide e que fundamenta a adoção da medida restritiva. Ou seja, a motivação da atividade deve dispor de força adequada à restrição ao direito fundamental impactado.

Acrescente-se que o art. 10 da LGPD, que não encontra similar no Regulamento Europeu, enfatiza exigência de ônus argumentativo reforçado, cabendo a demonstração de medidas e salvaguardas adicionais e mais contundentes daquelas exigidas nas outras hipóteses legais, aptas a promover a minimização de riscos para a privacidade e proteção de dados pessoais dos titulares.

A fundamentação das decisões se revela de vital importância, entrando então a exigência do *legitimate interest assessment – LIA*, cuja confecção é obrigatória e prévia a toda e qualquer operação fulcrada nos interesses legítimos do controlador ou de terceiros.

No quadro abaixo é possível verificar os principais elementos relacionados aos legítimos interesses, de acordo com o texto da LGPD, que deverão necessariamente integrar o LIA:

Quadro 3 – Passo a passo do legítimo interesse na Lei n.º 13.709/2018 – LGPD

Núcleo principal
Identificação de um interesse (Art. 7.º, IX)
Interesse deve ser legítimo (Art. 7.º, IX)
Atividade de tratamento deve ser necessária ao atendimento do interesse legítimo (Art. 7.º, IX)
Finalidade deve ser legítima (Art. 10; Art. 6.º, I e II)
Situação deve ser concreta, atual – vedado o uso genérico (Art. 10)
Identificação dos direitos e liberdades fundamentais do titular que exijam a proteção dos dados pessoais (Art. 7.º, IX; Art. 10, II)
Ponderação (Art. 7.º, IX; Art. 10, II; Art. 6.º, X)
Salvaguardas adicionais
Reforço do princípio da necessidade (Art. 10 § 1.º; Art. 6.º, III)
Reforço do princípio da transparência (Art. 10 § 2.º; Art. 6.º, VI)
Reforço da exigência de manutenção de registro das operações de tratamento (Art. 37; Art. 6.º, X)
Possibilidade de fiscalização (ANPD) – RIPD (hipótese de risco elevado) (Art. 10 § 3.º; Art. 5°, XVII)

Fonte: O autor (2024).

Todos os elementos listados devem coexistir, sob pena de macular a escolha do controlador e tornar ilícita a atividade tratamento.

Mostra-se vantajoso a toda sociedade, inclusive para os grandes agentes de tratamento, além do setor público, que se fixem requisitos rígidos para o manejo da base legal dos interesses legítimos. No afã de trazer maior flexibilidade para o ecossistema de tratamento de dados pessoais, não haverá nenhum benefício de longo prazo em tentativas atabalhoadas de aplicá-la como indesejável cheque em branco, admitindo-se qualquer interesse como supostamente legítimo e ignorar a necessidade de ponderação com os direitos dos titulares. Tal cenário, se generalizado, levará o arcabouço normativo da proteção de dados ao descrédito, enfraquecendo todo o sistema, e sobretudo, os próprios titulares.

Face às considerações acima, torna-se imperativo evitar que a base legal dos interesses legítimos sofra um destino similar ao do consentimento. A história nos mostra a ascensão e eventual declínio deste como mecanismo predominante; um caminho análogo para os interesses legítimos não seria desejável. Por fim, é tarefa essencial e urgente assegurar que as lições aprendidas com a trajetória do consentimento sejam aplicadas no aprimoramento do uso dos interesses legítimos como fundamento jurídico no tratamento de dados pessoais.

REFERÊNCIAS

ALECRIM, Emerson. O que você deve saber sobre a lei de proteção de dados pessoais do Brasil. *Tecnoblog*, 2018. Disponível em: https://tecnoblog.net/250718/lei-geral-protecao-dados-brasil/. Acesso em: 24 jun. 2023.

ALEMANHA. *Divisão da sociedade da informação*. Disponível em: http://participacao.mj.gov.br/marcocivil/wp-content/uploads/sites/2/2015/04/23-Alemanha.pdf. Acesso em: 08 mar. 2023.

ALVES, Magno Flores. O silêncio como declaração de vontade e a sistemática do Código Civil brasileiro. *Revista dos Tribunais*, São Paulo, v. 105, n. 968, p. 47-82, 2016.

ARMITAGE, Catherine et al. *Towards a more transparent, balanced and sustainable digital advertising ecosystem*: Study on the impact of recent developments in digital advertising on privacy, publishers and advertisers. Directorate-General for Communications Networks, Content and Technology. Luxembourg: Publications Office of the European Union, 2023.

AUSTIN, Lisa M. Enough About Me: Why Privacy is About Power, not Consent (or Harm). In: Sarat, Austin (ed.). *A World without Privacy*: What Law Can and Should Do? Cambridge: Cambridge University Press, 2014. p. 131-189.

ÁUSTRIA. *Bundesverwaltungsgericht. W274 2243598-1*. Erkenntnis. Relator: Mag. LUGHOFER. 24 ago. 2023. Disponível em: https://www.ris.bka.gv.at/Dokumente/Bvwg/BVWGT_20230824_W274_2243598_1_00/BVWGT_20230824_W274_2243598_1_00.pdf. Acesso em: 22 nov. 2023.

ÁUSTRIA. *Oberster Gerichtshof*. Caso n.º 6Ob87/21v. Identificador Europeu de Jurisprudência (ECLI). ECLI:AT:OGH0002:2021:E132444. 23 jun, 2021. Disponível em: https://www.ris.bka.gv.at/Dokumente/Justiz/JJT_20210623_OGH0002_0060OB00087_21V0000_000/JJT_20210623_OGH0002_0060OB00087_21V0000_000.pdf. Acesso em: 22 nov. 2023.

AUTORIDADE DE PROTEÇÃO DE DADOS DA NORUEGA. *Medidas Urgentes e Provisórias – Meta*. Ref. 21/03530-16; 14.07.2023. Disponível em: https://www.datatilsynet.no/contentassets/36ad4a92100943439df9a8a3a7015c19/urgent-and-provisional-measures--meta_redacted.pdf. Acesso em: 06 dez. 2023.

AUTORIDADE EUROPEIA PARA A PROTECÇÃO DE DADOS. Parecer da Autoridade Europeia para a Protecção de Dados sobre a promoção da confiança na sociedade da informação através do reforço da protecção dos dados e da privacidade. *Jornal Oficial da União Europeia*, 16 out. 2010. C280/15. Disponível em: https://edps.europa.eu/sites/edp/files/publication/10-03-19_trust_information_society_pt.pdf. Acesso em: 21 dez. 2023.

AUTORIDADE NACIONAL DE PROTEÇÃO DE DADOS (ANPD). ANPD divulga modelo de registro simplificado de operações com dados pessoais para Agentes de Tratamento de Pequeno Porte (ATPP). *ANPD Notícias*, 14 jun. 2023. Disponível em: https://www.gov.br/anpd/pt-br/assuntos/noticias/anpd-divulga-modelo-de-registro-simplificado-de-operacoes-com-dados-pessoais-para-agentes-de-tratamento-de-pequeno-porte-atpp. Acesso em: 11 dez. 2023.

AUTORIDADE NACIONAL DE PROTEÇÃO DE DADOS (ANPD). *Auto de Infração n.º 3/2022/CGF/ANPD*. Brasília, DF, 10 de março de 2022.

AUTORIDADE NACIONAL DE PROTEÇÃO DE DADOS (ANPD). Conselho Diretor. Enunciado CD/ANPD n.º 1, de 22 de maio de 2023. *Diário Oficial da União*: seção 1, Brasília, DF, ano 98, n. 98, p. 129, 24 maio 2023.

AUTORIDADE NACIONAL DE PROTEÇÃO DE DADOS (ANPD). *Estudo preliminar*: hipóteses legais de tratamento de dados pessoais. Legítimo interesse. Brasília: ANPD, ago. 2023. Versão 1.0. Documento não paginado. Disponível em: https://www.gov.br/participamaisbrasil/consulta-a-sociedade-de-estudo-preliminar-sobre-legitimo-interesse-1. Acesso em: 20 set. 2023.

AUTORIDADE NACIONAL DE PROTEÇÃO DE DADOS (ANPD). Guia orientativo: hipóteses legais de tratamento de dados pessoais. Legítimo interesse. Brasília: ANPD, fev. 2024. Versão 1.0. Disponível em: https://www.gov.br/anpd/pt-br/documentos-e-publicacoes/guia_legitimo_interesse.pdf. Acesso em: 04 fev. 2024.

AUTORIDADE NACIONAL DE PROTEÇÃO DE DADOS (ANPD). *Guia orientativo para definições dos agentes de tratamento de dados pessoais e do encarregado*: versão 2.0. Brasília, abr. 2022.

AUTORIDADE NACIONAL DE PROTEÇÃO DE DADOS (ANPD). *Guia orientativo*: tratamento de dados pessoais pelo poder público. Versão 1.0, janeiro 2022. Disponível em: https://www.gov.br/anpd/pt-br/documentos-e-publicacoes/guia-poder-publico-anpd-versao-final.pdf. Acesso em: 03 maio 2022.

AUTORIDADE NACIONAL DE PROTEÇÃO DE DADOS (ANPD). *Nota Técnica n.º 02/2021/CGTP/ANPD*. Atualização da Política de Privacidade do WhatsApp. Processo/documento n.º 00261.000012/2021-04. Brasília, mar. 2021. Disponível em: https://www.gov.br/anpd/pt-br/assuntos/noticias/inclusao-de-arquivos-para-link-nas-noticias/NOTATECNICADACGTP.pdf. Acesso em: 27 jun. 2023.

AUTORIDADE NACIONAL DE PROTEÇÃO DE DADOS (ANPD). *Nota Técnica n.º 19/2021/CGF/ANPD*. Atualização da Política de Privacidade do WhatsApp. Processo/documento n.º 00261.000012/2021-04. Brasília, jun. 2021. Disponível em: https://www.gov.br/anpd/pt-br/assuntos/noticias/NotaTcnica19.2021.CGF.ANPD.pdf. Acesso em: 22 dez. 2023.

AUTORIDADE NACIONAL DE PROTEÇÃO DE DADOS (ANPD). *Nota Técnica n.º 49/2022/CGF/ANPD*. Atualização da Política de Privacidade do WhatsApp. Processo/documento n.º 00261.000012/2021-04. Brasília, maio 2022. (Documento eletrônico não paginado). Disponível em: https://www.gov.br/anpd/pt-br/documentos-e-publicacoes/nt_49_2022_cfg_anpd_versao_publica.pdf. Acesso em: 27 jun. 2023.

AUTORIDADE NACIONAL DE PROTEÇÃO DE DADOS (ANPD). *Nota Técnica n.º 46/2022/CGF/ANPD*. Adequação dos microdados disponibilizados para o atendimento às exigências previstas na Lei n.º 13.709, de 14 de agosto de 2018 – Lei Geral de Proteção de Dados Pessoais (LGPD). Disponível em: https://www.gov.br/anpd/pt-br/documentos-e-publicacoes/sei_00261-000730_2022_53-nt-46.pdf. Acesso em: 1.º jun. 2023.

AUTORIDADE NACIONAL DE PROTEÇÃO DE DADOS (ANPD). *Nota Técnica n.º 6/2023/CGF/ANPD*. Tratamentos de dados pessoais de crianças e adolescentes, pela rede social TikTok, no momento em que eles se cadastram na plataforma. Disponível em: https://www.

gov.br/anpd/pt-br/documentos-e-publicacoes/tiktok-nota_tecnica_6_versao_publica. pdf. Acesso em: 1.º jun. 2023.

AUTORIDADE NACIONAL DE PROTEÇÃO DE DADOS (ANPD). *Perguntas frequentes – ANPD*. Disponível em: https://www.gov.br/anpd/pt-br/acesso-a-informacao/perguntas-frequentes-2013-anpd. Acesso em: 29 mar. 2023.

AUTORIDADE NACIONAL DE PROTEÇÃO DE DADOS (ANPD). *Relatório de Impacto à Proteção de Dados Pessoais (RIPD)*. 06 abr. 2023. Disponível em: https://www.gov.br/anpd/pt-br/canais_atendimento/agente-de-tratamento/relatorio-de-impacto-a-protecao-de-dados-pessoais-ripd. Acesso em: 04 jan. 2024.

AUTORIDADE NACIONAL DE PROTEÇÃO DE DADOS (ANPD). Resolução CD/ANPD n.º 2, de 27 de janeiro de 2022. Aprova o Regulamento de aplicação da Lei n.º 13.709, de 14 de agosto de 2018, Lei Geral de Proteção de Dados Pessoais (LGPD), para agentes de tratamento de pequeno porte. Disponível em: https://www.in.gov.br/en/web/dou/-/resolucao-cd/anpd-n-2-de-27-de-janeiro-de-2022-376562019#wrapper. Acesso em: 1.º jun. 2023.

AUTORIDADE NACIONAL DE PROTEÇÃO DE DADOS (ANPD). Senado Federal aprova Proposta de Emenda à Constituição 17 (PEC 17/2019) que inclui a proteção de dados pessoais no rol de direitos e garantias fundamentais. *Gov.br*, 21 out. 2021. Disponível em: https://www.gov.br/anpd/pt-br/assuntos/noticias/senado-federal-aprova-proposta-de-emenda-a-constituicao-17-pec-17-2019-que-inclui-a-protecao-de-dados-pessoais-no-rol-de-direitos-e-garantias-fundamentais. Acesso em: 03 abr. 2023.

AUTORIDADE NACIONAL DE PROTEÇÃO DE DADOS (ANPD); TRIBUNAL SUPERIOR ELEITORAL (TSE). *Guia orientativo*: aplicação da Lei Geral de Proteção de Dados Pessoais (LGPD) por agentes de tratamento no contexto eleitoral. Brasília, 2021. Disponível em: https://www.gov.br/anpd/pt-br/assuntos/noticias/guia_lgpd_final.pdf. Acesso em: 03 maio 2022.

AUTORIDADE SUECA DE PROTEÇÃO À PRIVACIDADE (IMY). *Supervisão sob o Regulamento Geral de Proteção de Dados – Readly AB*. DI-2020-10547, IMI Caso n.º 116489. Estocolmo: IMY, 2022. Disponível em: https://edpb.europa.eu/system/files/2022-10/se_2022-04_decisionpublic.pdf. Acesso em: 26 dez. 2023

AUTORITÉ DE PROTECTION DES DONNÉES. Litigation Chamber. *Decision on the merits 11/2022 of 21 January 2022*. Case File number: DOS-2018-05968. Subject: Cross border complaint relating to cookies. Disponível em: https://www.autoriteprotectiondonnees.be/publications/decision-quant-au-fond-n-11-2022-anglais.pdf. Acesso em: 06 abr. 2023.

BAIÃO, Kelly Sampaio; GONÇALVES, Kalline Carvalho. A garantia da privacidade na sociedade tecnológica: um imperativo à concretização do princípio da dignidade da pessoa humana. *Civilistica.com*, Rio de Janeiro, v. 3, n. 2, jul./dez. 2014. Disponível em: http://civilistica.com/agarantia-da-privacidade-na-sociedade-tecnologica-um-imperativo-a-concretizacao-do-principio-dadignidade-da-pessoa-humana. Acesso em: 09 set. 2022.

BALBONI, Paolo; COOPER, Daniel; IMPERIALI, Rosario; MACENAITE, Milda. Legitimate Interest of the Data Controller – New Data Protection paradigm: Legitimacy grounded on appropriate protection. *International Data Privacy Law*, v. 3, n. 4, p. 244-261, 2013.

BANISAR, David. National Comprehensive Data Protection/Privacy Laws and Bills 2024. Social Science Research Network (SSRN), 29 jan. 2024. Disponível em: https://papers.ssrn.com/sol3/papers.cfm?abstract_id=1951416. Acesso em: 10 jun. 2024.

BARROSO, Luís Roberto. *Curso de direito constitucional contemporâneo*: os conceitos fundamentais e a construção do novo modelo. São Paulo: Saraiva, 2009.

BARROSO, Luís Roberto; BARCELLOS, Ana Paula de. O começo da história: a nova interpretação constitucional e o papel dos princípios no direito brasileiro. *Revista de Direito Administrativo*, Rio de Janeiro, v. 232, p. 141-176, abr./jun. 2003.

BECK, Ulrich. *Risk Society*: Towards a New Modernity. Tradução de Mark Ritter. London: Sage Publications, 1992.

BENDICH, Albert M. Privacy, poverty and the constitution. *California Law Review*, v. 54, n. 2, p. 407-442, 1966.

BENNETT, Colin John. *Regulating Privacy*: Data Protection and Public Policy in Europe and the United States. Ithaca: Cornell University Press, 1992.

BESSA, Leonardo Roscoe; BELINTAI, Nathália Maria Marcelino Galvão. LGPD e a importância da vontade do titular de dados na análise do legítimo interesse. *Brazilian Journal of Development*, Curitiba, v. 7, n. 12, p. 114810–114833, dez. 2022. Disponível em: https://ojs.brazilianjournals.com.br/ojs/index.php/BRJD/article/view/41007/pdf. Acesso em: 02 jan. 2023.

BETTI, Emílio. *Teoria geral do negócio jurídico*. Campinas: Servanda, 2008.

BIG BROTHER is Watching. *The New York Times*, 26 ago. 1965. Disponível em: https://timesmachine.nytimes.com/timesmachine/1965/08/27/issue.html. Acesso em: 03 mar. 2023.

BIG DATA and Privacy: A Technological Perspective. Executive Office of the President President's Council of Advisors on Science and Technology. *White House*, maio 2014. Disponível em: https://www.whitehouse.gov/sites/default/files/microsites/ostp/PCAST/pcast_big_data_and_privacy_-_may_2014.pdf. Acesso em: 31 jan. 2023.

BIONI, Bruno Ricardo. *Autodeterminação informacional*: paradigmas inconclusos entre a tutela dos direitos da personalidade, a regulação dos bancos de dados eletrônicos e a arquitetura da internet. 2016. Dissertação (Mestrado) – Faculdade de Direito, Universidade de São Paulo, São Paulo, 2016.

BIONI, Bruno Ricardo. *Xeque-mate*: o tripé de proteção de dados pessoais no xadrez das iniciativas legislativas no Brasil. São Paulo: GPoPAI-USP, 2016. Disponível em: https://www.academia.edu/28752561/Xeque-Mate_o_trip%C3%A9_de_prote%C3%A7%C3%A3o_de_dados_pessoais_no_xadrez_das_iniciativas_legislativas_no_Brasil. Acesso em: 18 maio 2022.

BIONI, Bruno Ricardo. *Proteção de dados pessoais*: a função e os limites do consentimento. Rio de Janeiro: Forense, 2019. Livro eletrônico não paginado.

BIONI, Bruno. Prefácio. In: COTS, Márcio; OLIVEIRA, Ricardo (coord.). *O legítimo interesse e a LGPD* – Lei Geral de Proteção de Dados Pessoais. São Paulo: Thomson Reuters Brasil, 2020.

BIONI, Bruno Ricardo. Legítimo interesse: aspectos gerais a partir de uma visão obrigacional. In: DONEDA, Danilo et al. (coord.). *Tratado de proteção de dados pessoais*. Rio de Janeiro: Forense, 2021.

BIONI, Bruno Ricardo. *Proteção de dados pessoais*: a função e os limites do consentimento. Rio de Janeiro: Forense, 2021.

BIONI, Bruno Ricardo. *Regulação e proteção de dados*: o princípio do accountability. Rio de Janeiro: Forene, 2022.

BIONI, Bruno Ricardo; KITAYAMA, Marina; RIELLI, Mariana. *O legítimo interesse na LGPD*: quadro geral e exemplos de aplicação. São Paulo: Associação Data Privacy Brasil de Pesquisa, 2021.

BIONI, Bruno Ricardo; MONTEIRO, Renato Leite. O Brasil caminha rumo a uma Lei Geral de Proteção de Dados Pessoais? *Data Privacy*, 25 maio 2016. Disponível em: https://dataprivacy.com.br/o-brasil-caminha-rumo-a-uma-lei-geral-de-protecao-de-dados-pessoais/. Acesso em: 18 jun. 2023.

BIONI, Bruno Ricardo; MONTEIRO, Renato Leite. Proteção de dados pessoais como elemento de inovação e fomento à economia: o impacto econômico de uma lei geral de dados. In: REIA, Jhessica; FRANCISCO, Pedro Augusto P.; BARROS, Marina; MAGRANI, Eduardo. *Horizonte presente tecnologia e sociedade em debate*. Belo Horizonte: Casa do Direito; FGV, 2019.

BIONI, Bruno Ricardo; SILVA, Paula Guedes Fernandes da; MARTINS, Pedro Bastos Lobo. Intersecções e relações entre a Lei Geral de Proteção de Dados (LGPD) e a Lei de Acesso à Informação (LAI): análise contextual pela lente do direito de acesso. CONTROLADORIA-GERAL DA UNIÃO. *Coletânea de artigos da pós-graduação em Ouvidoria Pública*. Brasília: CGU, 2022. v. 1. p. 8-25.

BIRDS, John; HIRD, Norma J. Birds. *Modern Insurance Law*. 6. ed. Londres: Sweet & Maxwell, 2004.

BOBBIO, Norberto. *Teoria do ordenamento jurídico*. 6. ed. Brasília: Editora da Universidade de Brasília, 1995.

BOBBIO, Norberto. *A função promocional do direito*: da estrutura à função: novos estudos da teoria do direito. Rio de Janeiro: Manole, 2007.

BODIN DE MORAES, Maria Celina. A caminho de um direito civil constitucional. *Revista Estado, Direito e Sociedade*, v. 1, p. 59-73, 1991.

BODIN DE MORAES, Maria Celina. Ampliando os direitos da personalidade. *Na medida da pessoa humana*: estudos de direito civil-constitucional. Rio de Janeiro: Renovar, 2010.

BODIN DE MORAES, Maria Celina. *Na medida da pessoa humana*: estudos de direito civil-constitucional. Rio de Janeiro: Renovar, 2010.

BOLÍVIA. Secretaria Geral Iberoamericana. XIII Cimeira Ibero-Americana de Chefes de Estado e de Governo. *Declaração de Santa Cruz de La Sierra. 14 e 15 de novembro de 2003.* "A inclusão social, motor do desenvolvimento da Comunidade Ibero-Americana". Disponível em: https://www.segib.org/wp-content/uploads/declarasao-sta-cruz-sierra. pdf. Acesso em: 23 mar. 2023.

BONAVIDES, Paulo. *Curso de direito constitucional*. 26. ed. São Paulo: Malheiros, 2011.

BRANCO, Sérgio. *Memória e esquecimento na internet*. Porto Alegre: Arquipélago, 2017.

BRASIL. *Constituição da República Federativa do Brasil de 1988*. Disponível em: https://www.planalto.gov.br/ccivil_03/constituicao/constituicao.htm. Acesso em: 1.º jun. 2023.

BRASIL. *Emenda Constitucional n.º 115, de 10 de fevereiro de 2022*. Altera a Constituição Federal para incluir a proteção de dados pessoais entre os direitos e garantias fundamentais e para fixar a competência privativa da União para legislar sobre proteção e tratamento de dados pessoais. Disponível em: https://www.planalto.gov.br/ccivil_03/constituicao/Emendas/Emc/emc115.htm. Acesso em: 1.º jun. 2023.

BRASIL. *Lei n.º 8.069, de 13 de julho de 1990*. Dispõe sobre o Estatuto da Criança e do Adolescente e dá outras providências. Disponível em: https://www.planalto.gov.br/ccivil_03/leis/l8069.htm. Acesso em: 1.º jun. 2023.

BRASIL. *Lei n.º 8.078, de 11 de setembro de 1990*. Dispõe sobre a proteção do consumidor e dá outras providências. Disponível em: https://www.planalto.gov.br/ccivil_03/leis/l8078compilado.htm. Acesso em: 1.º jun. 2023.

BRASIL. *Lei Complementar n.º 70, de 30 de dezembro de 1991*. Institui contribuição para financiamento da Seguridade Social, eleva a alíquota da contribuição social sobre o lucro das instituições financeiras e dá outras providências. Disponível em: http://www.planalto.gov.br/ccivil_03/leis/lcp/lcp70.htm#:~:text=LEI%20COMPLEMENTAR%20N%C2%B0%2070%2C%20DE%2030%20DE%20DEZEMBRO%20DE%201991&text=Institui%20contribui%C3%A7%C3%A3o%20para%20financiamento%20da,financeiras%20e%20d%C3%A1%20outras%20provid%C3%AAncias. Acesso em: 1.º jun. 2023.

BRASIL. *Lei n.º 10.406, de 10 de janeiro de 2002*. Institui o Código Civil. Disponível em: https://www.planalto.gov.br/ccivil_03/leis/2002/l10406compilada.htm#:~:text=LEI%20N%C2%BA%2010.406%2C%20DE%2010%20DE%20JANEIRO%20DE%202002&text=Institui%20o%20C%C3%B3digo%20Civil.&text=Art.,Art. Acesso em: 1.º jun. 2023.

BRASIL. *Lei n.º 12.965, de 23 de abril de 2014*. Estabelece princípios, garantias, direitos e deveres para o uso da Internet no Brasil. Disponível em: https://www.planalto.gov.br/ccivil_03/_ato2011-2014/2014/lei/l12965.htm. Acesso em: 1.º jun. 2023.

BRASIL. *Lei n.º 13.709, de 14 de agosto de 2018*. Lei Geral de Proteção de Dados Pessoais (LGPD). Disponível em: https://www.planalto.gov.br/ccivil_03/_ato2015-2018/2018/lei/l13709.htm. Acesso em: 1.º jun. 2023.

BRASIL. Ministério da Economia. *Guia de elaboração de termo de uso e política de privacidade para serviços públicos*: Lei Geral de Proteção de Dados Pessoais (LGPD). Brasília, jun. 2022.

BRASIL. Ministério da Saúde. Programa Nacional de Imunizações (PNI). *Plano Nacional de Operacionalização da Vacinação Contra a COVID-19*. 12. ed. Brasília, 1.º fev. 2022. Disponível em: https://www.gov.br/saude/pt-br/coronavirus/vacinas/plano-nacional-de-operacionalizacao-da-vacina-contra-a-covid-19. Acesso em: 22 jun. 2022.

BRASIL. Superior Tribunal de Justiça. *REsp 22.337/RS*. Relator: Min. Ruy Rosado de Aguiar. Julgamento: 13/02/1995. Órgão julgador: Quarta Turma. Publicação: DJ de 20/03/1995.

BRASIL. Supremo Tribunal Federal. *ADI 6387 MC-Ref./DF*. Relatora: Min. Rosa Weber. Julgamento: 07/05/2020. Órgão julgador: Plenário. Publicação: 12/11/2020.

BRASIL. Supremo Tribunal Federal. *Informativo n.º 976*. Brasília, 4 a 8 de maio de 2020. Disponível em: https://www.stf.jus.br/arquivo/informativo/documento/informativo976.htm. Acesso em: 20 set. 2023.

BRASIL. Supremo Tribunal Federal. *MS 21.729/DF*. Relator: Min. Marco Aurélio. Redator do Acórdão: Min. Néri da Silveira. Julgamento: 05/10/1995. Órgão julgador: Plenário. Publicação: DJ de 19/10/2001.

BRASIL. Supremo Tribunal Federal. *RE 418.416-SC*. Relator: Min. Sepúlveda Pertence. Julgamento: 10/05/2006. Órgão julgador: Plenário. Publicação: DJ de 19/12/2006.

BRASIL. Tribunal de Justiça do Distrito Federal e dos Territórios. Ação Civil Pública. *AC 0736634-81.2020.8.07.0001*. Relator: Sandoval Oliveira. Julgamento: 09/02/2022. Órgão julgador: 2.ª Turma Cível.

BRASIL. Tribunal Regional do Trabalho da 15.ª Região. *DC 0006966-05.2021.5.15.0000*. Relator: Francisco Alberto da Motta Peixoto Giordani. Suscitante: Sindicato dos Empregados Rurais de Bastos Suscitado: Sindicato Rural de Bastos.

BUCAR, Daniel; VIOLA, Mario. Tratamento de dados pessoais por 'legítimo interesse do controlador': primeiras questões e apontamentos'. In: TEPEDINO, Gustavo; FRAZÃO, Ana; OLIVA, Milena Donato (coord.). *Lei Geral de Proteção de Dados Pessoais e suas repercussões no direito brasileiro*. São Paulo: Ed. RT, 2019.

BYGRAVE, Lee Andrew. *Data Privacy Law*: An International Perspective. Oxford: Oxford University Press, 2014.

CÂMARA DOS DEPUTADOS. *Parecer da Comissão Especial destinada a proferir parecer ao Projeto de Lei n.º 4060/2016*. Disponível em: https://www.camara.leg.br/proposicoesWeb/prop_mostrarintegra?codteor=1663305&filename=SBT+1+PL406012+=%3E+PL+4060/2012. Acesso em: 27 jun. 2022.

CÂMARA DOS DEPUTADOS. *PL 4.060/2012*. Dispõe sobre o tratamento de dados pessoais, e dá outras providências. Disponível em: https://www.camara.leg.br/proposicoesWeb/fichadetramitacao?idProposicao=548066. Acesso em: 24 jun. 2023.

CÂMARA DOS DEPUTADOS. *PL 5.276/2016*. Dispõe sobre o tratamento de dados pessoais para a garantia do livre desenvolvimento da personalidade e da dignidade da pessoa natural. Disponível em: https://www.camara.leg.br/proposicoesWeb/prop_mostrarintegra?codteor=1478010. Acesso em: 24 jun. 2023.

CÂMARA DOS DEPUTADOS. *PL 21/2020*. Estabelece fundamentos, princípios e diretrizes para o desenvolvimento e a aplicação da inteligência artificial no Brasil; e dá outras providências. Disponível em: https://www25.senado.leg.br/web/atividade/materias/-/materia/151547. Acesso em: 1.º jun. 2023.

CARVALHO FILHO, José dos Santos. *Manual de direito administrativo*. 34. ed. São Paulo: Atlas, 2020. Livro eletrônico não paginado.

CASTELLS, Manuel. *A sociedade em rede*. Tradução de Roneide Venancio Majer e Klauss Brandini Gerhardt. 8. ed. São Paulo: Paz e Terra, 1999. v. 1.

CASTELLS, Manuel. *A sociedade em rede*. Tradução de Roneide Venâncio Majer. 6. ed. São Paulo: Paz e Terra, 1999.

CASTELLS, Manuel. *O poder da identidade* [recurso eletrônico]. Tradução de Klauss Brandini Gerhardt. São Paulo: Paz e Terra, 2018.

CASTRO, Julia Ribeiro de; SOUSA, Thiago Andrade. A dicotomia entre as situações existenciais e as situações patrimoniais. In: SCHREIBER, Anderson; KONDER, Carlos Nelson (coords.). *Direito civil constitucional*. São Paulo: Atlas, 2016.

CATE, Fred H.; DEMPSEY, James X. B*ulk collection*: systematic government access to private-sector data. Oxford: Oxford University Press, 2017.

CAVOUKIAN, Ann. Privacy by design: the definitive workshop. A foreword. *Identity in the Information Society*, v. 3, n. 2, p. 247-251, 2010.

CERVASIO, Daniel Bucar. *Proteção de Dados na Administração Pública*. 2008. Dissertação (Mestrado em Direito Civil) – Universidade do Estado do Rio de Janeiro, Rio de Janeiro, 2008.

COHEN, Julie E. *Between Truth and Power*: The Legal Constructions of Informational Capitalism. Nova Iorque: Oxford Academic, 2019. Disponível em: https://doi.org/10.1093/oso/9780190246693.001.0001. Acesso em: 16 jan. 2024.

COMISSÃO DAS COMUNIDADES EUROPEIAS. *COM (92) 422 final, de 23/10/1992*. Disponível em: https://eur-lex.europa.eu/legal-content/EN/TXT/PDF/?uri=CELEX:51992PC0422&from=DE. Acesso em: 14 jun. 2023.

COMISSÃO DAS COMUNIDADES EUROPEIAS. Proposta alterada de Directiva de Conselho relativa à protecção das pessoas singulares no que diz respeito ao tratamento de dados pessoais e à sua livre circulação (Apresentada pela Comissão em conformidade com o n.º 3 do artigo 149.º do Tratado CEE). *COM(92) 422 final – SYN 287*. Bruxelas, 15 de outubro de 1992. Disponível em: https://eur-lex.europa.eu/legal-content/PT/TXT/PDF/?uri=CELEX:51992PC0422. Acesso em: 29 dez. 2022.

COMISSÃO EUROPEIA. Grupo de Trabalho de Proteção de Dados do Artigo 29. *Parecer n.º 05/2014 sobre técnicas de anonimização*. Adotado em 10 abr. 2014. Disponível em: https://ec.europa.eu/justice/article-29/documentation/opinion-recommendation/files/2014/wp216_pt.pdf. Acesso em: 1.º jun. 2023.

COMISSÃO EUROPEIA. Grupo de Trabalho de Proteção de Dados do Artigo 29. *17/PT. WP251rev.01. Orientações sobre as decisões individuais automatizadas e a definição de perfis para efeitos do Regulamento (UE) 2016/679*. Adotadas em 3 de outubro de 2017. Rev. em 6 de fevereiro de 2018.

COMISSÃO EUROPEIA. Grupo de Trabalho de Proteção de Dados do Artigo 29. *Parecer 06/2014 sobre o conceito de interesses legítimos do responsável pelo tratamento dos dados na aceção do artigo 7.º da Diretiva 95/46/CE*. Adotado em 9 de abril de 2014. Disponível em: https://ec.europa.eu/justice/article-29/documentation/opinion-recommendation/files/2014/wp217_pt.pdf. Acesso em: 26 dez. 2022.

COMISSÃO EUROPEIA. Grupo de Trabalho de Proteção de Dados do Artigo 29 para a proteção de dados. *Orientações relativas à Avaliação de Impacto sobre a Proteção de Dados (AIPD) e que determinam se o tratamento é «suscetível de resultar num elevado risco» para efeitos do Regulamento (UE) 2016/679*. 17/PT WP 248 rev.012. 04 out. 2017. Disponível em: https://ec.europa.eu/newsroom/article29/item-detail.cfm?item_id=611236. Acesso em: 18 jan. 2024.

COMITÊ EUROPEU PARA A PROTEÇÃO DE DADOS. *Diretrizes 3/2019 sobre tratamento de dados pessoais através de dispositivos de vídeo*. Versão 2.0. Adotada em 29 de janeiro de

2020. Disponível em: https://edpb.europa.eu/our-work-tools/our-documents/guidelines/guidelines-32019-processing-personal-data-through-video_pt. Acesso em: 1.º jun. 2023.

COMITÊ EUROPEU PARA A PROTEÇÃO DE DADOS. *Diretrizes 3/2019 sobre tratamento de dados pessoais através de dispositivos de vídeo.* Versão 2.1. 26 fev. 2020. Disponível em: https://edpb.europa.eu/sites/default/files/files/file1/edpb_guidelines_201903_video_devices_pt.pdf. Acesso em: 18 maio 2023.

COMITÊ EUROPEU PARA A PROTEÇÃO DE DADOS. *Diretrizes 05/2020 relativas ao consentimento na aceção do Regulamento 2016/679.* Versão 1.1. Adotadas em 4 maio 2020. Disponível em: https://edpb.europa.eu/sites/default/files/files/file1/edpb_guidelines_202005_consent_pt.pdf. Acesso em: 11 maio 2023.

COMITÊ EUROPEU PARA A PROTEÇÃO DE DADOS. *Binding Decision 2/2022 on the dispute arisen on the draft decision of the Irish Supervisory Authority regarding Meta Platforms Ireland Limited (Instagram) under Article 65(1)(a) GDPR.* Adotada em 28 de julho de 2022. Disponível em: https://edpb.europa.eu/our-work-tools/our-documents/binding-decision-board-art-65/binding-decision-22022-dispute-arisen_en. Acesso em: 1.º jun. 2023.

COMMISSION NATIONALE DE L'INFORMATIQUE ET DES LIBETRES (CNIL). *L'intérêt légitime*: comment fonder un traitement sur cette base légale? Disponível em: https://www.cnil.fr/fr/linteret-legitime-comment-fonder-un-traitement-sur-cette-base-legale. Acesso em: 03 nov. 2022.

CONEXIS BRASIL DIGITAL. *Código de boas práticas de proteção de dados para o setor de telecomunicações.* Brasília, 30 ago. 2022.

CONSELHO DA EUROPA. *Relatório explicativo da Convenção para a Proteção de Indivíduos com relação ao tratamento automático de dados pessoais.* 28 jan. 1981. Disponível em: https://rm.coe.int/16800ca434. Acesso em: 10 abr. 2023.

CONSELHO DA JUSTIÇA FEDERAL. *Jornadas de direito civil I, III, IV e V*: enunciados aprovados. Coordenador científico Ministro Ruy Rosado de Aguiar Júnior. Brasília: Conselho da Justiça Federal, Centro de Estudos Judiciários, 2012.

CONSELHO DA JUSTIÇA FEDERAL. IX Jornada de Direito Civil. *Comemoração dos 20 anos da Lei n. 10.046/2002 e da Instituição da Jornada de Direito Civil*: enunciados aprovados. Brasília: Conselho da Justiça Federal, Centro de Estudos Judiciários, 2022.

CORDEIRO, António Menezes. *Direito dos seguros.* Coimbra: Almedina, 2013.

COUNCIL OF EUROPE. Committee of Ministers. *Resolution (73) 22.* On The Protection of The Privacy of Individuals Vis-A-Vis Electronic Data Banks in the Private Sector. (Adopted by the Committee of Ministers on 26 September 1973 at the 224th meeting of the Ministers' Deputies). Disponível em: https://rm.coe.int/1680502830. Acesso em: 10 abr. 2023.

DAS ÖSTERREICHISCHE GALLUP INSTITUT. *Facebook and Advertising – User-Insights*: a quantitative study. Nov. 2019. Disponível em: https://noyb.eu/sites/default/files/2020-05/Gallup_Facebook_EN.pdf. Acesso em: 09 fev. 2022.

DATA PROTECTION ACT 2018. Enforcement Powers of the Information Commissioner. *Penal ty Notice.* Disponível em: https://ico.org.uk/media/4025182/tiktok-mpn.pdf. Acesso em: 20 dez. 2023.

DATA PROTECTION COMMISSION (DPC). *Data Protection Commission announces conclusion of two inquiries into Meta Ireland.* 04 jan. 2023. Disponível em: https://www.

dataprotection.ie/en/news-media/data-protection-commission-announces-conclusion-two-inquiries-meta-ireland. Acesso em: 27 maio 2022.

DATENSCHUTZ: »1984 liegt nicht mehr fern«. *DER Spiegel*, 06 jun. 1976. Disponível em: https://www.spiegel.de/politik/datenschutz-1984-liegt-nicht-mehr-fern-a-3a2034 1b-0002-0001-0000-000041213322. Acesso em: 07 jun. 2023.

DATENSCHUTZBEHÖRDE. BESCHEID. *GZ: D124.4574 2023-0.174.027*. Julgado em 29 mar. 2023. Disponível em: https://noyb.eu/sites/default/files/2023-04/Standard_Bescheid_geschw%C3%A4rzt.pdf. Acesso em: 19 maio 2023.

DAVIS, Kord; Patterson, Doug. *Ethics of Big Data*. Sebastopol: O'Reilly Media, 2012.

DE TEFFÉ, Chiara Antonia Spadaccini; TEPEDINO, Gustavo. Consentimento e proteção de dados pessoais na LGPD. In: FRAZÃO, Ana; OLIVA, Milena Donato; TEPEDINO, Gustavo (coords.). *Lei geral de proteção de dados pessoais e suas repercussões no direito brasileiro*. São Paulo: Thomson Reuters Brasil, 2019. p. 287-322.

DE TEFFÉ, Chiara Antonia Spadaccini; TEPEDINO, Gustavo. O consentimento na circulação de dados pessoais. *Revista Brasileira de Direito Civil*, v. 25, n. 3, p. 83-116, 2020. Disponível em: https://rbdcivil.ibdcivil.org.br/rbdc/article/view/521. Acesso em: 11 abr. 2023.

DENENBERG, R. V. The Constitution Doesn't Spell Out the Right. *The New York Times*, 03 fev. 1974. Disponível em: https://www.nytimes.com/1974/02/03/archives/privacy-wanted-but-vague-the-constitution-doesnt-spell-out-the.html. Acesso em: 07 mar. 2023.

DINAMARCA. *Datatilsynet*. 2021-31-5439. 31 jan. 2022. Disponível em: https://gdprhub. eu/index.php?title=Datatilsynet_(Denmark)_-_2021-31-5439. Acesso em: 19 jan. 2023.

DINIZ, Carlos Eduardo Iglesias. *A boa-fé objetiva no direito brasileiro e a proibição de comportamentos contraditórios*. Série Aperfeiçoamento de Magistrados 13. 10 Anos do Código Civil - Aplicação, Acertos, Desacertos e Novos Rumos. v. 1. p. 61-75. Disponível em: https://www.emerj.tjrj.jus.br/serieaperfeicoamentodemagistrados/paginas/series/13/volumeI/10anosdocodigocivil_61.pdf. Acesso em: 1.º jun. 2023.

DONEDA, Danilo. Considerações iniciais sobre os bancos de dados informatizados e o direito à privacidade. In: TEPEDINO, Gustavo (coord.). *Problemas de direito civil-constitucional*. Rio de Janeiro: Renovar, 2000.

DONEDA, Danilo. *Da privacidade à proteção de dados pessoais*. Rio de Janeiro: Renovar, 2006.

DONEDA, Danilo. *A proteção de dados pessoais nas relações de consumo*: para além da informação creditícia. Escola Nacional de Defesa do Consumidor. Brasília: SDE/DPDC, 2010.

DONEDA, Danilo. A proteção dos dados pessoais como um direito fundamental. *Espaço Jurídico*, Joaçaba, v. 12, n. 2, p. 91-108, jul./dez. 2011.

DONEDA, Danilo. Os direitos da personalidade no Código Civil. In: TEPEDINO, Gustavo. (coord.). *O código civil na perspectiva civil-constitucional*. Rio de Janeiro: Renovar, 2013. p. 51-74.

DONEDA, Danilo. *Da privacidade à proteção de dados pessoais*. 2. ed. rev. e atual. São Paulo: Ed. RT, 2019.

DONEDA, Danilo. Consultas públicas: proteção de dados. *Doneda.Net*, 08 Mar. 2020. Disponível em: https://doneda.net/2020/03/08/consultas-publicas-protecao-de-dados/. Acesso em: 21 jun. 2023.

DONEDA, Danilo. *Da privacidade à proteção de dados pessoais*: fundamentos da Lei Geral de Proteção de Dados. 2. ed. rev. e atual. São Paulo: Thomson Reuters Brasil, 2020.

DONEDA, Danilo. Panorama histórico da proteção de dados pessoais. In: DONEDA, Danilo et al. (coord.). *Tratado de proteção de dados pessoais*. Rio de Janeiro: Forense, 2021. Livro eletrônico não paginado.

EDWARDS, Douglas. *I'm Feeling Lucky*: The Confessions of Google Employee Number 59. Houghton Mifflin New York: Harcourt, 2011. *E-book.*

ESPANHA. *Acórdão do Tribunal de Justiça (Terceira Secção) de 24 de novembro de 2011* (pedidos de decisão prejudicial do Tribunal Supremo – Espanha) – Asociación Nacional de Establecimientos Financieros de Crédito (ASNEF) (C-468/10), Federación de Comercio Eletrónico y Marketing Directo (FECEMD) (C-469/10)/Administración del Estado. (Processos apensos C-468/10 e C-469/10) («Tratamento de dados pessoais – Diretiva 95/46/CE – Artigo 7.º, alínea f) – Efeito direto») Disponível em: https://eur-lex.europa.eu/legal-content/PT/TXT/HTML/?uri=CELEX:62010CJ0468. Acesso em: 09 jun. 2023.

ESPANHA. Ley Orgánica 15/1999, de 13 de diciembre, de Protección de Datos de Carácter Personal. *BOE*, n. 298, de 14/12/1999. Disponível em: https://www.boe.es/buscar/act.php?id=BOE-A-1999-23750. Acesso em: 09 jun. 2023.

ESPANHA. Ley Orgánica 3/2018, de 5 de diciembre, de Protección de Datos Personales y garantía de los derechos digitales. *BOE*, n. 294, de 06/12/2018. Disponível em: https://www.boe.es/buscar/act.php?id=BOE-A-2018-16673#dd. Acesso em: 09 jun. 2023.

ESPANHA. Real Decreto 1720/2007, de 21 de diciembre, por el que se aprueba el Reglamento de desarrollo de la Ley Orgánica 15/1999, de 13 de diciembre, de protección de datos de carácter personal. *BOE*, n. 17, de 19/01/2008. Disponível em: https://www.boe.es/eli/es/rd/2007/12/21/1720/con. Acesso em: 09 jun. 2023.

EUROPEAN COMMISSION. *Carta do Diretor da Comissão Europeia para o Diretor da Autoridade Holandesa de Proteção de Dados.* Ref. Ares(2020)1417369 - 06/03/2020. Disponível em: https://static.nrc.nl/2022/pdf/letter-dutch-dpa-legitimate-interest.pdf. Acesso em: 09 jul. 2022.

EUROPEAN COMMISSION. *70 Years of EU Law*: A Union for its Citizens. Luxembourg: Publications Office of the European Union, 2022. Disponível em: https://op.europa.eu/en/publication-detail/-/publication/88c3f547-6ed0-11ed-9887-01aa75ed71a1/language-en. Acesso em: 08 ago. 2023.

EUROPEAN COMMISSION. *Opinion 15/2011 on the definition of consent.* Disponível em: http://ec.europa.eu/justice/policies/privacy/docs/wpdocs/2011/wp187_en.pdf. Acesso em: 18 maio 2023.

EUROPEAN COMMISSION. *Opinion 2/2017 on data processing at work.* Bruxelas, 2017. Disponível em: http://ec.europa.eu/justice/data-protection/index_en.htm. Acesso em: 09 maio 2023.

EUROPEAN COMMISSION. Grupo de Trabalho do Artigo 29. *Opinião 06/2014 sobre a noção de interesses legítimos do controlador de dados nos termos do artigo 7.º da Diretiva 95/46/CE.* Adotado em 9 de abril de 2014. Disponível em: https://ec.europa.eu/justice/article-29/documentation/opinion-recommendation/files/2014/wp217_en.pdf. Acesso em: 03 nov. 2022.

EUROPEAN COURT OF HUMAN RIGHTS. *Factsheet – Personal data protection*. September 2022. p. 22. Disponível em: https://www.echr.coe.int/documents/d/echr/fs_data_eng. Acesso em: 1.º jun. 2023.

EUROPEAN DATA PROTECTION BOARD. *Guidelines 4/2019 on Article 25*. Data Protection by Design and by Default. Version 2.0. Adopted on 20 October 2020. Disponível em: https://edpb.europa.eu/sites/default/files/files/file1/edpb_guidelines_201904_dataprotection_by_design_and_by_default_v2.0_en.pdf. Acesso em: 22 dez. 2023.

EUROPEAN DATA PROTECTION BOARD. *Report of the work undertaken by the Cookie Banner Taskforce*. Disponível em: https://edpb.europa.eu/system/files/2023-01/edpb_20230118_report_cookie_banner_taskforce_en.pdf. Acesso em: 25 jan. 2023.

EUROPEAN DATA PROTECTION SUPERVISOR (EDPS). *Opinion 5/2018*. Preliminary Opinion on privacy by design. Brussels, 31 May 2018. p. 5. Disponível em https://edps.europa.eu/sites/default/files/publication/18-05-31_preliminary_opinion_on_privacy_by_design_en_0.pdf. Acesso em: 21 dez. 2023.

EUROPEAN UNION AGENCY FOR FUNDAMENTAL RIGHTS. *Handbook on European data protection law*. 2014. Disponível em: http://www.echr.coe.int/Documents/Handbook_data_protection_ENG.pdf. Acesso em: 28 fev. 2023.

EUROPEAN UNION AGENCY FOR FUNDAMENTAL RIGHTS AND COUNCIL OF EUROPE. *Handbook on European data protection law*. Luxembourg, 2018.

EUROPEAN UNION AGENCY FOR CYBERSECURITY (ENISA). *Data Protection Engineering*. From Theory to Practice. January 2022.

FACHIN, Luiz Edson. *O novo direito civil*: naufrágio ou porto? Curitiba, 1998. Mimeo.

FERRAZ JÚNIOR, Tércio Sampaio. Sigilo de dados: o direito à privacidade e os limites à função fiscalizadora do Estado. *Revista da Faculdade de Direito, Universidade de São Paulo*, v. 88, p. 439-459, 1993. Disponível em: https://www.revistas.usp.br/rfdusp/article/view/67231. Acesso em: 02 mar. 2023.

FERRAZ JÚNIOR, Tércio Sampaio. Sigilo de dados, o direito à privacidade e os limites do poder do Estado: 25 anos depois. In: ABREU, Jacqueline de Souza; ANTONIALLI, Dennys. *Direitos fundamentais e processo penal na era digital*: doutrina e prática em debate. São Paulo: InternetLab, 2018. v. 1.

FERRAZ JÚNIOR, Tércio Sampaio. *Parecer*. Tribunal de Justiça do Distrito Federal e dos Territórios. Ação Civil Pública n.º 0736634-81.2020.8.07.0001. 5.ª Vara Cível de Brasília/DF.

FØR OVERVÅKINGEN STARTER. *Datatilsynet*, 22 mar. 2022. Disponível em: https://www.datatilsynet.no/personvern-pa-ulike-omrader/personvern-pa-arbeidsplassen/kameraovervaking-pa-arbeidsplassen/for-overvakingen-starter/. Acesso em: 19 ago. 2022.

FORNASIER, Mateus de Oliveira; KNEBEL, Norberto Milton Paiva. O titular de dados como sujeito de direito no capitalismo de vigilância e mercantilização dos dados na Lei Geral de Proteção de Dados. *Revista Direito e Práxis*, Rio de Janeiro, v. 12, n. 2, p. 1002-1033, abr./jun. 2021. Disponível em: https://doi.org/10.1590/2179-8966/2020/46944. Acesso em: 05 jan. 2022.

FRAJHOF, Isabella. *O direito ao esquecimento na Internet*: conceito, aplicação e controvérsias. São Paulo: Almedina, 2019.

FRAZÃO, Ana. Nova LGPD: o tratamento dos dados pessoais sensíveis. A quinta parte de uma série sobre as repercussões para a atividade empresarial. *Jota*, 26 set. 2018. Disponível em: https://www.jota.info/opiniao-e-analise/colunas/constituicao-empresa-e-mercado/nova-lgpd-o-tratamento-dos-dados-pessoais-sensiveis-26092018. Acesso em: 21 jan. 2024.

FRAZÃO, Ana. Propósitos, desafios e parâmetros gerais dos programas de compliance e das políticas de proteção de dados. In: FRAZÃO, Ana; BÔAS CUEVA, Ricardo Villas (org.). *Compliance e políticas de proteção de dados*. São Paulo: Thomson Reuters – Revista dos Tribunais, 2021. v. 1.

FRAZÃO, Ana. O direito constitucional à proteção de dados: reflexões sobre as contribuições do voto da Ministra Rosa Weber na ADI 6.387. In: ROCHA, Maria Elizabeth G. Teixeira; BASTOS, Ana Carolina A. Caputo; SILVA, Christine Oliveira P. da; D'ALBURQUERQUE, Julia de Baére C.; SILVA, Cristina Maria Neves da; OLIVEIRA, Manuela S. Falcão Alvim de (orgs.). *Ela pede vista*: estudo em homenagem à Ministra Rosa Weber. Londrina: Thoth, 2023. v. 1.

FRAZÃO, Ana; PRATA DE CARVALHO, Angelo G.; MILLANEZ, Giovanna. *Curso de proteção de dados pessoais*: fundamentos da LGPD. Rio de Janeiro: Forense, 2022. v. 1.

GARROTE, Marina Gonçalves; PASCHOALINI, Nathan; MEIRA, Marina; BIONI, Bruno. ANPD na regulamentação do Relatório de Impacto à Proteção de Dados Pessoais: análise dos primeiros movimentos da Autoridade Nacional de Proteção de Dados. *Jota*, 13 jul. 2021. Disponível em https://www.jota.info/opiniao-e-analise/colunas/agenda-da-privacidade-e-da-protecao-de-dados/anpd-relatorio-impacto-protecao-dados-pessoais-13072021. Acesso em: 27 jun. 2023.

GIACCHETTA, André Zonaro; MENEGUETTI, Pamela Gabrielle. A garantia constitucional à inviolabilidade da intimidade e da vida privada como direito dos usuários no Marco Civil da Internet. In: LEITE, George Salomão; LEMOS, Ronaldo (coord.). *Marco civil da internet*. São Paulo: Atlas, 2014.

GILPIN, Lyndsey. How big data is going to help feed nine billion people by 2050. *Tech Republic*, 2014. Disponível em: https://www.techrepublic.com/article/how-big-data-is-going-to-help-feed-9-billion-people-by-2050/. Acesso em: 03 ago. 2022.

GOMES, Maria Cecília O. *Reunião técnica sobre Relatório de Impacto de Proteção de Dados Pessoais*. [S.l.], 2021. Disponível em: https://www.youtube.com/watch?v=CctdemkepAU. Acesso em: 06 jan. 2024.

GOMES, Rodrigo Dias de Pinho. *Big Data*: desafios à tutela da pessoa humana na sociedade da informação. 2. ed. Rio de Janeiro: Lumen Juris, 2019. v. 1.

GPDP. *Intelligenza artificiale*: il Garante blocca ChatGPT. Raccolta illecita di dati personali. Assenza di sistemi per la verifica dell'età dei minori. Disponível em: https://www.garanteprivacy.it/web/guest/home/docweb/-/docweb-display/docweb/9870847. Acesso em: 06 abr. 2023.

GREENWALD, Glen. *No place to hide*: Edward Snowden, the NSA and the U.S. Surveillance State. New York: Metropolitan Book, 2014.

GRINOVER, Ada Pellegrini et al. *Código brasileiro de defesa do consumidor comentado pelos autores do anteprojeto*: direito material (arts. 1.º a 80 e 105 a 108). 10. ed. rev., atual. e reformul. Rio de Janeiro: Forense, 2011. v. 1.

GROSSI, Bernardo Menicucci. O legítimo interesse como base legal para o tratamento de dados pessoais. *Lei Geral de Proteção de Dados*: uma análise preliminar da Lei 13.709/2018 e da experiência de sua implantação no contexto empresarial [recurso eletrônico] Porto Alegre: Fi, 2020.

GROVES, Peter; Kayyali, Basel; Knott, David; Van Kuiken, Steve. *The 'big data' revolution in health care*: accelerating value and innovation. New York: McKinsey & Company, 2013.

GUEDES, Gisela Sampaio da Cruz. *Lucros cessantes*: do bom-senso ao postulado normativo da razoabilidade. São Paulo: Ed. RT, 2011.

GUIDANCE on the use of Legitimate Interests under the EU General Data Protection Regulation. Version 2.0. *Data Protection Network*, 2018. Disponível em: https://dpnetwork. org.uk/dpn-legitimate-interests-guidance/. Acesso em: 20 jan. 2023.

HARTUNG, Pedro Affonso Duarte. *Levando os direitos das crianças a sério*: a absoluta prioridade dos direitos fundamentais e melhor interesse da criança. 2019. Tese (Doutorado) – Faculdade de Direito, Universidade de São Paulo, São Paulo, 2019.

HELAYED, Lívia. Direito ao esquecimento na internet: entre a censura digital e a busca pela verdade na sociedade conectada. In: BRANCO, Sérgio; TEFFÉ, Chiara de (orgs.). *Privacidade em perspectivas*. Rio de Janeiro: Lumen Juris, 2018.

HOOFNAGLE, Chris Jay. *The Origin of Fair Information Practices: Archive of the Meetings of the Secretary's Advisory Committee on Automated Personal Data Systems*. July 15, 2014. Disponível em: https://ssrn.com/abstract=2466418. Acesso em: 04 maio 2022.

HOOFNAGLE, Chris; SOLTANI, Ashkan; BOM, Nathan; WAMBACH, Dietrich James; AYENSON, Mika D. Behavioral Advertising: The Offer You Cannot Refuse. *Harvard Law & Policy Review*, v. 6, p. 273-296, 2012. Disponível em: https://ssrn.com/abstract=2137601. Acesso em: 16 maio 2023.

IAB EUROPE. *Guide to conducting legitimate interests assessments (LIAs) in the digital advertising industry*. [S.l.], 2020.

IAB EUROPE. *GDPR Data Protection Impact Assessments (DPIA) for Digital Advertising under GDPR*. [S.l.], 2020. Disponível em: https://iabeurope.eu/wp-content/uploads/IAB-Europe_DPIA-Guidance-Nov-2020.pdf. Acesso em: 11 jan. 2024.

IAB EUROPE LEGAL COMMITTEE. *GDPR Guidance*: Legitimate Interests Assessments (LIA) for Digital Advertising. Version 1. March 2021. Disponível em: https://iabeurope. eu/wp-content/uploads/2021/03/IAB-Europe-GDPR-Guidance-Legitimate-Interests-Assessments-LIA-for-Digital-Advertising-March-2021.pdf. Acesso em: 1.º jun. 2023.

IGO, Sara E. Me and My Data. *Historical Studies in the Natural Sciences*, v. 48, n. 5, p. 616-626, nov. 2018.

INFORMATION COMMISSIONER'S OFFICE. *Employment practices*: monitoring at work. draft guidance. 12 October 2022. Version: 1.0. Disponível em: https://ico.org.uk/media/about-the-ico/consultations/4021868/draft-monitoring-at-work-20221011.pdf. Acesso em: 08 maio 2023.

INFORMATION COMMISSIONER'S OFFICE. *How do we apply legitimate interests in practice?* Disponível em: https://ico.org.uk/for-organisations/uk-gdpr-guidance-and-resources/lawful-basis/legitimate-interests/how-do-we-apply-legitimate-interests-in-practice/#lia3. Acesso em: 20 set. 2023.

INTERNETLAB. *O que está em jogo no Anteprojeto de Lei de Proteção de Dados Pessoais?* Disponível em: http://www.internetlab.org.br/pt/internetlab-reporta/o-que-esta-em-jogo-no-anteprojeto-de-lei-de-protecao-de-dados-pessoais/. Acesso em: 04 maio 2022.

INSTITUTO BRASILEIRO DE DEFESA DO CONSUMIDOR (IDEC). *Dados pessoais.* Disponível em: https://idec.org.br/dadospessoais/linha-do-tempo. Acesso em: 24 jun. 2023.

INTERNATIONAL COMMISSION OF JURISTS. Nordic Conference on the Right to Privacy. *Bulletin of the International Commission of Jurists*, Geneva, n. 31, 1967. Disponível em: https://www.icj.org/wp-content/uploads/2013/07/ICJ-Bulletin-31-1967-eng.pdf. Acesso em: 02 mar. 2023.

INTO THE MINDS. *As políticas de privacidade têm, em média, 3.964 palavras e demandam 6 horas e 40 minutos de tempo de leitura.* Disponível em: https://www.intotheminds.com/blog/en/reading-priva%20cy-policies-of-the-20-most-used-mobile-apps-takes-6h40/. Acesso em: 26 jan. 2023.

JUMPING through eula hoops. *PCMag*, 1.º jan. 2008. Disponível em: https://www.pcmag.com/archive/jumping-through-eula-hoops-222618. Acesso em: 21 maio 2023.

KIRA, Beatriz. O que está em jogo no Anteprojeto de Lei de Proteção de Dados Pessoais? *Internetlab*, 04 maio 2016. Disponível em: http://www.internetlab.org.br/pt/internetlab-reporta/o-que-esta-em-jogo-no-anteprojeto-de-lei-de-protecao-de-dados-pessoais/. Acesso em: 04 maio 2022.

KLEE, Antonia Espínola Longoni; MARTINS, Guilherme Magalhães. A privacidade, a proteção dos dados e dos registros pessoais e a liberdade de expressão: algumas reflexões sobre o Marco Civil da Internet no Brasil (Lei n.º 12.965/2014). In: DE LUCCA, Newton; SIMÃO FILHO, Adalberto; LIMA, Cíntia Rosa Pereira (org.). *Direito & internet III*. São Paulo: Quartier Latin, 2015. t. 1.

KNIGHT, Will. The AI Arms Race Is On. *Wired*, set. 2023. Disponível em: https://www.wired.com/story/ai-powered-totally-autonomous-future-of-war-is-here/. Acesso em: 08 ago. 2023.

KONDER, Carlos Nelson; TEIXEIRA, Ana Carolina Brochado. Situações jurídicas dúplices: controvérsias na nebulosa fronteira entre a patrimonialidade e extrapatrimonialidade. In: TEPEDINO, Gustavo; FACHIN, Luiz Edson. *Diálogos sobre direito civil*. Rio de Janeiro: Renovar, 2008. v. 3.

KONDER, Carlos Nelson; RENTERÍA, Pablo. A funcionalização das relações obrigacionais: interesse do credor e patrimonialidade da prestação. *Civilistica.com*, Rio de Janeiro, v. 1, n. 2, p. 1-24, jul./dez. 2012. Disponível em: http://civilistica.com/a-funcionalizacao/. Acesso em: 23 out. 2023.

KRAMER, Samuel Noah. *The Sumerians*: Their History, Culture, and Character. Chicago: University of Chicago Press, 1963.

KUNER, Christopher. *Regulation of Transborder Data Flows under Data Protection and Privacy Law*. Paris: OECD Publishing, 2011. (OECD Digital economic papers, n. 187). Disponível em: https://doi.org/10.1787/5kg0s2fk315f-en. Acesso em: 08 ago. 2023.

KUNER, Christopher; BYGRAVE, Lee A.; DOCKSEY, Christopher; DRECHSLER, Laura; TOSONI, Luca. *The EU General Data Protection Regulation*: A Commentary. Oxford: Oxford University Press, 2020.

LANDERDAHL, Cristiane; MAIOLINO, Isabela; BARBOSA, Jeferson Dias; CARVALHO, Lucas Borges de. *Guia orientativo*: tratamento de dados pessoais pelo Poder Público – Versão 2.0. Brasília: ANPD, 2023. Disponível em: https://www.gov.br/anpd/pt-br/documentos-e-publicacoes/guia-poder-publico-anpd-versao-final.pdf. Acesso em: 1.º jun. 2023.

LEMOS, Ronaldo. Internet brasileira precisa de Marco Regulatório Civil. *UOL Tecnologia*, 22 maio 2007. Disponível em: http://tecnologia.uol.com.br/ultnot/2007/05/22/ult4213u98.jhtm. Acesso em: 29 dez. 2016.

LEMOS, Ronaldo. Uma breve história da criação do marco civil. In: DE LUCCA, Newton; SIMÃO FILHO, Adalberto; LIMA, Cíntia Rosa Pereira (org.). *Direito & internet III*. São Paulo: Quartier Latin, 2015. t. 1.

LEONARDI, Marcel (Google Brasil). In: RUIZ, Juliana. O que pode autorizar o tratamento de dados pessoais. *Internetlab*, 12 jul. 2016. Disponível em: https://internetlab.org.br/pt/opiniao/especial-o-que-pode-autorizar-o-tratamento-de-dados-pessoais/. Acesso em: 18 jun. 2023.

LEONARDI, Marcel. Legítimo interesse. *Revista do Advogado*, v. 39, n. 144, p. 67-73, 2019.

LEONARDI, Marcel. *Publicidade personalizada e LGPD*: Parecer Jurídico. São Paulo, 26 jul. 2021. Parecer elaborado a pedido da Associação de Mídia Interativa ("IAB Brasil"), de forma a analisar algumas implicações da Lei 13.709/2018 (Lei Geral de Proteção de Dados Pessoais, "LGPD") à publicidade personalizada. Disponível em: https://iabbrasil.com.br/wp-content/uploads/2021/08/IAB-BRASIL_PARECER-JURIDICO_LGPD-E-PUBLICIDADE-PERSONALIZADA_MARCEL-LEONARDI.pdf. Acesso em: 1.º jun. 2023.

LEONARDI, Marcel. *Parecer*. Tribunal de Justiça do Distrito Federal e dos Territórios. Ação Civil Pública n.º 0736634-81.2020.8.07.0001. 5.ª Vara Cível de Brasília/DF.

LEWICKI, Bruno. Panorama da boa-fé objetiva. In: TEPEDINO, Gustavo (coord.). *Problemas de direito civil-constitucional*. Rio de Janeiro: Renovar, 2000. p. 55-76.

LIMA, Cíntia Rosa Pereira; BIONI, Bruno Ricardo. A proteção dos dados pessoais na fase de coleta: apontamentos sobre a adjetivação do consentimento implementada pelo artigo 7, incisos VIII e IX do marco civil da internet partir da human computer interaction e da privacy by default. In: DE LUCCA, Newton; SIMÃO FILHO, Adalberto; LIMA, Cíntia Rosa Pereira (org.). *Direito & internet III*. São Paulo: Quartier Latin, 2015. t. 1.

LÔBO, Paulo. Colisão de direitos fundamentais nas relações de família. In: PEREIRA, Rodrigo da Cunha (org.). *Família*: entre o público e o privado. Porto Alegre: Magister, 2012. v. 1.

LOPES, Alexandra Krastins et al. *Guia orientativo*: cookies e proteção de dados pessoais. Brasília: ANPD, out. 2022. Disponível em: https://www.gov.br/anpd/pt-br/documentos-e-publicacoes/guia-orientativo-cookies-e-protecao-de-dados-pessoais.pdf. Acesso em: 08 ago. 2023.

LOPES, Serpa. *O silêncio como manifestação da vontade nas obrigações*. 2. ed. Rio de Janeiro: Livraria Suíça, Walter Roth, 1944.

LUDWIG, Marcos de Campos. Direito público e direito privado: a superação da dicotomia. In: MARTINS-COSTA, Judith (org.). *A reconstrução do direito privado*. São Paulo: Ed. RT, 2002. p. 87-117.

LUTERBACHER, Celia. What are neurorights, and why do we need them? *EPFL*, 29 nov. 2021. Disponível em: https://actu.epfl.ch/news/what-are-neurorights-and-why-do-we-need-them/. Acesso em: 14 fev. 2023.

MACEDO JÚNIOR, Ronaldo Porto. Privacidade, mercado e informação. In: NERY JÚNIOR, Nelson; NERY, Rosa Maria de Andrade (orgs.). *Direito à informação*. São Paulo: Ed. RT, 2010. v. 8. (Coleção Doutrinas Essenciais de Responsabilidade Civil).

MAFEI, Rafael; PONCE, Paula. Tércio Sampaio Ferraz Júnior e sigilo de dados: o direito à privacidade e os limites à função fiscalizadora do Estado: o que permanece e o que deve ser reconsiderado. *Internet&Sociedade*, n. 1, v. 1, p. 64-90, fev. 2020.

MAIA, Roberta Mauro Medina. O legítimo interesse do controlador e o término do tratamento de dados pessoais. In: MULHOLLAND, Caitlin (org.). *A LGPD e o novo marco normativo no Brasil*. Porto Alegre: Arquipélago, 2020.

MALDONADO, Viviane Nóbrega; BLUM, Renato Opice (coord.). *LGPD*: Lei Geral de Proteção de Dados comentada. 2. ed. rev., atual. e ampl. São Paulo: Thomson Reuters Brasil, 2020.

MARQUES, Claudia Lima. *Contratos no Código de Defesa do Consumidor*: o novo regime das relações contratuais. São Paulo: Ed. RT, 1998.

MARTINS, Guilherme Madeira. O direito ao esquecimento como direito fundamental. *Civilistica.com*, v. 10, n. 3, p. 1-70, 7 dez. 2021.

MARTINS-COSTA, Judith. *A reconstrução do direito privado*: reflexos dos princípios, diretrizes e direitos fundamentais constitucionais no direito privado. São Paulo: Ed. RT, 2002. v. 1.

MARTINS-COSTA, Judith. Mercado e solidariedade social entre cosmos e taxis: a boa-fé nas relações de consumo. In: MARTINS-COSTA, Judith (org.). *A reconstrução do direito privado*: reflexos dos princípios, diretrizes e direitos fundamentais constitucionais no direito privado. São Paulo: Ed. RT, 2002.

MARTINS-COSTA, Judith; BRANCO, Gerson Luiz Carlos. *Diretrizes teóricas do Novo Código Civil Brasileiro*. São Paulo: Saraiva, 2002.

MATTIUZZO, Marcela; PONCE, Paula Pedigoni. O legitimo interesse e o teste da proporcionalidade: uma proposta interpretativa. *Revista Internet & Sociedade*, v. 1, n. 2, p. 54-76, 2020.

MAYER-SCHÖNBERGER, Viktor. Generational Development of Data Protection in Europe. In: AGRE, Philip; ROTENBERG, Marc (eds.). *Technology and privacy*: the new landscape. Cambridge: MIT Press, 1997.

MAYER-SCHÖNBERGER, Viktor; CUKIER, Kenneth. *Big data*: a Revolution That Will Transform How We Live, Work, and Think. New York: Houghton Mifflin Harcourt, 2013.

MEIRELES, Rose Melo Vencelau. *Autonomia privada e dignidade humana*. Rio de Janeiro: Renovar, 2009.

MEIRELES, Rose Melo Vencelau. O negócio jurídico e suas modalidades. In: TEPEDINO, Gustavo (coord.). *O Código Civil na perspectiva civil-constitucional*. Rio de Janeiro: Renovar, 2013.

MELLO, Celso Antônio Bandeira de. *Discricionariedade e controle jurisdicional*. São Paulo: Malheiros, 2007.

MENDES, Gilmar Ferreira; BRANCO, Paulo Gustavo Gonet. *Curso de direito constitucional*. 9. ed. São Paulo: Saraiva, 2014.

MENDES, Laura Schertel (Instituto Brasiliense de Direito Público – IDP). In: RUIZ, Juliana. O que pode autorizar o tratamento de dados pessoais. *Internetlab*, 12 jul. 2016. Disponível em: https://internetlab.org.br/pt/opiniao/especial-o-que-pode-autorizar-o-tratamento-de-dados-pessoais/. Acesso em: 19 dez. 2022.

MENDES, Laura Schertel Ferreira. Autodeterminação informativa: a história de um conceito. *Pensar: Revista de Ciência Jurídicas*, Fortaleza, v. 25, n. 4, out./dez. 2020. Disponível em: https://periodicos.unifor.br/rpen/article/view/10828. Acesso em: 14 set. 2022.

MENDES, Laura Schertel. Decisão histórica do STF reconhece direito fundamental à proteção de dados pessoais. *Jota*, 10 maio 2020. Disponível em: https://www.jota.info/opiniao-e-analise/artigos/decisao-historica-do-stf-reconhece-direito-fundamental-a-protecao-de-dados-pessoais-10052020. Acesso em: 29 mar. 2023.

MENDES, Laura Schertel; DONEDA, Danilo. Comentário à nova Lei de Proteção de Dados (Lei 13.709/2018): o novo paradigma da proteção de dados no Brasil. *Revista de Direito do Consumidor*, São Paulo, v. 120, p. 555-587, nov./dez. 2018.

MENDES, Laura Schertel; DONEDA, Danilo. Reflexões gerais sobre a Lei Geral de Proteção de Dados. *Revista de Direito do Consumidor*, v. 120, p. 469-483, nov./dez. 2018.

MENDES, Laura S.; FONSECA, Gabriel C. S. Proteção de dados para além do consentimento: tendências de materialização. In: DONEDA, Danilo et al. (coords.). *Tratado de proteção de dados pessoais*. Rio de Janeiro: Forense, 2021.

MENDES, Laura Schertel; RODRIGUES JÚNIOR, Otavio Luiz; FONSECA, Gabriel Campos Soares da. O Supremo Tribunal Federal e a proteção constitucional dos dados pessoais: rumo a um direito fundamental autônomo. In: DONEDA, Danilo et al. (coord.). *Tratado de proteção de dados pessoais*. Rio de Janeiro: Forense, 2021.

MENDONÇA, Júlia; MARTINS, Pedro Bastos Lobo; SANTOS, Pedro Henrique Martins dos. *Contribuição Data Privacy Brasil*: legítimo interesse. São Paulo: Data Privacy Brasil, 2023.

METZ, Cade. The ChatGPT King Isn't Worried, but He Knows You Might Be. *The New York Times*, 31 mar. 2023. Disponível em: https://www.nytimes.com/2023/03/31/technology/sam-altman-open-ai-chatgpt.html. Acesso em: 06 abr. 2023.

MILANEZ, Giovanna. Compliance de dados pessoais disponíveis publicamente: boas práticas para a confirmação da licitude do tratamento dos dados de acesso público e tornados manifestamente públicos pelo titular. In: FRAZÃO, Ana; CUEVA, Ricardo Villas Bôas (org.). *Compliance e política de proteção de dados*. São Paulo: Thomson Reuters Brasil, 2021.

MIRANDA, Pontes de. *Tratado de direito privado*: parte geral. Bens. Fatos jurídicos. São Paulo: Ed. RT, 2012. t. 2.

MONTEIRO FILHO, Carlos Edison do Rêgo; CASTRO, Diana Loureiro Paiva de. Proteção de dados pessoais nas contratações públicas de Inteligência Artificial – Parte II. *Migalhas*, 26 ago. 2022). Disponível em: https://www.migalhas.com.br/coluna/migalhas-de-protecao-de-dados/372371/protecao-de-dados-pessoais-nas-contratacoes-publicas-de-ia. Acesso em: 05 out. 2022.

MONTEIRO FILHO, Carlos Edison do Rêgo; PAIVA DE CASTRO, Diana Loureiro. Proteção de dados pessoais nas contratações públicas de inteligência artificial: parte I. *Migalhas*, 1.º jul. 2022. Disponível em: https://www.migalhas.com.br/coluna/migalhas-de-protecao-de-dados/368955/protecao-de-dados-pessoais-nas-contratacoes-publicas-de-ia. Acesso em: 05 out. 2022.

MONTEIRO, Renato Leite. Lei Geral de Proteção de Dados do Brasil: análise contextual detalhada. *Jota*, 14 jul. 2018. Disponível em: https://www.jota.info/opiniao-e-analise/colunas/agenda-da-privacidade-e-da-protecao-de-dados/lgpd-analise-detalhada-14072018. Acesso em: 30 maio 2023.

MORGAN, Jacob. Privacy Is Completely and Utterly Dead, and we Killed It. *Forbes*, ago. 2014. Disponível em: https://www.forbes.com/sites/jacobmorgan/2014/08/19/privacy-is-completely-and-utterly-dead-and-we-killed-it/. Acesso em: 1.º fev. 2023.

MULHOLLAND, Caitlin Sampaio. O princípio da relatividade dos efeitos contratuais. In: MORAES, Maria Celina Bodin de (coord.). *Princípios do direito civil contemporâneo*. Rio de Janeiro: Renovar, 2006.

MULHOLLAND, Caitlin. Dados pessoais sensíveis e consentimento na Lei geral de Proteção de Dados Pessoais. *Revista do Advogado*, n. 144, p. 47-53, nov. 2019.

MULHOLLAND, Caitlin. A LGPD e o fundamento da responsabilidade civil dos agentes de tratamento de dados pessoais: culpa ou risco? *Migalhas*, 30 jun. 2020. Disponível em: https://www.migalhas.com.br/coluna/migalhas-de-responsabilidade-civil/329909/a-lgpd-e-o-fundamento-da-responsabilidade-civil-dos-agentes-de-tratamento-de-dados-pessoais--culpa-ou-risco. Acesso em: 04 maio 2022.

MULHOLLAND, Caitlin; PALMEIRA, Mariana. As bases legais para tratamento de dados de crianças e adolescentes. In: LATERÇA, Priscilla Silva; FERNANDES, Elora; TEFFÉ, Chiara Spadaccini de; BRANCO, Sérgio (coords.). *Privacidade e proteção de dados de crianças e adolescentes*. Rio de Janeiro: Instituto de Tecnologia e Sociedade do Rio de Janeiro; Obliq, 2021. *E-book*.

NAIH (Hungria). *NAIH-3734-15/2023*. Data da decisão: 30 nov. 2023. Disponível em: https://gdprhub.eu/index.php?title=NAIH_%28Hungary%29_-_NAIH-3734-15%2F2023. Acesso em: 03 out. 2023.

NASCENTES, Antenor. *Dicionário etimológico da língua portuguesa*. 2.ª tir. do I t. Rio de Janeiro: Jornal do Commercio, 1955.

NISSENBAUM, Helen. A Contextual Approach to Privacy Online. *Dædalus – Journal of the American Academy of Arts & Sciences*, Cambridge, v. 140, n. 4, p. 32-48, 2011.

ORGANIZAÇÃO DAS NAÇÕES UNIDAS. *Resolução 2.450 adotada pela Assembleia Geral durante sua 23.ª sessão*. Disponível em: https://research.un.org/en/docs/ga/quick/regular/23. Acesso em: 11 jan. 2023.

ORGANIZATION FOR ECONOMIC CO-OPERATION AND DEVELOPMENT (OECD). *The OECD Privacy Framework*. 2013. Disponível em: https://www.oecd.org/sti/ieconomy/oecd_privacy_framework.pdf. Acesso em: 12 abr. 2023.

ORGANIZATION FOR ECONOMIC CO-OPERATION AND DEVELOPMENT (OECD). *A caminho da era digital no Brasil*. Paris: OECD Publishing, 2020. Disponível em: https://doi.org/10.1787/45a84b29-pt. Acesso em: 07 out. 2022.

PARLAMENTO EUROPEU. *A carta dos direitos fundamentais*. Disponível em: https://www.europarl.europa.eu/RegData/etudes/fiches_techniques/2013/010106/04A_FT%282013%29010106_PT.pdf. Acesso em: 1.º maio 2023.

PARLAMENTO EUROPEU. Comissão das Liberdades Cívicas, da Justiça e dos Assuntos Internos. 2012/0011(COD). 17.12.2012. *Projeto de Relatório sobre a proposta de regulamento do Parlamento Europeu e do Conselho relativo à proteção das pessoas singulares no que diz respeito ao tratamento de dados pessoais e à livre circulação desses dados (regulamento geral de proteção de dados).* Relator: Jan Philipp Albrecht. Disponível em: https://www. europarl.europa.eu/meetdocs/2009_2014/documents/libe/pr/922/922387/922387pt. pdf. Acesso em: 04 jan. 2022.

PARLAMENTO EUROPEU. *Relatório – A4-0120/1995.* Recomendação para segunda leitura referente à posição comum adoptada pelo Conselho tendo em vista a adopção de uma directiva do Parlamento Europeu e do Conselho relativa à protecção das pessoas singulares no que diz respeito ao tratamento dos dados pessoais à livre circulação desses dados – Comissão dos Assuntos Jurídicos e dos Direitos dos Cidadãos 23.05.1995. Disponível em: https://www.europarl.europa.eu/doceo/document/A-4-1995-0120_PT.html. Acesso em: 29 dez. 2022.

PARLAMENTO EUROPEU. *Relatório sobre a proposta de regulamento do Parlamento Europeu e do Conselho relativo à proteção das pessoas singulares no que diz respeito ao tratamento de dados pessoais e à livre circulação desses dados (regulamento geral de proteção de dados).* 21.11.2013 – (COM(2012)0011 – C7-0025/2012 – 2012/0011(COD)) – Comissão das Liberdades Cívicas, da Justiça e dos Assuntos Internos. Relator: Jan Philipp Albrecht. Disponível em: https://www.europarl.europa.eu/doceo/document/A-7-2013-0402_ PT.html#_section1. Acesso em: 14 jun. 2023.

PATTI, Francesco Paolo. Significados e limites da autonomia privada: entre princípios e cláusulas gerais. Tradução de Eduardo Souza e Thiago Rodovalho. *Civilistica.com*, Rio de Janeiro, v. 11, n. 1, 2022. Disponível em: http://civilistica.com/significados-e-limites-da-autonomia/. Acesso em: 09 set. 2022.

PATTI, Salvatore. Principi, clausole generali e norme specifiche nell'applicazione giurisprudenziale. *Rivista Giuridica Trimestrale - Giustizia Civile*, n. 2, p. 241-253, 2016.

PENSANDO O DIREITO. *Anteprojeto de Lei para a Proteção de Dados Pessoais.* Dispõe sobre o tratamento de dados pessoais para proteger a personalidade e a dignidade da pessoa natural. Disponível em: http://pensando.mj.gov.br/dadospessoais/texto-em-debate/ anteprojeto-de-lei-para-a-protecao-de-dados-pessoais/. Acesso em: 04 maio 2022.

PENSANDO O DIREITO. *Consentimento – arts. 7.º ao 11.* Disponível em: http://pensando. mj.gov.br/dadospessoais/eixo-de-debate/tratamento-de-dados-pessoais/. Acesso em: 04 maio 2022.

PENSANDO O DIREITO. *Proteção de dados pessoais:* o que é? Disponível em: http://pensando. mj.gov.br/dadospessoais/. Acesso em: 04 maio 2022.

PEREIRA, Caio Mário da Silva. *Instituições de direito civil.* 20. ed. Rio de Janeiro: Forense, 2005. v. 1.

PEREIRA, Caio Mário da Silva. *Instituições de direito civil.* Atualização de Maria Celina Bodin de Moraes. 30. ed. rev. e atual. Rio de Janeiro: Forense, 2017. v. 1.

PEREIRA DE SOUZA, Carlos Affonso; VIOLA, Mario; PADRÃO, Vinicius. Considerações iniciais sobre os interesses legítimos do controlador na Lei Geral de Proteção de Dados Pessoais. *RDU*, Porto Alegre, v. 16, n. 90, 109-131, nov./dez. 2019.

PERLINGIERI, Pietro. *Perfis de direito civil.* Rio de Janeiro: Renovar, 1997.

PERLINGIERI, Pietro. *Perfis do direito civil:* introdução ao direito civil constitucional. Tradução de Maria Cristina De Cicco. Rio de Janeiro: Renovar, 1999.

PERLINGIERI, Pietro. *Perfis do direito civil*: introdução ao direito civil constitucional. Rio de Janeiro: Renovar, 2002.

PERLINGIERI, Pietro. La pubblica amministrazione e la tutela della privacy. *La persona e i suoi diritti*: problemi del diritto civile. Napoli: Edizioni Scientifiche Italiane, 2005.

PERLINGIERI, Pietro. *O direito civil na legalidade constitucional*. Rio de Janeiro: Renovar, 2008.

PERÓNU VERND. *Rafræn vöktun af hálfu Íslandspósts*. Processo n.º 2022050836. Julgamento 08/12/2023 Disponível em: https://www.personuvernd.is/urlausnir/rafraen-voktun-af-halfu-islandsposts. Acesso em: 16 dez. 2023.

PICHEL, Paulo Guilherme da Rocha. Troca automática de informações financeiras, respeito pela vida privada e proteção de dados pessoais. PORTUGAL. Comissão Nacional de Proteção de Dados. *Forum de Proteção de Dados*, n. 05, nov. 2018.

PINHEIRO, José Alexandre Guimarães de Sousa. *Privacy e proteção de dados pessoais*: a construção dogmática do direito à identidade informacional. Coimbra: Almedina, 2011. v. 1-2.

PINTO, Paulo Mota. *Interesse contratual negativo e interesse contratual positivo*. Coimbra: Coimbra Editora, 2008. v. 1.

PRIVACY BY DESIGN. Disponível em: https://www.ipc.on.ca/wp-content/uploads/2018/01/pbd.pdf. Acesso em: 21 dez. 2023.

PRIVACY by design in big data. *European Union Agency for Network and Information Security (ENISA)*, 17 dez. 2015. Disponível em: https://www.enisa.europa.eu/publications/big-data-protection. Acesso em: 12 abr. 2023.

PROGRAMA DE PRIVACIDADE E SEGURANÇA DA INFORMAÇÃO (PPSI). *Guia de Elaboração de Inventário de Dados Pessoais*. Versão 2.0. Brasília, mar. 2023. Disponível em: https://www.gov.br/governodigital/pt-br/seguranca-e-protecao-de-dados/ppsi/guia_inventario_dados_pessoais.pdf. Acesso em: 09 dez 2023.

PROVOST, Magalie. *La notion d'intérêt d'assurance*. Paris: Librairie Générale de Droit et de Jurisprudence, Lextenso éditions, 2009.

RAMOS, André de Carvalho; AZEVEDO, Davi Quintanilha Failde de; LIMA, Raquel da Cruz; YOUSSEF, Surrailly F. Comentários gerais dos comitês de tratados de direitos humanos da ONU: Comitê dos Direitos das Crianças. São Paulo: Núcleo de Estudos Internacionais – Clínica de Direito Internacional e Direitos Humanos da Faculdade de Direito da Universidade de São Paulo, 2023. Disponível em: https://alana.org.br/wp-content/uploads/2023/10/comentarios-gerais-portugues.pdf. Acesso em: 04 fev. 2024.

RECHTSPRAAK.NL. *Uitspraken zoeken. RvS – 202100045/1/A3*. Disponível em: https://www.rechtspraak.nl/Uitspraken-en-nieuws/Uitspraken/Paginas/Uitspraken-zoeken.aspx. Acesso em: 16 jan. 2024.

REGIS, Erick da Silva. Linhas gerais sobre a Lei 13.709/2018 (a LGPD): objetivos, fundamentos e axiologia da Lei Geral de Proteção de Dados brasileira e a tutela de personalidade/privacidade. *Revista de Direito Privado*, São Paulo, v. 21, n. 103, p. 63-100, jan./mar. 2020.

RELATÓRIO DA COMISSÃO. *Primeiro relatório sobre a implementação da directiva relativa à protecção de dados (95/46/CE)/*COM/2003/0265 final*/. Disponível em: https://eur-lex.europa.eu/legal-content/PT/TXT/HTML/?uri=CELEX:52003DC0265&from=EN. Acesso em: 02 jan. 2023.

RENGEL, Alexandra. *Privacy in the 21st Century*. Leiden: Martinus Nijhoff Publishers, 2013.

RICCARDI, J Lee. The German Federal Data Protection Act of 1977: Protecting the Right to Privacy? *Boston College International and Comparative Law Review*, v. 6, n. 1, p. 243-271, 1983. Disponível em: http://lawdigitalcommons.bc.edu/iclr/vol6/iss1/8. Acesso em: 06 mar. 2023.

RIO DE JANEIRO. *Lei n.º 824, de 28 de dezembro de 1984*. Assegura o direito de obtenção de informações pessoais contidas em bancos de dados operando no estado do Rio de Janeiro e dá outras providências. Disponível em: https://www.google.com/url?esrc=s&q=&rct=j&sa=U&url=https://leisestaduais.com.br/rj/lei-ordinaria-n-824-1984-rio-de-janeiro-assegura-o-direito-de-obtencao-de-informacoes-pessoais-contidas-em-bancos-de-dados-operando-no-estado-do-rio-de-janeiro-e-da-outras-providencias&ved=2ahUKEwi_8eCh--SAAxXULrkGHZZmCp0QFnoECAUQAg&usg=AOvVaw1hB6A3BGL-YAp59CLC7e8u. Acesso em: 1.º jun. 2023.

RODAS, Sérgio. Constitucionalização da proteção de dados é marco e aumenta segurança jurídica. *Consultor Jurídico*, 11 fev. 2022. Disponível em: https://www.conjur.com.br/2022-fev-11/constitucionalizacao-protecao-dados-marco-aumenta-seguranca. Acesso em: 21 mar. 2023.

RODOTÀ, Stefano. Ideologie e tecniche della riforma del diritto civile. *Rivista del Diritto Commerciale*, p. 83-99, 1967.

RODOTÀ, Stefano. *A vida na sociedade de vigilância*: a privacidade hoje. Rio de Janeiro: Renovar, 2008.

RODRIGUES, Rafael Garcia. A pessoa e o ser humano no Código Civil. In: TEPEDINO, Gustavo (coord.). *O Código Civil na perspectiva civil-constitucional*. Rio de Janeiro: Renovar, 2013.

RUEBHAUSEN, Oscar M. Prefácio. In: BENNETT, Colin John. *Regulating Privacy*: Data Protection and Public Policy in Europe and the United States. Ithaca: Cornell University Press, 1992.

RULE, James B. *Global Privacy Protection*: The First Generation. Cheltenham: Edward Elgar Publishing, 2008.

SANTOS, Ricardo Bechara. Interesse segurado e o princípio da predeterminação do risco. In: CARLINI, Angélica L.; SANTOS, Ricardo Bechara (org.). *Estudos de direito do seguro em homenagem a Pedro Alvim*. Rio de Janeiro: Funenseg, 2011.

SARMENTO, Daniel. *Direitos fundamentais e relações privadas*. Rio de Janeiro: Lumen Juris, 2004.

SCHMITT-BECK, Rüdiger. Bandwagon Effect. In: MAZZOLENI, Gianpietro (ed.). *The International Encyclopedia of Political Communication*. London: John Wiley & Sons, 2015. Disponível em: https://doi.org/10.1002/9781118541555.wbiepc015. Acesso em: 03 mar. 2023.

SCHREIBER, Anderson. Direito civil e Constituição. *Revista Trimestral de Direito Civil*, Rio de Janeiro, v. 48, p. 3-26, out./dez. 2011.

SCHREIBER, Anderson. *Direitos da personalidade*. 2. ed. São Paulo: Atlas, 2013.

SCHREIBER, Anderson. Direito civil e Constituição. In: SCHREIBER, Anderson; KONDER, Carlos Nelson (coord.). *Direito civil constitucional*. São Paulo: Atlas, 2016.

SECRETARY'S ADVISORY COMMITTEE ON AUTOMATED PERSONAL DATA SYSTEMS. *Records, computers, and the rights* of citizens: report. Washington, D.C.: U.S. Department of Health, Education, and Welfare, 1973. Disponível em: https://aspe.hhs.gov/reports/records-computers-rights-citizens. Acesso em: 05 dez. 2023

SELINGER, Evan; FRISCHMANN, Brett. Will the internet of things result in predictable people? *The Guardian*, ago. 2015. Disponível em: http://www.theguardian.com/technology/2015/aug/10/internet-of- things-predictable-people. Acesso em: 14 jan. 2023.

SENADO FEDERAL. *106.ª Sessão Deliberativa Ordinária*. Plenário do Senado Federal. Brasília, 10 jul. 2018. Disponível em: https://www25.senado.leg.br/web/atividade/sessao-plenaria/-/pauta/23457. Acesso em: 24 jun. 2023.

SENADO FEDERAL. *Lei n.º 13.709, de 14 de agosto de 2018*. Dispõe sobre a proteção de dados pessoais e altera a Lei n.º 12.965, de 23 de abril de 2014 (Marco Civil da Internet). Disponível em: https://legis.senado.leg.br/norma/27457334/publicacao/27457731. Acesso em: 24 jun. 2023.

SENADO FEDERAL. *Parecer (SF) n.º 64, de 2018*. Disponível em: https://legis.senado.leg.br/sdleg-getter/documento?dm=7752591&ts=1630450892727. Acesso em: 24 jun. 2023.

SENADO FEDERAL. *Parecer n.º, de 2018*. Da Comissão de Assuntos Econômicos, sobre o Projeto de Lei do Senado n.º 330, de 2013, do Senador Antonio Carlos Valadares, que dispõe sobre a proteção, o tratamento e o uso dos dados pessoais, e dá outras providências, sobre o Projeto de Lei do Senado n.º 131, de 2014, de autoria da Comissão Parlamentar de Inquérito da Espionagem (CPIDAESP), que dispõe sobre o fornecimento de dados de cidadãos ou empresas brasileiros a organismos estrangeiros, e sobre o Projeto de Lei do Senado n.º 181, de 2014, do Senador Vital do Rêgo, que estabelece princípios, garantias, direitos e obrigações referentes à proteção de dados pessoais. Disponível em: https://legis.senado.leg.br/sdleg-getter/documento?dm=7726670. Acesso em: 24 jun. 2023.

SENADO FEDERAL. *Parecer n.º 129, de 2018 – PLEN/SF*. Redação final do Projeto de Lei da Câmara n.º 53, de 2018 (n.º 4.060, de 2012, na Casa de origem). Disponível em: https://legis.senado.leg.br/sdleg-getter/documento?dm=7761105&ts=1630450893544. Acesso em: 24 jun. 2023.

SENADO FEDERAL. *Parecer n.º, de 2019*. Da Comissão de Constituição, Justiça e Cidadania, sobre a Proposta de Emenda à Constituição n.º 17, de 2019, do Senador Eduardo Gomes e outros, que acrescenta o inciso XII-A, ao art. 5.º, e o inciso XXX, ao art. 22, da Constituição Federal para incluir a proteção de dados pessoais entre os direitos fundamentais do cidadão e fixar a competência privativa da União para legislar sobre a matéria. Relatora: Senadora Simone Tebet. Disponível em: https://legis.senado.leg.br/sdleg-getter/documento?dm=7956536&ts=1647518557553. Acesso em: 03 abr. 2023.

SENADO FEDERAL. *Projeto de lei da Câmara n.º 53, de 2018* (n.º 4.060/2012, na Câmara dos Deputados). Dispõe sobre a proteção de dados pessoais e altera a Lei n.º 12.965, de 23 de abril de 2014. Disponível em: https://legis.senado.leg.br/sdleg-getter/documento?dm=7738705. Acesso em: 24 jun. 2023.

SENADO FEDERAL. *Projeto de Lei do Senado n.º 330, de 2013* Dispõe sobre a proteção, o tratamento e o uso dos dados pessoais, e dá outras providências. Disponível em: https://legis.senado.leg.br/sdleg-getter/documento?dm=3927883. Acesso em: 24 jun. 2023.

SENADO FEDERAL. *Proposta de Emenda à Constituição n.º 17, de 2019*. Avulso inicial da matéria. Disponível em: https://legis.senado.leg.br/sdleg-getter/documento?dm=7925004&ts=1647518557360. Acesso em: 03 abr. 2023.

SENADO FEDERAL. *Proposta de Emenda à Constituição n.º 8, de 2020*. Altera o art. 5.º da Constituição Federal, para incluir o acesso à internet entre os direitos fundamentais. Disponível em: https://www25.senado.leg.br/web/atividade/materias/-/materia/141096. Acesso em: 1.º jun. 2023.

SENADO FEDERAL. *Relatório final*. Comissão de Juristas Responsável por Subsidiar Elaboração de Substitutivo sobre Inteligência Artificial no Brasil. Coordenação de Comissões Especiais, Temporárias e Parlamentares de Inquérito. Brasília, 2022.

SILVA, José Afonso da. *Curso de direito constitucional positivo*. 22. ed. São Paulo: Ed. RT, 2003.

SILVA, Lucas Gonçalves; MELO, Bricio Luis da Anunciação. A Lei Geral de Proteção de Dados como instrumento de concretização da autonomia privada em um mundo cada vez mais tecnológico. *Revista Jurídica*, v. 3, n. 56, p. 354-377, 2019. Disponível em: http://revista.unicuritiba.edu.br/index.php/RevJur/article/view/3581. Acesso em: 19 dez. 2022.

SILVA, Luís Virgílio Afonso da. O proporcional e o razoável. *Revista dos Tribunais*, São Paulo, v. 91, n. 798, p. 23-50, abr. 2002.

SIMON, Herbert Alexander. *A Theory of Administrative Decision*. 1943. Tese (Doutorado) –Department of Political Science, University of Chicago, Chicago, 1943.

SIMON, Herbert Alexander. *Administrative behavior*: a study of decision-making processes in administrative organizations. 4. ed. New York: The Free Press, 1997.

SOLOVE, Daniel J. The Legacy of Privacy and Freedom. In: WESTIN, Alan F. *Privacy and Freedom*. New York: Ig Publishing, 2018. (Prefácio da reedição da versão original publicada em 1967.

SOLOVE, Daniel J. Murky Consent: An Approach to the Fictions of Consent in Privacy Law. *Social Science Research Network (SSRN)*, 2023. Disponível em: https://ssrn.com/abstract=4333743. Acesso em: 26 jan. 2023.

SOUZA, Carlos Affonso Pereira de. As cinco faces da proteção à liberdade de expressão no marco civil da internet. In: DE LUCCA, Newton; SIMÃO FILHO, Adalberto; LIMA, Cíntia Rosa Pereira (org.). *Direito & internet III*. São Paulo: Quartier Latin, 2015. t. 2.

SOUZA, Carlos Affonso Pereira de; SAMPAIO, Patrícia Regina Pinheiro. O princípio da razoabilidade e o princípio da proporcionalidade: uma abordagem constitucional. *Revista Forense*, v. 96, p. 349-371, 2003.

SOUZA, Eduardo Nunes de. Merecimento de tutela: a nova fronteira da legalidade no direito civil. *Revista de Direito Privado*, v. 15, n. 58, p. 73-106, abr./jun. 2014.

SPOTIFY. *Política de privacidade do Spotify*. Disponível em: https://www.spotify.com/br-pt/legal/privacy-policy/. Acesso em: 19 maio 2023.

STEINMÜLLER, Wilhelm; LUTTERBECK, Bernd; MALIMANN, Christoph; HARBORT, Uwe; KOLB, Gerhard; SCHNEIDER, Jochen. Questões fundamentais da proteção de dados. Parecer a pedido do Ministério Federal do Interior em julho de 1971, em razão do projeto de lei do Governo Alemão para regulamentar a proteção de dados em entidades privadas e para alterar a Lei Federal de Proteção de Dados e outras leis. In: BUNDESTAG,

Deutscher. *Schutz der Privatsphäre*. VI/3826. Bonn, 7 de setembro de 1972. Disponível em: https://dserver.bundestag.de/btd/06/038/0603826.pdf. Acesso em: 08 mar. 2023.

TAR, Julia. WhatsApp shifts legal basis for processing personal data in Europe. *Euractiv*, 17 jul. 2023. Disponível em: https://www.euractiv.com/section/data-privacy/news/whatsapp-shifts-legal-basis-for-processing-personal-data-in-europe/. Acesso em: 26 dez. 2023.

TEFFÉ, Chiara Spadaccini de. Dados sensíveis de crianças e adolescentes: aplicação do melhor interesse e tutela integral. In: LATERÇA, Priscilla Silva; FERNANDES, Elora; TEFFÉ, Chiara Spadaccini de; BRANCO, Sérgio (coords.). *Privacidade e proteção de dados de crianças e adolescentes*. Rio de Janeiro: Instituto de Tecnologia e Sociedade do Rio de Janeiro; Obliq, 2021. *E-book*.

TEFFÉ, Chiara Spadaccini de; VIOLA, Mario. Tratamento de dados pessoais na LGPD: estudo sobre as bases legais. *Civilistica.com*, Rio de Janeiro, v. 9, n. 1, 2020. Disponível em: http://civilistica.com/tratamento-de-dados-pessoais-na-lgpd/. Acesso em: 21 nov. 2023.

TEFFÉ, Chiara Spadaccini de; VIOLA, Mario. Tratamento de dados pessoais na LGPD: estudo sobre as bases legais dos artigos 7.º e 11. In: DONEDA, Danilo et al. (coord.). *Tratado de proteção de dados pessoais*. Rio de Janeiro: Forense, 2021. Livro eletrônico não paginado.

TEPEDINO, Gustavo. Computador bisbilhoteiro. *Jornal do Brasil*, 03 out. 1989.

TEPEDINO, Gustavo. Normas constitucionais e direito civil na construção unitária do ordenamento. *Temas de direito civil*. Rio de Janeiro: Renovar, 2009. t. 3.

TEPEDINO, Gustavo. O direito civil-constitucional e suas perspectivas atuais. *Temas de direito civil*. Rio de Janeiro: Renovar, 2009. t. 3.

TEPEDINO, Gustavo. Liberdades, tecnologia e teoria da interpretação. *Revista Forense*, v. 419, p. 77-96, 2014.

TEPEDINO, Gustavo. O princípio da função social no direito civil contemporâneo. *Revista do Ministério Público do Rio de Janeiro*, n. 54, p. 142-154, out./dez. 2014.

TEPEDINO, Gustavo. Normas constitucionais e direito civil na construção unitára do ordenamento. In: SOUZA NETO, Cláudio Pereira de; SARMENTO, Daniel (coords.). *A constitucionalização do direito*: fundamentos teóricos e aplicações específicas. Rio de Janeiro: Forense, 2017.

TEPEDINO, Gustavo. Editorial. *Revista Brasileira de Direito Civil*, v. 24, n. 2, 2020. Disponível em: https://rbdcivil.ibdcivil.org.br/rbdc/article/view/587. Acesso em: 20 mar. 2023.

TEPEDINO, Gustavo. Relações contratuais e a funcionalização do direito civil. *Revista de Ciências Jurídicas – Pensar*, Fortaleza, v. 28, n. 1, p. 1-10, jan./mar. 2023.

TEPEDINO, Gustavo; BARBOZA, Heloisa Helena; BODIN DE MORAES, Maria Celina. *Código civil interpretado*: conforme a Constituição da República. Rio de Janeiro: Renovar, 2014. v. 1.

TEPEDINO, Gustavo; OLIVA, Milena Donato; TEFFÉ, Chiara Spadaccini de. Dados sensíveis de crianças e adolescentes: aplicação do melhor interesse e tutela integral. In: LATERÇA, Priscilla Silva; FERNANDES, Elora; TEFFÉ, Chiara Spadaccini de; BRANCO, Sérgio (coords.). *Privacidade e proteção de dados de crianças e adolescentes*. Rio de Janeiro: Instituto de Tecnologia e Sociedade do Rio de Janeiro; Obliq, 2021. *E-book*.

THE NEW COMPUTERIZED AGE. *Saturday Review*, v. 49, n. 30, 23 jul. 1966. Disponível em: https://archive.org/details/sim_saturday-review_1966-07-23_49_30. Acesso em: 03 mar. 2023.

THE PENTAGON Inches Toward Letting AI Control Weapons. *Wired*, 18 maio 2021. Disponível em: https://www.wired.com/story/pentagon-inches-toward-letting-ai-control-weapons/. Acesso em: 26 jan. 2023.

TRIBUNAL DE JUSTIÇA. *Processos apensos C-92/09 e C-93/0923*. Acórdão do Tribunal de Justiça (Grande Secção) de 9 de novembro de 2010. n.º 48. Disponível em: https://eur-lex. europa.eu/legal-content/PT/TXT/?uri=CELEX:62009CJ0092. Acesso em: 16 jan. 2024).

TRIBUNAL DE JUSTIÇA DA UNIÃO EUROPEIA. *Google Spain SL e Google Inc. vs Agencia Española de Protección de Datos (AEPD) e Mario Costeja González*. [S.l], 13 maio 2014. Sumário. Disponível em: https://eur-lex.europa.eu/legal-content/PT/TXT/HTML/?uri=CELEX:62012CJ0131_SUM. Acesso em: 09 jun. 2023.

TRIBUNAL DE JUSTIÇA DA UNIÃO EUROPEIA. Julgamento de 1 de outubro de 2019. Planet49, C-673/17, EU:C:2019:801. Documento 62017CJ0673. Disponível em: https://eur-lex.europa.eu/legal-content/PT/TXT/?uri=CELEX%3A62017CJ0673. Acesso em: 16 maio 2023.

TRIBUNAL DISTRITAL DE MIDDEN-NEDERLAND. (Agentes: Sr. E.W.S. Peperkamp, Sr. S.E.A. Vermeer-de Jongh e Sr. G.N.N. Kamphuis) vs Autoridade Holandesa de Proteção de Dados. *AMS 20/4850*. Data do julgamento: 22.09.2022. Data de publicação: 28.09.2022.

TRIBUNAL DISTRITAL DOS ESTADOS UNIDOS PARA O DISTRITO NORTE DA CALIFÓRNIA. Petição apresentada em 14/11/22, documento 909-5, p. 15. Disponível em: https://www.courtlistener.com/docket/17386347/calhoun-v-google-llc/?page=6. Acesso em: 11 maio 2023.

U.S. GOVERNMENT PRINTING OFFICE. *The Computer and Invasion of Privacy*. Disponível em: https://archive.org/details/U.S.House1966TheComputerAndInvasionOfPrivacy. Acesso em: 06 fev. 2023.

UNESCO. Ethis and institutionalization in social science. *International Social Science Journal*, Paris, v. 24, n. 3, 1972. Disponível em: https://unesdoc.unesco.org/ark:/48223/pf0000002551.locale=en. Acesso em: 06 mar. 2023.

UNIÃO EUROPEIA. Document 52011AE0999: Parecer do Comité Económico e Social Europeu sobre a Comunicação da Comissão ao Parlamento Europeu, ao Conselho, ao Comité Económico e Social Europeu e ao Comité das Regiões: Uma abordagem global da protecção de dados pessoais na União Europeia [COM(2010) 609 final]. *OJ C 248*, 25.8.2011, p. 123-129. Disponível em: https://eur-lex.europa.eu/legal-content/PT/TXT/?uri=uriserv%3AOJ.C_.2011.248.01.0123.01.POR. Acesso em: 14 jun. 2023.

UNIÃO EUROPEIA. Documento 51990PC0314(01). Proposta de Directiva do Conselho relativa à Proteção das pessoas no que diz respeito ao tratamento dos dados dessoais/* COM/90/314FINAL - SYN 287 DO 24/9/90 */*Jornal Oficial das Comunidades Europeias*, n. 277/7 de 5.11.1990. p. 3-12. Disponível em: https://eur-lex.europa.eu/legal-content/RO/TXT/?uri=CELEX:51990PC0314(01). Acesso em: 28 dez. 2022.

UNIÃO EUROPEIA. Documento L:2016:119:TOC. *Jornal Oficial da União Europeia*, L 119, 4 de maio de 2016. Disponível em: https://eur-lex.europa.eu/legal-content/PT/ALL/?uri=OJ:L:2016:119:TOC. Acesso em: 14 jun. 2023.

UNIÃO EUROPEIA. Tribunal de Justiça (Grande Secção). *Processo C-252/21*. Meta Platforms Inc., anteriormente Facebook Inc., Meta Platforms Ireland Ltd, anteriormente Facebook Ireland Ltd., Facebook Deutschland GmbH contra Bundeskartellamt, sendo interveniente:

Verbraucherzentrale Bundesverband eV. Relatora: L. S. Rossi. 04 jul. 2023. Disponível em: https://curia.europa.eu/juris/documents.jsf?num=C-252/21. Acesso em: 1.º jun. 2023.

UNIÃO EUROPEIA. Tribunal de Justiça (Segunda Secção). *Processo C-13/16*. Valsts policijas Rīgas reģiona pārvaldes Kārtības policijas pārvalde contra Rīgas paⵣvaldības SIA «Rīgas satiksme». 04 maio 2017. Disponķvel em: https://curia.europa.eu/juris/liste. jsf?num=C-13/16. Acesso em: 1.º jun. 2023.

UNIÃO EUROPEIA. *UE Regulamento Geral sobre a Proteção de Dados*. Disponível em: https:// eur-lex.europa.eu/legal-content/PT/TXT/HTML/?uri=CELEX:32016R0679. Acesso em: 1.º jun. 2023.

VALENTE, Jonas. Temer sanciona lei de proteção de dados mas veta órgão regulador. *Agência Brasil*, 14 ago. 2018. Disponível em: https://agenciabrasil.ebc.com.br/geral/noticia/2018-08/temer-sanciona-lei-de-protecao-de-dados-mas-veta-orgao-regulador. Acesso em: 28 jun. 2023.

VARGAS, Andressa Girotto; LOPES, Fabrício; MIOLINO, Isabela; BARBOSA, Jeferson Dias; GUEDES, Marcelo Santiago; SA, Maria Luiza Duarte; DOS SANTOS, Rodrigo Santana; MORAES, Thiago. *Guia orientativo sobre segurança da informação para agentes de tratamento de pequeno porte*. Brasília, DF: Autoridade Nacional de Proteção de Dados, 2021.

VARGAS, Andressa Girotto; RABELO, Augusto Henrique Alves; COSTA, Diego Vasconcelos; MACIEL, Fernando de Mattos; GONÇALINHO, Gustavo; CARVALHO, Lucas Borges de; FAVERO, Sabrina Fernandes Maciel. *Tratamento de dados pessoais para fins acadêmicos e para a realização de estudos e pesquisas*. Brasília, DF: Autoridade Nacional de Proteção de Dados, 2023.

VEALE, Michael; NOUWENS, Midas; SANTOS, Cristiana T. Impossible asks: Can the Transparency and Consent Framework Ever Authorize Real-Time Bidding After the Belgian DPA Decision? *Technology and Regulation*, v. 2022, p. 12-22, 2022. Disponível em: https://doi.org/10.26116/techreg.2022.002. Acesso em: 15 maio 2023.

VENOSA, Sílvio de Salvo. *Direito civil*: parte geral. São Paulo: Atlas, 2001. v. 1.

VENOSA, Sílvio de Salvo. *Direito civil*: parte geral. 17. ed. São Paulo: Atlas, 2017.

VIOLA, Mario; PADRÃO, Vinicius. Legítimo interesse e mercado de seguros: tratamento de dados e prevenção à fraude. *Consultor Jurídico*, 27 jul. 2023. Disponível em: https://www.conjur.com.br/2023-jul-27/seguros-contemporaneos-legitimo-interesse-mercado-seguros-tratamento-dados. Acesso em: 27 jul. 2023.

WALDMAN, Ari Ezra. Privacy, Practice, and Performance. *California Law Review*, v. 110, n. 2, p. 1221-1280, ago. 2022.

WARREN, Samuel; BRANDEIS, Louis. The right to privacy. *Civilistica.com*, Rio de Janeiro, v. 2, n. 3, jul./set. 2013. Disponível em: http://civilistica.com/the-right-to-privacy. Acesso em: 27 fev. 2023.

WESTIN, Alan F. *Privacy and Freedom*. New York: Ig Publishing, 2018. (Reedição da versão original publicada em 1967).

WILLCOX, Victor. Interesse legítimo nas relações securitárias. In: GOLDBERG, Ilan; JUNQUEIRA, Thiago (org.). *Temas atuais de direito dos seguros*. São Paulo : Thomson Reuters Brasil, 2020. t. 2.

WIMMER, Miriam. Proteção de dados pessoais no setor público: incidência, bases legais e especificidades. *Revista do Advogado*, v. 144, p. 126-133, 2019.

WOLFGANG SARLET, Ingo. Fundamentos constitucionais: o direito fundamental à proteção de dados. In: DONEDA, Danilo; SARLET, Ingo Wolfgang; MENDES, Laura Schertel; RODRIGUES JÚNIOR, Otávio Luiz (coord.). *Tratado de proteção de dados pessoais*. Rio de Janeiro: Forense, 2021.

WORLD ECONOMIC FORUM (WEF). *Personal Data*: The Emergence of a New Asset Class. January 2011. Disponível em: http://www3.weforum.org/docs/WEF_ITTC_PersonalDataNewAsset_Report_2011.pdf. Acesso em: 06 mar. 2023.

WUERMELING, Ulrich U. Harmonization of European Union Privacy Law. *Journal of Computer & Information Law*, v. 14, n. 3, p. 411-460, 1996. Disponível em: https://repository.law.uic.edu/jitpl/vol14/iss3/1/. Acesso em: 28 dez. 2022.

XAVIER, Luciana Pedroso; XAVIER, Marília Pedroso; SPALER, Mayara Guibor. Primeiras impressões sobre o tratamento de dados pessoais na hipótese de interesse público e execução de contratos. In: FRAZÃO, Ana; OLIVA, Milena Donato; TEPEDINO, Gustavo (coords.). *Lei geral de proteção de dados pessoais e suas repercussões no direito brasileiro*. São Paulo: Thomson Reuters Brasil, 2019.

ZANATA, Rafael A. F. A proteção de dados pessoais entre leis, códigos e programação: os limites do Marco Civil da Internet. In: DE LUCCA, Newton; SIMÃO FILHO, Adalberto; LIMA, Cíntia Rosa Pereira (org.). *Direito & internet III*. São Paulo: Quartier Latin, 2015. t. 1.

ZANATTA, Rafael A. F. A tutela coletiva na proteção de dados pessoais. *Revista do Advogado*, São Paulo, v. 39, n. 144, p. 201-208, nov. 2019.

ZUBOFF, Shoshana. Surveillance Capitalism or Democracy? The Death Match of Institutional Orders and the Politics of Knowledge in Our Information Civilization. *Organization Theory*, 2022. Disponível em: https://doi.org/10.1177/26317877221129290. Acesso em: 30 jan. 2023.